Petra Buck-Heeb · Examens-Repetitorium Besonderes Schuldrecht 2

UNIREP JURA

Herausgegeben von Prof. Dr. Mathias Habersack

Examens-Repetitorium Besonderes Schuldrecht 2

Gesetzliche Schuldverhältnisse

von

Dr. Petra Buck-Heeb

Professorin an der Universität Hannover

5., neu bearbeitete Auflage

C.F. Müller

Petra Buck-Heeb, Jahrgang 1963; Studium der Rechtswissenschaften in Passau und Tübingen, Assessorexamen 1986 in Tübingen, wissenschaftliche Mitarbeiterin ebendort, 1993 Promotion, 1999 Habilitation. Seit 1.10.2001 Professorin für Zivilrecht, Europäisches und Internationales Wirtschaftsrecht an der Universität Hannover.

Ausgewählte Veröffentlichungen: Wissen und juristische Person, Wissenszurechnung und Herausbildung zivilrechtlicher Organisationspflichten, 2001; Selbstregulierung im Privatrecht, 2010 (zus. mit A. Dieckmann); Kommentierung der §§ 812–822 in der 14. Auflage des Erman (2014); Kapitalmarktrecht, 7. Auflage 2014.

Bibliografische Information der Deutschen Nationalbibliothek

Die Deutsche Nationalbibliothek verzeichnet diese Publikation in der Deutschen Nationalbibliografie; detaillierte bibliografische Daten sind im Internet über <http://dnb.d-nb.de> abrufbar.

ISBN 978-3-8114-9404-6

E-Mail: kundenservice@cfmueller.de
Telefon: +49 89 2183 7923
Telefax: +49 89 2183 7620

www.cfmueller-campus.de
www.cfmueller.de

Satz: Textservice Zink, Schwarzach
Druck: CPI Clausen & Bosse, Leck

Vorwort

Da die 4. Auflage dieses Buches auf erfreuliche Resonanz gestoßen ist, wurde das Repetitorium durchgängig aktualisiert und an zahlreichen Stellen ergänzt. Insbesondere wurden die der weiteren Vertiefung des hier behandelten Examensstoffes dienenden Verweise auf zusätzliche Übungsfälle, die sich in Ausbildungszeitschriften finden, nochmals erheblich erweitert. Die Konzeption und Zielsetzung des Werks sind unverändert geblieben.

Ganz besonders gedankt sei an dieser Stelle meinen Studentinnen und Studenten, die durch engagiertes Lesen sowie durch Fragen und Kritik zu einzelnen Verbesserungen Anlass gegeben haben. Dank gebührt auch den anderen Lesern der Vorauflage für ihre wertvollen Anregungen und Hinweise. Danken möchte ich zudem meinen Mitarbeitern, Herrn Dr. *Andreas Dieckmann* und Herrn *Husein Ismail* sowie Frau *Ina Krückeberg*, für ihre Einsatzbereitschaft und Hilfe.

Hannover, im Januar 2015 *Petra Buck-Heeb*

Aus dem Vorwort zur 1. Auflage

Das vorliegende Buch ist aus mehreren Veranstaltungen zu den „Gesetzlichen Schuldverhältnissen" an der Universität Hannover hervorgegangen. Es soll der Vorbereitung auf die juristischen Staatsexamina dienen. Dabei geht es um die gezielte Wiederholung und Vertiefung der examensrelevanten Bereiche der gesetzlichen Schuldverhältnisse. Häufig vernachlässigen die Studentinnen und Studenten dieses Gebiet bei der Examensvorbereitung, obwohl sowohl die „Geschäftsführung ohne Auftrag" als auch die „ungerechtfertigte Bereicherung" und die „unerlaubten Handlungen" von beträchtlicher Examensrelevanz sind. Dies nicht zuletzt deshalb, weil es sich hier teilweise um eine schwierige und in Einzelheiten sehr umstrittene Materie handelt.
Die Art der Darstellung entspricht der Konzeption der Reihe Unirep Jura. Allgemeine Ausführungen sind mit Fällen, die der Veranschaulichung dienen sollen und auf das jeweilige Problem zugeschnitten sind, verknüpft. Die einzelnen Fälle basieren zumeist auf einschlägigen höchstrichterlichen Entscheidungen, so dass dem Leser zugleich ein Überblick über die Entscheidungspraxis des BGH verschafft wird. Die wichtigsten Entscheidungen des BGH („leading cases") sind zudem durch Fettdruck hervorgehoben. Die Bezugnahme auf die Rechtsprechung, aber auch das ihr jeweils zustimmende oder diese ablehnende Schrifttum ist gerade bei den gesetzlichen Schuldverhältnissen elementar, da sich die bestehenden gesetzlichen Regelungen in vielen Fällen als zu weitmaschig erwiesen haben und daher durch ein umfangreiches Fallrecht ergänzt worden sind. Dem Leser werden auch Hinweise zu Aufbau und Methode der Falllösung gegeben.

Insbesondere die Bereiche „Geschäftsführung ohne Auftrag" und „ungerechtfertigte Bereicherung" werden teilweise Querverbindungen zum Allgemeinen Schuldrecht oder zum Allgemeinen Teil des BGB aufweisen. Bei der Darstellung der „unerlaubten Handlungen" geht es nicht nur um die im BGB geregelten Formen der verschuldensabhängigen Deliktshaftung, sondern u.a. auch um die Produkthaftung.

Danken möchte ich an dieser Stelle meinen Mitarbeitern für die vielfältige Unterstützung. Allen voran gilt dieser Dank Herrn *Béla Knof*, nicht minder aber auch Herrn *Malte Burbließ* sowie Herrn *Tibor Hartwig*. Ein Dank gilt auch Frau *Ina Krückeberg*, die das Manuskript ebenfalls teilweise betreut hat.

Hannover, im August 2004 *Petra Buck-Heeb*

Inhaltsverzeichnis

Vierter Teil

Bereicherungsrecht

Abkürzungsverzeichnis

a.A.	anderer Ansicht
Abs.	Absatz
AcP	Archiv für die civilistische Praxis
a.E.	am Ende
a.F.	alte Fassung
AG	Amtsgericht
AGB	Allgemeine Geschäftsbedingungen
Alt.	Alternative
Anm.	Anmerkung
Art.	Artikel
ArzneimG	Arzneimittelgesetz
Aufl.	Auflage
BAG	Bundesarbeitsgericht
BauO	Bauordnung
BB	Betriebs-Berater
BBauG	Baugesetzbuch
Bd.	Band
BGB	Bürgerliches Gesetzbuch
BGH	Bundesgerichtshof
BGHZ	Entscheidungen des BGH in Zivilsachen
BImSchG	Bundes-Immissionsschutzgesetz
BVerfG	Bundesverfassungsgericht
BVerfGE	Entscheidungen des Bundesverfassungsgerichts
bzgl.	bezüglich
bzw.	beziehungsweise
DAR	Deutsches Autorecht
DB	Der Betrieb
ders.	derselbe
d.h.	das heißt
DZWiR	Deutsche Zeitschrift für Wirtschaftsrecht
EFZG	Entgeltfortzahlungsgesetz
EGMR	Europäischer Gerichtshof für Menschenrechte
f., ff.	folgend(e)
FamRZ	Zeitschrift für das gesamte Familienrecht
FS	Festschrift
GebrMG	Gebrauchsmustergesetz
GG	Grundgesetz der Bundesrepublik Deutschland
ggf.	gegebenenfalls
GmbH	Gesellschaft mit beschränkter Haftung
GmbHG	Gesetz betreffend die Gesellschaften mit beschränkter Haftung
GoA	Geschäftsführung ohne Auftrag
HaftPflG	Haftpflichtgesetz

HGB	Handelsgesetzbuch
h.L.	herrschende Lehre
h.M.	herrschende Meinung
Hrsg.	Herausgeber
HS	Halbsatz
idR.	in der Regel
IPRax	Praxis des Internationalen Privat- und Verfahrensrechts (Zeitschrift)
i.S.	im Sinne
iVm.	in Verbindung mit
JA	Juristische Arbeitsblätter
JGG	Jugendgerichtsgesetz
JP	Juristische Praxis
JR	Juristische Rundschau
JURA	Juristische Ausbildung
JuS	Juristische Schulung
JZ	Juristenzeitung
Kfz	Kraftfahrzeug
KunstUrhG	Gesetz betreffend das Urheberrecht an Werken der bildenden Künste und der Photographie
Lit.	Literatur
LM	Nachschlagewerk des BGHZ, herausgegeben von Lindenmaier und Möhring (früher: LMK)
LS	Leitsatz
LuftVG	Luftverkehrsgesetz
m.abl.Anm.	mit ablehnender Anmerkung
m.Anm.	mit Anmerkung
MDR	Monatsschrift für deutsches Recht
m.E.	meines Erachtens
MünchKomm	Münchener Kommentar zum BGB
m.w.N.	mit weiteren Nachweisen
Nds.	Niedersächsische
NJW	Neue Juristische Wochenschrift
NJW-RR	NJW-Rechtsprechungs-Report Zivilrecht
Nr.	Nummer
NZA	Neue Zeitschrift für Arbeitsrecht
NZV	Neue Zeitschrift für Verkehrsrecht
o.ä.	oder ähnliches/n/m
OLG	Oberlandesgericht
PatG	Patentgesetz
PflVG	Gesetz über die Pflichtversicherung für Kraftfahrzeughalter (Pflichtversicherungsgesetz)
ProdHG	Produkthaftungsgesetz
ProdSG	Produktsicherheitsgesetz
pVV	positive Vertragsverletzung
RabelsZ	Rabels Zeitschrift für ausländisches und internationales Privatrecht

RBerG	Rechtsberatungsgesetz
RDG	Rechtsdienstleistungsgesetz
Rdnr.	Randnummer
RG	Reichsgericht
RGRK	Das Bürgerliche Gesetzbuch mit besonderer Berücksichtigung der Rechtsprechung des Reichsgerichts und des Bundesgerichtshofes (Kommentar)
RIW	Recht der internationalen Wirtschaft
S.	Satz; Seite
SchwarzArbG	Schwarzarbeitsbekämpfungsgesetz
SGB	Sozialgesetzbuch
sog.	so genannt(e)
StGB	Strafgesetzbuch
str.	streitig
st.Rspr.	ständige Rechtsprechung
StVG	Straßenverkehrsgesetz
StVO	Straßenverkehrsordnung
StVZO	Straßenverkehrs-Zulassungs-Ordnung
UrhG	Urheberrechtsgesetz
v.a.	vor allem
VersR	Versicherungsrecht
vgl.	vergleiche
Vorbem.	Vorbemerkung
VVG	Versicherungsvertragsgesetz
WasserHG	Wasserhaushaltsgesetz
WM	Wertpapiermitteilungen
WuM	Wohnen und Mieten
z.B.	zum Beispiel
ZGS	Zeitschrift für das gesamte Schadensrecht
ZHR	Zeitschrift für das gesamte Handels- und Wirtschaftsrecht
ZIP	Zeitschrift für Wirtschaftsrecht
ZPO	Zivilprozessordnung

Verzeichnis des abgekürzt zitierten Schrifttums

Bamberger/Roth, Kommentar zum Bürgerlichen Gesetzbuch, 3. Aufl. 2012, Band 1 und 2 (zitiert: Bamberger/Roth/*Bearbeiter*)
Beuthien/Weber, Ungerechtfertigte Bereicherung und Geschäftsführung ohne Auftrag, 2. Aufl. 1987
Brox/Walker, Besonderes Schuldrecht, 38. Aufl. 2014
Deutsch/Ahrens, Deliktsrecht. Unerlaubte Handlungen, Schadensersatz, Schmerzensgeld, 6. Aufl. 2014
Erman, Handkommentar zum BGB, Band 1 und 2, 14. Aufl. 2014 (zitiert: Erman/*Bearbeiter*)
Esser/Weyers, Schuldrecht Band II: Besonderer Teil, Teilband 2, 8. Aufl. 2000
Gursky, Schuldrecht Besonderer Teil, 5. Aufl. 2005
Jauernig, BGB, 15. Aufl. 2014 (zitiert: Jauernig/*Bearbeiter*)
Kötz/Wagner, Deliktsrecht, 12. Aufl. 2013
Koppensteiner/Kramer, Ungerechtfertigte Bereicherung, 2. Aufl. 1988
Kupisch/Krüger, Deliktsrecht, 1983
Larenz/Canaris, Lehrbuch des Schuldrechts, Band II/1: Besonderer Teil, 1. Halbband, 13. Aufl. 1986
Larenz, Lehrbuch des Schuldrechts, Band II/2: Besonderer Teil, 2. Halbband, 13. Aufl. 1994
Looschelders, Schuldrecht, Besonderer Teil, 9. Aufl. 2014
Medicus/Lorenz, Schuldrecht II, Besonderer Teil, 17. Aufl. 2014 (zitiert: *Medicus/Lorenz*, SR II)
Medicus/Petersen, Bürgerliches Recht, 24. Aufl. 2013 (zitiert: *Medicus/Petersen*, BR)
Münchener Kommentar zum BGB, Band 2 (§§ 241–432), Band 4 (§§ 611–704), Band 5 (§§ 705–853), Band 6 (§§ 854–1296) (zitiert: MünchKomm/*Bearbeiter*)
Palandt, BGB, 74. Aufl. 2015 (zitiert: Palandt/*Bearbeiter*)
Peifer, Schuldrecht. Gesetzliche Schuldverhältnisse, 3. Aufl. 2013
Prütting/Wegen/Weinreich, BGB Kommentar, 9. Aufl. 2014 (zitiert: PWW/*Bearbeiter*)
Reuter/Martinek, Handbuch des Schuldrechts, Band 4: Ungerechtfertigte Bereicherung, 1983
RGRK, Das Bürgerliche Gesetzbuch mit besonderer Berücksichtigung der Rechtsprechung des Reichsgerichts und des Bundesgerichtshofes, Band II, 4. Teil (§§ 631–811), Band II, 5. Teil (§§ 812–831), 12. Aufl. 1974 ff. (zitiert: RGRK/*Bearbeiter*)
Soergel, BGB, Band 14 (§§ 854–984), 13. Aufl. 2002; Band 12 (§§ 823–853), 13. Aufl. 2005; Band 10 (§§ 652–704), 13. Aufl. 2012 (zitiert: Soergel/*Bearbeiter*)
Staudinger, Kommentar zum Bürgerlichen Gesetzbuch mit Einführungsgesetz und Nebengesetzen, 13. Bearbeitung 1993 ff., Neubearbeitung 2007 ff. (zitiert: Staudinger/*Bearbeiter*)
Wandt, Gesetzliche Schuldverhältnisse, 6. Aufl. 2014 (zitiert: *Wandt*)

Erster Teil

Grundlagen

§ 1 Gesetzliche Schuldverhältnisse und Prüfungsreihenfolge

I. Gesetzliche Schuldverhältnisse

Grundlage eines Schuldverhältnisses kann ein Rechtsgeschäft (vertragliches Schuldverhältnis) oder das Gesetz sein (gesetzliches Schuldverhältnis). Wird von „gesetzlichen Schuldverhältnissen" gesprochen, so sind regelmäßig – wie auch hier – die Schuldverhältnisse im Schuldrecht gemeint. Aber auch im Sachenrecht gibt es Tatbestände, die nicht einem Berechtigten einen dinglichen Anspruch gewähren oder die nachbarschaftlichen Beziehungen regeln, sondern die ein gesetzliches Schuldverhältnis begründen. Diese Normen sehen vor, dass eine Person einer anderen Person gegenüber zur Leistung verpflichtet ist oder Verhaltenspflichten zu beachten hat, wobei die Nichterfüllung der Leistungspflicht bzw. Missachtung der Verhaltenspflicht Ersatzansprüche auslöst. Beispiele hierfür sind die §§ 965 ff. (Fund), die Vorschriften, die das Verhältnis des unrechtmäßigen Besitzers zum Eigentümer regeln, § 1030 (zwischen dem Eigentümer und dem Nießbraucher), § 1020 (Grunddienstbarkeit zwischen Eigentümer des dienenden und des herrschenden Grundstücks) sowie § 1215 (zwischen Verpfänder und Pfandgläubiger). Der Einfluss von europäischem Recht ist in diesem Bereich derzeit noch gering[1]. 1

II. Prüfungsreihenfolge

Die drei Hauptarten der gesetzlichen Schuldverhältnisse im Schuldrecht sind die Geschäftsführung ohne Auftrag, die unerlaubten Handlungen (samt der Gefährdungshaftung[2]) sowie das Bereicherungsrecht[3]. Die Reihenfolge der Nennung entspricht der Reihenfolge der Prüfung in einer **Klausur**, sofern alle drei Arten der gesetzlichen Schuldverhältnisse eine Rolle spielen. Damit ergibt sich als zweckmäßiger Aufbau in der Klausur, dass, nachdem das Bestehen eines Vertrags – und damit eines vertraglichen Schuldverhältnisses – geprüft wurde, zunächst die Geschäftsführung ohne Auftrag zu prüfen ist. Da die Frage der Besitzberechtigung (siehe § 986) davon abhängt, ob zwischen den Beteiligten ein Vertrag besteht oder eine – einem Vertrag überwiegend gleichste- 2

1 Siehe die Verordnung des Europäischen Parlaments und des Rates über das auf außervertragliche Schuldverhältnisse anzuwendende Recht („ROM II"), Verordnung (EG) Nr. 864/2007 vom 11. Januar 2009, ABl. EU Nr. L 199 vom 31.7.2007, S. 40, zum einheitlichen Kollisionsrecht für außervertragliche Schuldverhältnisse; dazu *Junker*, NJW 2007, 3675 ff.; *Graziano*, RabelsZ 73 (2009), 1 ff.; *Sujecki*, EWS 2009, 310 ff.; *G. Wagner*, IPRax 2008, 1 ff.; *Leible/Lehmann*, RIW 2007, 721 ff.

2 Siehe den **Überblick** zur Gefährdungshaftung bei *Röthel*, JURA 2012, 444 ff.

3 Siehe auch den **Überblick** bei *Röthel*, JURA 2012, 362 ff.

hende – berechtigte Geschäftsführung ohne Auftrag, sind Vertrag und Geschäftsführung ohne Auftrag noch vor den §§ 985 ff., 2018 ff. zu prüfen.

Bevor jedoch Deliktsansprüche wegen Eigentumsverletzung nach § 823 Abs. 1 geprüft werden können, sollten die dinglichen Ansprüche mit ihren Folgenansprüchen (v.a. §§ 985 ff. und 2018 ff.) geprüft werden. Denn diese Prüfung entscheidet darüber, ob Deliktsrecht überhaupt angewendet werden kann (vgl. § 993 Abs. 1, 2. HS). Am Ende stehen Ansprüche aus ungerechtfertigter Bereicherung, denn das Vorliegen eines Vertrags oder einer (berechtigten) Geschäftsführung ohne Auftrag ist ein Rechtsgrund i.S. des § 812. Dingliche Ansprüche gehen dem § 812 deshalb vor, weil auch Bereicherungsansprüche durch die §§ 985 ff., 2018 ff. ausgeschlossen sein können.

➔ Damit ergibt sich folgende **Prüfungsreihenfolge**: Vertrag, Geschäftsführung ohne Auftrag (GoA), dingliche Ansprüche, deliktsrechtliche Ansprüche, Ansprüche aus ungerechtfertigter Bereicherung.

§ 2 Zusammentreffen verschiedenartiger Ansprüche

I. Unterschiede zwischen gesetzlichen und vertraglichen Schuldverhältnissen

3 Gesetzliche und vertragliche Schuldverhältnisse unterscheiden sich in mehrfacher Hinsicht. Der Hauptunterschied liegt darin, dass ein gesetzliches Schuldverhältnis nicht von einem Willen abhängig ist, eine bestimmte Rechtsfolge herbeiführen zu wollen. Ein weiterer Unterschied besteht in Bezug auf die **Gehilfenhaftung**. Hier stehen sich § 278 und § 831 gegenüber, wobei § 278 lediglich eine Zurechnungsnorm (und damit innerhalb der Prüfung eines Anspruchs aus Vertrag zu untersuchen), § 831 dagegen eine eigene Anspruchsgrundlage ist.

4 § 278 legt fest, dass der Schuldner innerhalb eines Schuldverhältnisses für ein Verschulden seiner Erfüllungsgehilfen und gesetzlichen Vertreter wie für eigenes Verschulden einzustehen hat (Zurechnung). Zu beachten ist, dass § 278 nur ein **Schuldverhältnis** voraussetzt. Unrichtig wäre es, diese Norm lediglich auf vertragliche Schuldverhältnisse zu beziehen und § 831 auf gesetzliche. Denn ein Schuldverhältnis i.S. des § 278 kann zum einen durch Rechtsgeschäft, zum anderen aber auch durch Geschäftsführung ohne Auftrag oder ungerechtfertigte Bereicherung begründet werden. Damit beschränkt sich die Anwendung des **§ 278** nicht allein auf vertragliche, sondern bezieht sich auch auf gesetzliche Schuldverhältnisse[4]. Nach **§ 831** wird unabhängig von einem bestehenden (vertraglichen) Schuldverhältnis für die unerlaubte Schadenszufügung durch einen Verrichtungsgehilfen **deliktisch** gehaftet[5]. Allerdings tritt diese Haftung lediglich dann ein, wenn der

4 Vgl. Erman/*H.P. Westermann*, § 278 Rdnr. 2.
5 Siehe Rdnr. 317 ff.

Geschäftsherr die ihm obliegende Pflicht zur sorgfältigen Auswahl bzw. Überwachung des Gehilfen sowie zur Ausstattung mit Vorrichtungen und Gerätschaften verletzt hat.

Daneben gibt es auch hinsichtlich der **Verjährung** teilweise Unterschiede zwischen vertraglichen und gesetzlichen Schuldverhältnissen. Die Verjährung berechtigt den Schuldner, die Leistung zu verweigern (§ 214 Abs. 1). Die regelmäßige Frist für den Eintritt der Verjährung beträgt 3 Jahre (§ 195). Bei vertraglichen Ansprüchen ist der Beginn der Verjährungsfrist teilweise speziell (von § 199 abweichend) geregelt[6]. Auch hinsichtlich des **Beginns der Verjährungsfrist** kann es Unterschiede geben. Nach § 199 Abs. 1 beginnt die Verjährungsfrist mit dem Schluss des Jahres, in dem der Anspruch entstanden ist und Kenntnis bzw. grob fahrlässige Unkenntnis des Gläubigers von den den Anspruch begründenden Umständen und der Person des Schuldners vorliegt. In § 199 Abs. 2–5 sind abweichende Regelungen getroffen, wobei es hier **nicht** darauf ankommt, ob es um einen vertraglichen oder gesetzlichen Anspruch geht, sondern um den Anspruchsinhalt (Schadensersatz) sowie die Rechtsgutverletzung. 5

Einige vertragliche Schuldverhältnisse gehen mit einer **Haftungsmilderung**, d.h. einer geringeren Haftung als sie in § 276 Abs. 1 S. 1 vorgesehen ist, einher. In den meisten Fällen handelt es sich hierbei um einen unentgeltlich Handelnden[7]. Auch bei Verzug des Gläubigers haftet der Schuldner gemildert, d.h. nur für Vorsatz und grobe Fahrlässigkeit (§ 300 Abs. 1). Das Deliktsrecht nimmt dagegen keine Rücksicht darauf, ob entgeltlich oder unentgeltlich gehandelt wurde. Fraglich ist aber, ob sich die (vertragliche) Haftungsmilderung auch auf einen Anspruch aus einer anderen Anspruchsgrundlage erstrecken kann[8]. 6

Der bis zur Schadensersatzrechtsänderung geltende Unterschied zwischen vertraglichen und deliktischen Ansprüchen hinsichtlich des **Umfangs des Schadensersatzes** ist inzwischen entfallen. Schmerzensgeld gibt es nach § 253 Abs. 2 nun nicht nur bei deliktischen, sondern auch bei vertraglichen oder vorvertraglichen Ansprüchen. 7

Ein Unterschied besteht aber hinsichtlich der **Beweislast**. Für Schadensersatzansprüche wegen Pflichtverletzung sieht § 280 Abs. 1 S. 2 eine Beweislastumkehr vor[9]. Der Gläubiger, der grundsätzlich die für ihn günstigen Tatsachen darlegen und beweisen muss, hat damit lediglich Beweis über die Pflichtverletzung, den Schaden sowie die Kausalität zu erbringen. Hinsichtlich des Verschuldens ist ein Beweis nicht erforderlich, vielmehr muss der Schuldner beweisen, dass die Pflichtverletzung nicht von ihm zu vertreten ist. Dagegen kennt das Deliktsrecht keine Verschuldensvermutung, sondern der Geschädigte muss das Verschulden des Schädigers nachweisen. Lediglich im Einzelfall, nämlich in den §§ 831–838 sowie in § 18 StVG wird von einem vermuteten Verschulden ausgegangen, d.h. der Schädiger muss sich entlasten. Zudem sieht die Rechtsprechung bei der deliktischen Produkthaftung bzw. Produzentenhaftung teilweise eine Umkehr der Beweislast vor[10]. 8

---

6 Vgl. § 438 Abs. 2 (Kaufrecht, Verjährungsbeginn bei Grundstücken mit der Übergabe, im Übrigen mit der Ablieferung der Sache), § 548 Abs. 1 S. 2 (Mietrecht, Verjährungsbeginn mit Rückgabe der Mietsache, § 634a Abs. 2 (Werkvertragsrecht, Verjährungsbeginn mit Abnahme).

7 Eine Haftungsmilderung findet sich z.B. in § 521 (Haftung des Schenkers) und § 599 (Haftung des Verleihers): Haftung nur für Vorsatz und grobe Fahrlässigkeit.

8 Dazu unten Rdnr. 9 ff.

9 Siehe die Formulierung „Dies gilt nicht, wenn …" in § 280 Abs. 1 S. 2.

10 Näher dazu unten Rdnr. 260 (zur Produkthaftung) bzw. Rdnr. 273 (zur Produzentenhaftung).

II. Wechselwirkungen zwischen den Ansprüchen

9 Grundsätzlich besteht nach h.M. Anspruchskonkurrenz, d.h. es können mehrere Ansprüche nebeneinander bestehen (z.B. solche aus Vertrag neben solchen aus § 823 Abs. 1)[11]. Jeder von ihnen folgt seinen eigenen Regeln, was die Voraussetzungen, die Rechtsfolgen, die Verjährung, den Anspruchsumfang, die Beweislast, die Gehilfenhaftung usw. anbelangt. Die konkurrierenden Ansprüche sind also grundsätzlich unabhängig voneinander zu prüfen. Anerkannt ist jedoch, dass in bestimmten Fällen diese Unabhängigkeit nicht besteht, d.h. eine **Eigenschaft eines Anspruchs** auf einen anderen Anspruch **fortwirken** kann. Das wird bejaht, wenn der Normzweck der Ansprüche einer unterschiedlichen Behandlung entgegensteht. Wenn es also der Zweck der ein Schuldnerprivileg enthaltenden Norm erfordert, wird dieses Privileg auf einen konkurrierenden Anspruch erstreckt. Wechselwirkungen kann es vor allem bei vertraglichen und deliktischen Ansprüchen sowie bei Ansprüchen aus GoA und Delikt geben. Diese Fortwirkung kann insbesondere bei Haftungsmilderungen, bei der Verjährung sowie bei einer Freizeichnung eine Rolle spielen.

10 Für bestimmte Fälle sieht das Gesetz eine **Haftungsmilderung** für die Vertragshaftung vor, indem nur für Vorsatz, grobe Fahrlässigkeit oder eigenübliche Sorgfalt gehaftet wird. Nur für Vorsatz und grobe Fahrlässigkeit wird z.B. nach § 521 (Haftung des Schenkers) gehaftet[12]. Eine Haftung nur für diejenige Sorgfalt, die in eigenen Angelegenheiten angewendet zu werden pflegt, findet sich etwa beim unentgeltlichen Verwahrer (§ 690), beim Gesellschafter (§ 708) und beim Ehegatten (§ 1359) usw. Dann kann nicht für dieselbe Handlung nach Deliktsrecht eine strengere Haftung eintreten, sondern die Privilegierung wirkt auch hier[13].

11 Das soll **Fall 1** verdeutlichen: S fährt mit seinem Pkw und übersieht dabei fahrlässig den vorfahrtberechtigten Autofahrer A. Bei dem Zusammenstoß wird A verletzt und bleibt bewusstlos im Auto liegen. S begeht Fahrerflucht. Als der Dritte D an die Unfallstelle kommt, kümmert er sich um A. Dabei behandelt er den A leicht fahrlässig falsch, so dass sich dessen Verletzung verschlimmert. A verlangt von D Ersatz des daraus entstehenden zusätzlichen Schadens. Zu Recht?

1. A könnte als Geschäftsherr gegen D einen Ersatzanspruch aus GoA (§ 677, § 280 Abs. 1) haben[14]. Allerdings haftet D nach **§ 680** (Geschäftsführung zur Gefahrenabwehr)[15] nicht für leichte Fahrlässigkeit, weil sein uneigennütziges Handeln eine dem A drohende dringende Gefahr abwenden sollte. Da D weder vorsätzlich noch grob fahrlässig gehandelt hat, haftet er nicht aus GoA[16].

---

11 BGHZ 66, 315, 319; BGHZ 67, 359, 362 f.; anders bei Anspruchsnormenkonkurrenz (dann nur *ein* Anspruch), vgl. *Medicus*, Gesetzliche Schuldverhältnisse, 5. Aufl. 2007, S. 6 f.

12 Nach h.M. wirkt sich diese Haftungsmilderung privilegierend zugunsten des Schädigers aus, wenn (auch) ein deliktsrechtlicher Anspruch besteht, vgl. BGHZ 93, 23 ff. („Kartoffelpülpe"); dazu auch *Petersen*, Examens-Repetitorium Allgemeines Schuldrecht, 7. Aufl. 2015, Rdnr. 44 ff. (mit einem Fall zu dieser Haftungsmilderung).

13 BGHZ 46, 313, 316 f.; BGHZ 93, 23, 29; OLG Köln JuS 1988, 487 m. Anm. *K. Schmidt*.

14 Siehe Rdnr. 65 f.

15 Siehe Rdnr. 68.

16 Vgl. BGH NJW 1972, 475, 476 f.

2. A könnte gegen D einen Anspruch aus § 823 Abs. 1 wegen Körperverletzung haben. D hat den Körper des A (zusätzlich) verletzt. Das Ganze geschah kausal und rechtswidrig. Da der deliktsrechtliche Anspruch grundsätzlich unabhängig vom Anspruch aus GoA zu prüfen ist und eine dem § 680 entsprechende Einschränkung der Haftung im Deliktsrecht nicht existiert, müsste D dem A aufgrund leicht fahrlässigen Verhaltens aus § 823 Abs. 1 haften. Nach Sinn und Zweck des § 680 ist diese Norm jedoch ausnahmsweise auch auf den deliktsrechtlichen Anspruch anzuwenden. Denn § 680 soll zur Hilfeleistung bei dringenden Gefahren ermutigen, indem das Haftungsrisiko des Geschäftsführers gemindert, dieser also privilegiert wird. Der Zweck dieser Norm wird konterkariert, wenn der Helfende zwar nicht aus GoA, aber aus einem konkurrierenden Deliktsanspruch haften soll. Daher ist das Haftungsprivileg des **§ 680** als Ausdruck eines allgemeinen Rechtsgedankens auch auf den **konkurrierenden Deliktsanspruch** zu übertragen, d.h. § 680 wird analog angewendet[17].

Eine Erstreckung auf andere Ansprüche kann auch bei einer kurzen vertraglichen **Verjährungsfrist** in Betracht kommen. Das muss jedenfalls dann gelten, wenn die Verjährungsregelung den Zweck hat, im Interesse einer schnellen Vertragsabwicklung für abschließende Klarheit zu sorgen, z.B. bei § 548 Abs. 1 (Verjährung des Ersatzanspruchs des Vermieters), § 581 Abs. 2 (Verjährung des Ersatzanspruchs des Verpächters), § 606 (Verjährung des Ersatzanspruchs des Verleihers), § 1057 (Verjährung des Ersatzanspruchs des Eigentümers beim Nießbrauch). **12**

Das zeigt **Fall 2**: Mieter M hat in der Mietwohnung unsachgemäß Linoleum auf einem Holzfußboden verlegt. Der Eigentümer und Vermieter V bemerkt erst sieben Monate nach dem Auszug des M, dass der Holzfußboden unter dem Linoleum verfault ist. Welche Ansprüche hat V gegen M? **13**

1. V könnte einen Schadensersatzanspruch aus Verletzung des Mietvertrags haben. Allerdings verjähren nach § 548 Abs. 1 S. 1 die Ersatzansprüche des Vermieters in sechs Monaten nach Erhalt der Mietsache. Ein vertraglicher Anspruch scheidet daher aus.

2. V könnte gegen M einen Anspruch aus § 823 Abs. 1 wegen Eigentumsverletzung haben. Die Voraussetzungen des § 823 Abs. 1 liegen grundsätzlich vor. Fraglich ist aber, ob die kurze Verjährung des § 548 Abs. 1 S. 1 auf § 823 Abs. 1 entsprechend anzuwenden ist, oder ob die deliktsrechtliche Verjährungsregelung des § 199 Abs. 3 vorrangig ist. Nach § 199 Abs. 3 wäre der deliktsrechtliche Anspruch des V noch nicht verjährt (10 bzw. 30 Jahre Verjährungsfrist). Die Anwendbarkeit des Schuldnerprivilegs des § 548 Abs. 1 S. 1 auch auf den konkurrierenden Anspruch aus § 823 Abs. 1 lässt sich aus dessen Sinn und Zweck entnehmen. Danach soll nach Mietvertragsende eine rasche Auseinandersetzung zwischen den Parteien erfolgen[18]. Da regelmäßig bei einer Beschädigung, wie sie hier vorliegt, auch ein deliktsrechtlicher Anspruch gegeben sein wird (Vermieter ist Eigentümer oder sonst Berechtigter), würde der Zweck des § 548 Abs. 1 S. 1 nicht erreicht, wenn der deliktische Anspruch später verjähren würde als der vertragliche. Damit

17 BGH NJW 1972, 475.
18 BGHZ 47, 53, 56 f.; vgl. auch BGHZ 116, 293, 294.

soll nach Sinn und Zweck des § 548 Abs. 1 S. 1 die kurze vertragliche Verjährung auch den Deliktsanspruch erfassen.

14 Auch bei einer vertraglichen **Freizeichnung** für eine Haftung ist eine Erstreckung auf Ansprüche aus unerlaubter Handlung möglich. Eine Freizeichnung für eine Haftung aus unerlaubter Handlung ist zwar als solche grundsätzlich nicht möglich. Wurde aber eine rechtsgeschäftliche Haftungsbeschränkung vereinbart (z.B. bei einer Gefälligkeitsfahrt), so ist durch Auslegung zu ermitteln, ob sich diese Haftungsmilderung nicht auch auf konkurrierende Deliktsansprüche erstreckt. Regelmäßig wird eine solche Erstreckung anzunehmen sein[19]. Ansonsten wäre die vertragliche Freistellung praktisch wertlos, weil eine Haftung jedenfalls über den Deliktsanspruch bestünde.

15 Hingegen darf die **Verschuldensvermutung** nach § 280 Abs. 1 S. 2 **nicht** auf konkurrierende deliktische Ansprüche erstreckt werden. Insoweit gelten für Ansprüche nach § 823 Abs. 1 strengere Kriterien. Auch wenn, wie bei manchen Gefährdungshaftungsnormen, die Ersatzpflicht auf eine bestimmte Höchstsumme begrenzt ist (z.B. §§ 12, 18 StVG, § 10 ProdHG), kann diese Begrenzung nicht auf andere Ansprüche, wie etwa solche aus § 823 Abs. 1 übertragen werden.

19 BGHZ 9, 301, 306; *Medicus/Petersen*, BR, Rdnr. 640; siehe auch Rdnr. 199 ff.

Zweiter Teil

Geschäftsführung ohne Auftrag

§ 3 Überblick

Die Geschäftsführung ohne Auftrag (GoA) wird in zahlreichen Lehrbüchern nur knapp abgehandelt, was aber in keinem Verhältnis zu ihrer beträchtlichen **Examensrelevanz** steht[1]. Als Grund für die Schwierigkeiten mit der GoA in Klausuren wird häufig angeführt, dass sich die einschlägigen Anspruchsgrundlagen in den §§ 677 ff. nur schwer ausmachen lassen[2]. Teilweise ist die GoA auch aufgrund einer **Rechtsgrundverweisung** zu prüfen (z.B. nach h.M. bei § 539 BGB)[3]. Bei der GoA soll auf der einen Seite zu fremdnützigem Handeln ermutigt und dieses gefördert werden, auf der anderen Seite ist der Geschäftsherr vor unerwünschter Einmischung in seine Angelegenheiten zu schützen[4]. 16

Die GoA kann in vier Arten aufgeteilt werden. Zu unterscheiden ist zunächst zwischen der sog. echten GoA und der sog. unechten GoA. Eine **echte GoA** liegt vor, wenn der Geschäftsführer mit Fremdgeschäftsführungswillen handelt, d.h. wenn er ein Geschäft für einen anderen in dessen Interesse führen will. Fehlt dieser Wille, liegt Eigengeschäftsführung vor. Je nachdem, ob die Übernahme der Geschäftsführung dem Interesse und dem Willen des Geschäftsherrn entspricht, wird bei der echten GoA weiter unterschieden zwischen der berechtigten und der unberechtigten GoA. Entspricht die Geschäftsübernahme dem Interesse und dem Willen des Geschäftsherrn, liegt eine **berechtigte GoA** (nachfolgend § 5) vor (§ 683 S. 1). Nur bei dieser entsteht ein gesetzliches Schuldverhältnis, aus dem der Geschäftsführer etwa Ersatz seiner Aufwendungen verlangen kann (§§ 683 S. 1, 670). 17

Demgegenüber liegt eine **unberechtigte GoA** (nachfolgend § 6) vor, wenn zwar ein fremdes Geschäft geführt wird, die Geschäftsführung aber nicht dem Interesse und dem Willen des Geschäftsherrn entspricht, was einen rechtswidrigen Eingriff in den Rechtskreis des Geschäftsherrn darstellt. Da der Geschäftsführer in diesem Fall nicht schutzwürdig ist, kann er seine Aufwendungen nicht nach den GoA-Regeln, sondern nur nach Bereicherungsrecht (§§ 684 S. 1, 818 Abs. 1, 2) ersetzt verlangen. Außerdem haftet er gegenüber dem berechtigten Geschäftsführer verschärft (vgl. § 678).

Bei der **unechten GoA** (nachfolgend § 7) ist zu unterscheiden: Entweder wird ein fremdes Geschäft irrtümlich (**vermeintliche Eigengeschäftsführung**, § 687 Abs. 1) oder absichtlich als eigenes geführt (**angemaßte Geschäftsführung**, § 687 Abs. 2). Bei der vermeintlichen Eigengeschäftsführung sind die Vorschriften der GoA nicht anwendbar. Dies 18

---

1 Vgl. *Falk*, JuS 2003, 833.
2 *Hey*, JuS 2009, 400, 401.
3 PWW/*Riecke*, § 539 Rdnr. 3: **Übungsfall** z.B. bei *Sagan*, JURA 2013, 616 ff.
4 Streitig, siehe *Wandt*, § 2 Rdnr. 4 f.; zum „Aushilfscharakter" BGH NJW-RR 2008, 759, 760.

stellt § 687 Abs. 1 klar. Handelt der Geschäftsführer dagegen in angemaßter Geschäftsführung (§ 687 Abs. 2), kann der Geschäftsherr neben den allgemeinen Ansprüchen aus §§ 987 ff., 812 ff. und 823 ff. zusätzlich Ansprüche aus GoA geltend machen. Damit ist der Begriff der unechten GoA an sich irreführend, denn streng genommen liegt hier gerade keine GoA vor.

19 Gemeinsam ist diesen vier Fallgruppen das Tatbestandsmerkmal der Führung eines „fremden Geschäfts", das im Kapitel zur berechtigten GoA (unten § 5) näher bestimmt wird. Der Unterschied zwischen den vier Fallgruppen ist an den subjektiven Anspruchsvoraussetzungen der §§ 677, 683, 687 Abs. 1 festzumachen. Zu nennen sind hier nochmals: der Fremdgeschäftsführungswille des Geschäftsführers nach §§ 677, 687 Abs. 1 (erste subjektive Prüfungsebene zur Abgrenzung zwischen echter und unechter GoA) und der Wille des Geschäftsherrn zur Übernahme der Geschäftsführung nach § 683 (zweite subjektive Prüfungsebene im Fall der echten GoA zur Abgrenzung zwischen berechtigter und unberechtigter GoA).

§ 4 Anwendbarkeit der GoA

20 In einigen Fällen steht schon die Anwendbarkeit der GoA-Regelungen in Frage. Unanwendbar kann die GoA sein, weil sie kraft einer Konkurrenzregelung ausgeschlossen ist (z.B. § 767 Abs. 2 für die Bürgenhaftung)[5] oder weil ihre Anwendung zu Wertungswidersprüchen mit gesetzlichen Wertungen führt. Umgekehrt können auch andere Anspruchsgrundlagen ausgeschlossen sein, wenn eine berechtigte GoA zu bejahen ist.

I. Konkurrenzen

21 Bei Vorliegen einer **berechtigten GoA** ist ein Anspruch aus dem Eigentümer-Besitzer-Verhältnis (§§ 987 ff., 994 ff.) ausgeschlossen, da die GoA ein **Recht zum Besitz** i.S. des § 986 gibt, sofern die Inbesitznahme und die Übernahme der Geschäftsführung zusammenfallen[6]. Außerdem ist die berechtigte GoA ein **Rechtsgrund** i.S. des § 812 Abs. 1 S. 1, 1. Alt., so dass ein bereicherungsrechtlicher Ausgleich dann ausscheidet[7]. Zudem stellt die berechtigte GoA im Hinblick auf die §§ 823 ff. einen **Rechtfertigungsgrund** dar, so dass neben der GoA nur dann ein Anspruch aus §§ 823 ff. in Betracht kommt, wenn der Geschäftsführer seine aus § 677 resultierende Sorgfaltspflicht verletzt[8].

22 Liegt eine **unberechtigte GoA** vor, gilt Folgendes: Es wird nach der Rechtsprechung und der h.L. kein Recht zum Besitz i.S. des § 986 begründet, so dass die §§ 987 ff. als Sonderregelung anderen gesetzlichen Vorschriften und damit auch den GoA-Vorschriften vorge-

5 BGH NJW 2009, 1879 ff.
6 BGHZ 31, 129, 132; Bamberger/Roth/*Gehrlein*, § 677 Rdnr. 21; Palandt/*Sprau*, Einf v § 677 Rdnr. 12; *Habersack*, Examens-Repetitorium Sachenrecht, 7. Aufl. 2012, Rdnr. 125.
7 BGH NJW 1969, 1205, 1207; BGH NJW 1993, 3196; Staudinger/*Lorenz*, Vorbem. zu §§ 812 ff. Rdnr. 45.
8 Staudinger/*Wittmann*, 13. Bearb. 1995, Vorbem. zu § 677 Rdnr. 8; anders nun Staudinger/*Bergmann*, Vorbem. zu §§ 677 ff. Rdnr. 245. Zu dieser umstrittenen Frage siehe auch Rdnr. 67.

hen[9]. Außerdem stellt die unberechtigte GoA keinen Rechtsgrund i.S. des § 812 Abs. 1 S. 1, 1. Alt. dar, so dass die Regelungen des Bereicherungsrechts uneingeschränkt anwendbar sind[10]. Zwischen unberechtigter GoA und den §§ 823 ff. kann Anspruchskonkurrenz bestehen.

II. Wertungswidersprüche

Klausurrelevant sind vor allem die Fälle, bei denen die Anwendung der GoA-Vorschriften zu **Wertungswidersprüchen** mit anderen gesetzlichen Wertungen führen kann. Es geht hier um die Frage, wann der Anwendungsbereich der GoA überdehnt ist. Literatur und Rechtsprechung kommen regelmäßig zu unterschiedlichen Ergebnissen. Hervorzuheben sind insbesondere **vier Fallgruppen**, die sich mit den Stichworten „unbestellte Leistungen i.S. des § 241a“, „Selbstaufopferung im Straßenverkehr“, „Nichtigkeit eines Vertrags“ sowie „Nichtzustandekommen eines Vertrags“ umschreiben lassen. Das auch klausurtechnisch Interessante ist, dass die bei der Frage der Anwendbarkeit zu findende Argumentation bei denjenigen, die eine Anwendbarkeit im Einzelfall bejahen, zumeist an anderer Stelle (bei der Prüfung der Fremdheit der Geschäftsführung oder des Fremdgeschäftsführungswillens) verwendet wird. 23

Erbringt ein Unternehmer **unbestellt Leistungen** an einen Verbraucher, schließt **§ 241a** einen Anspruch gegen den Verbraucher aus[11]. Diese Regelung ist umfassend, so dass, obwohl die Voraussetzungen im Grunde gegeben wären, ein Anspruch aus GoA ausgeschlossen ist[12]. 24

Bei einer sog. Selbstschädigung oder **Selbstaufopferung im Straßenverkehr**[13] erleidet ein Fahrer regelmäßig dadurch einen Schaden, dass er sein Kfz spontan von der Straße abbringt, damit die Schädigung eines Dritten vermieden wird. Hier ist die Anwendbarkeit der GoA deshalb fraglich, weil die im StVG vorgesehene Risikoaufteilung nicht durch die GoA-Regelungen beiseitegeschoben werden darf. Die zutreffende Rechtsprechung und h.L. verneint die Anwendbarkeit der GoA (und damit einen Anspruch auf Aufwendungsersatz), wenn der Fahrer/Halter den Entlastungsbeweis nach § 17 Abs. 3 StVG[14] (unabwendbares Ereignis) oder § 7 Abs. 2 StVG (höhere Gewalt) nicht führen kann[15]. In den Fällen des mangelnden Entlastungsbeweises wäre der Fahrer nämlich kraft Gesetzes für den aus dem Betrieb des Kfz entstandenen Fremdschaden haftbar, wenn er dessen Eintritt nicht durch ein Ausweichmanöver verhindert hätte. Dann aber muss er **erst recht** für seinen **Eigenschaden** einstehen, der zur Vermeidung des Fremdschadens entstanden ist. Um hier einen Wertungswiderspruch zu vermeiden, muss die Anwendung der GoA ausgeschlossen sein. Anderenfalls könnte der Geschäftsführer im Wege des Aufwendungser- 25

9 Vgl. BGHZ 41, 157, 162; BGH NJW 1971, 1358; umgekehrt MünchKomm/*Seiler*, Vor § 677 Rdnr. 18 m.w.N., wonach mit den §§ 677 ff. eine umfassende schuldrechtliche Sonderverbindung bereit steht, die den §§ 987 ff. vorgeht.

10 Siehe aber MünchKomm/*Seiler*, Vor § 677 Rdnr. 15, wo darauf abgestellt wird, dass die §§ 812 ff. nur über die Verweisung des § 684 S. 1 zur Anwendung kommen und im Übrigen ausgeschlossen sein sollen.

11 Dazu *Tachau*, JURA 2006, 898 ff.

12 Zu den Ausnahmen (Rettung Hilfsbedürftiger), in denen eine teleologische Reduktion des § 241a vorzunehmen ist, *Wandt*, § 3 Rdnr. 11 f.

13 Vgl. **BGHZ 38, 270 ff.**; siehe auch *Rebler*, MDR 2013, 254 ff.

14 Dies entspricht § 7 Abs. 2 StVG a.F.

15 BGHZ 38, 270, 273 (noch zu § 7 Abs. 2 StVG a.F.).

satzanspruchs aus GoA quasi durch die „Hintertür" doch Ersatz für den Eigenschaden erlangen, obwohl ihm dieser nach den schadensrechtlichen Wertungen (§ 7 StVG) neben dem Fremdschaden erst recht zugewiesen sein muss. In den Fällen der Selbstaufopferung im Straßenverkehr ist die GoA also regelmäßig nicht anwendbar[16].

26 Auch bei **Nichtigkeit eines Vertrags** ist die Anwendbarkeit der GoA-Regelungen umstritten[17]. Die Rechtsprechung sowie ein Teil der Literatur wenden die GoA auch dann an, wenn der Vertrag oder ein Teil des Vertrags[18] (unerkannt) nichtig ist[19]. Die überwiegende Literatur hält dagegen die §§ 677 ff. beim Handeln aufgrund eines nichtigen Vertrags für unanwendbar[20]. Begründet wird das mit einem Wertungswiderspruch zu den §§ 812 ff. als speziellere Regelungen für die Rückabwicklung rechtsgrundloser Leistungen. Bei Anwendung der §§ 677 ff. würden etwa die §§ 814, 817 S. 2, 818 f. bei der Rückabwicklung rechtsgrundloser Verträge umgangen. Damit wäre derjenige, der aufgrund eines nichtigen Vertrags eine Leistung erbracht hat, ungerechtfertigt bevorzugt. Die Rechtsprechung argumentiert genau umgekehrt und hält die GoA-Regeln deshalb für anwendbar, weil jemand, der aufgrund eines nichtigen Vertrags tätig wird, nicht schlechter gestellt sein dürfe als jemand, der ohne jegliche Vereinbarung für einen anderen tätig geworden ist.

27 Schwieriger sind die Fälle des **Nichtzustandekommens eines Vertrags**, wenn der Vertragsanbahnende dennoch ein „Entgelt" im Sinne eines Aufwendungsersatzes nach den GoA-Regeln verlangt. Dort geht es letztendlich um die Frage der Risikoverteilung und um die Vermeidung von Wertungswidersprüchen. Allerdings ist hier die Argumentation hinsichtlich der Ablehnung einer GoA diffus.

Dies verdeutlicht **Fall 3**[21], der so oder ähnlich bereits in mehreren Bundesländern **Staatsexamensklausur** gewesen sein soll[22]: A ist gewerblich als Erbensucher tätig, indem er in unbehobenen Nachlassangelegenheiten unbekannte Erben ermittelt. Auf die im Bundesanzeiger veröffentlichte Aufforderung des Nachlassgerichts zur Anmeldung von Erbrechten hinsichtlich des Erblassers X ermittelt er den B als gesetzlichen Erben. Daraufhin teilt A dem B den Erbfall mit und bietet ihm an, die Nachlassangelegenheit vollständig offenzulegen. Für seine Bemühungen verlangt A von B ein marktübliches Erfolgshonorar. B lehnt das Angebot des A ab und ermittelt den Nachlass selbst. A verlangt trotzdem von B ein Honorar als Vergütung für die Erbenermittlung. Zu Recht?

---

16 Anders noch BGHZ 38, 270 ff., da bei § 7 Abs. 2 StVG a.F. (vor 1.8.2002) – wie bei § 17 Abs. 3 StVG – lediglich ein „unabwendbares Ereignis" vorliegen musste.

17 Diese Frage stellt sich etwa in der „Flugreise"-Entscheidung, BGHZ 53, 128 ff.; dazu **Fall 10** Rdnr. 57. Siehe auch **Fall 6** Rdnr. 46.

18 BGHZ 181, 188, 194 f. (Endrenovierungsklausel eines Mietvertrags); dazu *Lorenz*, NJW 2009, 2576.

19 BGHZ 37, 258, 263; BGHZ 39, 87, 90; BGHZ 101, 393, 399 (Treuhandvertrag); BGHZ 111, 308, 311 (Schwarzarbeitsvertrag); BGH NJW 1997, 47, 48; BGH NJW 2008, 3069, 3071; *Benöhr*, NJW 1975, 1970, 1971; *Berg*, JuS 1972, 193, 195; *Hoffmann*, JuS 1970, 570, 573.

20 MünchKomm/*Seiler*, § 677 Rdnr. 48; Erman/*Dornis*, § 677 Rdnr. 43; Bamberger/Roth/*Gehrlein*, § 677 Rdnr. 18; Jauernig/*Mansel*, § 677 Rdnr. 6; *Larenz*, § 57 I a; *Medicus/Petersen*, BR, Rdnr. 412; siehe auch *Fikentscher/Heinemann*, Schuldrecht, 10. Aufl. 2006, Rdnr. 1272; *Brox/Walker*, § 36 Rdnr. 21; *Gursky*, AcP 185, 13, 31; *Canaris*, NJW 1985, 2404, 2405; *Lorenz*, NJW 1996, 883, 885; *Eidenmüller*, JZ 1996, 889, 893. Differenzierend nach Kenntnis des Geschäftsführers *Martinek/Theobald*, JuS 1997, 992, 993 Fn. 8; Palandt/*Sprau*, § 677 Rdnr. 11.

21 **BGH NJW 2000, 72 ff. („Erbensucher")**; bestätigt durch BGH NJW-RR 2006, 656; siehe auch BGH NJW-RR 2008, 683, 685.

22 *Falk*, JuS 2003, 833, 837.

Als Anspruchsgrundlage könnten die **§§ 677, 683 S. 1, 670** (berechtigte GoA) in Betracht kommen[23]. Dafür müssten die Vorschriften der GoA **anwendbar** sein. Das könnte hier ausgeschlossen sein, weil eine Anwendbarkeit nicht im Einklang mit der im Privatrecht geltenden Risikoverteilung steht[24]. Hat eine Partei Aufwendungen im Vorfeld eines Vertragsschlusses zur Anbahnung von Vertragsverhandlungen getätigt, so kann sie diese im Falle des Vertragsschlusses bei der Bemessung der Gegenleistung berücksichtigen. Kommt indes kein Vertrag zustande, besteht keine Pflicht, die (mitunter sogar ungefragt) überlassenen Informationen bzw. getätigten Aufwendungen zu vergüten. Vielmehr trägt jede Partei selbst das Risiko, dass kein Vertrag zustande kommt. Die Anwendung der §§ 677 ff. – insbesondere der Aufwendungsersatzanspruch nach §§ 677, 683 S. 1, 670 – würde diese Risikoverteilung im Falle des Nichtzustandekommens eines Vertrags empfindlich stören. Daher kommt ein Anspruch auf Aufwendungsersatz nach §§ 677, 683 S. 1, 670 nicht in Betracht.

Folgt man dieser – m.E. zutreffenden – Ansicht nicht und bejaht die Anwendbarkeit, muss weiter geprüft werden: A müsste ein **fremdes** Geschäft, nämlich das des B, geführt haben. Dazu müsste das Geschäft (zumindest auch) dem Rechts- und Interessenkreis des B angehören. Das ist fraglich. A hat sich schließlich durch seine Ermittlungen erst die Informationen verschafft, die er dem von ihm ermittelten Erben verkaufen will. Aufgrund der oben genannten Risikoverteilung bleiben Tätigkeiten vor einer vertraglichen Bindung der Parteien unvergütet. Das Risiko, dass kein Vertragsschluss zustande kommt, gehört in den Rechts- und Interessenkreis derjenigen Partei, die die Aufwendungen im Vorfeld (freiwillig) übernommen hat. Dass es unbillig wäre, wenn Aufwendungen sogar bei späterer Ablehnung eines Vertragsschlusses über die Regeln der GoA auf die andere Partei abgewälzt werden könnten, macht folgende Konstellation deutlich: Werden mehrere Erbensucher unabhängig voneinander tätig, müsste der Erbe jedem von ihnen die Aufwendungen ersetzen, und zwar sogar dann, wenn der Erbe die Erbschaft ausschlägt. Es liegt also kein fremdes, sondern ein eigenes Geschäft des Erbensuchers vor.

Wer aber jedenfalls ein auch-fremdes Geschäft annehmen will[25], müsste mit der h.M. einen **Fremdgeschäftsführungswillen** widerleglich vermuten. Das hat der BGH in der diesem Fall zugrunde liegenden Entscheidung mit der oben bei der Anwendbarkeit bereits angeführten Begründung verneint. Auch wenn man diese nicht als stichhaltig ansieht und von der Vermutung eines Fremdgeschäftsführungswillens ausgehen will, scheitert ein Aufwendungsersatz aber jedenfalls daran, dass eine Vergütung des Geschäftsführers zwar grundsätzlich nach § 1835 Abs. 3 analog möglich ist[26], diese aber nicht zu Wertungswidersprüchen führen darf. Auch hier wieder lässt sich argumentieren, dass nach allgemei-

---

23 Ein vertraglicher Anspruch auf das Honorar besteht nicht, da B einen Vertragsschluss ausdrücklich abgelehnt hat.

24 Der BGH äußert sich hierzu in BGH NJW 2000, 72 ff. nicht eindeutig. Auf der einen Seite wird ein Anspruch aus GoA „von vornherein" ausgeschlossen, auf der anderen Seite wird auf die Fremdheit des Geschäfts sowie den Fremdgeschäftsführungswillen eingegangen. Vgl. *Wandt*, § 2 Rdnr. 5 (Anwendbarkeit der GoA verneint; siehe auch *Gursky*, S. 160, wo darauf abgestellt wird, dass ein eigenes und kein fremdes Geschäft vorliege. In der Literatur wird teilweise die dogmatische Begründung des BGH als misslungen angesehen (*Ehmann*, LM H. 4/2000 zu § 677 BGB Nr. 40; siehe auch *Schulze*, JZ 2000, 523, 524; *Hau*, NJW 2001, 2863, 2864).

25 Der BGH formuliert in der Erbensucher-Entscheidung, es können sich „allenfalls um ein auch-fremdes Geschäft handeln" (Entscheidungsgründe II. 2 b).

26 Näher unten Rdnr. 62.

nen Regeln eigene Aufwendungen in Vorbereitung eines vom anderen nicht gewollten und damit verweigerten Vertragsschlusses unvergütet bleiben. Da jede Seite selbst das Risiko des Scheiterns von Vertragsverhandlungen trägt, kann der gewerbliche Erbensucher keinen Aufwendungsersatzanspruch aus GoA haben[27].

§ 5 Die berechtigte GoA[28]

I. Geschäftsführer tätigt ausschließlich fremdes Geschäft

28 Ein gesetzliches Schuldverhältnis nach §§ 677, 683 kommt zustande, wenn der Handelnde mit Fremdgeschäftsführungswillen Aufgaben erledigt, die zum Geschäftsbereich eines anderen gehören[29]. Die Übernahme des Geschäfts muss zudem dem Interesse sowie dem wirklichen oder mutmaßlichen Willen des Geschäftsherrn entsprechen.

1. Fremdes Geschäft

29 Der Geschäftsführer muss ein fremdes Geschäft tätigen. Der Begriff **„Geschäft"** i.S. des § 677 ist weit auszulegen. Darunter versteht man alle rechtsgeschäftlichen und tatsächlichen Handlungen mit wirtschaftlichen Folgen[30]. Da davon praktisch jede menschliche Handlung umfasst ist, ist allenfalls fraglich, ob das besorgte Geschäft fremd ist.

30 **Fremd** ist das Geschäft, wenn es objektiv zum Pflichten- und Interessenkreis eines anderen gehört[31]. **Objektiv fremd** sind alle Angelegenheiten, deren Besorgung oder Wahrnehmung von Rechts wegen Sache eines anderen ist[32]. Objektiv fremd ist das Geschäft also dann, wenn es schon nach seinem äußeren Erscheinungsbild nicht zum Rechts- und Interessenkreis des Geschäftsführers gehört. Beispiele sind die Verfügung über fremde Rechte (Sache des Rechtsinhabers), die Erfüllung von Verbindlichkeiten (Sache des Schuldners), die Sorge für Kinder (Sache des Personensorgeberechtigten), die Reparatur von Sachen (Sache des Eigentümers). Ein fremdes Geschäft liegt auch dann noch vor, wenn das Geschäft sowohl im eigenen als auch im fremden Interesse übernommen wird (Doppelinteresse)[33]. Das sog. **auch-fremde Geschäft** wird unter II. gesondert dargestellt, da dessen Behandlung streitig ist.

---

27 Auch ein Aufwendungsersatzanspruch aus §§ 687 Abs. 2 S. 2, 684 S. 1 (Geschäftsanmaßung) scheidet aus, da keine unechte GoA i.S. des § 687 Abs. 2 S. 1 vorliegt. Ein Anspruch aus § 812 Abs. 1. S. 1, 1. Alt. kommt nicht in Betracht, da der Erbensucher nicht „geleistet" hat; siehe Erman/*Buck-Heeb*, Vor § 812 Rdnr. 10b.

28 **Übungsfall** z.B. bei *Zimmermann/Otto*, JuS 2011, 1100 ff.; *Horlach/Guhl*, JA 2010, 94 ff.; *Schimmel/Buhlmann*, JURA 2001, 600 ff.; *Homeier/Kleemann*, JA 2012, 96 ff.; *Anzinger*, JA 2013, 650 ff.; *Dornis/Sturm*, JURA 2013, 1167 ff.; *Kastrup*, JURA 2014, 219 ff.; *Gietl/Stenzer*, JA 2014, 898 ff.

29 Zum Anwendungsbereich der berechtigten GoA siehe auch *B. Schmidt*, JuS 2004, 862 ff.

30 Vgl. z.B. BGHZ 38, 270, 275 (Ausweichen im Straßenverkehr); siehe auch MünchKomm/*Seiler*, § 677 Rdnr. 2; *Rödder*, JuS 1983, 930.

31 MünchKomm/*Seiler*, § 677 Rdnr. 6.

32 Vgl. BGH NJW 2012, 1648, 1650 („Beerdigungskosten"); BGHZ 181, 188, 195, Rdnr. 18; BGH NJW 2007, 63, 64, Rdnr. 15. Zur großzügigen Handhabung durch die Rechtsprechung *Hey*, JuS 2009, 400, 402.

33 BGHZ 16, 12, 16; BGHZ 54, 157, 160; BGHZ 110, 313, 314 f.

Aber auch ein vom äußeren Erscheinungsbild her **neutrales** Geschäft kann ein fremdes Geschäft sein. Ein solches sog. **subjektiv fremdes Geschäft** liegt dann vor, wenn die nach außen deutlich werdende Absicht des Geschäftsführers besteht, das Geschäft für einen anderen zu führen[34]. Neutrale Geschäfte sind etwa der Abschluss von Verpflichtungsgeschäften, da hier objektiv keine Beziehung zu einem fremden Rechts- oder Interessenkreis besteht. Erst der Wille des Geschäftsführers, etwa die Sache für einen anderen zu erwerben, macht das Geschäft zu einem fremden[35]. 31

2. Fremdgeschäftsführungswille

Eine (echte) GoA liegt nur vor, wenn der Geschäftsführer das Geschäft auch subjektiv für einen anderen besorgen wollte, d.h. mit **Fremdgeschäftsführungswillen** gehandelt hat[36]. Erforderlich ist das **Bewusstsein** von der Fremdheit und der **Wille**, das Geschäft für einen anderen zu tätigen[37]. Die Person des Geschäftsherrn braucht dem Geschäftsführer nicht bekannt zu sein. Er muss nur wissen, dass das Geschäft für ihn fremd ist. Ein **Irrtum** über die Person des Geschäftsherrn ist unschädlich, da nach **§ 686** aus der Geschäftsführung nur der wirkliche Geschäftsherr berechtigt und verpflichtet wird[38]. 32

Da der Wille zur Fremdgeschäftsführung als innere Tatsache häufig schwer nachzuweisen ist, hat die Rechtsprechung eine Beweislastregel entwickelt: Bei einem **objektiv fremden** Geschäft wird der Fremdgeschäftsführungswille widerleglich vermutet[39]. Wer weiß, dass er ein fremdes Geschäft führt, hat grundsätzlich auch den erforderlichen Fremdgeschäftsführungswillen, außer er bringt den gegenteiligen Willen zum Ausdruck. Ein solches Geschäft greift schon seinem Inhalt nach in einen fremden Rechts- und Interessenkreis ein[40]. Wer den Fremdgeschäftsführungswillen des Geschäftsführers anzweifelt, muss dessen Nichtvorliegen beweisen. Dagegen muss bei einem **subjektiv fremden** (= neutralen) Geschäft der Fremdgeschäftsführungswille hinreichend nach außen in Erscheinung treten[41]. Denn erst durch den Willen des Geschäftsführers wird das Geschäft zu einem fremden Geschäft. 33

Wird also in der **Klausur** das Vorliegen eines subjektiv fremden Geschäfts festgestellt, hat schon mit der Untersuchung dieses Punkts auch die Prüfung des Fremdgeschäftsführungswillens zu erfolgen, denn ein Geschäft wird allein durch den Fremdgeschäftsführungswillen von einem neutralen zu einem subjektiv fremden Geschäft.

---

34 BGH NJW-RR 2004, 81 ff., Rdnr. 15.

35 *Brox/Walker*, § 36 Rdnr. 7.

36 Wird ohne Fremdgeschäftsführungswillen gehandelt, kommt lediglich eine sog. unechte GoA in Betracht, siehe unten Rdnr. 78 ff.

37 Palandt/*Sprau*, § 677 Rdnr. 3; *Rödder*, JuS 1983, 930, 931; *Schwark*, JuS 1984, 321, 322.

38 BGHZ 1, 57, 62; BGHZ 43, 188, 191 f.; MünchKomm/*Seiler*, § 677 Rdnr. 7.

39 BGHZ 40, 28, 31; BGHZ 65, 354, 357; BGHZ 70, 389, 396; BGH NJW 2007, 63; Jauernig/*Mansel*, § 677 Rdnr. 4; *Brox/Walker*, § 36 Rdnr. 10; *Medicus/Lorenz*, SR II, Rdnr. 1112; zur a.A. vgl. *Pesch*, JURA 1995, 361.

40 BGH NJW 2007, 63 f., Rdnr. 15.

41 BGHZ 40, 28, 31; BGH WM 2004, 1397, 1399.

3. Ohne Auftrag

34 Der Geschäftsführer muss **ohne Auftrag** oder ohne sonstige Berechtigung gegenüber dem Geschäftsherrn gehandelt haben. Ohne Auftrag handelt, wer dem Geschäftsherrn gegenüber weder aus Vertrag noch kraft Gesetzes verpflichtet ist. Nach Ansicht der Rechtsprechung handelt auch „ohne Auftrag", wer aufgrund eines nichtigen Auftragsverhältnisses tätig wird[42]. Die auch im Gesetz verwendete Bezeichnung „ohne Auftrag" ist insofern zu eng, als die Regeln über die Geschäftsführung ohne Auftrag nicht nur bei fehlendem Auftrag, sondern auch immer dann Anwendung finden, wenn im Zeitpunkt der Wahrnehmung der Aufgaben, die zum Geschäftsbereich eines anderen gehören, **kein** rechtsgeschäftliches oder gesetzliches **Rechtsverhältnis** besteht.

Eine **„sonstige Berechtigung"** kann z.B. aus einer familienrechtlichen Beziehung (z.B. Eltern), aus einer Amtsstellung (Insolvenzverwalter) oder aus einer Organstellung (z.B. Vereinsorgan, Organ einer juristischen Person) folgen. Dagegen folgt aus öffentlichrechtlichen Pflichten, die nur gegenüber der Allgemeinheit und nicht gegenüber dem Geschäftsherrn bestehen (z.B. allgemeine Hilfeleistungspflicht nach § 323c StGB), keine „sonstige Berechtigung"[43].

4. Interesse und Wille des Geschäftsherrn

a) Interesse

35 Die Übernahme des Geschäfts muss dem Interesse und dem wirklichen oder mutmaßlichen Willen des Geschäftsherrn entsprechen (§ 683). Dem **Interesse** des Geschäftsherrn entspricht die Geschäftsführung, wenn sie für den Geschäftsherrn **objektiv nützlich** ist, d.h. sich vorteilhaft auswirkt[44]. Bei der Beurteilung ist auf den Zeitpunkt der Übernahme der Geschäftsführung abzustellen. Auch z.B. ein letztlich erfolgloser Versuch der Lebensrettung ist interessen- und willensgemäß, wenn nicht von vornherein feststand, dass keinerlei Rettungsmöglichkeit mehr bestand[45].

b) Wille

36 Willensgemäß ist die Übernahme des Geschäfts, wenn der Geschäftsherr sich mit dieser ausdrücklich oder konkludent einverstanden erklärt hat. Dabei ist primär auf den **tatsächlich geäußerten Willen** des Geschäftsherrn abzustellen, auch wenn dieser noch so unvernünftig ist[46]. Niemandem soll etwas gegen seinen Willen aufgezwungen werden. Unerheblich ist, ob der wirkliche Wille dem Geschäftsführer bekannt ist oder überhaupt bekannt sein kann. Bleibt dem Geschäftsführer der wirkliche Wille des Geschäftsherrn verborgen, trägt er die mit der Geschäftsführung verbundenen Risiken. Sein Einwand, er habe sich an den von ihm angenommenen mutmaßlichen Willen des Geschäftsherrn ge-

---

42 Umstritten ist dann allerdings, ob ein Fremdgeschäftsführungswille vorliegt, siehe unten **Fall 6** Rdnr. 46. Zur a.A. in der Literatur, wonach in solchen Fällen schon die Anwendbarkeit der GoA zu verneinen sein soll, siehe oben Rdnr. 26.

43 Allg. Meinung; siehe MünchKomm/*Seiler*, § 677 Rdnr. 43 m.w.N.

44 BGHZ 16, 12, 16; MünchKomm/*Seiler*, § 683 Rdnr. 4.

45 OLG Frankfurt NJW-RR 1996, 1337.

46 Palandt/*Sprau*, § 683 Rdnr. 6 f.

halten, ist unerheblich, solange ein wirklicher Wille ausdrücklich oder konkludent geäußert wurde, ihm aber (wenn auch schuldlos) nicht bekannt war. Der Wille des Geschäftsherrn muss sich auch auf die konkrete Person des Geschäftsführers beziehen, so dass die Besorgung durch den einen Geschäftsführer willensgemäß, durch einen anderen willenswidrig sein kann.

Kann der wirkliche Wille nicht festgestellt werden, so ist die Übernahme des Geschäfts dann willensgemäß, wenn sie dem **mutmaßlichen Willen** des Geschäftsherrn entspricht. Zur Ermittlung des mutmaßlichen Willens ist darauf abzustellen, welchen Willen der Geschäftsherr bei objektiver Beurteilung aller Umstände geäußert hätte, wäre er bei Übernahme des Geschäfts gefragt worden. Regelmäßig ist hierbei davon auszugehen, dass ein objektiv nützliches Geschäft auch dem (mutmaßlichen) Willen des Geschäftsherrn entspricht[47]. 37

c) Differenz zwischen Interesse und Wille

Im Einzelfall können das Interesse und der wirkliche Wille differieren. Die h.M. lässt zur Bejahung einer berechtigten GoA ausreichen, dass das Geschäft dem **wirklichen Willen** entspricht, auch wenn das objektive Interesse zu verneinen ist, weil die Geschäftsführung nicht objektiv nützlich ist[48]. Dies folge aus dem Gedanken der Privatautonomie. Der Geschäftsherr hätte dem Geschäftsführer auch einen Auftrag über ein objektiv interessenwidriges Geschäft erteilen können und wäre diesem dann zum Ersatz seiner Aufwendungen verpflichtet. Differieren also das Interesse und der verlautbarte wirkliche Wille, ist allein der wirkliche Wille und nicht das objektive Interesse maßgebend. Unerheblich ist, ob dem Geschäftsführer der Wille des Geschäftsherrn bekannt ist[49]. Äußert ein Geschäftsherr einen bestimmten Willen nur zum Scherz, gilt nach dem Grundgedanken des **§ 116 S. 1** das Erklärte und nicht das vom Erklärten abweichend Gewollte. 38

d) Unbeachtlichkeit des entgegenstehenden Willens

Ausnahmsweise kann der entgegenstehende Wille des Geschäftsherrn auch **unbeachtlich** sein. Das ist nach **§ 679** dann der Fall, wenn ohne die Geschäftsführung eine Pflicht des Geschäftsherrn, deren Erfüllung im öffentlichen Interesse liegt[50], oder eine gesetzliche Unterhaltspflicht des Erbrechts (vgl. § 1969) oder Familienrechts (vgl. §§ 1360 f., 1601 ff.) nicht erfüllt werden würde. Allein auf Vertrag beruhende Unterhaltspflichten sind hiervon nicht erfasst. Ist der Geschäftsherr geschäftsunfähig (§ 104) oder beschränkt geschäftsfähig (§§ 106, 107), wird hierbei auf den Willen des gesetzlichen Vertreters abgestellt[51]. Im öffentlichen Interesse liegen nicht nur öffentlich-rechtliche Pflichten (z.B. Pflichten des Störers nach Polizei- und Ordnungsrecht), sondern auch privatrechtliche Pflichten, die der Allgemeinheit dienen (z.B. Verkehrs(sicherungs)pflichten). Es muss eine spezielle, gesteigerte Pflicht vorliegen, so dass allgemeine Pflichten wie etwa die Hilfspflicht nach § 323c StGB zur Außerachtlassung des entgegenstehenden Willens nicht ausreichen[52]. 39

47 BGH NJW 1971, 609, 612; MünchKomm/*Seiler*, § 683 Rdnr. 10.
48 *Medicus/Petersen*, BR, Rdnr. 422; *Brox/Walker*, § 36 Rdnr. 28.
49 Erman/*Dornis*, § 683 Rdnr. 4.
50 BGH NJW 2012, 1648, 1650, Rdnr. 18 f. („Beerdigungskosten").
51 Vgl. BGH NJW 1971, 609, 612 („Flugreise").
52 A.A. Jauernig/*Mansel*, § 679 Rdnr. 2; ähnlich Staudinger/*Bergmann*, § 679 Rdnr. 24.

40 **Umstritten** ist, welche Bedeutung der **entgegenstehende Wille eines Selbstmörders** hat. Dieser Wille ist nicht schon nach § 679 unbeachtlich, denn es gibt keine Rechtspflicht des Einzelnen, am Leben zu bleiben. Eine bloße sittliche Pflicht ist nicht ausreichend[53]. Die h.M. sieht den entgegenstehenden Willen des Selbstmörders als unbeachtlich an. Allerdings ist die Begründung uneinheitlich. Teilweise wird die Unbeachtlichkeit mit der entsprechenden Anwendung der §§ 104 Nr. 2, 105 begründet[54]. Andere halten den Willen für unbeachtlich, da der Geschäftsführer als Retter eine „Menschenpflicht" erfülle[55]. Nur wenige gehen davon aus, dass der entgegenstehende Wille beachtlich sein soll, da sich der Selbstmörder in einer extremen Notlage befinde, die frei von rechtlichen Sanktionen sein müsse und keinem sittlichen Unwerturteil zugänglich sein dürfe. Überzeugender erscheint jedoch die h.M., denn mit der Heranziehung der Vorschriften der GoA soll kein Werturteil verbunden sein, vielmehr geht es lediglich um eine Risikoabwägung hinsichtlich der Verteilung von Aufwendungen und Schäden.

e) Berechtigtheit der GoA

41 **Berechtigt** ist die GoA in drei Fällen:

- Es handelt sich um ein interessen- und willensgemäßes Fremdgeschäft. Voraussetzung ist dabei nur, dass die **Übernahme** des Geschäfts interessen- und willensgemäß ist. Ob auch die **Durchführung** des Geschäfts dem Willen und dem Interesse des Geschäftsherrn entspricht, ist eine Frage der Rechtsfolgenseite, nämlich der Erforderlichkeit der Aufwendung[56].
- Es handelt sich um ein durch § 679 (Unbeachtlichkeit des entgegenstehenden Willens) gedecktes Fremdgeschäft.
- Es liegt eine **genehmigte Geschäftsführung** (§ 684 S. 2) vor. Dann kommt es nicht darauf an, ob das Geschäft dem Interesse und dem Willen des Geschäftsherrn entsprochen hat. Eine solche Genehmigung kann wegen § 182 Abs. 2 auch konkludent erfolgen (z.B. wenn der Geschäftsherr vom Geschäftsführer das aus der Geschäftsführung Erlangte herausverlangt). Liegt eine Genehmigung des Geschäftsherrn vor, so ist zu trennen: Einerseits kann die Übernahme der Geschäftsbesorgung genehmigt werden (Innenverhältnis), andererseits kann der Vertrag, den der Geschäftsführer als Vertreter ohne Vertretungsmacht (§ 177) mit Dritten geschlossen hat, genehmigt werden (Außenverhältnis). Ob sich eine im Innenverhältnis erteilte Genehmigung auch auf das Außenverhältnis erstreckt, ist durch Auslegung zu ermitteln[57].

II. Geschäftsführer tätigt eigenes, aber auch-fremdes Geschäft

1. Grundlagen

42 Führt der Geschäftsführer ein für ihn fremdes Geschäft, dessen Wahrnehmung aber auch ihm obliegt, können die Regeln der GoA trotz der Mitverpflichtung des anderen eingreifen (auch-fremdes Geschäft). Die Bejahung des Tatbestandsmerkmals **fremdes Geschäft**

53 Soergel/*Beuthien*, § 679 Rdnr. 5.
54 MünchKomm/*Seiler*, § 679 Rdnr. 13; *Beuthien/Weber*, S. 139. Vgl. auch Erman/*Dornis*, § 679 Rdnr. 3.
55 *Larenz*, § 57 I a.
56 MünchKomm/*Seiler*, § 683 Rdnr. 11; *Rödder*, JuS 1983, 930, 931.
57 *Brox/Walker*, § 36 Rdnr. 37.

wird regelmäßig unproblematisch sein, da es ausreicht, wenn die Geschäftsübernahme sowohl im eigenen als auch im fremden Interesse liegt. Schwierigkeiten wirft aber das Tatbestandsmerkmal des **Fremdgeschäftsführungswillens** auf. Nach der Rechtsprechung wird beim auch-fremden Geschäft der Fremdgeschäftsführungswille ebenfalls **vermutet**[58]. In der Literatur wird dagegen teilweise verlangt, dass der Fremdgeschäftsführungswille (wie beim neutralen Geschäft) äußerlich erkennbar in Erscheinung treten müsse[59]. Die Rechtsprechungsansicht führe zu einer bloßen Fiktion des Fremdgeschäftsführungswillens und überdehne damit den Anwendungsbereich der GoA. Charakteristisch für die GoA sei das altruistische Handeln des Fremdgeschäftsführers. Deshalb müsse der Fremdgeschäftsführungswille positiv festgestellt werden. Das kann jedoch zu großen Beweisschwierigkeiten führen.

Damit lassen sich verschiedene **Problembereiche** herausfiltern[60]: Zum einen stellt sich **43**
die Frage nach der Behandlung der Fälle, in denen der Geschäftsführer ein auch eigenes Geschäft ohne anderweitige Verpflichtung führt, sodann Fälle, in denen der Geschäftsführer dieses aufgrund privatrechtlicher Handlungspflichten (Vertrag mit einem Dritten, nichtiger Vertrag) führt (unten 2.) und schließlich Fälle, in denen für den Geschäftsführer (auch) eine öffentlich-rechtliche Handlungspflicht besteht (unten 3.).

In unserem **Fall 4**[61] nimmt der Geschäftsführer eigene Interessen wahr, ohne vertraglich oder öf- **44**
fentlich-rechtlich dazu verpflichtet zu sein[62]. Hier geht es um die Frage der Ersatzfähigkeit von sog. **Selbsthilfeaufwendungen**: A will seinen Pkw in seine Garage fahren. Die Zufahrt ist jedoch vom Pkw des B versperrt. A lässt den Wagen abschleppen und verlangt von B die Abschleppkosten aus GoA ersetzt. Zu Recht?

Ein vertraglicher Anspruch des A gegen B besteht nicht. A könnte aber einen Anspruch auf Ersatz der Abschleppkosten nach **§§ 677, 683 S. 1, 670** haben[63]. Das setzt zunächst voraus, dass A ein **fremdes Geschäft** geführt hat, also die Geschäftsführung (zumindest auch) dem Rechts- und Interessenkreis eines anderen angehört. A wollte sich freie Zufahrt zu seiner Garage verschaffen. Das Abschleppenlassen des Pkw durch den Abschleppunternehmer (Geschäftsführungsgehilfe) lag demnach im eigenen Interesse des A. Zu berücksichtigen ist aber, dass das Parken vor Grundstücksein- und -ausfahrten nach § 12

58 BGHZ 38, 270, 276; BGHZ 40, 28, 31 („Funkenflug"); BGHZ 65, 354, 357; BGHZ 98, 235, 240; BGHZ 110, 313, 314 f.; BGH NJW 2000, 72 („Erbensucher"); BGH NJW 2000, 422, 423; BGH WM 2002, 97 (obiter dictum); MünchKomm/*Seiler*, § 677 Rdnr. 5 ff.; kritisch *Thole*, NJW 2010, 1243 f.; dazu auch *Wilke*, JURA 2013, 547 ff.

59 Vgl. *Weishaupt*, NJW 2000, 1002, 1003; *Falk*, JuS 2003, 833, 834 ff.

60 Siehe *Thole*, NJW 2010, 1243, 1244; *Esser/Weyers*, § 46 II 2 d, wonach die Problematik des auch-fremden Geschäfts sachgerecht nur fallgruppenartig erörtert werden kann.

61 Vgl. *Janssen*, NJW 1995, 624; *Schwarz/Ernst*, NJW 1997, 2250, 2251; a.A. AG Berlin-Wedding NJW-RR 1991, 353; *Dörner*, JuS 1978, 666, 669; *Lorenz*, NJW 2009, 1025 ff.; siehe auch BGHZ 181, 233 ff., wonach der Abgeschleppte vom Grundstückseigentümer die Abschleppkosten aus § 812 Abs. 1 S. 1, 1. Alt. zurück verlangen kann, weil kein Schadensersatzanspruch des Grundstückseigentümers aus § 823 Abs. 2 iVm. § 858 Abs. 1 besteht. Zur GoA bei Anbringen einer Parkkralle *Paal/Guggenberger*, NJW 2011, 1036, 1039.

62 **Übungsfall** z.B. bei *Huneke*, JURA 2010, 852 ff.; *Pöschke/Sonntag*, JuS 2009, 711 ff.

63 Daneben ist ein Schadensersatzanspruch aus § 823 Abs. 1 sowie aus § 823 Abs. 2 iVm. § 858 zu prüfen, vgl. *Peifer*, § 13 Rdnr. 4. Beide Ansprüche sind zu bejahen. Insbesondere stellen die Abschleppkosten einen ersatzfähigen Schaden dar. Berücksichtigt man die Wertung des § 859 (Selbsthilfe des Besitzers), so fallen diese als Schaden unter den Schutzzweck der Norm; vgl. BGHZ 181, 233 ff.

Abs. 3 Nr. 3 StVO unzulässig ist. Die Beseitigung einer verkehrswidrigen Situation ist aber primär Sache des Fahrers oder Halters[64]. Zudem benutzt B als Nichtberechtigter ein fremdes Grundstück, indem er seinen Pkw dort abstellt. Es kommen daher Unterlassungsansprüche des Berechtigten nach §§ 862 Abs. 1, 1004 Abs. 1, 823 Abs. 1 gegen Fahrer und Halter und auch eine Besitzkehr nach § 859 Abs. 3 in Betracht[65]. A hat hier als Geschäftsführer durch das Abschleppenlassen eine Verbindlichkeit erfüllt, die dem B (Geschäftsherr) gerade ihm, A, gegenüber bestand. Obwohl A sich selbst „freie Fahrt" verschaffen wollte, hat er somit zumindest auch ein fremdes Geschäft geführt, nämlich das des B.

Bei einem auch-fremden Geschäft wird der **Fremdgeschäftsführungswille** nach h.M. vermutet. Sodann muss A **ohne Auftrag** oder sonstige Berechtigung gehandelt haben. Das ist hier der Fall.

Schließlich muss die Geschäftsführung auch dem **Interesse und Willen** des Geschäftsherrn entsprechen, damit eine berechtigte GoA vorliegt. Die Übernahme des Geschäfts entspricht dem Interesse des Geschäftsherrn B, da sie insofern objektiv nützlich ist, als er von seiner Pflicht, das Fahrzeug zu entfernen, befreit wird. Außerdem müsste die Übernahme der Geschäftsführung auch dem mutmaßlichen Willen des Geschäftsherrn entsprechen (ein ausdrücklicher oder konkludenter Wille ist nicht ersichtlich). Ein objektiv nützliches Geschäft entspricht zwar regelmäßig auch dem mutmaßlichen Willen des Geschäftsherrn[66], maßgeblich sind jedoch die Umstände des Einzelfalls. Während beim objektiven Interesse die Kosten für das Entfernen des verkehrswidrig abgestellten Pkw ohne Bedeutung sind, finden sie bei der Ermittlung des mutmaßlichen Willens Berücksichtigung[67]. Wer sein Fahrzeug unbefugt auf einem fremden Grundstück abstellt, ist nach h.M. nicht mit einem kostenpflichtigen Abschleppen seines Pkw einverstanden, es sei denn, der durch die widerrechtliche Benutzung drohende Schaden ist höher als die Abschleppkosten[68]. Das ist hier nicht der Fall, so dass das Entfernen des Pkw durch A nicht dem mutmaßlichen Willen des B entspricht. Dieser entgegenstehende Wille ist auch nicht gemäß § 679 unbeachtlich. Ein Abschleppen des unbefugt abgestellten Pkw liegt ausschließlich dann im öffentlichen Interesse, wenn nicht nur der Besitz oder das Eigentum beeinträchtigt sind, sondern es müssen nach h.M. darüber hinaus Leben, Gesundheit oder wichtige Sachgüter durch das verbotswidrig abgestellte Kfz konkret gefährdet sein (Feuerwehrzufahrt oder Krankentransport)[69], was hier bei der privaten Grundstückszufahrt des A nicht der Fall ist. Ein Anspruch des A auf Ersatz der Abschleppkosten aus berechtigter GoA scheidet daher aus[70].

---

64 Siehe OLG Karlsruhe WuM 2007, 279, 280: Es gehöre nicht zum Pflichtenkreis eines Anliegers, die Straßenverkehrsregeln zu überwachen.

65 Offen gelassen in BGHZ 181, 233 ff.

66 Vgl. *Martinek/Theobald*, JuS 1997, 805, 808 f.; siehe auch *Schwarz/Ernst*, NJW 1997, 2550, 2552.

67 *Koch*, NZV 2010, 336, 339; *Lorenz*, NJW 2009, 1025, 1027.

68 *Koch*, NZV 2010, 336, 339; *Lorenz*, NJW 20009, 1025, 1027; *Martinek/Theobald*, JuS 1997, 805, 809; a.A. *Schwarz/Ernst*, NJW 1997, 2550, 2551.

69 Erman/*Dornis*, § 679 Rdnr. 4; Staudinger/*Bergmann*, § 679 Rdnr. 24; *Wandt*, § 5 Rdnr. 24; a.A. *Lorenz*, NJW 2009, 1025, 1027; *Koch*, NZV 2010, 336, 340.

70 Nach **BGHZ 181, 233** hat der Grundstücksbesitzer aber aus § 823 Abs. 2 iVm. § 858 einen Anspruch auf Ersatz der Abschleppkosten als Schadensersatz, da er sich der verbotenen Eigenmacht durch das kostenpflichtige Entfernen des unbefugt abgestellten Fahrzeugs erwehren kann (§ 859). Es besteht auch ein Anspruch aus § 823 Abs. 1, weil die verbotene Eigenmacht eine Eigentumsverletzung oder zumindest eine

2. Privatrechtliche Handlungspflichten

Fall 5[71]: Wie Fall 4. Der Pkw des B versperrt die Grundstückseinfahrt des A, woraufhin A den Pkw durch den Abschleppunternehmer U entfernen lässt. Kann U von B aus eigenem Recht die Kosten für das Abschleppen des Pkw aus GoA verlangen? 45

1. U könnte einen Anspruch auf Aufwendungsersatz aus (berechtigter) GoA nach §§ 677, 683 S. 1, 670 haben[72]. Dafür müssten die Regeln der GoA überhaupt **anwendbar** sein. Der BGH[73] geht in st. Rspr. davon aus, dass dies auch dann zu bejahen ist, wenn der Geschäftsführer einem Dritten vertraglich zur Geschäftsbesorgung verpflichtet ist. Anders soll das nur sein, wenn im **Vertrag** die Rechte und Pflichten des Geschäftsführers, insbesondere die Entgeltfrage, **umfassend** geregelt sind[74]. Eine solche Regelung sei hinsichtlich des Ausgleichs für die jeweils erbrachten Leistungen auch im Verhältnis zum Geschäftsherrn grundsätzlich abschließend, da den vertraglichen Rechten auch insoweit aufgrund der Privatautonomie ein Vorrang zukomme[75]. Der BGH hat klargestellt, dass nicht sämtliche Einzelheiten des Entgelts, vor allem nicht die exakte Höhe, im Vertrag geregelt sein müssen, um eine Anwendung der GoA auszuschließen[76]. Erforderlich ist nur, dass sich aus dem Vertrag ergibt, dass der Auftragnehmer überhaupt ein Entgelt erhalten und dieses die gesamte Tätigkeit des Auftragnehmers umfassend vergüten soll. Denn bereits dann wird der Auftragnehmer (Geschäftsführer) ausschließlich aufgrund des Vertrags mit seinem Auftraggeber (Dritten) tätig und kann deshalb nicht eine zusätzliche Vergütung durch den Geschäftsherrn erwarten[77]. Fehlen besondere Abreden über die konkrete Bemessung der Vergütung, ist das so lange unschädlich, wie sich im Vertrag selbst oder im Gesetz (z.B. § 632 Abs. 2: „übliche Vergütung") eine Grundlage finden lässt, auf der die Höhe des Entgelts bestimmt werden kann[78].

A hat U damit beauftragt, den Pkw des B abzuschleppen. Hierdurch ist ein Werkvertrag zwischen A und U zustande gekommen. Sofern, was aus dem Sachverhalt nicht deutlich wird, der Werkvertrag selbst keine ausdrückliche Entgeltregelung enthält, ergibt sich die Höhe der Vergütung aus § 632 Abs. 2. Die Entgeltfrage ist demnach „umfassend" geregelt, so dass die Vorschriften der GoA im Verhältnis zwischen U und B nicht anwendbar

---

Verletzung des berechtigten Besitzes als sonstiges Recht i.S.des § 823 Abs. 1 ist. Ein Anspruch aus unberechtigter GoA gemäß §§ 684 S. 1, 818 scheidet aus. Durch das Entfernen des Pkw ist der Falschparker zwar von seiner Handlungspflicht befreit. Da er seinen Pkw selbst kostenlos hätte wegfahren können, ist er durch das kostenpflichtige Abschleppen nicht bereichert.

71 LG München I NJW 1976, 898; anders LG München I NJW 1978, 48 (Schadensersatz wegen Beschädigung des Fahrzeugs beim Abschleppvorgang).

72 Vertragliche Ansprüche des A gegen F bestehen nicht. Die Polizei hat den Abschleppauftrag auch nicht als Vertreter des F, sondern im eigenen Namen erteilt.

73 BGH NJW-RR 2004, 81, 83; siehe auch BGH NJW-RR 2004, 956.

74 So ausdrücklich BGH NZV 2012, 535, Rdnr. 16; BGH NJW-RR 2004, 81, 83; BGH NVwZ-RR 2011, 925, 926.

75 BGH NZV 2012, 535, Rdnr. 16; BGH NJW-RR 2004, 81, 83; kritisch *Wendlandt*, NJW 2004, 985 ff.; *Thole*, NJW 2010, 1243, 1245.

76 BGH NZV 2012, 535, Rdnr. 20.

77 BGH NJW-RR 2004, 81, 83.

78 BGH NZV 2012, 535, Rdnr. 20.

sind. Wer hier eine „umfassende“ Regelung der Entgeltfrage ablehnt, wird eine Anwendung der GoA bejahen. Dann ist wie folgt weiter zu prüfen.

2. Es könnte hier ein **auch-fremdes** Geschäft vorliegen, da U zwar zum einen seiner vertraglichen Pflicht gegenüber A nachkommen wollte, zum anderen aber ein Geschäft des B geführt hat, weil dieser als Eigentümer des Pkw verpflichtet war, den Wagen von der Grundstückseinfahrt des A zu entfernen. Die h.M. geht davon aus, dass ein auch-fremdes Geschäft selbst dann vorliegt, wenn der Geschäftsführer eine vertragliche Verpflichtung gegenüber einem Dritten erfüllen will. Die wirksame vertragliche Beziehung zum Dritten spielt, wenn der Geschäftsführer ein objektiv fremdes Geschäft für den Geschäftsherrn wahrnimmt, keine Rolle[79]. Teile des Schrifttums lehnen dagegen die Fremdheit des Geschäfts ab, wenn der Geschäftsführer aufgrund eines wirksamen Vertrags eine Aufgabe erledigt[80]. Derjenige, der mit der Geschäftsführung eigene Vertragspflichten erfüllt, wolle in erster Linie eine Leistung an seinen Vertragspartner erbringen und kein fremdes Geschäft i.S. des § 677 besorgen. Für eine solche enge Auslegung der GoA-Regeln gibt es jedoch keine Anhaltspunkte. Sie lassen sich auch nicht der Entstehungsgeschichte entnehmen[81].

Gegen die Annahme eines auch-fremden Geschäfts wird zudem angeführt, es führe zu Abwicklungsschwierigkeiten, wenn neben der vertraglichen Verpflichtung eine berechtigte GoA bejaht würde. Denn der Geschäftsherr hätte zwei Schuldner, die aber nicht Gesamtschuldner seien[82]. Dem kann entgegengehalten werden, dass A die Vergütung nur einmal verlangen kann. Einerseits muss er, sobald er vom Vertragspartner (hier: A) den Werklohn erhält, seinen Anspruch aus GoA gegen den Geschäftsherrn (hier: B) an den Vertragspartner abtreten. Andererseits darf er seinen vertraglichen Anspruch gegen den Vertragspartner nicht geltend machen, wenn er den Geschäftsherrn aus GoA in Anspruch nimmt, da nach Auslegung des Vertrags in solchen Fällen regelmäßig ein Vergütungsanspruch ausgeschlossen sein wird. Im vorliegenden Fall ist daher trotz bestehender vertraglicher Verpflichtung vom Vorliegen eines (auch-)fremden Geschäfts auszugehen.

3. U müsste mit **Fremdgeschäftsführungswillen** gehandelt haben. Die h.M. vermutet den Fremdgeschäftsführungswillen selbst dann, wenn nicht ausschließlich, sondern nur **auch** ein objektiv fremdes Geschäft vorgenommen worden ist[83]. Teile der Literatur wollen dagegen einen Fremdgeschäftsführungswillen beim auch-fremden Geschäft nur dann bejahen,

79 BGHZ 61, 354, 359, 363; Soergel/*Beuthien*, § 677 Rdnr. 9; *Rödder*, JuS 1983, 930, 932; *Schwark*, JuS 1984, 321, 328.

80 MünchKomm/*Seiler*, § 677 Rdnr. 20 (unterscheidend zwischen einer vertraglichen Verpflichtung gegenüber Dritten und einer aufgrund gesetzlicher oder anderer Bestimmungen bestehenden Verpflichtung); *Schubert*, AcP 178 (1978), 425, 439 ff.; Erman/*Dornis*, § 677 Rdnr. 15 (einschränkend). Teilweise wird auch (erst) der Fremdgeschäftsführungswille verneint, vgl. *Larenz*, § 57 I a; *Medicus/Petersen*, BR, Rdnr. 412; MünchKomm/*Seiler*, § 677 Rdnr. 13–15; vgl. auch OLG Koblenz NJW 1992, 2367, 2368.

81 Im ersten Entwurf zum BGB war mit § 760 die Möglichkeit einer GoA trotz vertraglicher Verpflichtung einem Dritten gegenüber vorgesehen, auch wenn der Figur der GoA regelmäßig die altruistische Hilfeleistung ohne irgendeine Verpflichtung des Geschäftsführers zugrunde liegt. Aufgrund geringer praktischer Bedeutung wurde diese Regelung nicht in das BGB übernommen; siehe Motive II, S. 869; a.A. aber *Wandt*, § 8 Rdnr. 5.

82 *Seiler*, JuS 1987, 368, 373; siehe auch *Medicus/Petersen*, BR, Rdnr. 414.

83 BGH NJW 2000, 422, 423; BGHZ 98, 235, 240; BGHZ 65, 354, 357; Palandt/*Sprau*, § 677 Rdnr. 6.

wenn es konkrete Anhaltspunkte für einen solchen Willen gibt. Nach dieser Ansicht muss der Fremdgeschäftsführungswille im Einzelfall bewiesen werden[84]. Ein anderer Teil der Literatur will den Fremdgeschäftsführungswillen beim auch-fremden Geschäft durch wertende Betrachtungsweise ermitteln. So kann ein Fremdgeschäftsführungswille nur vermutet werden, wenn die primäre Verpflichtung des Dritten dominierendes Motiv der Geschäftsführung gewesen ist. Andernfalls muss der Fremdgeschäftsführungswille konkret bewiesen werden[85]. Im vorliegenden Fall ist – mangels anderer Anhaltspunkte im Sachverhalt – unter jedem der Gesichtspunkte von einem Fremdgeschäftsführungswillen auszugehen.

4. U war B gegenüber nicht zur Geschäftsführung verpflichtet. Er handelte mithin **ohne Auftrag** i.S. des § 677. Die Geschäftsführung des U für B war objektiv nützlich und entsprach daher dem **Interesse** des B. Da der wirkliche **Wille** des B nicht festgestellt werden kann, ist auf dessen mutmaßlichen Willen abzustellen. Zu dessen Bestimmung kann wiederum das Interesse des B herangezogen werden. Demnach handelte U interessen- und auch willensgemäß.

5. **Rechtsfolge** ist, dass U von B die erforderlichen Aufwendungen ersetzt verlangen kann (§ 670). Grundsätzlich ist die vom Geschäftsführer aufgewendete Zeit und Arbeitskraft vom Aufwendungsersatzanspruch nicht umfasst[86]. Anders verhält es sich jedoch, wenn – wie hier – eine Geschäftsführung vorliegt, die der Geschäftsführer sonst im Rahmen seiner beruflichen oder gewerblichen Tätigkeit vornimmt **(§ 1835 Abs. 3 analog)**. Da U gewerbsmäßig Fahrzeuge abschleppt, steht ihm also ausnahmsweise eine **Tätigkeitsvergütung** zu. Allerdings bekommt U das Abschleppen nur einmal ersetzt: Zahlt der Vertragspartner (A) den vereinbarten Werklohn, muss er seinen Anspruch aus GoA an diesen abtreten. Zahlt hingegen B aufgrund des Aufwendungsersatzanspruchs, ist die Geltendmachung des vertraglichen Anspruchs auf die Tätigkeitsvergütung durch U ausgeschlossen (Vertragsauslegung, §§ 133, 157). B kann im zuletzt genannten Fall nicht die Abtretung des vertraglichen Anspruchs des U gegen A auf Zahlung des Werklohns verlangen. B ist Letztverpflichteter und soll als solcher allein haften[87].

Ein Fremdgeschäftsführungswille ist auch fraglich, wenn jemand aufgrund **nichtigen Vertrags** tätig wird. Das verdeutlicht **Fall 6**[88]: Steuerberater S macht für den G Rückübertragungsansprüche nach dem Vermögensgesetz geltend. Bei dieser Wahrnehmung handelt es sich, was S fahrlässig nicht weiß, um die unerlaubte Besorgung einer fremden Rechtsangelegenheit i.S. des § 3 RDG. S verlangt von G die Zahlung des vereinbarten Entgelts für seine Leistungen aus GoA. Zu Recht? **46**

84 *Gursky*, AcP 185 (1985), 13, 38; *Rödder*, JuS 1983, 930, 931; *Schwark*, JuS 1984, 321, 328 m.w.N.

85 RGRK/*Steffen*, Vor § 677 Rdnr. 48; *Schwerdtner*, JURA 1982, 593, 598; grds. auch MünchKomm/*Seiler*, § 677 Rdnr. 24.

86 Siehe unten Rdnr. 62 f.

87 Ein Anspruch aus § 812 Abs. 1 S. 1, 1. Alt. (Leistungskondiktion, Voraussetzung ist eine Leistung zwischen A und F) scheidet hier aus, da die berechtigte GoA Rechtsgrund i.S. des § 812 Abs. 1 ist. Ein Anspruch des A gegen F aus § 812 Abs. 1 S. 1, 2. Alt. (Eingriffskondiktion) muss aufgrund des Vorrangs der Leistungskondiktion ausscheiden, wenn die Polizei an F geleistet hat.

88 **BGH NJW 2000, 1560 ff.**; siehe auch BGHZ 37, 258 ff.

S könnte einen Anspruch gegen G aus **berechtigter GoA** haben, §§ 677, 683 S. 1, 670[89]. Fraglich ist die **Anwendbarkeit** der GoA-Regeln[90]. Teilweise wird in der Literatur eine solche verneint. Nichtige Verträge seien ausschließlich nach den Regeln der Leistungskondiktion abzuwickeln, da ansonsten den bereicherungsrechtlichen Wertungen widersprochen würde. Würde man die GoA-Regeln anwenden, könnten die bereicherungsrechtlichen Ausschlussvorschriften der §§ 814, 815, 817 S. 2 und 818 umgangen werden[91]. Der Anspruchsteller, der aufgrund eines nichtigen Vertrags eine Leistung erbracht habe, dürfe nicht derart bevorzugt werden. Demgegenüber rechtfertigen die Rechtsprechung und ein Teil der Literatur die Anwendung der §§ 677 ff. damit, dass derjenige, der von vornherein ohne Vereinbarung für einen anderen tätig geworden ist, nicht besser stehen dürfe als derjenige, der aufgrund eines nichtigen Vertrags berechtigterweise das Geschäft eines anderen geführt hat. Daher sollen die §§ 677 ff. immer dann angewendet werden, wenn das Geschäft aufgrund eines unwirksamen Vertrags oder aus einem anderen Grund geführt worden ist[92].

Bejaht man mit der Rechtsprechung und einem Teil der Literatur die Anwendbarkeit der GoA-Regeln, so ist zu prüfen: Die Geltendmachung von Rückübertragungsansprüchen nach dem Vermögensgesetz stellt für S ein objektiv fremdes Geschäft dar. Allerdings ist S aufgrund einer vermeintlichen Vertragsverpflichtung und damit auch im eigenen Interesse tätig geworden. Daher liegt ein **auch-fremdes Geschäft** vor[93]. Den **Fremdgeschäftsführungswillen** vermutet die Rechtsprechung auch beim auch-fremden Geschäft. Dagegen verneint die wohl h.L.[94] einen Fremdgeschäftsführungswillen, da der S ausschließlich seine vermeintliche Verpflichtung aus dem Vertrag erfüllen wollte. Dahinter steht – wieder – die Überlegung, dass die Bejahung einer GoA nicht interessengerecht sein kann, da ansonsten ein Wertungswiderspruch zu spezielleren Regelungen (z.B. §§ 812 ff.) bestehe. Die §§ 812 ff. und nicht die GoA-Regelungen seien für die Rückabwicklung unwirksamer Verträge einschlägig. Die GoA-Regelungen sollen lediglich den gemeinnützigen/„guten" Geschäftsführer schützen, nicht aber fehlgeschlagene Verträge rückabwickeln. Ließe man das zu, würden die Einschränkungen der §§ 814, 817 S. 2, 818 Abs. 3 umgangen. Die bereicherungsrechtlichen Wertungen durch die GoA-Regelungen auszuschalten würde etwa bedeuten, dass ein Geschäftsführer grundsätzlich auch nutzlose Aufwendungen erstattet verlangen kann. Ein Bereicherungsschuldner dagegen kann

89 Ein **vertraglicher Anspruch** aus §§ 675 Abs. 1, 611 scheidet aufgrund von Nichtigkeit (§ 134 iVm. Art. 1 § 1 Abs. 1 S. 1 RBerG) aus. Der Zweck des § 3 RDG lässt sich nicht allein durch Anwendung möglicher Sanktionen, sondern nur durch Nichtigkeit erreichen. Würde der Auftraggeber seinen Erfüllungsanspruch gegen den Auftragnehmer (gegen den allein sich § 3 RDG richtet) behalten, würde der Rechtsberater vertraglich verpflichtet, eine unerlaubte Tätigkeit auszuüben oder fortzusetzen. Ein **Anspruch aus §§ 311 Abs. 2 Nr. 3, 280 Abs. 1** kommt wegen fehlender schuldhafter Pflichtverletzung nicht in Betracht.

90 Näher zu diesem Problem oben Rdnr. 26.

91 MünchKomm/*Seiler*, § 677 Rdnr. 48; *Lorenz*, NJW 1996, 883, 884; *Eidenmüller*, JZ 1996, 889, 892 f.; Bamberger/Roth/*Gehrlein*, § 677 Rdnr. 18.

92 BGHZ 37, 258, 262 ff.; BGHZ 39, 87, 90; BGHZ 111, 308, 311; BGH NJW 1997, 47, 48; *Berg*, JuS 1972, 193, 195; *Hoffmann*, JuS 1970, 570, 573; *Benöhr*, NJW 1975, 1970, 1971.

93 Siehe auch BGH NJW 2009, 2590, wonach ein Mieter, der aufgrund einer unwirksamen Endrenovierungsklausel irrtümlich **Schönheitsreparaturen** in der Mietwohnung vornimmt, ausschließlich im eigenen Rechts- und Interessenkreis tätig wird, dazu *Thole*, NJW 2010, 1243, 1245 f.

94 Vgl. Palandt/*Sprau*, § 677 Rdnr. 11; *Brox/Walker*, § 36 Rdnr. 8. Näher zu diesem Problem oben Rdnr. 42.

um nutzlose Aufwendungen nicht bereichert sein. Folgt man der Ansicht der Literatur, scheidet ein Anspruch aus GoA aus[95].

Bejaht man mit der Rechtsprechung den Fremdgeschäftsführungswillen[96], so ist zu prüfen: S hat **ohne Auftrag** oder sonstige Berechtigung gehandelt, da der Vertrag mit G nichtig war. Die Übernahme des Geschäfts entsprach dem Interesse und dem Willen des G. S kann daher Ersatz der **erforderlichen Aufwendungen** verlangen. Da allerdings das Tätigwerden des S durch das Rechtsberatungsgesetz verboten war, durfte S seine Aufwendungen nicht für erforderlich i.S. des § 670 halten, so dass er sie nicht ersetzt bekommt. Im vorliegenden Fall gestehen also – mit unterschiedlicher Begründung – weder die Rechtsprechung noch die h.L. einen Anspruch aus GoA zu[97].

Wäre aber im vorliegenden Fall der Vertrag zwischen S und G aus anderen Gründen nich- **47**
tig und S zur Rechtsberatung **befugt**, könnte er nach der Rechtsprechung im Rahmen der GoA die **übliche Vergütung** verlangen. War der im (nichtigen) Vertrag festgelegte Preis niedriger, kann nur dieser verlangt werden[98]. Da die Rechtsprechung daher bei nichtigen Verträgen regelmäßig einen Aufwendungsersatzanspruch aus GoA bejaht, bleibt daneben kein Raum für einen Anspruch aus § 812, da eine berechtigte GoA einen Rechtsgrund i.S. des § 812 darstellt[99].

3. Öffentlich-rechtliche Handlungspflichten

Die Geschäftsführung kann nicht nur auf privatrechtlichen Handlungspflichten[100], son- **48**
dern auch auf öffentlich-rechtlichen Handlungspflichten beruhen. Dabei ist zwischen der allgemeinen Handlungspflicht i.S. des § 323c StGB und speziellen Handlungspflichten zu unterscheiden. Im Falle der allgemeinen Handlungspflicht i.S. des **§ 323c StGB**, in dem ein Unterlassen der gebotenen Handlung sogar strafbewehrt ist, wird regelmäßig ein auch-fremdes Geschäft bejaht. Erleidet eine Person dadurch einen Nachteil, dass sie im Unglücksfall Rettungsmaßnahmen ergreift, ist dieser Nachteil vom Unfallopfer (Geschäftsherr) im Wege des Aufwendungsersatzes nach §§ 677, 683 S. 1, 670 auszugleichen. Dieser Aufwendungsersatzanspruch umfasst auch in Kauf genommene **Schäden**, also unfreiwillige Vermögensopfer, die durch Verwirklichung eines mit der Geschäftsführung (hier: der Rettungshandlung) eng verbundenen, **typischen Risikos** entstehen (vgl. den Rechtsgedanken des § 110 HGB bzgl. Ersatz für Aufwendungen und Verluste)[101]. Möglich ist auch, dass die Hilfsmaßnahmen in Hinblick auf eine eigene öffentlich-rechtliche Pflicht getroffen werden, die nicht nur dem Interesse des Verletzten, sondern auch dem Interesse weiterer Personen dienen (anderer Unfallbeteiligter, de-

---

95 Zu prüfen wäre dann ein Anspruch aus Leistungskondiktion, § 812 Abs. 1 S. 1, 1. Alt.; siehe unten **Fall 41** Rdnr. 342.

96 BGH NJW 1993, 3196; BGH NJW-RR 1993, 200.

97 Zu prüfen wäre also auch dann, wenn man hier der Ansicht der Rechtsprechung folgt, ein Bereicherungsanspruch. Ein Anspruch aus § 812 Abs. 1 S. 1, 1. Alt. (Leistungskondiktion) scheidet aber im Ergebnis aufgrund von § 817 S. 2 aus.

98 BGH NJW-RR 1992, 1435, 1436.

99 BGH NJW 1993, 3196; BGH NJW-RR 1993, 200; *Berg*, JuS 1972, 193, 195; a.A. MünchKomm/*Seiler*, § 677 Rdnr. 48; *Lorenz*, NJW 1996, 883, 885; *Eidenmüller*, JZ 1996, 889, 892.

100 Siehe Rdnr. 45 ff.

101 Siehe Rdnr. 63.

ckungspflichtige Versicherung etc.). Dann haften dem Geschäftsführer alle Beteiligten, in deren Interesse er tätig geworden ist, für den Aufwendungsersatz als Gesamtschuldner (§ 421).

49 Zu beachten ist, dass bei Hilfsmaßnahmen in Unglücksfällen eine **cessio legis nach § 116 SGB X** in Betracht kommen kann. Gegebenenfalls geht also der Aufwendungsersatzanspruch per Gesetz auf den öffentlichen Versicherungsträger (gesetzlicher Unfallversicherer) bzw. Sozialhilfeträger über, soweit der Unfallversicherungs- bzw. Sozialhilfeträger aufgrund des Schadensereignisses Leistungen zu erbringen hat. Infolgedessen verliert der Geschäftsführer seine Aktivlegitimation. Das gilt nach § 116 SGB X aber nur für auf anderen gesetzlichen Vorschriften beruhende Ansprüche **„auf Ersatz eines Schadens"**[102]. Fraglich ist, ob der Aufwendungsersatzanspruch nach §§ 677, 683 S. 1, 670 vom Wortlaut des § 116 SGB X („auf Ersatz eines Schadens") umfasst ist. Unter „Aufwendungen" sind nämlich freiwillige Vermögensopfer zu verstehen, während „Schaden" ein unfreiwilliges Vermögensopfer voraussetzt. Des Weiteren stellt der Aufwendungsersatzanspruch nach §§ 677, 683 S. 1, 670 weder auf Rechtswidrigkeit noch auf Verschulden ab. Aus diesen Gründen hat der BGH den **Übergang des Aufwendungsersatzanspruchs** auf den Versicherungsträger jedenfalls für diejenigen Fälle **verneint**, in denen das Unfallopfer ohne Verschulden in die Notlage geraten ist[103].

Bei **Personenschäden**, d.h. etwa bei Heilbehandlungskosten, ist allerdings die Einschränkung „ohne Verschulden" entbehrlich. Eine cessio legis des Aufwendungsersatzanspruchs nach §§ 677, 683 S. 1, 670 auf den öffentlichen Versicherungsträger muss vielmehr für Personenschäden ausscheiden. Nur so lässt sich das vom Gesetzgeber durch § 2 Abs. 1 Nr. 13 SGB VII verfolgte Ziel erreichen, Unfallhelfer und Unfallopfer freizustellen und die Kosten der Nothilfe von der Allgemeinheit tragen zu lassen. Ließe man den Rückgriff des Versicherungsträgers gegen das Unfallopfer im Wege der cessio legis zu, würde die beabsichtigte Privilegierung obsolet. **Umstritten** ist, ob das auch für **Sachschäden** gilt. Das könnte deshalb zweifelhaft sein, weil § 13 Abs. 2 SGB VII ausdrücklich auf § 116 SGB X verweist. Andere wollen dagegen auch bei Sachschäden eine Legalzession verneinen und begründen dies damit, dass der Anspruchsübergang i.S. des § 116 SGB X „echte" Schadensersatzansprüche des Hilfeleistenden voraussetze, wohingegen der Aufwendungsersatzanspruch nach §§ 677, 683 S. 1, 670 seinem Wesen nach eben keinen Schadensersatz gewährt.

50 Bei **speziellen Hilfspflichten** kann der Fremdgeschäftsführungswille problematisch sein, wenn etwa eine Behörde in öffentlich-rechtlicher Form Aufgaben übernimmt, die in erster Linie in den privatrechtlichen Geschäftsbereich eines Bürgers gehören. Dazu **Fall 7**[104]: Ein Öltankwagen der Firma P erleidet auf vereister Straße einen Unfall. Die hinzu gerufene Feuerwehr der Gemeinde G richtet das umgefallene Fahrzeug wieder auf. Kann die G von P Ersatz ihrer Aufwendungen aus GoA verlangen?

---

102 Für Heilbehandlungen ergibt sich ein Anspruch gegen den gesetzlichen Unfallversicherer aus §§ 2 Abs. 1 Nr. 13, 26 Abs. 1, 27 Abs. 1 SGB VII und für erlittenen Sachschaden – auf Antrag – aus §§ 2 Abs. 1 Nr. 13, 13 SGB VII.

103 BGHZ 92, 270, 271 (unter Aufgabe des gegenteiligen Standpunkts in BGHZ 33, 251, 257).

104 Nach **BGHZ 63, 167 ff. (Feuerwehr)**; siehe auch BGHZ 40, 28 ff. („Funkenflug", Feuerwehr); BGHZ 65, 354 ff. (Straßenverschmutzung behoben durch Straßenbaubehörde). BGH NVZ 2012, 535; siehe auch den **Übungsfall** bei *Katzenmeier/Reisewitz*, JuS 2013, 805 ff.

G könnte einen Aufwendungsersatzanspruch aus **berechtigter GoA** haben, §§ 677, 683 S. 1, 670. Dazu müssten die Regeln der GoA **anwendbar** sein. Dem könnte entgegenstehen, dass die G als Trägerin der öffentlichen Verwaltung tätig wurde und sich damit ein Aufwendungsersatzanspruch aus öffentlich-rechtlichen Normen ergibt, der im Verwaltungsrechtsweg geltend gemacht werden müsste. Der **BGH** sieht die unmittelbare Anwendung der §§ 677 ff. im vorliegenden Fall als unproblematisch an[105]. Er stellt darauf ab, dass die Feuerwehr bei der Erfüllung ihrer Aufgaben zwar in der Regel hoheitlich handle, dies jedoch eine bürgerlichrechtliche GoA nicht hindere[106]. Werde die Behörde im privatrechtlichen Geschäftsbereich eines Bürgers tätig, komme es auf die hoheitlichen Befugnisse der Behörde nicht an. Anstelle der öffentlich-rechtlichen Aufgabenwahrnehmung hätte ohne Weiteres auch eine Privatperson handeln können.

Die Gegenauffassung in der **Literatur** lehnt eine Anwendung der GoA-Regeln schon grundsätzlich ab, da eine gesetzlich der Behörde zugewiesene Aufgabe nicht zugleich privatrechtlicher Natur sein könne. Überdies sei die Behörde bei der Wahrnehmung ihrer hoheitlichen Aufgaben an die öffentlich-rechtlichen Pflichten gebunden, während der Geschäftsführer im Rahmen der GoA die Interessen des Geschäftsherrn zu wahren habe. Beides ließe sich nicht stets miteinander vereinbaren. Außerdem würden die spezielleren öffentlich-rechtlichen Regelungen über den Kostenersatz umgangen[107].

Inzwischen hat der **BGH**[108] seine Ansicht dahingehend relativiert, dass ein Rückgriff auf den Aufwendungsersatzanspruch nach §§ 677, 683 S. 1, 670 ausgeschlossen ist, wenn eine abschließende öffentlich-rechtliche Regelung der Kostenfolge einer Handlung besteht[109]. Da aus dem Sachverhalt keine abschließende Regelung ersichtlich ist, ist die Anwendbarkeit der GoA zu bejahen.

2. Hält man mit der Rechtsprechung die GoA-Regeln für anwendbar, ist zu prüfen, ob ein **fremdes Geschäft** mit **Fremdgeschäftsführungswillen** vorliegt. Abgelehnt wird dies teilweise mit dem Argument, bei öffentlich-rechtlichen Verpflichtungen liege kein fremdes Geschäft des Handelnden vor, da die Behörde durch ihr Handeln ihrer (öffentlichrechtlichen) Pflicht nachkommen wolle[110]. Die Rechtsprechung geht davon aus, dass die Beseitigung von Gefahren zwar zu den öffentlichen Aufgaben der Feuerwehr gehört, zugleich aber demjenigen Hilfe geleistet wird, der für die aus dem Unfall drohenden Schäden verantwortlich ist. Dessen Geschäft werde hier mit besorgt. Neben ihrer eigenen Pflicht zur Gefahrenabwehr besorgt die Feuerwehr hier also zugleich privatrechtliche Aufgaben des Kfz-Halters[111]. Folgt man der Rechtsprechung, wird der Fremdgeschäfts-

105 Sowohl der BGH als auch Teile der Literatur trennen nicht hinreichend zwischen der Anwendbarkeit der GoA und der Frage, ob denn bejahendenfalls ein Fremdgeschäftsführungswille vorliegt.

106 BGHZ 63, 167, 170; offen gelassen in BGHZ 96, 332 ff. und BGH NJW 2004, 513, 514.

107 *Esser/Weyers*, § 46 II 2 d; *Medicus/Petersen*, BR, Rdnr. 412 a.E.; *Martinek/Theobald*, JuS 1997, 992, 997; *Looschelders*, Rdnr. 850.

108 BGH NJW 2004, 513, 515; siehe auch BGH WM 2013, 1657 ff. (Straßenreinigung); kritisch dazu *Staake*, JA 2004, 800, 802 ff.; *Thole*, NJW 2010, 1243, 1245 f.

109 BGH NZV 2012, 535, Rdnr. 22 (§ 15 Abs. 1 S. 1 Halbs. 2 Hess. Straßengesetz als abschließende Regelung); BGH NJW 2014, 513 (bayerisches Polizeirecht enthält abschließende Regelung in Art. 9 PAG [unmittelbare Ausführung einer Maßnahme] und Art. 55 PAG [Ersatzvornahme]).

110 Vgl. *Esser/Weyers*, § 46 II 2 d; *Schubert*, NJW 1978, 687, 688; *ders.*, AcP 178 (1978), 425, 445; vgl. auch *Medicus/Petersen*, BR, Rdnr. 410 ff.; *Brox/Walker*, § 36 Rdnr. 20; *Martinek/Theobald*, JuS 1997, 992, 997 f.

111 Kritisch *Franßen/Blatt*, NJW 2012, 1031 ff.

führungswille vermutet und es ist zu prüfen, ob die Geschäftsführung **ohne Auftrag** oder sonstige Berechtigung erfolgte sowie, ob die Vornahme des Geschäfts dem **Interesse** und dem wirklichen oder, falls dieser nicht feststellbar ist, dem mutmaßlichen **Willen** des Geschäftsherrn entspricht. Dies ist im vorliegenden Fall zu bejahen. Die G kann Ersatz ihrer Aufwendungen verlangen.

4. Innenausgleich zwischen Gesamtschuldnern

51 Die Frage, ob ein auch-fremdes Geschäft vorliegt, stellt sich auch beim Innenausgleich zwischen Gesamtschuldnern, wobei hier zwischen echten und unechten Gesamtschuldnern zu unterscheiden ist. Liegt eine **echte Gesamtschuld** vor, erfolgt ein Rückgriff über § 426. Die h.M. lehnt daneben eine Anwendung der GoA zu Recht ab[112].

52 Bei einer sog. **„unechten" Gesamtschuld** haften mehrere Gesamtschuldner (im Innenverhältnis) nicht gleichrangig. Vielmehr muss einer der Schuldner als Letztverpflichteter die Schuld allein und endgültig tragen. Der Gläubiger hat lediglich die Möglichkeit, unabhängig vom Innenverhältnis von jedem seiner Schuldner die ganze Leistung zu verlangen. Der zahlende Schuldner, der nicht Letztverpflichteter ist, tritt gewissermaßen nur in Vorleistung für den Letztverpflichteten und nimmt dem Gläubiger dadurch das Insolvenzrisiko ab. Die Schuld des Letztverpflichteten will er hingegen nicht übernehmen. Einigkeit herrscht in der Rechtsprechung und im Schrifttum darüber, dass der „Gesamtschuldner" auf den Letztverpflichteten zurückgreifen können muss. Der Weg des Rückgriffs ist **streitig**. Nach Ansicht des **RG**[113] und **Teilen der Literatur**[114] hat der besser gestellte „Gesamtschuldner" einen Aufwendungsersatzanspruch nach §§ 677, 683 S. 1, 670 gegen den Letztverpflichteten. Der „Gesamtschuldner", der die ganze Schuld tilgt, obwohl er die Schuld im Ergebnis nicht endgültig tragen soll, führe zumindest auch ein Geschäft des Letztverantwortlichen.

Die ganz **h.M. in der Literatur** (der BGH hat hierzu noch nicht entschieden) lehnt eine Anwendung der GoA dagegen ab[115]. Der besser gestellte „Gesamtschuldner" soll die Schuld zwar nicht endgültig tragen, kommt er aber seiner Pflicht nach, so werde der Letztverantwortliche auf der Grundlage des normativen Schadensbegriffs durch die Leistung nicht von seiner Ersatzpflicht befreit. Der Dritte erfülle daher ausschließlich eine eigene Verpflichtung. Im Übrigen fehlt aus Sicht des Letztverpflichteten die für die GoA charakteristische Fremdnützigkeit des Handelns, weil die Leistung des besser gestellten „Gesamtschuldners" einzig dem Gläubiger nützlich ist. Der Rückgriff soll daher nicht über die GoA, sondern über **§ 255 analog** (Abtretung der Ersatzansprüche) oder über **§ 426** unter Verzicht auf die den Tatbestand des § 421 einschränkenden Merkmale (v.a. durch Verzicht auf das Kriterium der „Gleichstufigkeit" der Verpflichtung) möglich sein.

---

112 Vgl. BGH NJW 1963, 2067 f.; **Übungsfall** z.B. bei *Voit/Wolff*, JuS 2002, 44 ff.

113 RGZ 82, 206, 214.

114 MünchKomm/*Seiler*, § 677 Rdnr. 29.

115 *Brox/Walker*, § 36 Rdnr. 14; *Medicus/Petersen*, BR, Rdnr. 415; *Martinek/Theobald*, JuS 1997, 805, 810 f.; Palandt/*Grüneberg*, § 421 Rdnr. 9 (der einen Fremdgeschäftsführungswillen ablehnt); *Stamm*, JURA 2002, 730, 732.

Hierzu zunächst **Fall 8**[116], wo einer der Mitverpflichteten letztendlich **allein verantwortlich** ist: Bei einem Stadtfest soll der zum bischöflichen Stuhl B gehörende Dom der Stadt durch ein Feuerwerk festlich illuminiert werden. Dadurch wird der Dom in Brand gesetzt und teilweise zerstört. Die Stadt S bezahlt zunächst als Trägerin der öffentlich-rechtlichen Baulast die Wiederaufbauarbeiten und verlangt nun vom Feuerwerker F, der fahrlässig gehandelt hatte, Ersatz ihrer Aufwendungen aus GoA. Zu Recht? **53**

Die S könnte gegen F einen Anspruch auf Aufwendungsersatz aus **§§ 677, 683 S. 1, 670** haben[117]. Dies setzt voraus, dass S mit den Wiederaufbauarbeiten ein fremdes Geschäft (Geschäft des F) geführt hat. Betrachtet man nur die Tätigkeit an sich, führt S zumindest auch ein Geschäft des Letztverantwortlichen F, der aus § 280 Abs. 1 oder § 823 Abs. 1 auch zum Wiederaufbau verpflichtet ist[118]. Die Rechtsprechung nimmt daher trotz der eigenen Verpflichtung der S ein auch-fremdes Geschäft an. Demgegenüber kann nach der h.M. in der Literatur ein (auch) fremdes Geschäft nur angenommen werden, wenn durch die Geschäftsführung auch die Verpflichtung des Letztverantwortlichen erfüllt wird. Sie stellt somit auf die Tilgungswirkung der vorgenommenen Handlung ab. Nach dem normativen Schadensbegriff kommen aber Leistungen Dritter dem Schädiger grundsätzlich nicht zugute. Ein Schaden des B ist also weiterhin zu bejahen, obwohl S den Dom wieder aufgebaut hat. Der Schadensersatzanspruch des B gegen F ist mangels Tilgungswirkung der Leistung der baulastpflichtigen S nicht erloschen[119]. Nach dieser Ansicht scheidet ein Aufwendungsersatzanspruch aus GoA aus, weil kein fremdes Geschäft vorliegt.

Folgt man der Rechtsprechung und geht von einem auch-fremden Geschäft aus, so ist zu prüfen: Der Fremdgeschäftsführungswille ist nach der Rechtsprechung selbst beim auch-fremden Geschäft zu vermuten. Teile der Literatur lehnen diese Vermutung allerdings ab und verlangen, dass der Fremdgeschäftsführungswille äußerlich erkennbar zutage treten muss[120]. Vermutet man mit der Rechtsprechung den Fremdgeschäftsführungswillen, so bleibt festzustellen, dass kein Auftrag oder eine sonstige Berechtigung vorlag. Die Geschäftsführung entspricht zudem auch dem Willen und Interesse des F[121]. Nach der

116 **RGZ 82, 206 ff.** (**„Fuldaer Dom"**); vgl. auch *Wendlandt*, JURA 2004, 325 ff.; siehe auch die Lösung von *Petersen*, Examens-Repetitorium Allgemeines Schuldrecht, 7. Aufl. 2015, Rdnr. 440 ff. Vgl. auch BGHZ 110, 113 ff. (Grundstückseigentümer als Zustandsstörer gegen Handlungsstörer).

117 Als Ausgleichsanspruch der S gegen F könnte **§ 426 Abs. 1** in Betracht kommen. Dies setzt voraus, dass S und F bzgl. der Wiederaufbauarbeiten Gesamtschuldner sind. Erforderlich ist hierfür nach h.M., dass von mehreren Schuldnern jeder zur vollen Leistungserbringung verpflichtet ist, der Gläubiger die Leistung nur einmal zur Befriedigung des gleichen Leistungsinteresses fordern darf und die Schuldner in ihrem Verhältnis zueinander gleichstufig haften. Die Gleichstufigkeit ist erfüllt, wenn keiner der Schuldner von vornherein als Letztverpflichteter angesehen werden kann. Insofern ist hier zu berücksichtigen, dass die Baulast die schnelle und kompetente Durchführung der erforderlichen Baumaßnahmen sicherstellen soll. Die Entlastung eines Drittverantwortlichen ist durch sie nicht bezweckt. Im vorliegenden Fall ist der F als Verursacher des Brandes allein verantwortlich. Mangels Gleichstufigkeit besteht zwischen S und F keine echte Gesamtschuld i.S. des § 421. Auch ein Anspruch aus **§ 426 Abs. 2** iVm. § 280 Abs. 1 oder § 823 Abs. 1 scheidet mangels echter Gesamtschuld i.S. des § 421 aus.

118 RGZ 82, 206, 214; MünchKomm/*Seiler*, § 677 Rdnr. 29.

119 *Schubert*, AcP 178 (1978), 425, 450; *Schwerdtner*, JURA 1982, 593, 596; *Esser/Weyers*, § 46 II 2.

120 Näher zu diesem Punkt oben Rdnr. 42.

121 So RGZ 82, 206, 214 ff.; a.A. *Petersen*, Examens-Repetitorium Allgemeines Schuldrecht, 7. Aufl. 2015, Rdnr. 444.

Ansicht der Rechtsprechung ist ein Anspruch auf Aufwendungsersatz aus §§ 677, 683 S. 1, 670 zu bejahen[122].

Folgt man der Literatur und verneint ein (auch-) fremdes Geschäft, so wird man einen Anspruch aus **§ 255 analog** (Abtretung der Ersatzansprüche) prüfen müssen: Die S könnte gegen B einen Anspruch auf Abtretung der Ansprüche gegen F nach § 255 analog haben. Eine direkte Anwendung des § 255 kommt nicht in Betracht, da im vorliegenden Fall nicht für den Verlust einer Sache, sondern für die Beschädigung Ersatz geleistet wurde. In Hinblick auf Ausgleichsansprüche gegen den Letztverpflichteten besteht die für eine Analogie erforderliche Regelungslücke. Auch ist die Interessenlage vergleichbar: Unabhängig davon, ob für den Verlust oder die Beschädigung einer Sache Ersatz geleistet worden ist, ist demjenigen ein Ausgleichsanspruch zu gewähren, der in Vorleistung für einen Dritten getreten ist, welcher als vorrangig Haftender die Schuld allein zu tragen hat. Leistet der Mitverpflichtete Schadensersatz, kann er vom Gläubiger Abtretung der Ansprüche gegen den Letztverantwortlichen gemäß § 255 analog verlangen[123]. Daher kann S von B verlangen, dass dieser ihm die Ersatzansprüche gegen F abtritt. Daraufhin kann S gegen F Ansprüche aus abgetretenem Recht geltend machen.

54 In **Fall 9**[124] sind zwischen den Mitverpflichteten **gleiche Verantwortlichkeiten** gegeben: N1 und N2 sind Eigentümer benachbarter Häuser, die bei einem Brand zerstört werden. Die Brandursache bleibt ungeklärt. Die Ordnungsbehörde O verlangt von N1 aufgrund Einsturzgefahr auf die Straße, die noch stehende gemeinsame Mauer abzubrechen. N1 verlangt sodann von N2 die Hälfte der Abbruchkosten ersetzt. Zu Recht?

N1 könnte gegen N2 einen Anspruch aus GoA nach **§§ 677, 683 S. 1, 670** haben[125]. Dazu müssten die Grundsätze der GoA im Innenverhältnis der Schuldner, wenn einer die Schuld begleicht, überhaupt anwendbar sein. Das Schrifttum sieht teilweise, sofern die Schädiger Gesamtschuldner sind, § 426 als abschließende Regelung des Ausgleichs im Innenverhältnis[126]. Ein solcher Fall liegt hier aber gerade nicht vor. Die Regeln der GoA finden hier somit Anwendung. N1 hat, ohne dem N2 gegenüber verpflichtet zu sein, mit dem Abriss der Mauer zumindest auch ein Geschäft des N2 und damit ein fremdes Geschäft getätigt. Die Rechtsprechung vermutet auch beim auch-fremden Geschäft den Fremdgeschäftsführungswillen[127]. Aber selbst wenn man mit einem Teil der Literatur verlangt, dass der Fremdgeschäftsführungswille positiv festgestellt wird, kann hier von einem Fremdgeschäftsführungswillen des N1 ausgegangen werden.

Die Geschäftsführung entsprach dem Interesse des N2, da sie objektiv nützlich war. Auch der mutmaßliche Wille des N2 ist mangels anderweitiger Äußerung zu bejahen. Selbst

---

122 Damit scheidet ein Anspruch aus § 812 Abs. 1 S. 1, 2. Alt. (Verwendungskondiktion) aus, denn eine berechtigte GoA stellt einen Rechtsgrund dar.
123 MünchKomm/*Bydlinski*, § 421 Rdnr. 67.
124 **BGHZ 16, 12 ff.**
125 Ein Anspruch von N1 gegen N2 **aus § 426 Abs. 1** scheidet aus, da die beiden keine Gesamtschuldner i.S. des § 421 sind. Die O kann nämlich die Leistung – anders als von § 421 vorausgesetzt – nicht nach ihrem Belieben von jedem Schuldner ganz oder zum Teil fordern. Zwar sind N1 und N2 beide nach öffentlichem Recht verpflichtet, die von der baufälligen Giebelmauer ausgehende Gefahr zu beseitigen. Die Behörde hat die Verpflichtung aber einem der möglichen Schuldner nach pflichtgemäßem Ermessen aufzuerlegen.
126 *Brox/Walker*, § 36 Rdnr. 15; a.A. BGH NJW 1979, 598 f.
127 Näher zu diesem Problem siehe oben Rdnr. 42.

wenn ein entgegenstehender Wille festgestellt werden könnte, so wäre dieser unbeachtlich (§ 679). Der N2 war zur Beseitigung der einsturzgefährdeten Giebelmauer verpflichtet (im öffentlichen Interesse an einer effektiven Gefahrenabwehr). Damit erfolgt der Ausgleich unter mehreren polizei- und ordnungsrechtlich Verantwortlichen nach den Vorschriften der GoA[128].

N1 kann von N2 die zum Abriss erforderlichen Aufwendungen ersetzt verlangen. Im Falle eines auch-fremden Geschäfts ist daher Folgendes zu berücksichtigen: Sobald die Aufwendungen gegenständlich abgrenzbar sind, hat der Geschäftsführer lediglich einen Anspruch auf Ersatz der (anteiligen) Aufwendungen, die auf die Fremdgeschäftsführung entfallen. Im konkreten Fall gehörte die Mauer N1 und N2 gemeinsam, so dass jeder die Hälfte der Aufwendungen zu ihrer Beseitigung zu zahlen hat. In den sonstigen Fällen muss der Umfang des Aufwendungsersatzanspruchs nach dem Gewicht der Verantwortlichkeit sowie den Vorteilen bestimmt werden[129].

III. Geschäftsfähigkeit der Beteiligten

In Bezug auf die Geschäftsfähigkeit ist zwischen derjenigen des Geschäftsherrn und derjenigen des Geschäftsführers zu unterscheiden. Ist der **Geschäftsherr** nicht (voll) geschäftsfähig, so ist das im Hinblick auf die Entstehung des gesetzlichen Schuldverhältnisses unerheblich. Auch die GoA für einen Geschäftsunfähigen kann berechtigt sein. Kommt es auf den Willen des Geschäftsherrn an (§§ 677, 683), ist der Wille des gesetzlichen Vertreters entscheidend[130]. Das gilt auch für die Genehmigung (§ 684 S. 2) oder die Entschließung i.S. des § 681. Sofern der Geschäftsherr, etwa wenn er bewusstlos ist, keinen gesetzlichen Vertreter hat, ist bei der Frage der Berechtigung der GoA auf seinen mutmaßlichen Willen abzustellen[131]. 55

Ist der **Geschäftsführer** nicht oder nur beschränkt geschäftsfähig, so hat das nach einer Ansicht die entsprechende Anwendung der §§ 104 ff. zur Folge, da die GoA eine rechtsgeschäftsähnliche Handlung sei[132]. Danach soll eine Zustimmung des gesetzlichen Vertreters erforderlich sein. Nach h.M. hingegen hat die Geschäftsfähigkeit keinen Einfluss auf die Entstehung eines gesetzlichen Schuldverhältnisses wie der GoA. Die mangelnde oder beschränkte Geschäftsfähigkeit führe nur zu der im Gesetz mit **§ 682** angeordneten **Haftungsbeschränkung**[133]. Der nicht (voll) Geschäftsfähige haftet also nur nach den Vorschriften über den Schadensersatz wegen unerlaubter Handlung (mit der Erleichterung der §§ 827 ff.) oder über die Herausgabe einer ungerechtfertigten Bereicherung[134]. 56

Der h.M. ist zuzustimmen, da sich der Geschäftsunfähige oder beschränkt Geschäftsfähige ohnehin nicht selbst wirksam rechtsgeschäftlich verpflichten kann. Er haftet nach

---

128 BGH JZ 1990, 919, 920 f.
129 BGHZ 98, 235, 242.
130 Allg. Meinung, vgl. MünchKomm/*Seiler*, § 682 Rdnr. 7; PWW/*Fehrenbacher*, § 682 Rdnr. 2; siehe **Fall 10** Rdnr. 57.
131 PWW/*Fehrenbacher*, § 682 Rdnr. 2.
132 LG Aachen, NJW 1963, 1252, 1253.
133 *Staudinger/Steinrötter*, JuS 2012, 97, 101 f.; *Larenz*, § 57 I a; *Brox/Walker*, § 36 Rdnr. 40; *Köbler*, JuS 1979, 789, 793. Differenzierend RGRK/*Steffen*, § 682 Rdnr. 2 ff.: bei rechtsgeschäftlicher Geschäftsbesorgung finden die GoA-Regeln nur nach Maßgabe der §§ 104 ff. Anwendung.
134 **Rechtsgrundverweisung** (str.), siehe *Medicus/Lorenz*, SR II, Rdnr. 1119; *Brox/Walker*, § 36 Rdnr. 50.

§ 179 Abs. 3 S. 2 auch nicht als Vertreter ohne Vertretungsmacht. Abgesehen davon müsste ansonsten zwischen rechtsgeschäftlichen und tatsächlichen Handlungen differenziert werden, denn für Letztere (z.B. Rettung durch einen Minderjährigen) ist es nicht geboten, die §§ 104 ff. entsprechend anzuwenden. Damit ist der h.M. zuzustimmen, nach der das Schuldverhältnis der berechtigten GoA auch mit dem nicht voll Geschäftsfähigen (d.h. auch ohne Zustimmung des gesetzlichen Vertreters) entsteht[135]. Dafür spricht auch, dass ansonsten der nicht voll Geschäftsfähige schlechter gestellt wäre als ein Geschäftsfähiger, da seine Geschäftsführung stets unberechtigt wäre und ihm nie ein Aufwendungsersatzanspruch nach § 683 zustehen könnte.

57 Die Auswirkungen des Minderjährigenrechts zeigt auch **Fall 10**[136]: Der 17jährige M fliegt mit der Fluggesellschaft F ohne gültigen Flugschein von Hamburg nach X. Dort wird ihm die Einreise mangels Visum verweigert. F befördert ihn noch am selben Tag zurück, nachdem sich M zur Zahlung des Rückflugs schriftlich verpflichtet hat. Zu Hause angekommen, verweigert M die Zahlung. Seine Eltern billigen weder den Flug noch die Zahlungsverpflichtung. F verlangt von M sowie den Eltern Zahlung für den Rückflug aus GoA. Zu Recht?

1. F könnte einen Anspruch gegen M auf Aufwendungsersatz aus **§§ 677, 683 S. 1, 670** haben[137]. Ein Beförderungsvertrag zwischen M und F ist nicht zustande gekommen, weil die Eltern als gesetzliche Vertreter des M die nach §§ 107 f. erforderliche Genehmigung verweigert haben. In den Fällen eines unwirksamen Vertrags ist die **Anwendbarkeit** der GoA umstritten. Der BGH wendet auch bei unwirksamen Verträgen die GoA an, weil er – entgegen der h.M. in der Literatur – die §§ 812 ff. nicht als speziellere Rückabwicklungsregeln ansieht[138]. Der Rücktransport stellt eine Geschäftsführung i.S. des § 677 für den M dar. Zwar hat F gegenüber den Behörden von X mangels Visum des M die Pflicht, den M wieder zurück zu transportieren. Es liegt aber für F zumindest ein **auch-fremdes Geschäft** vor. Der **Fremdgeschäftsführungswille** wird nach Ansicht der Rechtsprechung beim auch-fremden Geschäft vermutet. Fremd- und Eigengeschäftsführungswille schließen sich nicht aus[139]. Ein Auftrag oder eine sonstige Berechtigung fehlt, da ein Beförderungsvertrag nach §§ 107 f. unwirksam ist.

Eine berechtigte GoA setzt weiter voraus, dass die Übernahme des Geschäfts dem Interesse und dem Willen des Geschäftsherrn entspricht. Aufgrund der verweigerten Einreisemöglichkeit in X ist der Rückflug für M objektiv nützlich, d.h. **interessengemäß**. Er müsste auch dem **Willen** des M entsprochen haben. Fraglich ist, ob es insoweit auf den Willen des Minderjährigen M oder den (mutmaßlichen) Willen der Eltern als gesetzliche Vertreter ankommt. Nach h.M. ist auf den Willen der Eltern abzustellen[140]. Begründet wird das mit der prinzipiellen Ähnlichkeit der Rechtsbeziehungen bei der berechtigten GoA als gesetzlichem Schuldverhältnis und vertraglichen Schuld-

135 *Brox/Walker*, § 36 Rdnr. 40.
136 **BGHZ 55, 128 ff. (gekürzte Fassung) = NJW 1971, 609 ff. („Flugreise").**
137 Ein Anspruch auf Zahlung aus **Vertrag** besteht nicht, da M noch minderjährig ist, das Geschäft nicht lediglich rechtlich vorteilhaft ist und eine Genehmigung der Eltern nicht vorliegt (§§ 107 ff.). Ein Anspruch gegen M aus §§ 812 Abs. 1 S. 1, 1. Alt., 818 Abs. 2 scheidet aus, weil die berechtigte GoA einen Rechtsgrund i.S. des § 812 Abs. 1 S. 1 darstellt.
138 Näher zu diesem Problem oben Rdnr. 26.
139 Näher (unter Einbeziehung der abweichenden Literaturansicht) oben Rdnr. 42.
140 MünchKomm/*Seiler*, § 682 Rdnr. 7 m.w.N.; a.A. *Beuthien/Weber*, S. 156 (Wille des Minderjährigen).

verhältnissen. Andernfalls könnten die Wertungen der §§ 107 ff. durch die GoA umgangen werden. Im Sinne eines effektiven Minderjährigenschutzes ist hier somit der Wille der Eltern maßgeblich. Dass die Eltern des M die Zahlung im Nachhinein verweigert haben, ist unerheblich, da es auf den Willen im Zeitpunkt der Übernahme der Geschäftsführung ankommt. Im Zeitpunkt der Übernahme des fremden Geschäfts durch F lag indes kein erkennbarer Wille der Eltern vor. Daher ist der mutmaßliche Wille zu ermitteln. Die schnellstmögliche Rückkehr des M entspricht dem mutmaßlichen Willen der Eltern. Das ist aus dem objektiven Interesse an einem baldigen Heimflug ihres Sohnes zu folgern (vgl. §§ 1626 Abs. 2, 1631 Abs. 1). Die Voraussetzungen einer berechtigten GoA liegen daher vor.

Rechtsfolge ist, dass F von M Aufwendungsersatz verlangen kann. Erfasst sind die freiwilligen Vermögensopfer, d.h. die infolge des Rückflugs entstandenen Mehrkosten. Gehört die im Rahmen der Geschäftsführung vorgenommene Tätigkeit üblicherweise zur beruflichen oder gewerblichen Sphäre des Geschäftsführers, so kann er darüber hinaus nach § 1835 Abs. 3 analog einen Anspruch auf die übliche Vergütung für seine Leistung verlangen[141]. F hat hier also auch einen Anspruch gegen M auf den tariflichen Flugpreis.

2. F könnte auch einen Aufwendungsersatzanspruch gegen die Eltern des M aus **§§ 677, 683 S. 1, 670** haben. Der Rücktransport stellt zugleich ein Geschäft der Eltern dar, dies folgt aus der elterlichen Sorge (§§ 1626 ff.). Der Fremdgeschäftsführungswille wird nach der Rechtsprechung vermutet. Ein Auftrag oder eine anderweitige Berechtigung fehlen. Der Rücktransport entspricht dem objektiven Interesse und dem mutmaßlichen Willen der Eltern[142]. Ein Anspruch der F gegen die Eltern des M aus §§ 677, 683 S. 1, 670 ist mithin zu bejahen. Die Eltern und M haften als Gesamtschuldner i.S. des § 421.

IV. Rechtsfolgen der berechtigten GoA

Mit der Übernahme einer berechtigten GoA entsteht kraft Gesetzes zwischen Geschäftsherr und Geschäftsführer ein Schuldverhältnis. Der Geschäftsführer kann Ansprüche gegen den Geschäftsherrn haben und der Geschäftsherr gegen den Geschäftsführer. Der Geschäftsherr hat grundsätzlich eine Pflicht zum Aufwendungsersatz, der Geschäftsführer Sorgfalts- und Anzeigepflichten. Hat ein Geschäftsführer aufgrund einer berechtigten GoA den Besitz einer Sache erlangt, hat er ein Recht zum Besitz i.S. des § 986. Außerdem ist die berechtigte GoA Rechtsgrund i.S. des § 812 Abs. 1 und – nach h.M. – zugleich Rechtfertigungsgrund im Hinblick auf eine unerlaubte Handlung. **58**

1. Ansprüche Geschäftsführer gegen Geschäftsherrn

Der Geschäftsführer kann vom Geschäftsherrn **Aufwendungsersatz** nach den §§ 677, 683 S. 1, 670 wie ein Beauftragter verlangen. **59**

141 Siehe Rdnr. 62.
142 Anders *Beuthien/Weber*, S. 156 (§§ 683 S. 2, 679, 677, 670 seien maßgeblich).

➔ **Aufwendungen** i.S. des § 670 sind freiwillige Vermögensopfer, die der Geschäftsführer (oder ein von ihm hinzugezogener Dritter als Geschäftsführungsgehilfe) zur Durchführung der Geschäftsführungsmaßnahmen erbracht hat[143].

Nach § 257 S. 1 kann der Geschäftsführer auch **Befreiung von einer Verbindlichkeit** verlangen, wenn er zum Zweck der Geschäftsführung eine Verbindlichkeit eingegangen ist und diese noch nicht erfüllt hat. Handelt der Geschäftsführer beispielsweise bei Vertragsschluss als falsus procurator und verweigert der Geschäftsherr die Genehmigung des Vertrags, so kann der Geschäftsherr nach §§ 677, 683 S. 1, 670, 257 verpflichtet sein, den Vertreter ohne Vertretungsmacht von der Verbindlichkeit aus § 179 zu befreien.

60 Ersetzt werden gemäß § 670 nur die **erforderlichen Aufwendungen.** Erforderlich sind diejenigen Maßnahmen, die der Geschäftsführer nach den Umständen für erforderlich halten durfte. Abgestellt wird für die Beurteilung auf einen objektiv-subjektiven Maßstab. Der Geschäftsführer muss nach seinem verständigen Ermessen aufgrund sorgfältiger Prüfung unter Berücksichtigung aller Umstände über die Erforderlichkeit der Aufwendung entscheiden[144].

61 **§ 683** (**Aufwendungsersatz**) wird **eng ausgelegt**. Der Geschäftsführer soll nach Sinn und Zweck dieser Vorschrift lediglich die Nachteile ersetzt verlangen können, die bei ihm im Rahmen der berechtigten GoA entstanden sind. Es werden jedoch **zwei Ausnahmen** in Bezug auf die anwendbaren Regeln des Auftragsrechts gemacht: bei der Vergütung für eine Tätigkeit und beim Ersatz eines Schadens.

62 **Umstritten** ist, ob der Geschäftsführer **für eigene Arbeiten eine Vergütung** verlangen kann. Im Auftragsrecht, nach dessen Regeln ein Aufwendungsersatz des Geschäftsführers erfolgt, ist eine Vergütung für die Tätigkeiten des Beauftragten nicht möglich, weil der Auftrag stets unentgeltlich ist. Da die Sach- und Interessenlage des Auftragsrechts aber nicht identisch ist mit der der GoA, ist mit der h.M. davon auszugehen, dass der Geschäftsführer eine Tätigkeitsvergütung in üblichem Umfang verlangen kann, sofern die vorgenommene Tätigkeit zum Beruf oder Gewerbe des Geschäftsführers gehört **(§ 1835 Abs. 3 entsprechend)**[145]. Es stellt zudem keine unbillige Härte dar, wenn der Geschäftsherr Arbeitsleistungen vergüten muss, die er üblicherweise nur gegen Entgelt verlangen kann[146]. Dagegen wird von Teilen des Schrifttums angenommen, dass die Arbeitskraft als solche einen Vermögenswert darstellt, so dass deren Einsatz stets als freiwilliges Vermögensopfer anzusehen sei[147]. Wieder andere stellen auf den mutmaßlichen Parteiwillen bzgl. der Entgeltlichkeit ab[148].

63 Nach Auftragsrecht erhält der Beauftragte nur seine Aufwendungen, nicht seinen **Schaden** ersetzt. Nach h.M. umfasst dagegen der Aufwendungsersatzanspruch im Rahmen der GoA auch die Schäden, bei denen sich das **typische Risiko** der übernommenen Tätigkeit

143 Palandt/*Sprau*, § 670 Rdnr. 3; *Otto*, JuS 1984, 684.
144 Palandt/*Sprau*, § 670 Rdnr. 4.
145 BGHZ 65, 384, 390; BGHZ 69, 34, 36; vgl. auch BGH NJW 2012, 1648, 1651 m.w.N. („Beerdigungskosten"); vgl. den Rechtsgedanken des § 110 HGB bzgl. des Ersatzes für Aufwendungen und Verluste; Palandt/*Sprau*, § 683 Rdnr. 8.
146 *Wandt*, § 5 Rdnr. 42; MünchKomm/*Seiler*, § 683 Rdnr. 24 f.
147 *Esser/Weyers*, § 46 II 4 c.
148 *Otto*, JuS 1984, 684, 685; ähnlich *Köhler*, JZ 1985, 359, 360.

verwirklicht hat (z.B. Heilungs- oder Reparaturkosten bei Verletzung im Rahmen der Geschäftsführung). Insofern hat nämlich der Geschäftsführer das mit der Geschäftsführung verbundene, typische Schadensrisiko freiwillig übernommen[149]. Anspruchsgrundlage für den Ersatz risikotypischer Schäden ist nach h.M. §§ 677, 683 S. 1, 670 analog, da die freiwillige Übernahme des Schadensrisikos einem freiwillig erbrachten Vermögensopfer gleichzustellen sein soll. Zur Begründung des Ersatzanspruchs für risikotypische Schäden wurde früher zum Teil das damals noch geltende Prinzip der Risikohaftung bei schadensgeneigter Tätigkeit in fremdem Interesse herangezogen[150].

Der Aufwendungsersatz ist bei **Mitverschulden** des Geschäftsführers nach **§ 254** zu kürzen[151]. Wird der Geschäftsführer zur Abwendung einer drohenden Gefahr tätig, so ist die Haftungseinschränkung des § 680 in die Wertung einzubeziehen, so dass ihn ein Mitverschulden i.S. des § 254 nur dann trifft, wenn er grob fahrlässig oder vorsätzlich gehandelt hat[152]. Bei leichter Fahrlässigkeit scheidet ein Mitverschulden aus, da der Geschäftsführer nicht das Risiko für erlittene eigene Verluste aufgrund seiner spontanen Hilfeleistung tragen soll[153]. **64**

2. Ansprüche Geschäftsherr gegen Geschäftsführer

Dem Geschäftsherrn kann gegen den Geschäftsführer sowohl ein Schadensersatzanspruch aus §§ 677, 280 Abs. 1 als auch ein Herausgabeanspruch auf das Erlangte, ein Anspruch auf Anzeige sowie Rechenschaft durch den Geschäftsführer zustehen (siehe unten). **65**

Ein **Schadensersatzanspruch aus §§ 677, 280 Abs. 1 (Ausführungsverschulden)** **66** kommt in Betracht, wenn zwar feststeht, dass die Übernahme der Geschäftsführung durch den Geschäftsführer dem wirklichen bzw. mutmaßlichen Willen des Geschäftsherrn und dessen Interesse entsprechen, die konkrete Ausführung der Geschäftsführung dagegen nicht („ja, aber nicht so“[154]). Der Geschäftsführer hat nach § 677 das Geschäft ordnungsgemäß zu führen, d.h. so, wie es das Interesse des Geschäftsherrn mit Rücksicht auf seinen wirklichen oder mutmaßlichen Willen erfordert. Bei der Durchführung der GoA ist die im Verkehr erforderliche Sorgfalt zu beachten (§§ 276 ff.). Verletzt der Geschäftsführer diese Sorgfaltspflicht zur ordnungsgemäßen Geschäftsführung, muss er bei zu vertretender Pflichtverletzung (vgl. § 280 Abs. 1 S. 2) nach den §§ 280 ff. oder bei der Verletzung eines entsprechenden Rechts(guts) nach den §§ 823 ff. auf Schadensersatz haften.

Die Schadensersatzpflicht wegen Ausführungsverschuldens (§§ 677, 280 Abs. 1) umfasst lediglich die **ausführungsbedingten Schäden**, nicht aber solche Nachteile, die aufgrund

149 BGHZ 38, 270, 277; BGH NJW 1993, 2234, 2235; Palandt/*Sprau*, § 670 Rdnr. 11; *Otto*, JuS 1984, 684, 685 ff.

150 *Canaris*, RdA 1966, 41, 43; *Honsell*, FS Lübtow, 1980, S. 485, 496 ff.; *Genius*, AcP 173 (1973), 481, 512; zum heute geltenden Prinzip des innerbetrieblichen Schadensausgleichs Rdnr. 335.

151 BGHZ 38, 270, 277 ff.; RGRK/*Steffen*, § 670 Rdnr. 20.

152 BGHZ 43, 188, 194.

153 *Brox/Walker*, § 36 Rdnr. 60.

154 Vgl. § 677: „... hat das Geschäft so zu führen, wie das Interesse des Geschäftsherrn mit Rücksicht auf dessen wirklichen oder mutmaßlichen Willen es erfordert“. Dazu *Wandt*, § 5 Rdnr. 59.

einer sachgerechten, aber erfolglosen Geschäftsführung entstehen. Im Übrigen bemisst sich der Umfang der Ersatzpflicht nach den §§ 249 ff.

67 **Umstritten** ist, ob die **berechtigte GoA einen Rechtfertigungsgrund** im Rahmen der §§ 823 ff. darstellt oder ob ein rechtfertigender Notstand anzunehmen ist[155]. Das Handeln des berechtigten Geschäftsführers ist jedenfalls nicht rechtswidrig. Dies gilt jedoch nur für Rechtsgutverletzungen, die durch die Übernahme der Geschäftsführung verursacht worden sind, z.B. der Geschäftsführer verletzt, obwohl er die Sorgfaltspflichten aus §§ 677, 681 beachtet, ein Rechtsgut des Geschäftsherrn (Nachbar drückt Fenster ein, um Wasserschaden zu verhindern). Unabhängig von der Frage der Rechtswidrigkeit wird ein Schadensersatzanspruch des Geschäftsherrn regelmäßig mangels Schadens (Vorteilsausgleichung) scheitern.

68 Wird die Geschäftsführung zur Gefahrenabwehr hinsichtlich einer dem Geschäftsherrn drohenden **dringenden Gefahr** vorgenommen, so hat der Geschäftsführer aufgrund des **Haftungsprivilegs des § 680** nur Vorsatz und grobe Fahrlässigkeit zu vertreten[156]. Das ist bei der Prüfung des Verschuldens zu beachten. Eine solche drohende dringende Gefahr besteht dann, wenn der Eintritt eines Schadens an der Person des Geschäftsherrn oder dessen Vermögen[157] mit großer Wahrscheinlichkeit unmittelbar bevorsteht, so dass nur noch ein sofortiges Einschreiten die Schädigung verhindern kann. Will also der Geschäftsführer den bei einem Unfall verletzten Geschäftsherrn ins Krankenhaus fahren und fügt er dem Geschäftsherrn infolge leichter Unachtsamkeit beim Tragen zum Wagen eine weitere Verletzung zu, haftet er nicht für diese leicht fahrlässige Verletzungshandlung. Ob die Gefahr wirklich abgewendet wird, ist unerheblich[158].

69 Fraglich ist, ob die Haftungsbeschränkung des § 680 auch dann eingreift, wenn der Geschäftsführer (ohne Verschulden) eine Gefahrenlage annimmt, die in Wirklichkeit nicht besteht oder zumindest nicht die erforderliche Dringlichkeit aufweist. Nach zutreffender Ansicht ist ausreichend, wenn nach der **Vorstellung des Geschäftsführers** die Handlung erforderlich gewesen ist, um eine drohende Gefahr abzuwenden. Es genügt eine vermeintliche Notlage[159]. Dafür spricht vor allem der Zweck der Haftungsmilderung nach § 680. Durch sie soll die Bereitschaft zur schnellen und damit zwangsläufig irrtumsanfälligen Hilfe bei drohenden Gefahren gefördert werden. Diesem Anliegen widerspräche es, dem Hilfswilligen das volle, durch § 678 sogar noch verschärfte, Irrtumsrisiko aufzubürden, und zwar nicht nur für die Frage, ob eine Gefahr vorliegt, sondern auch in Hinblick auf die oft unsichere Prognose über die Dringlichkeit der Hilfeleistung. Der Geschäftsführer muss jedoch unter Anwendung der in der konkreten Situation möglichen Sorgfalt geprüft haben, ob die Gefahrenlage gegeben war und unverschuldet[160] oder jedenfalls nicht grob fahrlässig[161] eine falsche Bewertung vorgenommen haben. Hat der Geschäfts-

---

155 Vgl. MünchKomm/*Seiler*, Vor § 677 Rdnr. 17.

156 Zur Erstreckung des § 680 auch auf deliktische Ansprüche siehe oben **Fall 1** Rdnr. 11.

157 BGH VersR 1970, 620, 622.

158 Allg. Meinung: BGHZ 43, 188, 192; BGH VersR 1970, 620, 621; MünchKomm/*Seiler*, § 680 Rdnr. 4; Palandt/*Sprau*, § 680 Rdnr. 2.

159 A.A. etwa MünchKomm/*Seiler*, § 680 Rdnr. 5; *Berg*, JuS 1975, 681, 686; OLG Bamberg VersR 1976, 997, 998; OLG Frankfurt MDR 1976, 1021 (eine Entscheidung des BGH gibt es bislang nicht).

160 BAG NJW 1976, 1229, 1230; *Batsch*, AcP 171 (1971), 218, 222 Fn. 11; *Dietrich*, JZ 1974, 535, 539.

161 *Martinek/Theobald*, JuS 1997, 612, 618; Jauernig/*Mansel*, § 680 Rdnr. 2; Palandt/*Sprau*, § 680 Rdnr. 2.

führer keine gewissenhafte Prüfung durchgeführt, greift § 680 nicht ein und er hat jeden Sorgfaltsverstoß (d.h. auch den leicht fahrlässigen) zu vertreten.

In Bezug auf **weitere Ansprüche des Geschäftsherrn** gegen den Geschäftsführer gelten nach § 681 die Regeln des Auftragsrechts. Der Geschäftsherr hat zunächst einen Herausgabeanspruch, d.h. der Geschäftsführer muss nach §§ 681 S. 2, 667 das in Ausführung der Geschäftsführung **Erlangte herausgeben**. Herausgabepflichtig sind dabei alle Sachen und Rechte, die mit der Geschäftsbesorgung in einem inneren Zusammenhang stehen. Regelmäßig zählt dazu alles, was der Geschäftsführer von einem Dritten infolge der Geschäftsbesorgung erhalten hat[162]. Das herauszugebende Geld, das der Geschäftsführer für sich verwendet hat, muss er nach §§ 681 S. 2, 668 verzinsen. Darüber hinaus hat der Geschäftsführer nach § 681 S. 1 dem Geschäftsherrn die Übernahme der Geschäftsführung **anzuzeigen**, sobald es tunlich ist, und dessen Entschließung abzuwarten, soweit nicht mit dem Aufschub Gefahr verbunden ist. Außerdem hat der Geschäftsführer nach §§ 681 S. 2, 666 **Auskunft** zu geben und **Rechenschaft** abzulegen. **70**

§ 6 Die unberechtigte GoA

I. Voraussetzungen

§ 684 S. 1 regelt die sog. unberechtigte GoA[163]. Dort wird dem Geschäftsführer das Risiko der erfolglosen unberechtigten GoA auferlegt. Bei der unberechtigten GoA sind zunächst die Tatbestandsvoraussetzungen „fremdes Geschäft mit Fremdgeschäftsführungswillen ohne Auftrag (oder sonstige Berechtigung)“ zu prüfen. Im Vergleich zur berechtigten GoA fehlt es aber bei der unberechtigten GoA an einer Übereinstimmung mit dem wirklichen oder mutmaßlichen Willen des Geschäftsherrn. Die Geschäftsführung muss diesem Willen widersprochen haben. Kann ein wirklicher oder mutmaßlicher Wille nicht festgestellt werden bzw. ist der entgegenstehende Wille unbeachtlich (§ 679), ist zu prüfen, ob eine Genehmigung durch den Geschäftsherrn vorliegt (§ 684 S. 2). Ist das nicht der Fall, sind die Voraussetzungen einer unberechtigten GoA gegeben. **71**

Nach h.M. besteht in diesem Fall **kein gesetzliches Schuldverhältnis** nach §§ 677 ff. zwischen Geschäftsführer und Geschäftsherrn[164]. Die Abwicklung des Rechtsverhältnisses erfolgt im Verhältnis zwischen Geschäftsführer und Geschäftsherr nach § 684 S. 1 ausschließlich nach **Bereicherungsrecht**[165], die Abwicklung im Verhältnis zwischen Geschäftsherr und Geschäftsführer nach § 678 und den allgemeinen Regeln. Eine Ansicht im Schrifttum will auch im Fall der unberechtigten GoA ein gesetzliches Schuldverhältnis bejahen, was Auswirkungen auf die jeweiligen Anspruchsgrundlagen hat[166]. **72**

162 BGH NJW 1994, 3346.
163 **Übungsfall** z.B. bei *Horlach/Guhl*, JA 2010, 94 ff.; *Dornis/Sturm*, JURA 2013, 1167 ff.; *Kastrup*, JURA 2014, 219, 223.
164 Vgl. *Wandt*, § 2 Rdnr. 10.
165 BGH WM 1976, 1056, 1060; Palandt/*Sprau*, § 684 Rdnr. 1; RGRK/*Steffen*, § 684 Rdnr. 8; *Schwerdtner*, JURA 1982, 642, 646.
166 *Brox/Walker*, § 37 Rdnr. 2 f.

II. Ansprüche Geschäftsführer gegen Geschäftsherrn

73 Der unberechtigte Geschäftsführer ohne Auftrag kann nach h.M. nicht wie der berechtigte Aufwendungsersatz verlangen (§§ 677, 683 S. 1, 670), sondern er hat lediglich einen bereicherungsrechtlichen **Anspruch aus §§ 684 S. 1, 812 ff.** (Aufwendungskondiktion)[167]. Die Verweisung in § 684 S. 1 stellt nach h.M. eine **Rechtsfolgenverweisung** dar[168], so dass die Voraussetzungen des § 812 nicht vorliegen müssen, sondern sich lediglich die Abwicklung nach Bereicherungsrecht richtet (§§ 818 f.). In der Literatur wird teilweise von einer Rechtsgrundverweisung ausgegangen, da dann z.B. die §§ 815 und 817 anwendbar seien, deren Nichtanwendung als unangemessen und vom Gesetzgeber nicht gewollt angesehen wird[169].

Als Rechtsfolge ist in beiden Fällen die Bereicherung des Geschäftsherrn herauszugeben. Das sind ersparte Aufwendungen des Geschäftsherrn sowie ein möglicher Wertzuwachs. Da in § 684 S. 1 auf das Bereicherungsrecht verwiesen wird, kann der Geschäftsführer eine Herausgabe lediglich verlangen, wenn und soweit der Geschäftsherr überhaupt bzw. noch bereichert ist (§ 818 Abs. 3). Zu berücksichtigen sind dabei auch die Grundsätze der aufgedrängten Bereicherung, die einen Ersatzanspruch ausschließen können[170].

III. Ansprüche Geschäftsherr gegen Geschäftsführer

74 Der Geschäftsherr hat nach h.M. gegen den Geschäftsführer keinen Anspruch auf Herausgabe des durch die Geschäftsführung Erlangten gemäß §§ 670, 681 S. 2, 667, sondern allein gemäß **§§ 812 ff.**[171]. Da die GoA-Regeln keine Anwendung finden, müsste der Geschäftsführer dem Geschäftsherrn auch nicht zur Anzeige nach § 681 S. 1, zur Rechenschaft nach §§ 681 S. 2, 666 oder zum Schadensersatz nach §§ 677, 280 Abs. 1 verpflichtet sein. Das ist jedoch im Einzelfall **streitig**. Teilweise wird angenommen, dass § 681 ganz[172] oder jedenfalls die Verweisung in § 681 S. 2 entsprechend auch für die unberechtigte GoA gelten soll. Auch eine Haftung aus §§ 677, 280 Abs. 1 (Ausführungsverschulden) wird teilweise bejaht[173].

75 Der unberechtigte Geschäftsführer haftet dem Geschäftsherrn nach **§ 678 auf Schadensersatz (Übernahmeverschulden)**, wenn er seine Nichtberechtigung hätte erkennen kön-

---

167 Vgl. BGH NJW 2005, 3211, wo ein Anspruch aus §§ 684 S. 1, 812 bei eigenmächtiger Nachbesserung des Käufers trotz kaufrechtlicher Gewährleistung abgelehnt wurde, da die §§ 437 ff. abschließenden Charakter haben.

168 BGH WM 1976, 1056, 1060; Staudinger/*Bergmann*, § 684 Rdnr. 5 (aber keine entsprechende Anwendung der §§ 814, 815, 817 S. 2); *Martinek/Theobald*, JuS 1997, 612, 617; *Brox/Walker*, § 37 Rdnr. 8 (mit dem Hinweis, dass wenn die GoA im Dreipersonenverhältnis anwendbar ist, eine Rechtsgrundverweisung vorliegen soll).

169 MünchKomm/*Seiler*, § 684 Rdnr. 4; *Coester-Waltjen*, JURA 1990, 608, 610; *Gursky*, AcP 185 (1985), 13, 40 ff.; *Henssler*, JuS 1991, 924, 928; siehe auch *Wandt*, § 5 Rdnr. 52; Staudinger/*Bergmann*, § 684 Rdnr. 1 (§§ 814, 815, 817 S. 2 nicht entsprechend anwendbar).

170 Näher dazu unten Rdnr. 391.

171 *Schwerdtner*, JURA 1982, 642, 646. Anders *Wandt*, § 5 Rdnr. 5, der als inzwischen h.M. ansieht, dass grundsätzlich alle GoA-Vorschriften auf die unberechtigte GoA anzuwenden seien; Bamberger/Roth/*Gehrlein*, § 677 Rdnr. 7; Palandt/*Sprau*, Einf v § 677 Rdnr. 5; *Beuthien*, FS Söllner, 2000, S. 125 f.

172 PWW/*Fehrenbacher*, § 681 Rdnr. 1.

173 MünchKomm/*Seiler*, § 677 Rdnr. 43; Palandt/*Sprau*, Einf v § 677 Rdnr. 4 (Erst-Recht-Schluss); *Wandt*, § 5 Rdnr. 62.

nen. Die Nichtberechtigung ergibt sich daraus, dass die Übernahme der Geschäftsführung nicht dem wirklichen oder mutmaßlichen Willen des Geschäftsherrn entsprach. Auf das Interesse kommt es hier, anders als bei § 683 S. 1 oder § 677, allenfalls dann an, wenn der mutmaßliche Wille des Geschäftsherrn zu bestimmen ist. War die Nichtberechtigung nicht erkennbar, kann Schadensersatz nur nach den §§ 823 ff. gefordert werden[174].

Bei einem Anspruch aus § 678 ist zunächst zu prüfen, ob der Geschäftsführer ein unberechtigter Geschäftsführer ohne Auftrag war (fremdes Geschäft, Fremdgeschäftsführungswille, ohne Auftrag, dem Interesse oder Willen des Geschäftsherrn widersprechend). Sodann muss geprüft werden, ob er schuldhaft nicht erkannt hat, dass er die Geschäftsführung nicht übernehmen durfte. Es gelten die Sorgfaltsanforderungen des § 276[175], so dass bereits die leicht fahrlässige Übernahme einer unberechtigten GoA zu einer Schadensersatzpflicht führen kann. Setzt sich der Geschäftsführer also bewusst über den ihm bekannten Willen des Geschäftsherrn hinweg oder schätzt diesen fahrlässig falsch ein, ist er schadensersatzpflichtig. Das gilt selbst dann, wenn er bei der **Ausführung** nicht schuldhaft gehandelt hat, denn das Verschulden muss sich nicht auf den eingetretenen Schaden beziehen (§ 678 a.E.).

Im Zusammenhang mit der Haftung des Geschäftsführers kann auch die **Haftungsmilderung des § 680** eine Rolle spielen. Bei einer Gefahrenabwehr haftet der Geschäftsführer damit nur für Vorsatz und grobe Fahrlässigkeit[176]. Die Rechtsfolge (Schadensersatz) bemisst sich nach den §§ 249 ff. 76

Die Anwendung des § 678 sowie die Frage der Haftungsmilderung nach § 680 soll an **Fall 11**[177] verdeutlicht werden: Der völlig betrunkene Fahrzeughalter H will nach einem Fest mit seinem Kfz nach Hause fahren. Er ist nicht dazu zu bewegen, seine Schlüssel abzugeben. F erklärt sich auf Drängen anderer und weil er H gefährdet sieht, schließlich bereit, H mit dessen Wagen nach Hause zu fahren. F fährt auf den unbeleuchteten Anhänger eines abgestellten Lkw auf. Das Fahrzeug des H erleidet Totalschaden. Zur Unfallzeit hatte F 1,5 Promille Alkohol im Blut. H verlangt von F Ersatz für das zerstörte Fahrzeug. Zu Recht? 77

1. H könnte gegen F einen Schadensersatzanspruch aus **§ 678 (Übernahmeverschulden)** haben, wenn F als **unberechtigter** Geschäftsführer ohne Auftrag für H gehandelt hat. Mit dem Fahren des Pkw führte F objektiv und subjektiv ein fremdes Geschäft. Der Fremdgeschäftsführungswille wird nach h.M. vermutet. Die Geschäftsführung erfolgte auch ohne Auftrag oder sonstige Berechtigung. Es liegt kein Gefälligkeitsverhältnis zwischen F und H vor, da es an der erforderlichen Einigung zwischen beiden fehlt.

Die Geschäftsführung müsste dem **Interesse** und dem **Willen** des H widersprochen haben. Auf den wirklichen Willen des H kann es aufgrund seiner völligen Trunkenheit nicht ankommen (§ 105 Abs. 2 analog). Es ist daher auf seinen mutmaßlichen Willen abzustellen. Hierbei kommt es auf das objektive Interesse des H an. Da F bei der Fahrt einen Blut-

---

174 Hier kann auch die Haftungsmilderung des § 680 auf die deliktischen Ansprüche Anwendung finden; siehe Rdnr. 11.

175 Bezüglich der Haftung für einen Gehilfen gilt daher § 278 (Zurechnungsnorm); bei einem deliktischen Anspruch kommt allenfalls § 831 (Anspruchsgrundlage) in Betracht.

176 BGHZ 43, 188, 193; BGH NJW 1972, 475 ff.

177 **BGH NJW 1972, 475 ff.**

alkoholgehalt von 1,5 Promille hatte und damit absolut fahruntüchtig war, entsprach es nicht dem mutmaßlichen Willen des H, von ihm gefahren zu werden[178]. Es liegt eine unberechtigte GoA vor.

Des Weiteren setzt der Schadensersatzanspruch aus § 678 voraus, dass F **schuldhaft** nicht erkannt hat, dass die Übernahme der Geschäftsführung dem (mutmaßlichen) Willen des H widersprach. Grundsätzlich schadet schon die leicht fahrlässige Übernahme einer unberechtigten GoA (§ 276). Allerdings wollte F hier vom Geschäftsherrn H eine drohende dringende Gefahr abwenden, da dieser in völlig betrunkenem Zustand fahren wollte. Es kommt deshalb die Haftungsmilderung des **§ 680** in Betracht[179]. Fraglich ist also, ob F mit dem Fahren die im Verkehr erforderliche Sorgfalt in grobem Maß missachtet hat. Wer im Straßenverkehr ein Fahrzeug führt, obwohl er infolge des Genusses von Alkohol nicht in der Lage ist, das Fahrzeug sicher zu führen, handelt idR grob fahrlässig.

Hier könnten jedoch besondere Umstände vorliegen, die zumindest den Vorwurf der **groben** Fahrlässigkeit entkräften. F war in der konkreten Situation gezwungen schnell zu handeln, er wurde von den Umstehenden gedrängt und zudem war die abzuwendende Gefahr ungewöhnlich groß (Gefährdung von Leib und Leben des H und anderer Verkehrsteilnehmer). Andere Maßnahmen hätten zur Anwendung von Gewalt geführt (Schlüsselwegnahme) oder zu gefährlichen Verzögerungen (Anruf bei der Polizei). In dieser Situation hat es F zwar an einer sorgfältigen Prüfung seiner eigenen Fahruntüchtigkeit fehlen lassen, wegen der eben genannten besonderen Umstände der Geschäftsübernahme liegt hierin aber keine grobe Missachtung der im Verkehr erforderlichen Sorgfalt. H kann daher mangels (Übernahme-)Verschuldens des F keinen Schadensersatz nach § 678 verlangen[180].

2. H könnte gegen F einen Anspruch aus **§§ 677, 280 Abs. 1** haben **(Ausführungsverschulden)**. Voraussetzung ist, dass § 677 **anwendbar** ist. Grundsätzlich findet § 677 bei der unberechtigten GoA keine Anwendung[181]. Ausnahmsweise soll nach einer Ansicht im Schrifttum eine Haftung aus §§ 677, 280 Abs. 1 zu bejahen sein. Aufgrund eines Erst-Recht-Schlusses soll eine Haftung des unberechtigten Geschäftsführers über § 678 hinaus bei fehlender Kenntnis oder bei fahrlässiger Unkenntnis von der fehlenden Übernahmeberechtigung gegeben sein[182]. Der unberechtigte Geschäftsführer soll nicht besser stehen als der berechtigte. Diese Meinung ist jedoch mit der h.M. abzulehnen, da mangels Vorliegens der Voraussetzungen der berechtigten GoA gerade das an das Auftragsrecht angelehnte Schuldverhältnis nicht entsteht. Damit scheidet eine Haftung nach §§ 677, 280 Abs. 1 aus.

---

178 Bei der Prüfung der Berechtigung der GoA ist allein deren **Übernahme** entscheidend, so dass hier nicht einbezogen werden darf, dass F bei der **Durchführung** der GoA einen Unfall verursachte.

179 BGH NJW 1972, 475 ff.; *Gursky*, JuS 1972, 637 ff.; *Medicus/Petersen*, BR, Rdnr. 433; *Medicus/Lorenz*, SR II, Rdnr. 1119; Soergel/*Beuthien*, § 680 Rdnr. 2; Staudinger/*Bergmann*, § 680 Rdnr. 1.

180 Ein Anspruch aus **§ 823 Abs. 1** scheidet ebenfalls aus, da § 680 auch hier gelten muss (siehe oben **Fall 1** Rdnr. 11) und grobe Fahrlässigkeit nicht vorliegt (BGHZ 46, 313, 316; BGH NJW 1972, 475, 476). Aus demselben Grund scheidet auch ein Anspruch aus §§ 18 Abs. 1 S. 1, 7 Abs. 1 StVG aus (§ 18 Abs. 1 S. 2 StVG; vgl. auch § 8a StVG).

181 Siehe oben Rdnr. 72.

182 MünchKomm/*Seiler*, § 677 Rdnr. 56; Palandt/*Sprau*, Einf v § 677 Rdnr. 5; *Wandt*, § 5 Rdnr. 62.

Folgt man der Mindermeinung, ist Voraussetzung, dass der Geschäftsführer das Geschäft schuldhaft nicht so geführt hat, wie es das Interesse des Geschäftsherrn mit Rücksicht auf dessen wirklichen oder mutmaßlichen Willen erfordert. Im vorliegenden Fall ist ein Ausführungsverschulden aus den gleichen Gründen zu verneinen, die bereits gegen ein grobes Verschulden bei Übernahme der Geschäftsführung sprachen[183]. Danach scheidet auch nach dieser Ansicht ein Anspruch des H gegen F auf Schadensersatz gemäß §§ 677, 280 Abs. 1 (mangels Verschuldens des F) aus.

3. H könnte gegen F einen Anspruch aus **§ 823 Abs. 1** haben. Das Eigentum des H wurde von F kausal verletzt. Die Rechtswidrigkeit ist indiziert. Allerdings ist in Bezug auf das Verschulden auch hier § 680 zu beachten[184], so dass eine Haftung nach § 823 Abs. 1 ausscheidet.

§ 7 Die unechte GoA

I. Vermeintliche Eigengeschäftsführung, § 687 Abs. 1

Bei der vermeintlichen Eigengeschäftsführung wird zwar regelmäßig ein objektiv fremdes Geschäft zu bejahen sein, es fehlt jedoch am Fremdgeschäftsführungswillen. Dieser setzt das Bewusstsein voraus, ein Geschäft für einen anderen zu führen. Ansprüche aus GoA scheiden damit hier aus, das stellt § 687 Abs. 1 klar. Es entsteht kein Schuldverhältnis[185]. Auch eine Genehmigung durch den „Geschäftsherrn“ kann die Anwendbarkeit der §§ 677 ff. nicht begründen. Damit erfolgt der Ausgleich zwischen den Parteien nach den allgemeinen Vorschriften, d.h. nach den §§ 987 ff., 812 ff., 823 ff.[186]. **78**

II. Angemaßte Eigengeschäftsführung, § 687 Abs. 2[187]

Führt jemand ein fremdes Geschäft trotz Kenntnis der Fremdheit als eigenes, ohne dazu berechtigt zu sein, liegt angemaßte Eigengeschäftsführung i.S. des § 687 Abs. 2 vor (auch unerlaubte Eigengeschäftsführung oder Geschäftsanmaßung genannt[188]). Weil ein Fremdgeschäftsführungswille fehlt, handelt es sich nicht um eine (echte) GoA. § 687 Abs. 2 stellt vielmehr eine Sonderregel zu den Vorschriften des Delikts- und Bereicherungsrechts dar. Danach haftet derjenige verschärft, der bewusst und in eigennütziger Absicht fremde Angelegenheiten wahrnimmt. **79**

Auch wenn bei angemaßter Eigengeschäftsführung keine GoA vorliegt, können daneben aufgrund von § 687 Abs. 2 die Regeln der GoA, d.h. die §§ 677, 678, 681, 682, anwendbar sein. Der Geschäftsherr hat insofern ein **Wahlrecht** (§ 687 Abs. 2 S. 1: „kann“), ob er **80**

183 BGH NJW 1972, 475, 477.
184 Siehe oben Rdnr. 76.
185 Zur entsprechenden Einordnung der Schönheitsreparaturfälle *Hey*, JuS 2009, 400, 405.
186 MünchKomm/*Seiler*, § 687 Rdnr. 6 f.
187 **Übungsfall** z.B. bei *Steinbeck/Block*, JURA 2011, 943 ff.
188 Siehe *Brox/Walker*, § 38 Rdnr. 4; *Peifer*, § 14 Rdnr. 4.

Ansprüche aus den allgemeinen Vorschriften (§§ 812 ff., §§ 823 ff. und §§ 987 ff.) oder Ansprüche aus GoA geltend machen will. Wählt der Geschäftsherr ein Vorgehen nach den **allgemeinen Regeln**, ist er dem Geschäftsführer nicht zum Aufwendungsersatz gemäß § 687 Abs. 2 S. 2 verpflichtet.

Wählt der Geschäftsherr dagegen ein Vorgehen nach den **Regeln der GoA**, hat er den Vorteil, dass § 678 (Zufallshaftung) Anwendung findet und ein Anspruch auf Herausgabe des Erlöses bzw. Verletzergewinns (**§§ 687 Abs. 2 S. 1, 681 S. 2, 667**) besteht. Voraussetzung für den Herausgabeanspruch ist, dass objektiv ein fremdes Geschäft geführt wird, obwohl der Geschäftsführer subjektiv ein eigenes Geschäft besorgen will. Ein bloß neutrales Geschäft genügt nicht. Liegt ein neutrales Geschäft vor, das mit Eigengeschäftsführungswillen getätigt wird, handelt es sich schlicht um die Führung eines (erlaubten) eigenen Geschäfts. Voraussetzung ist des Weiteren, dass der Geschäftsführer auch das **Wissen** hat, dass es sich um ein fremdes Geschäft handelt. Kenntnisse seines Vertreters muss er sich nach § 166 zurechnen lassen. Liegt lediglich fahrlässige Unkenntnis vor, ist dies kein Fall der Geschäftsanmaßung, sondern des § 687 Abs. 1 (vermeintliche Eigengeschäftsführung). Außerdem muss der Geschäftsführer das Geschäft **als eigenes** führen wollen und somit Eigengeschäftsführungswillen haben. Zudem darf er zur Geschäftsführung **nicht berechtigt** sein.

Geht der Geschäftsherr nach GoA vor, haftet der Geschäftsführer auch auf Auskunft, Rechenschaft und Rechnungslegung (§§ 681, 666). Andererseits ist der Geschäftsherr dem Geschäftsführer zum Ersatz seiner Aufwendungen verpflichtet. **Anspruchsgrundlage** für den Geschäftsführer ist **§ 687 Abs. 2 S. 2**, der ausdrücklich auf das ausgeübte Wahlrecht des Geschäftsherrn abstellt.

81 Die Bedeutung des § 687 Abs. 2 zeigt **Fall 12**[189]: Journalist J interviewt den bekannten Schauspieler D für eine Reportage und macht dabei auch einige Fotos. D lässt sich u.a. auf dem Motorroller des J ablichten. Dieses Foto verkauft J der Motorrollerfirma M für deren Reklame. Er versichert, D sei mit dieser Veröffentlichung einverstanden. M veröffentlicht daraufhin das Bild im Rahmen eines Inserats in mehreren Zeitschriften und erwähnt den Namen des D. D will wissen, ob er Ansprüche aus GoA gegen J hat. J will wissen, ob er ggf. Gegenansprüche als Geschäftsführer hat.

1. D könnte einen Anspruch auf **Herausgabe des empfangenen Entgelts** nach **§§ 687 Abs. 2 S. 1, 681 S. 2, 667** haben. Dann müsste J wissentlich ein fremdes Geschäft als eigenes geführt haben, d.h. das Geschäft muss (wenigstens auch) dem Rechts- und Interessenkreis eines anderen angehören. Ein solches fremdes Geschäft könnte J geführt haben, indem er die Fotoaufnahme von D ohne dessen Erlaubnis an M zu Werbezwecken weitergab. Nach § 22 Abs. 1 KunstUrhG dürfen Bildnisse nur mit Einwilligung des Abgebildeten verbreitet oder öffentlich zur Schau gestellt werden. J hat das Foto durch Weitergabe an die M verbreitet. Eine Einwilligung des D in die Weitergabe liegt nicht vor. Allerdings dürfen Bilder ausnahmsweise auch ohne die Einwilligung verbreitet werden, wenn die Voraussetzungen des § 23 Abs. 1 Nr. 1 KunstUrhG vorliegen. Hiernach ist die Verbrei-

189 **BGHZ 20, 345 ff. („Paul Dahlke")**, wo allerdings lediglich auf das Schadensersatzrecht abgehoben wird und nicht auf Ansprüche aus GoA. Weiterführung der Lösung unter deliktsrechtlichen Gesichtspunkten unten **Fall 17** Rdnr. 128.

tung von Bildern in Bezug auf Personen der Zeitgeschichte aufgrund des überwiegenden Informationsbedürfnisses der Allgemeinheit auch ohne Gestattung des Abgebildeten zulässig.

Der bekannte Schauspieler D ist eine solche Person der Zeitgeschichte. Die Ausnahmevorschrift des § 23 Abs. 1 KunstUrhG greift jedoch nur ein, wenn die Verbreitung eines Bilds der Person der Zeitgeschichte tatsächlich dem schutzbedürftigen Informationsbedürfnis der Allgemeinheit dient. Demgegenüber steht hier für J das kommerzielle Interesse an einer möglichst lukrativen Verwertung des Bilds im Rahmen der Werbung im Vordergrund. Die einschränkenden Voraussetzungen des § 23 Abs. 1 KunstUrhG liegen mithin nicht vor. J hat durch die Weitergabe des Bilds an M ein Geschäft vorgenommen, das in den Rechtskreis eines anderen gehört (Recht des D am eigenen Bild, § 22 KunstUrhG), also fremd war. J wusste auch um seine mangelnde Berechtigung, da er der M wahrheitswidrig von der Zustimmung des D erzählte. J muss das fremde Geschäft als eigenes behandelt haben, d.h. er muss in den fremden Rechts- oder Interessenkreis in eigennütziger Absicht eingegriffen haben. Das ist hier der Fall, da J den D vom Ganzen nicht in Kenntnis gesetzt hat. Damit liegt hier eine angemaßte Eigengeschäftsführung des J vor.

Rechtsfolge ist, dass J so behandelt wird, als habe er das fremde Geschäft für Rechnung des Geschäftsherrn geführt. Die allgemeine Deliktshaftung sowie die allgemeinen Vorschriften (§§ 812 ff., 987 ff.) werden zugunsten des geschädigten „Geschäftsherrn" verstärkt, indem ihm die besonderen Herausgabe- und Schadensersatzansprüche (§ 687) der GoA inklusive der Nebenansprüche (§§ 683, 661 ff.) zuerkannt werden. Nach §§ 687 Abs. 2 S. 1, 681 S. 2, 667 muss J daher das durch die angemaßte Eigengeschäftsführung **Erlangte** herausgeben. Von der Pflicht zur Herausgabe des Erlangten ist – wie bei § 816 Abs. 1 S. 1 – auch das aufgrund eines schuldrechtlichen Vertrags zugeflossene Äquivalent umfasst. Der Geschäftsführer hat also auch einen erzielten **Gewinn** herauszugeben, und zwar unabhängig davon, ob der Geschäftsherr selbst ein solches Geschäft vorgenommen hätte oder der Gewinn aufgrund des besonderen Verhandlungsgeschicks des Geschäftsführers höher als üblich ausgefallen ist[190]. D kann daher von J das Honorar verlangen, welches J von M für die Werbeaufnahmen erhalten hat.

2. D könnte auch einen Anspruch auf **Schadensersatz** nach **§§ 687 Abs. 2 S. 1, 678** (Übernahmeverschulden) haben[191]. Hat der sich in fremde Angelegenheiten einmischende Eigengeschäftsführer erkannt, dass sein Handeln dem Willen des Geschäftsherrn widerspricht, haftet er nach §§ 687 Abs. 2, 678 auf Schadensersatz. Im vorliegenden Fall ist die Höhe der Schadensersatzpflicht des J – in Ermangelung eines dem D konkret entstandenen Schadens – nach dem Entgelt zu bemessen, das in vergleichbaren Fällen an Schauspieler für die Einwilligung in eine Bildweitergabe zu Werbezwecken gezahlt wird[192].

---

190 *Esser/Weyers*, § 46 IV 2 a; *Fikentscher/Heinemann*, Schuldrecht, 10. Aufl. 2006, Rdnr. 1283 f.; *Medicus/Petersen*, BR, Rdnr. 418.

191 Ein Schadensersatzanspruch des D gegen J aus §§ 280 Abs. 1, 241 Abs. 2 (positive Forderungsverletzung) scheidet aus, da es am beiderseitigen Rechtsbindungswillen fehlt.

192 Des Weiteren könnte D einen Anspruch aus § 823 Abs. 1 wegen Verletzung seines Persönlichkeitsrechts haben sowie einen Anspruch aus §§ 823 Abs. 2 iVm. 22 KunstUrhG und einen solchen aus § 826. Außerdem könnte ein Anspruch aus § 812 Abs. 1 S. 1, 2. Alt. sowie ein Anspruch aus § 1004 Abs. 1 S. 2 gegeben sein.

3. Verlangt der Geschäftsherr Herausgabe des durch die Geschäftsführung Erlangten (§§ 687 Abs. 2 S. 1, 681 S. 2, 667) oder macht er einen Schadensersatzanspruch geltend (§§ 687 Abs. 2 S. 1, 678), so richten sich die **Gegenansprüche** des Geschäftsführers nach **§§ 687 Abs. 2 S. 2, 684 S. 1**. Nach deren Wortlaut ist der Geschäftsherr verpflichtet, dem Geschäftsführer alles, was er **„durch die Geschäftsführung erlangt"** hat, nach Bereicherungsrecht herauszugeben[193]. Die Verweisung des § 684 S. 1 auf das Bereicherungsrecht scheint zu dem Ergebnis zu führen, dass der Geschäftsherr dem Geschäftsführer das durch die Geschäftsführung Erlangte herausgeben muss, das er seinerseits gerade nach §§ 681 S. 2, 667 erlangt hat. Das Erlangte würde also von einem zum anderen geschoben.

Die Formulierung des § 684 S. 1 beruht jedoch auf einem Redaktionsversehen[194]. Sie meint nicht etwa, dass der Geschäftsherr (D) das Geschäftsführungsergebnis herausgeben muss, also das, was er zuvor vom Geschäftsführer (J) nach § 667 erlangt hat. Zweck der Bestimmung ist vielmehr, dass der Geschäftsführer, wenn er das durch die Geschäftsführung Erlangte herausgeben muss, zumindest seine **Aufwendungen** ersetzt verlangen kann, soweit der Geschäftsherr durch sie noch bereichert ist[195]. Die Verweisung auf das Bereicherungsrecht in §§ 687 Abs. 2 S. 2, 684 S. 1 bezieht sich also nicht auf das sonst Erlangte, sondern nur auf die vom Geschäftsführer getätigten Aufwendungen. Der Herausgabeanspruch nach §§ 687 Abs. 2 S. 1, 681 S. 2, 667 soll dem Geschäftsherrn (kondiktionsfest) erhalten bleiben. Der Geschäftsherr D ist somit nach § 684 S. 1 verpflichtet, dem Geschäftsführer dessen Aufwendungen zu ersetzen, wenn dieser die Ansprüche nach § 687 Abs. 2 S. 1 geltend macht[196]. Hier kann J den Teilbetrag des Honorars einbehalten, mit dem die Nutzung der von ihm als Urheber gefertigten Fotoaufnahme (vgl. §§ 2 Abs. 1 Nr. 5 bzw. 72 UrhG) abgegolten wird.

---

193 Zur Frage, ob § 684 S. 1 eine Rechtsfolgen- oder Rechtsgrundverweisung enthält, siehe oben Rdnr. 73.

194 Vgl. auch *Esser/Weyers*, § 46 IV 2 b; *Fikentscher/Heinemann*, Schuldrecht, 10. Aufl. 2006, Rdnr. 1285.

195 *Medicus/Lorenz*, SR II, Rdnr. 1123; Staudinger/*Bergmann*, § 687 Rdnr. 51.

196 RGZ 138, 45, 50; *Larenz*, § 57 II b; Staudinger/*Bergmann*, § 687 Rdnr. 53; *Schwerdtner*, JURA 1982, 642, 647.

Dritter Teil

Deliktsrecht

§ 8 Grundlagen

I. Systematik des Deliktsrechts

Im Deliktsrecht wird die Frage der Verantwortlichkeit einer Person für einen Schaden geregelt, der unabhängig von einer Vertragsbeziehung entstanden ist. Das Gesetz geht grundsätzlich vom **Verschuldensprinzip** aus. Die Verantwortlichkeit trifft denjenigen, der den Schaden rechtswidrig und schuldhaft verursacht hat. Der deliktsrechtliche **Aufbau** unterteilt sich daher in die Prüfungspunkte Tatbestand (Rechts-/Rechtsgutverletzung, ein dem Anspruchsgegner zurechenbares Verhalten), Rechtswidrigkeit und Verschulden[1]. Die Beweislast für das Verschulden trägt regelmäßig der Geschädigte als Anspruchsteller. Dies gilt etwa für § 823 Abs. 1, § 823 Abs. 2 iVm. einem Schutzgesetz, §§ 824, 826, 839 und 830 Abs. 1 S. 1 sowie 830 Abs. 2. In einzelnen Fällen sieht das Gesetz vor, dass das **Verschulden widerlegbar vermutet** wird, d.h. der Schädiger haftet, sofern er sich nicht exkulpieren kann. Das ist etwa bei den §§ 831, 832, 833 S. 2, 834, 836–838 sowie § 18 StVG und bei der deliktischen Produzentenhaftung der Fall. 82

In einzelnen Fällen weicht das Gesetz vom Verschuldensprinzip ab und sieht ausnahmsweise eine Haftung ohne Rechtswidrigkeit und Verschulden vor (**Gefährdungshaftung**). Haftungsgrundlage ist hier die abstrakte Gefährdung anderer durch ein bestimmtes **erlaubtes** Verhalten. Im BGB findet sich die Gefährdungshaftung allein bei § 833 S. 1 im Hinblick auf sog. Luxustiere, außerhalb des BGB etwa in § 7 StVG, § 1 HaftPflG[2], §§ 33 ff. LuftVG, §§ 25 ff. AtomG, § 22 WasserHG, §§ 1 ff. ProdHG und § 84 ArzneimG[3]. Die Haftung tritt ein, wenn der Tatbestand der betreffenden Norm erfüllt ist. Rechtswidrigkeit[4] oder Verschulden sind bei der Gefährdungshaftung nicht erforderlich. Ebenso wenig stellt sich die Frage nach der Adäquanz, da schon allein für die Gefährlichkeit der „Sache“ gehaftet wird. 83

Neben der Verschuldens- und der Gefährdungshaftung gibt es noch Tatbestände, bei denen **für fremdes Verschulden** gehaftet wird. Das ist etwa bei der Haftung für Amtspflichtverletzung bzw. Staatshaftung (Art. 34 GG iVm. § 839 Abs. 1) und bei § 3 HaftPflG der Fall.

---

1 Art und Umfang der Schadensersatzpflicht, d.h. die Rechtsfolgen einer festgestellten Schadensersatzpflicht, sind in den §§ 249 ff. geregelt, die durch §§ 842 ff. ergänzt werden (Schadensrecht).

2 Zu einer Haftung nach § 1 HaftPflG siehe BGH NJW 2013, 3235 ff.

3 Vgl. die Zusammenstellung bei *Deutsch/Ahrens*, Rdnr. 354 ff.; *Kötz/Wagner*, Rdnr. 493 ff.

4 So die zutreffende h.M., vgl. *Larenz/Canaris*, § 75 I 2d und § 84 I 3a.

II. Anwendbarkeit der §§ 823 ff.

84 Die deliktsrechtlichen Regelungen finden grundsätzlich neben einem vertraglichen Schadensersatzanspruch Anwendung. Zu beachten ist, dass in Ausnahmefällen die Vorschriften des einen Rechtsgebiets diejenigen des anderen beeinflussen können, z.B. hinsichtlich Haftungsmilderung oder Verjährung[5].

85 Die §§ 823 ff. sind grundsätzlich **nicht** anwendbar, wenn ein **Eigentümer-Besitzer-Verhältnis** vorliegt[6]. Daher ist vor der Prüfung eines deliktischen Anspruchs ein Anspruch aus dem Eigentümer-Besitzer-Verhältnis zu prüfen. Sind im Zeitpunkt der Verletzungshandlung auch die Voraussetzungen des § 985 erfüllt, gehen die §§ 987 ff., insbesondere die Schadensersatzregelungen der §§ 989 f., als abschließende Sonderregelungen vor. Liegt also eine Eigentumsverletzung durch den unrechtmäßigen Besitzer vor, sind die §§ 823 ff. regelmäßig nur über § 992 anwendbar[7]. Anwendbar sind die §§ 823 ff. nach h.M. neben den §§ 987 ff. nur, wenn ein Fall des § 992 oder des Fremdbesitzerexzesses vorliegt. Denn hält ein gutgläubiger Besitzer die Schranken seines vermeintlichen Besitzrechts nicht ein, ist er nicht nach § 993 Abs. 1 a.E. schutzwürdig und hat nach Deliktsrecht zu haften.

86 Dagegen können Ansprüche aus den §§ 823 ff. mit solchen aus **Gefährdungshaftung** (§ 833 S. 1, § 7 Abs. 1 StVG usw.) konkurrierend nebeneinander bestehen. Dem kommt vor allem deshalb Bedeutung zu, weil der Gesetzgeber bei der Gefährdungshaftung zumeist eine Haftungshöchstgrenze (z.B. §§ 10 ff. StVG) oder eine Selbstbeteiligung (§ 11 ProdHaftG) vorgesehen hat, bei der Verschuldenshaftung aber nach §§ 249 ff. in der Regel der ganze Schaden ersetzt werden muss. Auch Ansprüche aus den §§ 812 ff. können neben Ansprüchen aus den §§ 823 ff. geltend gemacht werden.

III. Beseitigungs- und Unterlassungsansprüche

87 Die §§ 823 ff. enthalten keine Rechtsfolge für die Fälle, in denen ein Eingriff in ein Recht oder Rechtsgut unmittelbar **bevorsteht** oder nach bereits erfolgter Verletzung weitere Eingriffe **drohen**. Damit kann aus den §§ 823 ff. in der Regel weder Unterlassung noch Beseitigung verlangt werden.

Unterlassung und Beseitigung sind die zwei Seiten des sog. negatorischen Rechtsschutzes nach **§ 1004**. Dieser hat seinen Ursprung im Grundstücksrecht. Allerdings wurde sein Anwendungsbereich vom (Grund-)Eigentum zunächst auf die anderen in § 823 Abs. 1 genannten Rechtsgüter erstreckt (Leben, Körper, Gesundheit und Freiheit). Schließlich wurde er auf jede nach den §§ 823 ff. deliktsrechtlich geschützte Position ausgedehnt. Man spricht hier von **quasi-negatorischem Rechtsschutz**. Anspruchsgrundlage ist §§ 1004 Abs. 1 S. 2 analog, 823 Abs. 1.

88 Voraussetzung für den **Unterlassungsanspruch** ist eine Verletzung der in den §§ 823 ff. geschützten Rechte oder Rechtsgüter, eine Wiederholungsgefahr[8] sowie Rechtswidrig-

5 Siehe Rdnr. 9 ff.
6 *Habersack*, Examens-Repetitorium Sachenrecht, 7. Aufl. 2012, Rdnr. 117 f. m.w.N.
7 Staudinger/*Gursky*, Vorbem zu §§ 987–993 Rdnr. 64 ff.
8 BGH NJW 1998, 1391, 1392.

keit. Letztere liegt vor, wenn keine Duldungspflicht besteht. Verschulden ist nicht erforderlich. Ein Unterlassen kann aber nicht nur dann gefordert werden, wenn eine Rechtsgutverletzung schon erfolgt ist, sondern auch dann, wenn sie noch nicht erfolgt ist, aber nachweislich die Gefahr eines unmittelbar bevorstehenden rechtswidrigen Eingriffs droht (**vorbeugender quasi-negatorischer Rechtsschutz**)[9]. Voraussetzung ist hier neben der drohenden Verletzung der in den §§ 823 ff. geschützten Rechte und Rechtsgüter die Erstbegehungsgefahr. Diese ist dann gegeben, wenn Tatsachen vorliegen, die einen ernstlich drohenden Eingriff mit Sicherheit erkennen lassen. Auch hier ist Rechtswidrigkeit erforderlich, die durch eine Duldungspflicht (§ 1004 Abs. 2) ausgeschlossen wird. Die größte Bedeutung hat der vorbeugende Rechtsschutz im Zusammenhang mit der Verletzung des allgemeinen Persönlichkeitsrechts[10]. Rechtsfolge ist die Unterlassung der bevorstehenden Störung.

Der **Beseitigungsanspruch** soll eine fortdauernde **Beeinträchtigung** eines absoluten **89**
Rechts oder von Lebens-(Rechts-)gütern, Rechten und Interessen, die durch § 824 bzw. durch § 823 Abs. 2 iVm. einem Schutzgesetz geschützt sind, **beseitigen**, welche nach einem erfolgten Eingriff bestehen. Damit ist Voraussetzung die Verletzung eines durch die §§ 823 ff. geschützten Rechts oder Rechtsguts sowie die fortdauernde Beeinträchtigung. Auch hier liegt Rechtswidrigkeit nur dann vor, wenn keine Duldungspflicht (Rechtfertigungsgrund, z.B. Einwilligung) vorliegt. Verschulden des Täters ist nicht erforderlich. Rechtsfolge ist die Beseitigung der fortdauernden Beeinträchtigung. Hauptfälle des Beseitigungsanspruchs sind der öffentliche Widerruf unzutreffender Tatsachenbehauptungen sowie die Vernichtung rechtswidriger Bild- oder Tonbandaufnahmen[11]. Es erfolgt hier kein Schadensausgleich. Die Beseitigung bereits **eingetretener** Schäden kann nur über einen Schadensersatzanspruch nach §§ 823 ff. erreicht werden.

IV. Verjährung

Deliktische Ansprüche verjähren regelmäßig in drei Jahren (§ 195). Die Verjährung be- **90**
ginnt nach § 199 Abs. 1 mit dem Schluss des Jahres, in dem der Anspruch entstanden ist und der Gläubiger von den für den Anspruch relevanten Umständen und der Person des Schuldners Kenntnis erlangt hat oder ohne grobe Fahrlässigkeit erlangen müsste. Für Schadensersatzansprüche, die auf der Verletzung des Lebens, des Körpers, der Gesundheit oder der Freiheit beruhen, gilt nach **§ 199 Abs. 2** – ohne Rücksicht auf die Entstehung des Anspruchs, die Kenntnis oder grobe Fahrlässigkeit – eine Höchstfrist von 30 Jahren von der Begehung der Handlung, der Pflichtverletzung oder dem sonstigen, den Schaden auslösenden Ereignis an. Für Schadensersatzansprüche wegen Verletzung des Eigentums und des Vermögens wird in **§ 199 Abs. 3** eine ausdrückliche Regelung der Höchstfristen getroffen. Es ist die jeweils früher endende Frist maßgeblich.

Für Herausgabeansprüche nach Eintritt der Verjährung ist **§ 852** zu beachten. Der Schä- **91**
diger ist nach § 852 S. 1 zur Herausgabe desjenigen, was er durch eine unerlaubte Hand-

9 Vorbeugende Unterlassungsansprüche werden in erster Linie im einstweiligen Verfügungsverfahren geltend gemacht (§§ 916 ff. ZPO).

10 Näher dort Rdnr. 134.

11 Beispielsfall siehe unten **Fall 21** Rdnr. 142.

lung auf Kosten des Verletzten erlangt hat (z.B. Lösegeld), nach den Vorschriften über die Herausgabe einer ungerechtfertigten Bereicherung verpflichtet, und zwar selbst dann, wenn der Schadensersatzanspruch aus der unerlaubten Handlung schon verjährt ist. Der Schädiger ist hier nämlich nicht schutzwürdig und soll deshalb die Vorteile, die er aus einer unerlaubten Handlung auf Kosten des Verletzten gezogen hat, nicht behalten dürfen. Aufgrund des Begriffs „auf Kosten" muss ein Zusammenhang zwischen dem Schaden des Verletzten und dem Vorteil des Verletzers festgestellt werden. § 852 S. 1 ist eine Rechtsfolgenverweisung[12], so dass der Tatbestand eines Bereicherungsanspruchs nicht vorzuliegen braucht. Der Anspruch verjährt nach § 852 S. 2 in zehn Jahren von seiner Entstehung an, ohne Rücksicht auf die Entstehung in 30 Jahren von der Begehung der Verletzungshandlung oder dem sonstigen, den Schaden auslösenden Ereignis an.

92 Bestehen deliktische und vertragliche Ersatzansprüche nebeneinander, verjähren diese grundsätzlich selbständig nach den jeweiligen Verjährungsvorschriften. Ausnahmsweise kann aber die für einen vertraglichen Anspruch geltende kürzere Verjährungsfrist auch für die Haftung aus unerlaubter Handlung gelten. Voraussetzung ist, dass der Zweck der die kurze Verjährungsfrist festlegenden Norm eine **Ausdehnung** auch auf das Deliktsrecht erfordert. Das ist nach h.M. etwa bei § 548 (Verjährung der Ersatzansprüche und des Wegnahmerechts) der Fall, der auch auf konkurrierende Deliktsansprüche anwendbar sein soll[13].

V. Entgeltfortzahlung und Versicherungen

93 Sowohl der Geschädigte als auch der Schädiger können im Hinblick auf einen eingetretenen Schaden abgesichert sein. **Klausurrelevant** kann hierbei vor allem eine Versicherung des Geschädigten sein. Hier kann sich die Frage stellen, ob der Geschädigte überhaupt einen Schaden erlitten hat, wenn seine Versicherung dafür einsteht. Außerdem stellt sich die Frage, ob der Versicherer gegen den Schädiger im Regressweg vorgehen kann.

94 Der Geschädigte hat durch das Eintreten seines „Versicherers" tatsächlich keinen Schaden (mehr). Fraglich ist aber, ob dieser Vorteil, den der Geschädigte erlangt, schadensmindernd zu berücksichtigen ist **(Vorteilsausgleichung)**. Abgelehnt wird das bei Entgeltfortzahlungen des Arbeitgebers an den Arbeitnehmer nach dem Entgeltfortzahlungsgesetz (EFZG), denn Zweck der Fortzahlung ist nicht die Entlastung des Schädigers, sondern der Schutz des Arbeitnehmers. Auch Leistungen Dritter, die sich der Geschädigte „erkauft" hat (Sozialversicherung, private Lebens- oder Unfallversicherung, Schadensversicherung), werden regelmäßig nicht auf den Schadensersatzanspruch anspruchsmindernd angerechnet. Eine Vorteilsausgleichung findet nicht statt.

Durch die Entgeltfortzahlung tritt ein gesetzlicher Forderungsübergang **(Legalzession)** ein (§ 6 EFZG). Das Gleiche gilt bei den o.g. Leistungen Dritter (§ 116 SGB X[14], § 86 VVG)[15]. Der Geschädigte ist damit nicht mehr anspruchsberechtigt (aktivlegitimiert), der Arbeitgeber/Versicherer hat einen Anspruch aus § 6 EFZG bzw. § 116 SGB X oder § 86

---

12 Palandt/*Sprau* § 852 Rdnr. 2.
13 Dazu Rdnr. 13.
14 Sozialgesetzbuch 10. Buch.
15 **Übungsfall** z.B. bei *Bayer/Schneider*, JuS 2004, 230 ff.; *Gerecke/Valentin*, JuS 2007, 834 ff.

VVG iVm. § 823 Abs. 1. Trägt also eine Krankenkasse die Krankheitskosten des Geschädigten, geht sein Schadensersatzanspruch in Höhe dieser Kosten im Wege der Legalzession auf den Träger der Krankenkasse über (§ 116 SGB X). Will der Träger Regress beim Schädiger nehmen, muss der Geschädigte einen Anspruch aus § 823 Abs. 1 haben. Anspruchsgrundlage ist § 823 Abs. 1, § 116 SGB X.

§ 9 Der deliktische Haupttatbestand: § 823 Abs. 1[16]

I. Rechtsgut- oder Rechtsverletzung

Nach § 823 Abs. 1 sind nur bestimmte Rechtsgüter vor Verletzungen geschützt. Das sind zum einen die Rechtsgüter Leben, Körper, Gesundheit und Freiheit. Sie sind mit der Persönlichkeit des Inhabers untrennbar verbunden und damit Teil des jeweiligen Rechtssubjekts. Zum anderen sind das Eigentum (als Recht) sowie „sonstige Rechte" geschützt. Diese von ihrem Inhaber trennbaren Rechte stellt § 823 Abs. 1 den untrennbaren Rechtsgütern im Schutz gleich. **95**

1. Verletzung des Lebens

Eine Verletzung des Lebens liegt beim Tod eines Menschen vor. In diesem Fall kommt zwar aufgrund des Verlusts der Rechtsfähigkeit kein Anspruch des Betroffenen mehr in Betracht, aber die hinterbliebenen **Angehörigen** können Ansprüche nach **§§ 844, 845** geltend machen[17]. Zu unterscheiden ist zwischen Ansprüchen des inzwischen Verstorbenen, die vererblich sind, und Ansprüchen der Angehörigen aus den Sondervorschriften: Solange der Getötete noch lebte, konnte er die erforderlichen Behandlungskosten gemäß §§ 823 Abs. 1, 249 Abs. 2 (Körper-, Gesundheitsverletzung) ersetzt sowie ggf. Schmerzensgeld verlangen. Da dieser Ersatzanspruch vererblich ist, ist er nach dem Tod des Verletzten auf die Erben übergegangen (§§ 1922, 1923 Abs. 1). Diese können den Anspruch aus dem Recht des verletzten Erblassers geltend machen. Das ist aber kein Fall der „Verletzung des Lebens" i.S. des § 823 Abs. 1. **96**

Da der Unterhaltsschaden einer Witwe und/oder der Kinder nicht schon zu Lebzeiten des Getöteten entstanden ist, kann der Getötete einen entsprechenden Ersatzanspruch auch nicht vererben. Hier greift **§ 844 Abs. 2** als Anspruchsgrundlage für den Ersatz von Vermögensschäden (!) Dritter, die vom Delikt mittelbar betroffen sind. Die §§ 844 f. sind eine **Ausnahme** vom Grundsatz, dass nur derjenige Schadensersatz verlangen kann, der in einem Recht oder Rechtsgut verletzt wurde. Auch Bestattungskosten sind nicht nach **97**

16 **Übungsfall** z.B. bei *Breidenstein/Scheibengruber*, JA 2011, 91 ff.; *Lemmerz/Woitge*, JURA 2011, 132 ff.; *Steinbeck/Block*, JURA 2011, 943 ff.; *Drygala/Keltsch*, JuS 2007, 938 ff.; *Wolff/Geck*, JuS 2009, 1102 ff.; *Doll*, JA 2005, 504 ff.; *Reipen*, JuS 2006, 709 ff.; *Horlach*, JA 2007, 590 ff.; *Rehm/Aden*, JURA 2009, 136 ff.

17 *Peifer*, § 3 Rdnr. 4; siehe die **Übersicht** bei *Diederichsen*, NJW 2013, 641 ff.; **Übungsfall** z.B. bei *Dolff*, JuS 2009, 1007 ff.; *Braun*, JA 2012, 566 ff.

§ 823 Abs. 1 ersatzfähig. Da sie erst mit dem Tod des Erblassers entstehen, können sie nicht vererbt werden, für die Erben stellen sie aber einen – nach § 823 Abs. 1 nicht ersatzfähigen – primären Vermögensschaden dar. Hier gilt die Sondervorschrift des **§ 844 Abs. 1**[18]. Eine Verletzung des Rechtsguts Leben spielt daher hinsichtlich der Ersatzpflicht aus § 823 Abs. 1 keine Rolle. Bedeutung hat sie nur bzgl. Ansprüchen Dritter nach den §§ 844, 845.

2. Körper- bzw. Gesundheitsverletzung

98 **Körperverletzung** bedeutet einen äußeren (physischen) Eingriff in die körperliche Unversehrtheit. Umfasst ist jeder unbefugte, weil von der Einwilligung des Rechtsträgers nicht gedeckte Eingriff in die Integrität der körperlichen Befindlichkeit[19]. **Gesundheitsverletzung** meint die medizinisch erhebliche Störung der körperlichen, geistigen oder seelischen Lebensvorgänge, d.h. ein Krankmachen.

Ob Eingriffe in die inneren Lebensvorgänge, wie etwa die Beibringung von **Gift**, eine Körperverletzung oder eine Gesundheitsverletzung sind[20], wird uneinheitlich beantwortet. Das ist für § 823 Abs. 1 jedoch insoweit unerheblich, als Körper- und Gesundheitsverletzung gleich behandelt werden. In den meisten Fällen wird bei einer Körperverletzung auch eine Gesundheitsverletzung vorliegen. Eine Abgrenzung ist aufgrund der gleichen Rechtsfolgen sowie des gleichen Unrechtsgehalts sowohl in der Praxis als auch in der **Klausur** weitgehend bedeutungslos.

99 Auch nach der Trennung vom Körper bilden die getrennten Bestandteile weiterhin eine funktionelle Einheit mit diesem. Als Körperverletzung sieht der BGH daher auch die Vernichtung einer **Sperma-Konserve** an[21]. Zum Körper werden auch unbelebte Teile wie Haare und Nägel gezählt, so dass Haareschneiden eine Körperverletzung darstellt, sofern nicht eine Einwilligung des Betroffenen vorliegt. Tatbestandsmäßige Körperverletzung ist auch der **ärztliche Heileingriff**, sofern er in die körperliche Substanz eingreift. Unerheblich ist, ob der Eingriff mit Erfolg durchgeführt wird. Es entfällt aber die Rechtswidrigkeit, wenn die ärztliche Behandlung durch eine Einwilligung oder eine berechtigte Geschäftsführung ohne Auftrag gerechtfertigt ist[22]. Eine Körperverletzung kann auch durch pflichtwidriges Unterlassen begangen werden, etwa wenn eine ordnungsgemäße Untersuchung oder Beratung durch einen Arzt unterbleibt. Auch eine ungewollte Schwangerschaft aufgrund einer fehlgeschlagenen Sterilisation oder einem misslungenen Schwangerschaftsabbruch stellt eine Körperverletzung dar[23].

100 Für das Vorliegen einer **Gesundheitsverletzung** ist es unerheblich, ob der Betreffende Schmerzen hat, und ob schon eine tiefgreifende Veränderung im Befinden zu verzeichnen

---

18 Siehe § 846 bzgl. des Mitverschuldens; dazu auch Rdnr. 211; **Übungsfall** z.B. bei *Rühl/Schmidt*, JA 2013, 814 ff.

19 BGH NJW 2013, 3634, 3635.

20 *Medicus/Lorenz* SR II, Rdnr. 1272.

21 BGHZ 124, 52, 56; a.A. *Taupitz*, NJW 1995, 745, 746 (Verletzung des allgemeinen Persönlichkeitsrechts).

22 BGHZ 106, 391, 394; *Hart*, JURA 2000, 64, 66.

23 BGH NJW 1980, 1452, 1453; BGH NJW 1995, 2407, 2408; zur (insbesondere vertragsrechtlichen) Frage einer Unterhaltsbelastung als Schaden BGHZ 76, 249, 250 ff.; BGHZ 76, 259, 260 ff.; BGH NJW 1995, 2407, 2408; BGH NJW 2007, 989.

ist. Gesundheitsverletzung ist damit auch Lärm, der Schlafstörungen verursacht, psychische Schäden durch Mobbing[24] oder eine HIV-Übertragung, auch wenn es noch nicht zum Ausbruch der Krankheit gekommen ist[25].

Auch ein **Nervenschock** kann eine Gesundheitsverletzung sein[26]. Nach h.M. gilt das allerdings erst dann, wenn es zu medizinisch konstatierbaren Folgewirkungen kommt, die das **Maß** an Erregung, Bestürzung und Betroffenheit **überschreiten**, mit dem normalerweise gerechnet werden muss. Die Beeinträchtigung muss einen „echten Krankheitswert" haben. Gefühle der Trauer oder Verzweiflung sind noch keine Gesundheitsverletzung. Der BGH geht davon aus, dass medizinisch relevante gesundheitliche Störungen, sofern sie psychisch vermittelt sind, erst dann eine Gesundheitsverletzung i.S. des § 823 Abs. 1 darstellen, wenn sie in einer **traumatischen Schädigung**, d.h. in „gewichtigen psychopathologischen Ausfällen von einiger Dauer"[27] bestehen. **101**

Davon zu trennen ist die Frage, ob die Gesundheitsverletzung dem Schädiger auch zuzurechnen ist. Auch wenn die Kausalität erst an späterer Stelle behandelt wird[28], soll hier bereits ein entsprechender Hinweis erfolgen: Der Nervenschock muss auch adäquate Folge des Fehlverhaltens sein, das zu dem Unfall geführt hat (psychisch vermittelte Kausalität). Nach h.M. wird vorausgesetzt, dass es sich um einen Nervenschock handelt, den jemand beim Anblick des Unfalltods eines **nahen Angehörigen**[29] oder bei der Unterrichtung von dessen Unfalltod erleidet. Abgelehnt wird dies, wenn jemand angesichts der Tötung oder schwerwiegenden Verletzung einer ihm unbekannten oder fernstehenden Person einen Schockschaden erleidet[30]. Hier ist lediglich ein sog. **Fernwirkungsschaden** gegeben, der zum allgemeinen Lebensrisiko gehört und damit außerhalb des Schutzzwecks des § 823 Abs. 1 liegt.

Auch ein Kind, das schon **krank geboren** wird, kann diesbezüglich ggf. einen Anspruch aus § 823 Abs. 1 (verletztes Rechtsgut: Körper) geltend machen. Das ist nicht dadurch ausgeschlossen, dass das geschädigte Kind im Zeitpunkt der schädigenden Handlung noch nicht geboren oder noch nicht gezeugt und damit nicht Rechtssubjekt war. Ein Schadensersatzanspruch ist daher auch dann zu bejahen, wenn eine Frau durch Verschulden des Krankenhauspersonals eine Transfusion mit luetisch infiziertem Blut erhält und ihr erst später gezeugtes Kind aufgrund dessen mit Syphilis zur Welt kommt[31]. Ersatzansprüche des Kindes scheitern auch nicht daran, dass es nie gesund und unverletzt gewesen ist[32]. Allgemein anerkannt ist, dass der unverletzte (gesunde) Zustand des Menschen von der Natur vorgezeichnet ist und daher nicht real bestanden zu haben braucht, um „verletzt" werden zu können. § 823 Abs. 1 verlangt die Verletzung „eines anderen", so dass es **102**

24 *Jansen/Hartmann*, NJW 2012, 1540, 1541 (auch zum sog. Straining als Gesundheitsverletzung).
25 BGHZ 114, 284, 289; BGHZ 163, 209 ff.
26 **Übungsfall** z.B. bei *Dolff*, JuS 2009, 1007 ff.
27 Siehe auch BGH NJW 1989, 2317, 2318.
28 Siehe unten Rdnr. 152 ff. (dort insbesondere **Fall 26** Rdnr. 166a).
29 Z.B. Ehegatte, aber auch Verlobte(r) sowie Partner einer nichtehelichen Lebensgemeinschaft (Letzteres ist str., siehe MünchKomm/*Oetker*, § 249 Rdnr. 153).
30 BGHZ 172, 263, 266 ff. m. Anm. *Elsner*, NJW 2007, 2766.
31 BGHZ 8, 243, 245 f.; BGHZ 58, 48, 50 (Infektion des Kindes mit dem AIDS-Virus durch Bluttransfusion für die Schwangere).
32 *Medicus/Lorenz*, SR II, Rdnr. 1275.

nicht ausreicht, wenn die Leibesfrucht verletzt wird und sodann stirbt. Nur der geschädigte **lebend geborene Mensch** kann Schadensersatz wegen eines Gesundheitsschadens verlangen, der auf eine gegen seine Mutter begangene Verletzungshandlung oder auf eine Verletzung der Leibesfrucht zurückzuführen ist[33].

103 Zur Frage der Körperverletzung **Fall 13**[34]: Die F begibt sich zum Frauenarzt A, der bei ihr eine Schwangerschaft feststellt. Im Laufe der Schwangerschaft verkennt A eine Rötelnerkrankung der F. Das führt dazu, dass eine Abtreibung unterbleibt und das Kind der F schwer behindert auf die Welt kommt. F will von A deliktsrechtlichen Schadensersatz[35]. Zu Recht?

F könnte einen Anspruch aus § 823 Abs. 1 auf Schadensersatz und Schmerzensgeld (§ 253 Abs. 2) haben. Hierfür müsste eine Rechtsgutverletzung der F vorliegen. Als solche kommt zunächst die Schwangerschaft in Betracht. Diese scheidet hier aber als Körperverletzung aus, da sie auf dem freien Willensentschluss der F beruhte. Allerdings könnten die Beschwerden bei der Geburt des behinderten Kindes eine Körperverletzung der F darstellen, wenn diese über die Beschwerden einer natürlichen, komplikationslosen Geburt hinausgehen. Das ist etwa der Fall, wenn aufgrund der Behinderung des Kindes eine Kaiserschnitt-Entbindung erforderlich war. Bei der Bemessung des Schmerzensgelds soll dann aber zu berücksichtigen sein, dass der Mutter ein nicht ganz einfacher Abtreibungseingriff erspart worden ist. Mangels Anhaltspunkten im Sachverhalt sind schadensbedingt gesteigerte Geburtsbeschwerden und insoweit eine Körperverletzung zu verneinen.

Das Haben des behinderten Kinds könnte eine Rechtsgutverletzung der F darstellen. Der BGH lehnt dies jedoch grundsätzlich als Gesundheitsverletzung ab. Nur für den Ausnahmefall, dass die seelische Belastung der Mutter Krankheitswert habe, komme eine Rechtsgutverletzung in Betracht. Ebenso verneint der BGH eine Verletzung des „Rechts auf Familienplanung" als Ausstrahlung des allgemeinen Persönlichkeitsrechts[36]. Somit scheidet mangels Rechtsgutverletzung ein Anspruch der F gegen A aus § 823 Abs. 1 auf Schadensersatz und Schmerzensgeld aus[37].

104 Fraglich ist, ob auch **das Kind** eine Gesundheitsverletzung geltend machen kann, wenn ein Arzt dessen Behinderung zwar nicht verursacht, aber aufgrund seines Verschuldens bei der Untersuchung der schwangeren Mutter die Gefahr einer Schwerstbehinderung nicht erkannt hat. Die dahinter stehende Problematik wird in der amerikanischen Rechtsprechung unter dem Begriff **„wrongful life"** diskutiert.

---

33 BGHZ 58, 48, 51 ff.; anders in **Fall 32** unten Rdnr. 214. Die Verletzung der Leibesfrucht kann auch durch einen Angriff auf die Psyche der Schwangeren erfolgen, siehe BGHZ 93, 351, 355.

34 Vgl. BGH NJW 1983, 1371 (wo sich der Anspruch auf Schmerzensgeld noch aus § 847 a.F. ergab); **Übungsfall** z.B. bei *Spickhoff/Petershagen*, JuS 2001, 670 ff.; *Falk/Keilmann*, JURA 2006, 773 ff.

35 Auf vertraglicher Ebene kommt als Anspruchsgrundlage für Altfälle § 280 Abs. 1 und für Fälle ab dem 26. März 2013 Ansprüche aus einem **Behandlungsvertrag** nach § 630a ff. in Betracht; zum Behandlungsvertrag *Olzen/Kaya*, JURA 2013, 661 ff.; *Katzenmeier*, NJW 2013, 817 ff.

36 Siehe auch OLG Hamm NJW 2002, 2649 zu Ansprüchen des Vaters.

37 Nach **BGH NJW 1994, 788 ff.**

Hierzu **Fall 13a**: M und V haben bereits ein körperlich und geistig schwer behindertes Kind. Da sie befürchten, dass durch einen von ihnen eine genetisch bedingte Krankheit vererbt werden könnte, wollen sie dies vor der Zeugung eines weiteren Kindes mittels genetischen Gutachtens ausschließen. Arzt A erstellt dieses Gutachten, kommt aber schuldhaft zu dem fehlerhaften Schluss, dass eine genetische Störung äußerst unwahrscheinlich sei. Im folgenden Jahr bringt die M das zweite Kind K mit den gleichen Behinderungen wie das erste zur Welt. K verlangt von A Schadensersatz. A ist der Meinung, dass K keinen Schadensersatzanspruch gegen ihn habe. Stimmt das?

1. K könnte einen Anspruch aus **§ 280 Abs. 1 bzw. aus § 630a** wegen einer Pflichtverletzung im Rahmen des Behandlungsvertrags mit Schutzwirkung zugunsten des K haben. Die fehlerhafte Beratung der Eltern durch A stellt eine Pflichtverletzung dar. Fraglich sind aber die Einbeziehungsvoraussetzungen hinsichtlich K. Ein Vertrag entfaltet nämlich nur dann Schutzwirkung zugunsten eines Dritten, wenn die Leistung nach dem Vertragsinhalt dem Dritten bestimmungsgemäß zugutekommen soll oder sich Anhaltspunkte dafür ergeben, dass der Parteiwille auf den Schutz des Dritten gerichtet ist (sog. Gläubigernähe). Soweit hier durch die genetische Untersuchung die Geburt eines behinderten Kindes verhindert werden sollte, bestand diese Pflicht jedoch einzig im Interesse der Eltern und nicht im Interesse des Kindes[38]. Daran ändert sich auch dann nichts, wenn sich die Eltern bei ihrer Entscheidung für oder gegen die Schwangerschaft von Mitleid mit dem behinderten Kind leiten lassen. Des Weiteren stellt der BGH[39] klar, dass sogar der erkennbare Wille der Eltern, das Kind in den Schutzbereich des Behandlungsvertrags einzubeziehen, unbeachtlich ist. Die Frage von Existenz und Nichtexistenz entziehe sich von vornherein jeder rechtlichen Anspruchsregelung. Das Leben sei ein höchstrangiges Rechtsgut und absolut erhaltungswürdig. Ein Anspruch des Kindes auf Nichtexistenz sei daher strikt abzulehnen. Vielmehr habe es sein Leben im Rahmen der von der Natur vorgegebenen Möglichkeiten zu leben, sei es auch noch so beeinträchtigt. Dies gelte nicht zuletzt deshalb, weil niemand ein Urteil darüber sprechen kann, ob ein Leben lebenswert, d.h. der Nichtexistenz vorzuziehen, ist oder nicht. Ein Schadensersatzanspruch des K aus § 280 Abs. 1 bzw. § 630a scheidet mithin aus.

2. Ein Schadensersatzanspruch aus **§ 823 Abs. 1** kommt nicht in Betracht. Das Kind müsste hier eine Gesundheitsverletzung mit seiner (vorzuziehenden) Nichtexistenz begründen. Denn die Alternative zu dem kranken Leben wäre nicht, gesund, sondern überhaupt nicht geboren worden zu sein. Eine deliktsrechtliche Pflicht, die Geburt eines behinderten Kindes zu verhindern, besteht jedoch nicht. Das menschliche Leben, das auch den nasciturus umfasst, ist unter allen Umständen erhaltungswürdig. Eine Abwägung der Vor- und Nachteile von Existenz und Nichtexistenz kann nicht vorgenommen werden[40]. Daher liegt hier keine Rechtsgutverletzung vor.

---

38 BGH NJW 1983, 1371, 1374.

39 BGH NJW 1983, 1371, 1373 f.; BGH NJW 1994, 788, 790 ff.

40 Die unterschiedlichen Ansichten des BGH und des 2. Senats des BVerfG hinsichtlich der rechtlichen Qualifikation eines Kindes als Schaden (dazu unten **Fall 32** Rdnr. 214) spielen bei den Ansprüchen des Kindes keine Rolle, da hier schon die haftungsbegründenden Tatbestände nicht erfüllt sind. Der Streit bzgl. der Unterhaltskosten („Kind als Schaden“) wirkt sich nur im Rahmen der Prüfung der vertraglichen und deliktischen Schadensersatzansprüche der Eltern aus; vgl. *Peifer*, § 3 Rdnr. 15 f.; *Kötz/Wagner*, Rdnr. 140.

3. Freiheit

105 Der Begriff „Freiheit" beschränkt sich bei § 823 Abs. 1 auf die **körperliche Bewegungsfreiheit**. Eine Beeinträchtigung der Entschlussfreiheit oder der allgemeinen Handlungsfreiheit genügt nach h.M. nicht. Verletzt ist die Freiheit immer dann, wenn jemand eingesperrt wird, insbesondere bei unberechtigter Veranlassung einer behördlichen Freiheitsentziehung (z.B. aufgrund falscher Strafanzeige)[41]. Zwar wird auch durch das Eingeschlossensein in einem Verkehrsstau die Freiheit beschränkt, das wird aber zumeist keinen **erheblichen** Eingriff darstellen, so dass es als Teil des allgemeinen Lebensrisikos anzusehen ist und ohne Sanktion bleibt[42]. Vereinzelt wird im Schrifttum unter Freiheit i.S. des § 823 Abs. 1 auch die freie Willensbildung verstanden, und zwar ohne Einsatz von Nötigungsmitteln wie Drohung, Zwang oder Täuschung[43]. Allerdings dürften diesbezüglich spezielle Normen oder auch § 823 Abs. 2 iVm. einem Schutzgesetz (z.B. § 240 StGB) ausreichen, so dass für eine solche Ausdehnung kein Bedarf besteht.

4. Eigentum

106 Die Eigentumsverletzung i.S. des § 823 Abs. 1 wirft eine Vielzahl schwieriger **Rechtsfragen** auf. Problematisch ist zum einen der Umstand, dass der deliktische Ersatzanspruch aufgrund einer Eigentumsverletzung häufig durch konkurrierende Vorschriften ausgeschlossen wird, problematisch ist zum anderen auch teilweise der Tatbestand der Eigentumsverletzung.

107 Was die **Verdrängung des § 823 Abs. 1** durch andere Ansprüche anbelangt, so kann ein deliktischer Anspruch bei Vorliegen eines Eigentümer-Besitzer-Verhältnisses (§§ 989 ff.) sowie beim Erbschaftsbesitz (§§ 2018 ff.) ausscheiden[44]. Nach § 992 haftet der Besitzer einer Sache dem Eigentümer nur dann nach §§ 823 ff., wenn er sich den Besitz durch schuldhafte verbotene Eigenmacht i.S. von § 858 Abs. 1 oder durch eine Straftat verschafft hat (sog. deliktischer Besitzer). „Im Übrigen" sind die Schadensersatzansprüche nach dem letzten Halbsatz des § 993 Abs. 1 gesperrt. Die h.M. schließt daraus, dass die §§ 989 ff. Vorrang vor § 823 Abs. 1 und 2 haben. Nur so könne der Zweck des Eigentümer-Besitzer-Verhältnisses erreicht werden, den redlichen und unverklagten Besitzer zu privilegieren. Er soll gegen Deliktsansprüche geschützt und insbesondere nicht der Zufallshaftung nach § 848 ausgesetzt sein.

Im Einzelnen haften aus § 823 Abs. 1 bzw. Abs. 2 (iVm. Schutzgesetz) neben dem deliktischen Besitzer (§ 992) wegen Eigentumsverletzung nur der Nichtbesitzer (die §§ 985 ff. gelten von vornherein nicht) und der rechtmäßige Fremdbesitzer (wegen § 986 kann der Eigentümer die Sache auch von ihm nicht nach § 985 herausverlangen). Der unrechtmäßige Fremdbesitzer hingegen wird durch die Sperrwirkung des EBV nach § 993 letzter Halbsatz geschützt und haftet an sich auch nicht aus Deliktsrecht. Das wird von der h.M.[45]

41 *Kötz/Wagner*, Rdnr. 142.
42 *Medicus/Lorenz*, SR II, Rdnr. 1276; PWW/*Schaub*, § 823 Rdnr. 31.
43 MünchKomm/*Mertens*, 3. Aufl., § 823 Rdnr. 82; anders nun MünchKomm/*Wagner*, § 823 Rdnr. 161. Zum Freiheitsbegriff auch *Eckert*, JuS 1994, 625 ff.
44 Vgl. *Habersack*, Examens-Repetitorium Sachenrecht, 7. Aufl. 2012, Rdnr. 117 f.
45 Erman/*Ebbing*, Vor §§ 987–993 Rdnr. 46 f. m.w.N.; BGHZ 46, 140, 146.

in den Fällen für unbillig erachtet, in denen der unrechtmäßige Fremdbesitzer sein vermeintliches Besitzrecht überschreitet (sog. Fremdbesitzerexzess). Dann soll er trotz der Sperrwirkung des EBV ausnahmsweise aus Deliktsrecht haften. Anderenfalls würde der unrechtmäßige Fremdbesitzer nämlich besser stehen als der rechtmäßige Fremdbesitzer, auf den §§ 823 ff. mangels Vindikationslage uneingeschränkt Anwendung finden. Diese Wertung der h.M. findet sich für das Drei-Personen-Verhältnis in § 991 Abs. 2. Richtigerweise soll sie auch im Zwei-Personen-Verhältnis gelten.

Das Verhältnis der Erben zum unrechtmäßigen Erbschaftsbesitzer ist in den §§ 2018 ff. ähnlich geregelt wie in den §§ 985 ff. das Verhältnis des Eigentümers zum unrechtmäßigen Besitzer. Hier ist ebenfalls zu beachten, dass der unrechtmäßige Erbschaftsbesitzer nur in Ausnahmefällen wegen Eigentumsverletzung nach Deliktsrecht haften soll (vgl. §§ 2023–2025)[46]. **108**

Der **Tatbestand der Eigentumsverletzung** ist unscharf. Eigentum i.S. des § 823 Abs. 1 meint Eigentum i.S. des § 903[47] und damit das umfassende Herrschaftsrecht über eine Sache i.S. des § 90. Entsprechend der Weite des Eigentumsbegriffs ist die in § 823 Abs. 1 sanktionierte Verletzung des Eigentums auf unterschiedliche Weise möglich: durch Sachentziehung, Substanzverletzung mit dem dort einzuordnenden Spezialfall des „weiterfressenden Mangels" und Gebrauchsbeeinträchtigung. **109**

a) Sachentziehung

Eine Eigentumsverletzung durch Sachentziehung liegt vor, wenn jemand dauerhaft oder vorübergehend die Sachherrschaft über eine diesem gehörende Sache verliert, indem sein Eigentum durch Diebstahl, Unterschlagung oder eine andere rechtswidrige Handlung entzogen wird[48]. Eine Eigentumsverletzung liegt nach h.M. dann **nicht** vor, wenn ein Eigentümer arglistig getäuscht oder ihm gedroht wird und er deswegen sein Eigentum an der Sache weggibt. Hier besteht lediglich eine Schädigung des Vermögens, aufgrund der grundsätzlich freiwilligen Weggabe aber keine Verletzung des Eigentums[49]. **110**

Bei einer Sachentziehung sind hinsichtlich Schadensersatz und Nutzungsersatz die §§ 990 ff. zu beachten, da sie § 823 Abs. 1 grundsätzlich vorgehen[50]. Sind bei einer Entziehung der Sache auch Bereicherungsansprüche (§§ 812, 816) gegeben, sind diese neben einem Anspruch aus § 823 Abs. 1 zu prüfen. Die deliktsrechtlichen Ansprüche gehen idR aber weiter als das Bereicherungsrecht, da der Schuldner sich hier nicht auf einen Wegfall der Bereicherung (§ 818 Abs. 3) berufen kann. Zudem umfasst der Schadensersatzanspruch nach § 252 auch den entgangenen Gewinn[51]. **110a**

46 *Medicus/Petersen*, BR, Rdnr. 574, 603a ff.

47 Vgl. BGH NJW 2011, 749 ff., wonach das **Fotografieren** eines fremden Grundstücks gestattet sein soll, wenn nicht das Grundstück selbst dabei betreten wird, kritisch PWW/*Schaub*, § 823 Rdnr. 57.

48 *Kupisch/Krüger*, S. 19.

49 *Kupisch/Krüger*, S. 19 Fn. 20; a.A. unter Berufung auf Wertungsgesichtspunkte etwa *Brox*, JZ 1965, 516, 518; Staudinger/*Hager*, § 823 Rdnr. B 87.

50 Siehe oben Rdnr. 85 zur Anwendbarkeit der §§ 823 ff.

51 Zur umstrittenen Frage der Gewinnhaftung im Bereicherungsrecht Rdnr. 396.

b) Substanzverletzung

111 Eine Eigentumsverletzung durch Substanzverletzung liegt vor, wenn eine zunächst intakte Sache körperlich zerstört oder beschädigt wird. Zu beachten ist, dass Sachen in diesem Sinne nur körperliche Gegenstände in festem, flüssigem oder gasförmigem Aggregatzustand sind. Werden also etwa durch eine Stromkabelbeschädigung Computerdaten in einem Unternehmen gelöscht, kommt eine Eigentumsverletzung mangels Sacheigenschaft i.S. des § 90 nicht in Betracht[52], auch wenn Computerprogramme etwa schuldrechtlich wie Sachen behandelt werden[53].

112 Äußerst **klausurrelevant** ist die Substanzverletzung im Zusammenhang mit dem sog. **weiterfressenden Mangel**[54]. Hier geht es um die Frage, ob bei einem Mangel einer Kaufsache oder eines hergestellten Werks der **weitere Schaden**, der an der Sache erst infolge des Mangels entsteht, nach § 823 Abs. 1 ersatzfähig ist. Es geht also um Fälle, bei denen sich die Mangelhaftigkeit der gekauften Sache oder des hergestellten Werks zunächst nur auf einen Teilbereich beschränkt, sich aber nach dem Erwerb der Sache auf weitere Teile oder auf die Gesamtsache **ausdehnt**, d.h. „weiterfressend" ist. In der Klausur ist regelmäßig zunächst ein vertraglicher Anspruch zu untersuchen[55]. Da Ansprüche aus Vertrag und Delikt ggf. nebeneinander bestehen, ist im Anschluss daran ein Anspruch aus § 823 Abs. 1 zu prüfen. Bedeutsam ist das unter dem Gesichtspunkt der längeren Verjährung[56].

Die Frage ist, ob in den Fällen des weiterfressenden Mangels überhaupt eine Eigentumsverletzung vorliegen kann, da der Geschädigte häufig von Anfang an mangelhaftes Eigentum hat[57]. Eine Eigentumsverletzung hat die Rechtsprechung erstmals in der sog. **Schwimmschalter-Entscheidung**[58] bejaht. Dort hatte der Verkäufer eine Maschine geliefert, die infolge eines defekten Schwimmschalters in Brand geriet und zerstört wurde. Der BGH betonte, der Mangel habe zunächst nur einen funktionell begrenzten Teil betroffen, habe sich aber nach der Übereignung an den Käufer in die fehlerfreien Teile der Maschine weitergefressen und einen **zusätzlichen Schaden** an der im Übrigen mangelfreien Sache hervorgerufen.

113 Diese Argumentation präzisierte der BGH in späteren Entscheidungen. Dazu **Fall 14**[59]: K kauft im Autohaus A einen Pkw, der von der Automobilfirma F hergestellt worden ist. Allerdings funktioniert der Gaszug aufgrund einer fehlerhaften Konstruktion nicht ordnungsgemäß. Der Gashebel bewegt sich nach Betätigung nicht immer in die Ausgangsposition zurück. K erleidet

52 LG Konstanz NJW 1996, 2662; BGH NJW-RR 1986, 219 f.; a.A. OLG Stuttgart NJW 1989, 2635, 2636; **Übungsfall** z.B. bei *Voit/Geweke*, JuS 2001, 358 ff.

53 Eine Eigentumsverletzung i.S. des § 823 Abs. 1 kommt nach Ansicht des OLG Karlsruhe (NJW 1996, 200 ff.) dann in Betracht, wenn Daten auf der Festplatte eines Computers gelöscht werden. Unabhängig davon, ob man die Software als Sache i.S. des § 90 einstuft, sei jedenfalls der Datenträger mit dem darin verkörperten Programm eine körperliche Sache.

54 **Übungsfall** z.B. bei *Kadner Graziano/Wiegandt*, JURA 2013, 510 ff.

55 §§ 434 ff., 280 ff.

56 §§ 195 und 438. Zur Verkürzung der Verjährungsdifferenz unten Rdnr. 114.

57 BGH NJW 2001, 1346, 1347; vgl. auch PWW/*Schaub*, § 823 Rdnr. 41 ff.

58 **BGHZ 67, 359 ff. („Schwimmschalter").**

59 **BGHZ 86, 256 ff. („Gaszug")**; siehe auch *Steinmeyer*, DB 1989, 2157; *Timme*, JuS 2000, 1154.

mit dem Pkw einen Unfall, der darin seine Ursache hat, dass der Pkw wegen der defekten Gaszuganlage weiter beschleunigt, obwohl K den Fuß vom Gaspedal genommen hat. K verlangt von der F Ersatz der Reparaturkosten seines Wagens aus § 823 Abs. 1 BGB. Zu Recht?

K könnte einen Anspruch gegen F aus § 823 Abs. 1 wegen Eigentumsverletzung haben[60]. Allein die Lieferung einer mangelhaften Sache oder der Erstellung eines fehlerhaften Werks ist keine Eigentumsverletzung, denn der Käufer oder Werkbesteller erwirbt von vornherein nur Eigentum an einer mangelhaften Sache. Vorliegend handelt es sich aber um einen „weiterfressenden Mangel". Fraglich ist, ob ein solcher zu einer Eigentumsverletzung i.S. des § 823 Abs. 1 führen kann. Der BGH nimmt hier eine Abgrenzung zwischen dem Nutzungs- oder **Äquivalenzinteresse** auf der einen und dem Erhaltungs- oder **Integritätsinteresse** auf der anderen Seite vor. Hintergrund ist, dass deliktsrechtlich nur das Integritätsinteresse geschützt ist, d.h. das Interesse des Geschädigten an der Erhaltung seiner Güter in ihrem konkreten Zustand. Das Äquivalenzinteresse wird dagegen grundsätzlich nur auf vertraglicher Ebene ersetzt, denn es geht dabei um die von den Vertragsparteien angenommene Gleichwertigkeit der einzelnen vertraglichen Leistungen. Die Abgrenzung der beiden Interessen soll auf der Grundlage der sog. **Stoffgleichheit** erfolgen.

Eine Eigentumsverletzung nach § 823 Abs. 1 ist danach zu bejahen, wenn **keine Stoffgleichheit** zwischen Produktfehler und Endschaden vorliegt. Dies ist der Fall, wenn sich der ursprüngliche Mangelunwert mit dem eingetretenen Schaden nicht deckt, d.h. der eingetretene Schaden größer ist als der ursprüngliche. Dann ist das Integritätsinteresse verletzt. Ein Schadensersatzanspruch aus § 823 Abs. 1 ist dagegen bei Stoffgleichheit zu verneinen. Stoffgleichheit zwischen Produktfehler und Endschaden liegt vor, wenn sich der ursprüngliche Mangelunwert mit dem eingetretenen Schaden deckt. Hier ist der Schaden allein auf die enttäuschte Vertragserwartung zurückzuführen[61]. Dann ist das Äquivalenzinteresse verletzt.

Im vorliegenden Fall machen Mängel des Gaszugs das Fahrzeug nicht von Anfang an wertlos, denn der Pkw bleibt betriebsfähig. Die Unfallgefahr, die vom defekten Gaszug ausging, wäre zu vermeiden gewesen, wenn der Mangel erkannt und behoben worden wäre. Wäre dem K die Gefahrenquelle rechtzeitig bewusst geworden, wäre der Gesamtschaden zu verhindern gewesen. Es hat sich damit im Unfallschaden am Pkw nicht der dem Pkw durch den Defekt von Anfang an eigene Minderwert manifestiert. Daher liegt eine Eigentumsverletzung vor. Rechtswidrigkeit ist zu bejahen. Entsprechend den **Beweislastregeln** der Produzentenhaftung wird das **Verschulden** der F **vermutet**, da das Produkt im Zeitpunkt der Eigentumsverletzung mangelhaft war und die Rechtsgutverletzung bei bestimmungsgemäßer Verwendung des Produkts verursacht wurde[62]. Die Voraussetzungen des § 823 Abs. 1 liegen somit vor. K kann von F die Reparaturkosten ersetzt verlangen, § 249 Abs. 2.

---

60 Mangels Vertrags zwischen K und der F gibt es keinen vertraglichen Anspruch. Auch ein Anspruch aus § 1 Abs. 1 S. 1 ProdHG scheidet aus, da davon lediglich Schäden aufgrund der Beschädigung oder Zerstörung einer „anderen Sache" erfasst sind.

61 BGHZ 162, 86 ff., Rdnr. 34.

62 BGHZ 67, 359, 361 ff. („Schwimmschalter"); siehe unten Rdnr. 273.

114 Die von der Rechtsprechung vorgenommene Abgrenzung stößt im Schrifttum auf vielfältige Kritik. Teilweise wird schon die Anwendbarkeit des Deliktsrechts verneint, da die Regeln der Sachmängelgewährleistung ausreichend seien[63]. Diese Kritik hat durch die Schuldrechtsreform mit der geänderten Verjährungsregelung neue Nahrung erhalten[64]. Es wird eine Anpassung der vertragsrechtlichen und deliktsrechtlichen Verjährungsregeln auf einen einheitlichen Standard. Das lehnt die h.M. jedoch zu Recht ab[65]. Kritisiert wird an der Rechtsprechung zum weiterfressenden Mangel sodann, dass das Abgrenzungskriterium der „Stoffgleichheit" zur Konturlosigkeit und Ausuferung des Deliktsrechts führe[66]. Es gebe keine überzeugenden und praktikablen, auf plausible Wertungen zurückgehenden Kriterien, mit deren Hilfe unterschieden werden könnte, welche an der Sache entstandenen Schäden nach § 823 Abs. 1 geltend gemacht werden können und welche nicht. Das Integritätsinteresse an einer Kaufsache sei Bestandteil des vertraglichen Äquivalenzinteresses und lasse sich zu Letzterem nicht in Gegensatz bringen oder von ihm abgrenzen[67].

115 Werden **mangelhafte und fehlerfreie** Teile zu einer Sache verbunden, ist eine Eigentumsverletzung in verschiedener Hinsicht zu prüfen. Das zeigt der **Fall 15**[68]: Autozulieferer Z hat in die Steuergeräte der von ihm hergestellten Automobil-Zentralverriegelungsanlagen Transistoren eingebaut, die vom Elektrotechnik-Unternehmen E gefertigt wurden. Diese Produkte weisen einen Fehler auf, der dazu führt, dass sie im Laufe der Zeit ihre Funktionsfähigkeit verlieren. Rund 75% der Zentralverriegelungsanlagen fallen schließlich aus. Den daraus entstandenen Schaden muss Z dem Automobilhersteller A ersetzen. Nun will Z den E aus § 823 Abs. 1 in Regress nehmen. Zu Recht?

Es müsste der Tatbestand des § 823 Abs. 1, hier eine Eigentumsverletzung, vorliegen. Als Bezugsobjekt kommen vorliegend in Betracht: (nur) die gelieferten schadhaften Transistoren, die neu hergestellte Gesamtsache (Steuergeräte) oder (nur) die von Z zur Herstellung der Gesamtsache aufgewendeten, einwandfreien Bauteile. Eine Eigentumsverletzung ist hinsichtlich der **schadhaften Transistoren** zu verneinen, weil der Mangel den Wert der Transistoren von Beginn an gemindert hat. Bei der Übertragung des Eigentums an den schadhaften Transistoren hat Z fehlerhaftes Eigentum erhalten. Z hat zwar weniger erhalten als mit E vertraglich vereinbart worden war (funktionstaugliche Transistoren). Hierdurch wird aber nur das Äquivalenzinteresse des Z und nicht das Integritätsinteresse berührt.

Des Weiteren könnte eine Eigentumsverletzung im Hinblick auf die **neu hergestellte Gesamtsache** begründet sein. Nach dem vom BGH herangezogenen Abgrenzungskriterium der „Stoffgleichheit" müsste für eine Eigentumsverletzung ein Unterschied bestehen zwischen der Entwertung der Gesamtsache und dem Minderwert, der der (Einzel-)Sache

---

63 *Diederichsen*, VersR 1984, 797, 798 f.
64 *Wagner*, in: Dauner-Lieb/Konzen/Schmidt, Das neue Schuldrecht in der Praxis, 2003, S. 203, 207 ff.; *ders.*, JZ 2002, 475, 478 f.; etwas anders *Mansel*, NJW 2002, 89, 95; *Foerste*, ZRP 2001, 342. Siehe aber BGH NJW 2004, 1032, wo an der Anspruchskonkurrenz von Delikts- und Vertragsrecht festgehalten wird.
65 Palandt/*Weidenkaff*, § 438 Rdnr. 3; *Heinrichs*, BB 2001, 1417, 1420; *Zimmermann u.a.*, JZ 2001, 684, 691 f.
66 *Honsell*, JuS 1995, 211, 215 m.w.N.
67 *Gsell*, NJW 2004, 1913, 1914; siehe auch *Kötz/Wagner*, Rdnr. 151 (für einen Vorrang des Vertragsrechts).
68 **BGHZ 138, 230 ff. („Transistor").**

schon beim Erwerb anhaftete. Die fehlerhaften Transistoren waren im vorliegenden Fall zur Herstellung von Steuerungsgeräten für Zentralverriegelungsanlagen ungeeignet. Dieser ursprüngliche Mangel der Transistoren hat sich aber nicht in anfangs noch unversehrte Bereiche der Gesamtsache „weitergefressen". Insoweit ist auch im Hinblick auf die Gesamtsache nur das Nutzungs- bzw. Äquivalenzinteresse des Z enttäuscht worden, das allein vertraglich zu fassen ist. Eine Eigentumsverletzung scheidet demnach auch hinsichtlich der Gesamtsache aus.

Schließlich könnte eine Eigentumsverletzung an den **weiteren Bestandteilen** vorliegen, die Z zusammen mit den fehlerhaften Transistoren in die Steuergeräte eingebaut hat, wenn durch deren Unbrauchbarkeit und Wertverlust das Integritätsinteresse verletzt wurde. Die Sachsubstanz der zusätzlich eingebauten tadellosen Bestandteile ist nicht beeinträchtigt worden. Allerdings umfasst der Schutzbereich des Eigentums neben der Sachsubstanz auch die **Sachnutzung**. Der Eigentümer soll mit der Sache nach Belieben verfahren können (vgl. § 903). Eine Eigentumsverletzung kann sich also auch unter dem Aspekt der beeinträchtigten Nutzungsmöglichkeit einer Sache ergeben. Dabei ist jedoch zu vermeiden, dass der deliktische Eigentumsschutz überdehnt wird und reine Vermögensschäden liquidiert werden. Daher darf beim Vorliegen einer Nutzungsbeeinträchtigung nicht ohne Weiteres eine Eigentumsverletzung bejaht werden. Vielmehr ist eine **erhebliche Beeinträchtigung** der bestimmungsgemäßen Verwendung der Sache zu verlangen[69]. Erheblich ist eine Beeinträchtigung jedenfalls dann, wenn die Nutzungsmöglichkeit der Sache vollständig aufgehoben ist. Im Übrigen ist auf die Intensität und die Dauer der Beeinträchtigung abzustellen. Im vorliegenden Fall hat Z die schadhaften Transistoren mit den übrigen, tadellosen Einzelteilen dauerhaft verbunden, so dass sie sich nicht mit wirtschaftlich vertretbarem Aufwand wieder trennen und anderweitig verwenden lassen. Die Nutzungsmöglichkeit der Einzelteile wurde somit durch das Zusammenfügen mit den schadhaften Teilen dauerhaft aufgehoben. Darin liegt eine Eigentumsverletzung. Kausalität ist ebenso zu bejahen wie Rechtswidrigkeit und Verschulden. E haftet daher aus § 823 Abs. 1.

Die Weiterfresserproblematik stellt sich nicht nur bei der Produkthaftung, sondern auch **116**
z.B. bei **Bauwerken**. Das zeigen jüngere BGH-Entscheidungen, bei denen aber anders als bei beweglichen Sachen entschieden wurde: Auf einem schon beim Erwerb unbebaubaren – weil mit Schlacke aufgefüllten – Baugrundstück wurde vom Erwerber in Unkenntnis des Mangels ein Gebäude (fehlerfrei) errichtet[70]. Jahre später kam es zu einer Schieflage sowie zu Rissen im Mauerwerk. Der BGH verneint hier einen „weiterfressenden" Mangel und damit eine Eigentumsverletzung am Grundstück bzw. dem darauf errichteten Gebäude. Durch die Bebauung sei eine Sachgesamtheit entstanden, die von Anfang an mit dem später zutage getretenen Mangel versehen gewesen sei. Ob eine Eigentumsverletzung an den verwendeten Baumaterialien in Betracht kommt, hat der BGH offen gelassen, da diese im konkreten Fall nicht Eigentum des Grundstückserwerbers waren. Die Rechtsprechung bejaht einen Anspruch aus § 823 Abs. 1 aber dann, wenn

69 Siehe unten c).

70 BGH VersR 2001, 462 („Elektroofenschlacke"); dazu kritisch *Schaub*, VersR 2001, 940.

der Schaden an dem Eigentum eintritt, welches durch den Arbeitsauftrag nicht betroffen ist (keine Stoffgleichheit)[71].

c) Gebrauchsbeeinträchtigung

117 Auch die bloße **Beeinträchtigung** des Eigentümers im bestimmungsgemäßen **Gebrauch** seiner Sache kann eine Eigentumsverletzung i.S. des § 823 Abs. 1 darstellen. Die Verletzungshandlung muss sich dabei objektiv auf die **Benutzbarkeit** der Sache auswirken und nicht nur auf die Dispositionsmöglichkeit des Eigentümers, z.B. weil ihm der Führerschein entzogen worden ist[72]. Wird also dem Eigentümer der Gebrauch einer Sache unmöglich, weil ihm notwendige Hilfsmittel vorenthalten werden (Genehmigung, Öl für Motor), liegt darin lediglich eine Verletzung des Vermögens. Problematisch ist die Abgrenzung zwischen einer (eine Eigentumsverletzung darstellenden) Gebrauchsbehinderung und einer bloßen Einschränkung der Nutzung der Sache als nicht ersatzfähigem Vermögensschaden. Allein die vorübergehende Einengung der wirtschaftlichen Nutzungsmöglichkeit soll für eine nach § 823 Abs. 1 relevante Gebrauchsbeeinträchtigung nicht ausreichen. Die Gebrauchsbeeinträchtigung muss so **schwerwiegend** sein[73], dass sie entweder den Marktwert der Sache beeinträchtigt oder zumindest den Zugriff auf die Sache völlig ausschließt[74]. Eine bloße Einengung soll z.B. beim sog. **Kanallagerhaus-Fall**[75] vorgelegen haben. Das Lagerhaus konnte von Schiffen nicht mehr angefahren werden, es war aber über Land erreichbar. Hier wird die wirtschaftliche Nutzung lediglich teilweise eingeengt. Da die Anlage selbst benutzbar geblieben ist, ist eine Eigentumsverletzung abzulehnen. Die Rechtsprechung hat eine Eigentumsverletzung aber für den Fall bejaht, dass ein Schiff aufgrund einer Kanalsperrung monatelang in einem Stichkanal eingesperrt ist[76], denn hier kann das Schiff nicht mehr bestimmungsgemäß als Transportmittel genutzt werden.

118 Entscheidend kommt es darauf an, ob die vom Schädiger verletzte Pflicht gerade die konkrete Folge verhindern sollte (Schutzzweck der Norm)[77]. Bejaht wird eine Eigentumsverletzung daher auch, wenn die Benutzbarkeit eines in der Garage abgestellten Fahrzeugs etwa durch widerrechtlich ausgeführte Bauarbeiten vor der Garagenausfahrt für eine gewisse Zeit objektiv unmöglich gemacht wird[78], verneint wird sie aber, wenn Feuerwehrfahrzeuge eine Zufahrt des Nachbargrundstücks blockieren[79]. Verursacht ein Verkehrsteilnehmer einen Unfall und geraten daher weitere Verkehrsteilnehmer in einen Rückstau, soll keine Eigentumsverletzung vorliegen, da die vom Verursacher des Staus verletzte Verkehrsnorm nicht Dritte vor staubedingten Verzögerungen schützen soll und

71 BGH NJW-RR 2004, 1163; BGH NJW-RR 2005, 172 (Schaden am Grundstück); BGH NJW 2005, 1423, 1426 (Schaden an anderen, durch die Baumaßnahme nicht berührten Bauteilen; im Fall dagegen lag ein mit dem Mangelunwert des Architektenwerks deckungsgleicher Schaden vor).

72 Vgl. BGHZ 63, 203, 207.

73 Staudinger/*Hager*, § 823 Rdnr. B 97.

74 Vgl. *Looschelders*, Rdnr. 1209 (Beeinträchtigung müsse sich auf Positionen beziehen, „die vom Zuweisungsgehalt des Eigentums umfasst sind").

75 **BGHZ 86, 152 ff. („Kanallagerhaus").**

76 BGHZ 55, 153; siehe aber *Medicus/Petersen*, BR, Rdnr. 613, der zu einem gegenteiligen Ergebnis kommt.

77 *Kittner*, Schuldrecht, 3. Aufl. 2003, Rdnr. 1233.

78 BGHZ 63, 203, 206.

79 BGH NJW 1977, 2264 f.

lediglich ein Vermögensschaden vorliegt[80]. Eine Eigentumsverletzung soll auch gegeben sein, wenn Demonstranten eine zweitägige Blockade von Baumaschinen vornehmen. Dadurch könne der Eigentümer[81] die Maschinen längerfristig nicht bestimmungsgemäß einsetzen[82].

Die Bedeutung der **Substanzverletzung** sowie der **Gebrauchsbeeinträchtigung** soll mit **Fall 16**[83] verdeutlicht werden: A betreibt eine Hühnerzucht. Eines Tages fällt dort der Strom aus, weil Baggerführer B fahrlässig eine Stromleitung beschädigt hat. Hierdurch funktioniert der Brutapparat für die Eier nicht. A hat kein Notstromaggregat. Folge des Stromausfalls ist, dass statt der zu erwartenden 3000 Küken nur einige verkrüppelte, unverkäufliche Tiere ausschlüpfen. A verlangt von B Schadensersatz. Zu Recht? **119**

B könnte dem A aus § 823 Abs. 1 aufgrund einer Eigentumsverletzung haften. Auch ohne Eingriff in die Sachsubstanz kann eine Eigentumsverletzung vorliegen. Dazu muss eine erhebliche **Beeinträchtigung** der bestimmungsgemäßen Verwendung der Sache vorliegen. Allein der aus der Stromunterbrechung resultierende Stillstand des Betriebs ist noch nicht als Eigentumsverletzung anzusehen, sondern stellt eine bloße Beeinträchtigung der wirtschaftlichen **Nutzungsmöglichkeit** des Eigentums dar, die regelmäßig lediglich zu einem – nach § 823 Abs. 1 nicht ersatzfähigen – Vermögensschaden führt[84].

Als betroffenes Schutzgut i.S. des § 823 Abs. 1 könnte aber das Eigentum des A an den Bruteiern angesehen werden. Durch die Unterbrechung der Stromzufuhr und den Ausfall der Brutanlage wurden die Eier beschädigt bzw. zerstört. Die Rechtsgutverletzung müsste B auch zurechenbar sein. Das setzt zunächst voraus, dass die Verletzungshandlung äquivalent kausal für die Rechtsgutverletzung gewesen ist. Hierfür ist ausreichend, dass eine Ursachenkette in Gang gesetzt wird, die zu einer Rechtsgutverletzung führt. Auf die Bruteier selbst hat B allenfalls mittelbar eingewirkt, indem er die für die Brutapparate notwendige Stromzufuhr unterbrach. Eine Ursachenkette zwischen Verletzungshandlung und Rechtsgutverletzung ist allerdings auch dann zu bejahen, wenn unmittelbar nur eine – vom verletzten Rechtsgut verschiedene – Sache betroffen ist, sofern diese im Hinblick auf das verletzte Rechtsgut eine besondere Schutzfunktion erfüllt. Ist zum Erhalt einer Sache die ständige Zufuhr von Wasser, Wärme etc. notwendig, so ist demjenigen die Zerstörung zuzurechnen, der die Zufuhr der notwendigen Mittel unterbricht, auch wenn er nicht unmittelbar auf die Sachsubstanz eingewirkt hat[85].

Auch Adäquanz ist zu bejahen, da es nicht außerhalb aller Wahrscheinlichkeit liegt, dass bei Unterbrechung des Stroms ein Erzeugnis, das elektrischer Wärme bedarf, in seiner Substanz beschädigt oder vernichtet wird. Es geht auch nicht über den Schutzzweck von § 823 Abs. 1 hinaus, B die Haftung für diesen konkreten Schaden aufzuerlegen. Das durch die Schadensersatzpflicht ausgedrückte Gebot, fremdes Eigentum nicht zu beschädigen, bezweckt nicht nur den Schutz der Substanz einer Sache, sondern ggf. auch ihrer

80 MünchKomm/*Wagner*, § 823 Rdnr. 182; *Kötz/Wagner*, Rdnr. 146.
81 Zudem liegt eine Besitzverletzung im Hinblick auf den Besitzer vor.
82 BGH NJW 1998, 377, 380.
83 **BGHZ 41, 123 ff.**
84 Abgrenzung zu BGHZ 29, 65 ff. („Stromkabel"); siehe hierzu unten **Fall 19** Rdnr. 139.
85 BGHZ 41, 123, 126.

Funktion. Über den Zweck, die Versorgungsleistungen in ihrer Substanz zu erhalten, hinaus will § 823 Abs. 1 auch vor dem Eintritt der typischen Folgen schützen[86]. Der Tatbestand des § 823 Abs. 1 ist damit erfüllt.

Die Rechtswidrigkeit wird indiziert. B müsste schuldhaft gehandelt haben. B hat hier fahrlässig gehandelt. Eine Vorhersehbarkeit des Schadens liegt vor. Wer eine elektrische Leitung durchtrennt, weiß, dass vom Stromausfall auch Anlagen zur Konservierung von Sachen betroffen sein können, deren längerer Ausfall zu Verderbschäden führt. Dass B auch den speziellen Schadensverlauf in Bezug auf die Küken vorherzusehen vermochte, ist zur Bejahung seines Verschuldens nicht erforderlich. B ist daher A aus § 823 Abs. 1 zum Ersatz des entstandenen Schadens verpflichtet. Ein Mitverschulden des A nach § 254 Abs. 1, weil er kein Notstromaggregat bereitgestellt hat, scheidet aus, da A nicht gehalten war, diese Anschaffung zur Entlastung Dritter zu machen.

120 Eine Eigentumsverletzung aufgrund einer Beeinträchtigung des bestimmungsgemäßen Gebrauchs kann auch bei **Immissionen** i.S. des § 906 vorliegen. Es geht um unwägbare Einwirkungen, die der Eigentümer nicht dulden muss und die sich entweder auf das Grundstück oder dort befindliche Sachen schädigend auswirken oder die eine sich auf dem Grundstück aufhaltende Person so belästigen, dass deren gesundheitliches Wohlbefinden gestört wird[87]. **Umstritten** ist, ob auch bloße **ideelle Immissionen** eine Eigentumsverletzung darstellen. Fraglich ist das etwa, wenn sich ein Bordell in der Nachbarschaft befindet[88], abgestellte Schrottwagen gegenüber einem Hotel einen hässlichen Anblick bieten[89] oder in einer Wohngegend ein Lagerplatz für Baumaterialien ist[90]. Die Rechtsprechung und weite Teile des Schrifttums lehnen in solchen Fällen eine Eigentumsverletzung ab[91], da nicht auf das Nachbargrundstück selbst eingewirkt werde. Es gelte, einer uferlosen Ausweitung der Norm entgegenzuwirken, indem das Merkmal „ähnliche von einem anderen Grundstück ausgehende Einwirkungen" des § 906 eng ausgelegt wird. Die h.L. hingegen bejaht eine Eigentumsverletzung bei schwerwiegenden ideellen Immissionen[92].

5. „Sonstiges Recht": Allgemeines Persönlichkeitsrecht[93]

121 Mit dem Schutz der „sonstigen Rechte" in § 823 Abs. 1 ist keine umfassende Generalklausel geschaffen worden. Es sollen lediglich solche Rechte geschützt werden, die in ihrer absoluten Ausschlusswirkung gegenüber Dritten den in § 823 Abs. 1 ausdrücklich genannten persönlichen Rechten bzw. Rechtsgütern vergleichbar sind. **Klausurrelevant** sind insbesondere die sog. Rahmenrechte: Das allgemeine Persönlichkeitsrecht und das Recht am eingerichteten und ausgeübten Gewerbebetrieb[94].

86 BGHZ 41, 123, 127 f.
87 BGHZ 51, 396, 397.
88 BGHZ 95, 307, 309 f.
89 BGHZ 54, 56, 59 f.
90 BGHZ 51, 396, 399.
91 BGHZ 51, 396, 398; BGHZ 54, 56, 59 f.; BGH JZ 1970, 782, 783; Palandt/*Bassenge*, § 903 Rdnr. 10.
92 Erman/*Schiemann*, § 823 Rdnr. 33; BGH NJW 1985, 2823.
93 **Übungsfall** z.B. bei *Heinemann/von Hassell*, JA 2005, 592 ff.; *Kiehnle*, JuS 2006, 418 ff.; *Heese*, JA 2007, 691 ff.; *Irrgang*, JA 2009, 340 ff.; *Lorz*, JURA 2014, 426 ff.
94 Siehe Rdnr. 135 ff.

a) Tatbestand

Die Rechtsprechung hat das allgemeine Persönlichkeitsrecht als „sonstiges Recht“ i.S. des § 823 Abs. 1[95] aus Art. 1 und 2 GG abgeleitet[96]. Der ansonsten bestehende Schutz wurde als unzulänglich angesehen. Das allgemeine Persönlichkeitsrecht ist daher nur insoweit von § 823 Abs. 1 umfasst, als dieser Schutz ansonsten unzulänglich ist. Deshalb ist der Schutz des allgemeinen Persönlichkeitsrechts über § 823 Abs. 1 lediglich ein Auffangtatbestand und damit **subsidiär**. 122

Im **Klausuraufbau** ist also zunächst zu fragen, ob § 823 Abs. 1 überhaupt **anwendbar** ist. Soweit ein spezielles Gesetz die Rechte wegen der Verletzung des allgemeinen Persönlichkeitsrechts **abschließend** regelt, scheidet § 823 Abs. 1 als weitere Anspruchsgrundlage aus. Zwar finden sich z.B. in § 12 (Namensrecht), §§ 22–24 KunstUrhG (Recht am eigenen Bild), § 11 UrhG (Urheberpersönlichkeitsrecht) oder im Bundesdatenschutzgesetz spezielle Regelungen des allgemeinen Persönlichkeitsrechts, allerdings liegt eine abschließende Regelung nur dann vor, wenn dort auch ein **Schadensersatzanspruch** vorgesehen ist. Nicht abschließend sind daher etwa § 12 und die §§ 22 ff. KunstUrhG, da beide keinen Schadensersatzanspruch enthalten. § 12 sieht nur einen verschuldensunabhängigen Unterlassungsanspruch vor. Damit liegt hier keine Subsidiarität des über § 823 Abs. 1 geschützten allgemeinen Persönlichkeitsrechts vor. 123

Voraussetzung für einen Anspruch aus § 823 Abs. 1 ist die rechtswidrige Verletzung des allgemeinen Persönlichkeitsrechts. Für den **Klausuraufbau** ist relevant, dass Tatbestand und Rechtswidrigkeit zumeist zusammen geprüft werden müssen. Vom Schutz des allgemeinen Persönlichkeitsrechts erfasst sind die Intimsphäre (z.B. Tagebücher, Briefe), die Privatsphäre (z.B. Familienleben, Privatbereich)[97] sowie die Sozial- oder Individualsphäre (geschäftliches, gesellschaftliches oder öffentliches Leben). Innerhalb dieser Abstufung hat die Rechtsprechung besondere Fallgruppen gebildet, die Anhaltspunkte für die Verletzung eines allgemeinen Persönlichkeitsrechts bieten. 124

Darunter fällt etwa der **Schutz der persönlichen Ehre**, soweit deren Verletzung nicht mehr etwa durch die Freiheit künstlerischer Betätigung i.S. des Art. 5 Abs. 3 S. 1 GG gedeckt ist[98]. Darunter fällt auch der **Schutz des nicht öffentlich gesprochenen Worts**. Jeder kann selbst darüber bestimmen, ob seine Worte nur seinem Gesprächspartner, einem bestimmten Kreis oder der Öffentlichkeit zugänglich sein sollen. Außerdem soll jeder darüber befinden, ob seine Stimme auf einem Tonträger festgehalten werden darf. Zu den besonders relevanten Bereichen zählt auch der Schutz des eigenen Bilds[99], der Schutz des

95 Kritisch zu dieser Einordnung *Medicus/Petersen*, BR, Rdnr. 615; *Beuthien*, NJW 2003, 1220, 1221.

96 Seit BGHZ 13, 334, 338 **st. Rspr.**; vom BVerfG gebilligt in BVerfGE 34, 269, 292; BVerfGE 35, 202, 220 ff.; siehe auch BVerfG NJW 2011, 740 ff.

97 BGH NJW 2004, 762.

98 BVerfG NJW 1987, 2661, 2662 (Karikatur des Bayerischen Ministerpräsidenten in der Zeitschrift „konkret“).

99 Vgl. BVerfG NJW 2011, 740 ff., bestätigt durch BVerfG NJW 2012, 756 ff. („Caroline von Hannover“) zum unterschiedlichen Schutz bei der Veröffentlichung von Bildern einer Person und der Berichterstattung durch Wortbeiträge. Im ersten Fall liege eine rechtfertigungsbedürftige Beschränkung des allgemeinen Persönlichkeitsrechts vor, im zweiten Fall nicht ohne Weiteres. Siehe auch EGMR NJW 2012, 1053 ff. („von Hannover Nr. 2“): EGMR NJW 2014, 3291 („Lillo-Stenberg/Norwegen“).

eigenen Namens oder Firmenzeichens, der Schutz schriftlicher Äußerungen sowie der Schutz der privaten Sphäre und des guten Rufs[100].

125 Die Beeinträchtigung des allgemeinen Persönlichkeitsrechts als solche kann nicht schon die **Rechtswidrigkeit** indizieren. Denn beim allgemeinen Persönlichkeitsrecht handelt es sich um ein **Rahmenrecht**, d.h. um einen offenen Tatbestand. Es liegt zwar ein ranghohes Rechtsgut zugrunde, aber es kann mit den Persönlichkeitsrechten anderer Personen konkurrieren. Ob eine rechtswidrige Verletzung des allgemeinen Persönlichkeitsrechts vorliegt, ist daher aufgrund einer umfassenden **Güter- und Interessenabwägung** festzustellen. Es werden die schutzwürdigen Interessen auf Seiten des Verletzten und auf Seite des Schädigers gegenübergestellt[101].

Der Schädiger kann möglicherweise Rechtfertigungsgründe anführen, wie z.B. die Wahrnehmung berechtigter Interessen nach § 193 StGB. Zudem kann das Persönlichkeitsrecht in einem Spannungsverhältnis zu der durch Art. 2 GG geschützten Freiheit Dritter oder zu den aus Art. 2 GG oder Art. 12 GG folgenden Betätigungsrechten des Verletzers stehen. Ein Spannungsverhältnis ist auch zu der in Art. 5 GG geschützten Meinungs- und Pressefreiheit möglich[102]. Allerdings genießen falsche Tatsachenbehauptungen über eine Person nicht das Privileg der Meinungsfreiheit nach Art. 5 GG, da sie nicht zur Information beitragen. Die Veröffentlichung muss im Interesse der Öffentlichkeit liegen. Es genügt nicht, dass sie nur allgemein daran interessiert ist[103].

Zu prüfen ist jeweils, welchem der genannten Rechte der Vorrang zukommt. Zu berücksichtigen sind bei der Abwägung auch die sonstigen Umstände, v.a. die Art und Schwere der Beeinträchtigung, ihr Anlass und das Verhalten des Verletzten[104]. Auf der Seite des Verletzten spielt dabei eine Rolle, ob in die Intim-, die Privat- oder die Individualsphäre eingegriffen wird. Die Intimsphäre ist weitgehend geschützt. Die Privatsphäre einer Person genießt noch einen recht weiten Schutz. Die Individualsphäre dagegen ist am wenigsten geschützt. Wer am geschäftlichen, gesellschaftlichen oder öffentlichen Leben teilnimmt, muss es hinnehmen, dass man sich mit ihm befasst[105]. Der Schutz wird umso mehr zurücktreten, je mehr der Angegriffene exponiert ist oder als prominente Person selbst aus Werbegründen seine Privatsphäre den Medien öffnet[106]. Sofern jedoch kein Beitrag

100 Zur Grenze, wenn selbst vorher eine Straftat begangen wurde EGMR NJW 2012, 1058 ff. („Axel Springer AG/Deutschland"). Zur Frage, wann Mobbing oder Straining eine Persönlichkeitsrechtsverletzung darstellen kann *Jansen/Hartmann*, NJW 2012, 1540 ff.

101 BGH NJW 2005, 2766, 2770; BGH NJW 2004, 762, 764.

102 Ausführlich *Frenz*, NJW 2012, 1039 ff.; siehe aus der Rechtsprechung BVerfG NJW 2002, 3767 ff.; BVerfG NJW 2006, 3406 ff.; dazu auch EGMR NJW 2004, 2647, 2649, wonach es darauf ankommen soll, ob die Berichterstattung einen Beitrag zu einer Diskussion in einer demokratischen Gesellschaft leistet oder ob sie lediglich die Neugier eines bestimmten Publikums über das Privatleben einer Person befriedigt; BVerfG NJW 2008, 39, 42 („Esra"); BGH NJW 2009, 3576 ff. („Kannibale von Rotenburg").

103 EGMR NJW 2012, 747 ff. („Max Mosley"); siehe auch EGMR NJW 2012, 753 ff. („Naomi Campbell"); BGH NJW 2012, 763 ff.

104 BGHZ 132, 13, 18 ff. (Verdächtigung eines Polizeibeamten in einem Buch, er habe Beziehungen zur „Rotlichtszene"); BGHZ 143, 199, 203 ff. (Verdachtsberichterstattung, Schmähkritik); BVerfG NJW 1998, 2889, 2890 f. (öffentliche Nennung des eigenen Namens bei sexuellem Missbrauch durch den Vater).

105 BGH NJW 2008, 3134, 3135 („Heide Simonis"); siehe aber BGH NJW 2008, 3138 („Sabine Christiansen I"); vgl. auch *Stender-Vorwachs*, NJW 2009, 334, 335 f.

106 Zur Aufgabe der Rechtsfiguren „absolute und relative **Person der Zeitgeschichte**" durch den BGH zugunsten eines „abgestuften Schutzkonzepts", *Wanckel*, NJW 2011, 726.

zur öffentlichen Meinungsbildung geleistet wird, muss ein Veröffentlichungsinteresse hinter dem Persönlichkeitsschutz zurücktreten[107].

Was den **persönlichen Schutzbereich** des allgemeinen Persönlichkeitsrechts anbelangt, so ist nur der **unmittelbar Verletzte** geschützt, nicht auch jemand, der sich lediglich mittelbar verletzt fühlt. Eine wichtige Abgrenzung hat das Bundesverfassungsgericht bei **Kindern** von Personen der Zeitgeschichte vorgenommen und festgestellt, dass das aus dem Recht des Kindes auf ungehinderte Entfaltung fließende Recht auf Entwicklung zur Persönlichkeit auch solchen Kindern zusteht, deren Eltern Personen mit zeitgeschichtlicher Bedeutung sind. Ein Schutzbedürfnis kann nur dann entfallen – und ein Eingriff durch die Presse damit möglich werden –, wenn sich die Kinder bewusst der Öffentlichkeit zuwenden[108]. 126

Auch **Personen- und Kapitalgesellschaften** können Träger des allgemeinen Persönlichkeitsrechts sein[109]. Inhaltlich wird das von der Rechtsprechung allerdings zu Recht auf die Fälle beschränkt, in denen die Gesellschaften dieses Rechtsschutzes „aus ihrem Wesen als Zweckschöpfung des Rechts“ und ihren Funktionen bedürfen. Das soll der Fall sein, wenn sie in ihrem sozialen Geltungsanspruch als Arbeitgeber oder als Wirtschaftsunternehmen betroffen werden[110].

Das Persönlichkeitsrecht wirkt über den Tod des Rechtsträgers hinaus (**postmortaler Persönlichkeitsschutz**)[111]. Auch das fortwirkende Lebensbild eines Verstorbenen wird also gegen schwerwiegende Entstellungen geschützt[112]. Wie lange dieser Persönlichkeitsschutz fortdauert, lässt sich nicht einheitlich beantworten. Der BGH gewährt einen Schadensersatzanspruch unter dem Gesichtspunkt des Eingriffs in die **vermögenswerten** Bestandteile des postmortalen Persönlichkeitsrechts in Anlehnung an § 22 KUG nur bis zum Ablauf von zehn Jahren nach dem Tod des Rechtsträgers[113]. Dann muss das Interesse an 127

107 Ein solcher Beitrag wurde verneint in BGH NJW 2009, 1502 ff. („Sabine Christiansen II“), BGH NJW 2009, 3032 ff., Rdnr. 29 ff. (Ausnutzung des Werbe- und Imagewerts, Günther Jauch auf Rätselheft); bejaht in BGH NJW 2009, 1499, 1501: hinreichender „Nachrichtenwert mit Orientierungsfunktion“ („Enkel des Fürsten von Monaco“); BGH NJW 2010, 2728 ff., Rdnr. 18 ff. („Sedlmayr Mörder“; bei schwerem Kapitalverbrechen werde ansonsten „Geschichte“ getilgt).

108 BVerfG NJW 2000, 2191, 2192; BVerfG NJW 2003, 3262 ff.; BVerfG NJW 2005, 1857 f.; BGH NJW 2005, 215 ff. mit krit. Anm. *Vinck*, LMK 2005, 92 f., der für den konkreten Fall darauf abhebt, dass der Rechtsträger selbst (Baby) die Störungshandlung gar nicht wahrnehme; kein Schutzbedürfnis bei BGH NJW 2011, 746 ff.; BGH NJW 2011, 744 ff. („Charlotte Casiraghi“).

109 BGHZ 98, 94, 97.

110 **Verneint** hat der BGH daher eine Verletzung des Persönlichkeitsrechts, wenn ein Scherzartikelhersteller einen Aufkleber mit dem Emblem BMW und der Hinzufügung „Bums mal wieder“ verwendet hat. Der Aufkleber habe keinen direkten Bezug zum Produkt des Automobilherstellers, so dass eine konkrete Gefahr wirtschaftlicher Nachteile nicht zu erwarten sei (BGH NJW 1986, 2951, 2952). Eine Persönlichkeitsverletzung der Lufthansa wurde im Zusammenhang mit einem Aufkleber „Lusthansa“ mit zwei sich paarenden Kranichen verneint (OLG Frankfurt NJW 1982, 648 f.). **Bejaht** wurde eine Persönlichkeitsverletzung bei unzulässiger Verwendung einer negativen Bilanzanalyse durch einen Wirtschaftswissenschaftler (BGH NJW 1994, 1281, 1282); die dort angenommene Prangerwirkung wird aber verneint im Fall BGH NJW 2006, 830, 842 („Kirch“).

111 BVerfG NJW 2008, 1657 („Ehrensache“); siehe auch *Frommeyer*, JuS 2002, 13 ff.; über das Deliktsrecht hinausgehender **Übungsfall** z.B. bei *Dubovitskaya/Gehlen*, JuS 2013, 528 ff.

112 **BGHZ 50, 133, 136 ff. („Mephisto“).**

113 BGHZ 169, 193 ff. („Klaus Kinski“) m.w.N. zum Streitstand in der Literatur; zur Begründung für eine Ersatzpflicht bei Verletzung vermögenswerter Bestandteile des Persönlichkeitsrechts BGH NJW 2012, 1728, 1729 („getötete Tochter“).

einer wirtschaftlichen Verwertung des Persönlichkeitsbilds zurücktreten. Der postmortale Schutz der **ideellen** Bestandteile des Persönlichkeitsrechts kann dagegen noch länger bestehen. Das Schutzbedürfnis wird in dem Maße geringer, in dem sich die Erinnerung an den Verstorbenen und damit das Interesse an der Nichtverfälschung des von ihm gemachten Bilds verringert. Ist ein Künstler nur wenigen Zeitgenossen in Erinnerung, ist die Zeitspanne des Schutzes kürzer als bei einem bedeutenden Künstler, der seiner Nachwelt ein auch noch nach vielen Jahren wahrgenommenes Werk hinterlässt[114].

Die Verletzung des Persönlichkeitsrechts Verstorbener kann durch die Angehörigen bzw. Erben geltend gemacht werden. Diese können bei der Verletzung eines postmortalen Persönlichkeitsrechts ggf. auch Schadensersatz geltend machen[115]. Die Erben haben jedoch bei Verletzung der ideellen Interessen des Verstorbenen keinen Schmerzensgeldanspruch[116].

Nicht um einen Fall des postmortalen Persönlichkeitsschutzes handelt es sich, wenn eine Person zu ihren Lebzeiten in den immateriellen Bestandteilen ihres Persönlichkeitsrechts verletzt wird, jedoch vor Erfüllung des daraus resultierenden Geldentschädigungsanspruchs stirbt. Der Anspruch des Verletzten auf Geldentschädigung ist zwar ein vermögensrechtlicher Anspruch und daher an sich vererblich, dennoch lehnt es der BGH zu Recht ab, dass dieser Anspruch auf die Erben übergeht (§ 1922)[117]. Der Anspruch dient hier der Genugtuung des Verletzten für die Verletzung seines immateriellen Persönlichkeitsrechts[118]. Die Genugtuung soll hier zwar über die Zahlung von Geld erreicht werden, hat aber eine ideelle Funktion und ist deshalb unmittelbar an die Person des Verletzten gebunden. Der Verletzte muss demgemäß zu seinen Lebzeiten die Geldentschädigung erhalten, damit sie ihren Zweck erfüllen kann[119]. Der Präventionsgedanke allein vermag die Vererblichkeit nicht zu tragen, so dass der Entschädigungsanspruch mit dem Tod des Verletzten erlischt.

128 Den **Prüfungsaufbau** beim allgemeinen Persönlichkeitsrecht soll **Fall 17** verdeutlichen[120]: Journalist J interviewt den bekannten Schauspieler D und macht dabei einige Fotos. Unter anderem setzt sich D für ein Bild auf den Motorroller des J. Dieses Foto verkauft J an die Motorrollerfirma M zum Zwecke der Reklame. J betont wider besseres Wissen gegenüber der M das Einverständnis des D mit einer Werbeveröffentlichung. Die M wirbt daraufhin in mehreren Zeitschriften mit dem Foto für ihre Motorroller. Dabei wird auch der Name des D erwähnt. D will wissen, ob er deliktsrechtliche Ansprüche gegen die M hat.

D könnte gegen die M einen Anspruch aus § 823 Abs. 1 wegen Verletzung seines allgemeinen Persönlichkeitsrechts haben. Da es sich hierbei lediglich um einen sog. Auffangtatbestand handelt, muss § 823 Abs. 1 überhaupt **anwendbar** sein, d.h. nicht von einer spezielleren Norm verdrängt werden. Eine spezielle Regelung des Persönlichkeitsrechts

114 Nach BGHZ 107, 385, 393 ist daher bei dem Maler Emil Nolde auch drei Jahrzehnte nach dem Tode noch ein fortbestehendes Schutzbedürfnis anzuerkennen.
115 BGH NJW 2000, 2195, 2197 ff. („Marlene Dietrich"); dazu *Staudinger/Schmidt*, JURA 2001, 241 ff.
116 BGH NJW 2006, 605; BGH NJW 2007, 684, 685.
117 BGH NJW 2014, 2871, Rdnr. 8.
118 *Stender-Vorwachs*, NJW 2014, 2831, 2833.
119 BGH NJW 2014, 2871, Rdnr. 18.
120 **BGHZ 20, 345 ff. („Paul Dahlke")**; zu den GoA-Aspekten des Falls siehe oben **Fall 12** Rdnr. 81, zu den bereicherungsrechtlichen Aspekten siehe unten **Fall 47** Rdnr. 385. Vgl. auch BGH NJW 1992, 2084 f. („Fuchsberger").

ist das Recht am eigenen Bild (§ 22 KunstUrhG). Danach dürfen Bildnisse nur mit Einwilligung des Abgebildeten verbreitet oder öffentlich zur Schau gestellt werden. Ob § 22 KunstUrhG verletzt wurde, kann an dieser Stelle jedoch dahinstehen, da das KunstUrhG für diesen Eingriff keine Schadensersatzregelung vorsieht. Es stellt somit keine abschließende Regelung dar.

Im vorliegenden Fall könnte auch eine Verletzung des Namensrechts nach § 12 gegeben sein[121]. § 12 geht als lex specialis dem Schutz des allgemeinen Persönlichkeitsrechts als „sonstiges Recht“ im Rahmen von § 823 Abs. 1 vor[122]. Das Namensrecht i.S. des § 12 ist verletzt, wenn M den Namen des D unbefugt gebraucht und dadurch ein schutzwürdiges Interesse des Namensträgers D verletzt. Dabei ist der Namensgebrauch von der bloßen Namensnennung abzugrenzen. Ein Namensgebrauch i.S. des § 12 liegt nämlich nur vor, wenn das bestimmte Produkt dem Namen zugeordnet wird und dadurch im Verkehr eine Verwechslung droht[123]. Dies ist hier nicht der Fall, da die Verwendung des Namens des D in der Werbung nicht bewirkt, dass dem Namen des D das Produkt zugeordnet wird, der Motorroller gleichsam den Namen „D“ trägt. Vielmehr wird der Name des D lediglich in Verbindung mit einer Sachaussage über das Produkt verwendet, die keine namensmäßige Bezeichnung des Produkts darstellt. Es handelt sich also lediglich um eine Namensnennung, die aber das Namensrecht des D i.S. des § 12 nicht verletzt. Da der speziellere § 12 nicht eingreift, ist der Weg für eine Prüfung des allgemeinen Persönlichkeitsrechts als „sonstiges Recht“ i.S. des § 823 Abs. 1 frei.

Das allgemeine Persönlichkeitsrecht des D ist verletzt, wenn die M rechtswidrig in eine Sphäre des Persönlichkeitsrechts des D eingegriffen hat. Die M könnte durch den in der Werbung samt Foto enthaltenen Hinweis auf den Namen des D in dessen **Individualsphäre** eingegriffen haben. Sie schützt das Selbstbestimmungsrecht und bewahrt die soziale Stellung des Einzelnen, die durch sein öffentliches Wirken bestimmt wird[124]. Die M wirbt ohne Genehmigung mit dem Namen und dem Bild des bekannten Schauspielers D. Dabei stehen der Name und der Ruf des D stellvertretend für bestimmte Merkmale seiner Persönlichkeit und Stellung in der Gesellschaft. Auf diese Weise sollen bestimmte Eigenschaften des D mit dem beworbenen Produkt verbunden werden. Mit dieser Verbindung war D nicht einverstanden. Der ungefragte Einsatz von Namen und Bild im Rahmen kommerzieller Werbung greift mithin in dessen Individualsphäre ein. Damit wird durch die Veröffentlichung das allgemeine Persönlichkeitsrecht des D beeinträchtigt.

Dieser Eingriff in das allgemeine Persönlichkeitsrecht müsste zudem **rechtswidrig** gewesen sein. Die Rechtswidrigkeitsprüfung ist bei den sog. Rahmenrechten anhand einer umfassenden Güter- und Interessenabwägung vorzunehmen. Kein rechtswidriger Eingriff liegt vor, wenn das Interesse der M an der Veröffentlichung von Namen und Bild das Interesse des D an einer unbeeinträchtigten Individualsphäre überwiegt. Während bei Abbildungen die ungenehmigte Veröffentlichung (vgl. § 22 KunstUrhG) verboten und damit auch rechtswidrig ist, ist die öffentliche Nennung einer Person oder eine öffentliche Aussage über sie grundsätzlich erlaubt. Insofern tritt das Recht des Einzelnen auf freie Selbst-

121 *Kötz/Wagner*, Rdnr. 378 f.
122 Palandt/*Ellenberger*, § 12 Rdnr. 2.
123 Palandt/*Ellenberger*, § 12 Rdnr. 23.
124 Palandt/*Sprau*, § 823 Rdnr. 87; Staudinger/*Hager*, § 823 Rdnr. C 189.

bestimmung (vgl. Art. 1 und 2 GG) hinter dem Recht zur freien Rede (vgl. Art. 5 Abs. 1 GG) zurück. Allerdings ist bei der Interessenabwägung auf Seiten des Schädigers der Zweck des Eingriffs zu berücksichtigen. So kann das Recht auf Meinungsfreiheit eine Beeinträchtigung des Persönlichkeitsrechts dann nicht rechtfertigen, wenn Bezüge zur Persönlichkeit eines anderen in erster Linie der Förderung eigener materieller Interessen dienen. Werden auf Seiten des Schädigers bei Verwendung der Persönlichkeitsmerkmale nicht öffentliche, sondern rein private Interessen verfolgt, kann nur das Einverständnis des Betroffenen den Eingriff in die Persönlichkeitssphäre zu Werbezwecken rechtfertigen. Das gilt selbst dann, wenn die konkrete Art des Eingriffs nicht geeignet ist, das Ansehen des Betroffenen zu mindern. Die M hat somit mit der unbefugten Namensnennung und Bildwiedergabe das allgemeine Persönlichkeitsrecht des D widerrechtlich verletzt.

Die M müsste auch **schuldhaft** gehandelt haben. Es könnte hier fahrlässiges Verhalten vorliegen, weil die M ohne Weiteres die Aussagen des J als richtig ansah. Da das Foto und der Name des D zu Werbezwecken verwendet werden sollten, ist von der M eine besonders gründliche Prüfung dahingehend zu verlangen, ob J überhaupt zur Weitergabe des Bilds befugt war. Hier hatte J jedoch ein Bild verkauft, auf dem D auf einem Motorroller der M abgelichtet war. Das Arrangement erweckte den Eindruck, D habe sich gezielt zu Werbezwecken von J ablichten lassen. Anhaltspunkte dafür, dass das Bild des D auf dem Motorroller der M bei anderer Gelegenheit entstanden war, bestanden nicht, zumal J das Einverständnis des D zur Veröffentlichung dieser Fotos nebst Namensnennung durch objektiv unrichtige Erklärung vorgetäuscht hatte. Daher wird man davon ausgehen können, dass die M nicht fahrlässig handelte, als sie das Foto ohne besondere Rückfrage bei D erwarb und veröffentlichen ließ. Die Voraussetzungen des § 823 Abs. 1 liegen nicht vor. D kann von der M keinen Schadensersatz aus § 823 Abs. 1 verlangen.

b) Schutzumfang

129 Liegt eine Persönlichkeitsverletzung i.S. des § 823 Abs. 1 vor, stellt sich auf der **Rechtsfolgenseite** die Frage nach dem Schutzumfang (§§ 249 ff.). Hier sind beim Persönlichkeitsrecht Besonderheiten zu beachten, so dass bereits an dieser Stelle auf die Rechtsfolgen, d.h. das Schadensrecht, eingegangen werden soll[125]. Verlangen kann der Geschädigte grundsätzlich den Ersatz seines materiellen und immateriellen Schadens sowie Unterlassung und Beseitigung.

130 Der Schädiger hat dem Geschädigten den **materiellen Schaden** zu ersetzen (§ 249 Abs. 1 und 2 S. 1). Wird das Ansehen einer Person öffentlich beschädigt, kann das z.B. dazu führen, dass der Betroffene seinen Arbeitsplatz verliert oder arbeitsunfähig wird, weil er den enormen seelischen Belastungen körperlich nicht standzuhalten vermag[126]. Der dadurch entstehende **Verdienstausfall** ist zu ersetzen.

130a Der Schadensersatz erstreckt sich daneben auch auf die Verletzung **vermögenswerter Interessen** des allgemeinen Persönlichkeitsrechts[127]. Hintergrund ist, dass Persönlichkeitsmerkmale, vor allem von prominenten Personen, häufig wirtschaftlich nutzbar gemacht

125 Zum Schadensrecht im Übrigen siehe unten Rdnr. 205 ff.
126 BGH NJW 1994, 1950, 1953; BGHZ 66, 183 ff.
127 Vor allem BGHZ 143, 214, 219 („Marlene Dietrich").

werden, indem Dritten gegen Entgelt gestattet wird, das Bild oder den Namen in der Werbung einzusetzen. Durch die unerlaubte Verwertung von Persönlichkeitsmerkmalen (z.B. für Werbezwecke) können daher nicht nur ideelle, sondern auch kommerzielle Interessen des Betroffenen beeinträchtigt sein[128]. Der Schaden kann durch eine **dreifache Art der Schadensberechnung** bestimmt werden[129]: erstens konkret, zweitens nach dem durch den Eingriff erzielten Gewinn und drittens durch die Fiktion eines abgeschlossenen Lizenzvertrags (sog. **Lizenzanalogie**[130]). Letztere wird häufig die einfachere Liquidationsmethode darstellen. Lange Zeit wurde eine Berechnung nach der Lizenzanalogie abgelehnt, wenn der Betreffende, hätte er davon gewusst, zur Persönlichkeitsvermarktung nicht bereitgewesen wäre[131]. Darauf kommt es nach neuerer Rechtsprechung nicht mehr an, da der Anspruch nicht eine Zustimmung des Betroffenen fingiere, sondern Ausgleich für einen rechtswidrigen Eingriff sei[132]. Eine Lizenzanalogie kommt aber dann nicht in Betracht, wenn keine vermögensrechtliche Beeinträchtigung möglich ist (z.B. bei nicht professionellen Prominenten).

Der Schädiger hat zudem den immateriellen Schaden zu ersetzen **(Schmerzensgeld)**, **131**
denn die Nachteile, die aus einer Verletzung des Persönlichkeitsrechts resultieren können, lassen sich mit dem Ersatz des Vermögensschadens nur unvollkommen erfassen[133]. Die Verletzung der Würde und Ehre eines Menschen würde ansonsten sanktionslos bleiben. Zwar sieht § 253 Abs. 2 einen Ersatz des immateriellen Schadens nur bei Körper-, Gesundheits- oder Freiheitsverletzungen vor, aber schon früh hatte sich der BGH mit der Frage auseinanderzusetzen, ob nicht entgegen dem Wortlaut der §§ 253, 847 a.F. bei **schwerwiegenden Eingriffen**, die auf andere Weise nicht befriedigend auszugleichen sind, eine Geldentschädigung zuerkannt werden soll. Seit der Entscheidung „Caroline von Monaco"[134] wird ein Anspruch auf Schmerzensgeld damit begründet, dass es sich beim allgemeinen Persönlichkeitsrecht um ein Recht handelt, das auf den Schutzauftrag aus Art. 1, 2 Abs. 1 GG zurückgeht[135]. Der Anspruch auf Geldentschädigung basiert daher auf § 823 Abs. 1 iVm. Art. 1 und 2 GG. Es müssen aber zwei Voraussetzungen erfüllt sein: Zum einen muss eine **schwere Verletzung** des Persönlichkeitsrechts oder ein erhebliches Verschulden des Täters vorliegen und zum anderen darf eine **anderweitige Genugtuung** durch Unterlassen, Gegendarstellung oder Widerruf aufgrund der Art der Verletzung nicht ausreichend sein. Bei der Höhe der Geldentschädigung sollen die Gesichtspunkte „Genugtuung für das Opfer", „Prävention" und „Intensität des Verletzers bei der Verletzungshandlung" berücksichtigt werden[136].

---

128 BGHZ 143, 214, 219.

129 So auch BGHZ 143, 214, 232 („Marlene Dietrich"); BGH NJW 2000, 2201 f. („Blauer Engel").

130 Vgl. nur etwa BGHZ 26, 349, 352 ff. („Herrenreiter"); BGHZ 35, 363, 366 ff. („Ginseng-Wurzel"); BGH NJW 2013, 792 ff. („Gunter Sachs").

131 So etwa in **BGHZ 26, 349, 352 („Herrenreiter")** (dazu etwa *Schwerdtner*, JURA 1985, 521 ff.; vgl. auch die Falllösung bei *Petersen*, Examens-Repetitorium Allgemeines Schuldrecht, 7. Aufl. 2015, Rdnr. 523 ff.).

132 BGHZ 169, 340 ff. („Rücktritt des Finanzministers").

133 Abgelehnt beim postmortalen Persönlichkeitsschutz, BGH NJW 2006, 605, 606 (hier lediglich Abwehransprüche).

134 BGHZ 128, 1 ff. („Caroline von Monaco"); siehe auch BGHZ 160, 298 ff. („Caroline von Monaco").

135 Bis zu dieser Entscheidung leitete der BGH einen Schmerzensgeldanspruch aus § 847 a.F. analog ab; vgl. BGHZ 39, 124, 130 ff.; die Billigung als verfassungsgemäß erfolgte in BVerfGE 34, 369 ff. („Soraya").

136 BGH NJW 2005, 215 ff. m.w.N.

132 Der BGH geht inzwischen nicht mehr allein von einer **Genugtuungsfunktion**, sondern auch von einer **Präventionsfunktion** der Entschädigung aus. Wie sich dies auswirkt, zeigt der Fall Caroline von Monaco. Danach soll sich der Präventionsgedanke jedenfalls bei rücksichtsloser **Zwangskommerzialisierung** der Persönlichkeit eines Menschen anspruchserhöhend auswirken[137]. Wird das Persönlichkeitsrecht vorsätzlich zur Auflagensteigerung, d.h. aus eigenem kommerziellen Interesse verletzt, wäre der Betroffene ohne eine für den Verletzer fühlbare Geldentschädigung der rücksichtslosen Zwangskommerzialisierung in weiten Teilen ohne Schutz ausgeliefert. Bei einem vorsätzlichen Eingriff in das Persönlichkeitsrecht eines anderen, welcher der Gewinnerzielung dient, wird bei der Höhe der Geldentschädigung auf der Grundlage des Präventionsgedankens der erzielte Gewinn als Bemessungsfaktor einbezogen[138].

133 Hierzu **Fall 18**[139]: In einer Zeitschrift des Zeitschriftenverlags V wird ein Interview mit der prominenten K auf der Titelseite groß angekündigt und im Text veröffentlicht. Dieses Interview ist frei erfunden. Deswegen und wegen einiger weiterer Entgleisungen verlangt K ein Schmerzensgeld. Zu Recht?

K könnte gegen V einen Anspruch aus § 823 Abs. 1 iVm. Art. 1, 2 Abs. 1 GG auf Schmerzensgeld haben. § 823 Abs. 1 ist mangels spezieller Regelungen anwendbar und der Tatbestand ist erfüllt. Zwar werden keine ehrenrührigen Tatsachen über K publik gemacht. Aber Ks Anspruch auf Selbstbestimmung über ihr Erscheinungsbild wird dadurch rechtswidrig verletzt, dass ihr Äußerungen unterstellt werden, die unstreitig nicht von ihr stammen[140]. Die Verletzung ist auch schuldhaft erfolgt.

V ist daher zum Ersatz des entstandenen Schadens verpflichtet. Einen materiellen Schaden hat K nicht. Die Ersatzfähigkeit eines immateriellen Schadens bei Verletzung des allgemeinen Persönlichkeitsrechts (Schmerzensgeld) lässt sich zwar nicht aus § 253 Abs. 2 ableiten, folgt aber aus Art. 1 und 2 GG. Bei der Bemessung der Schmerzensgeldhöhe ist die besondere Funktion des Schadensersatzes bei der Persönlichkeitsrechtsverletzung zu berücksichtigen. Die Geldentschädigung dient der Genugtuung für das Opfer und der Prävention weiterer Verletzungen der Persönlichkeitssphäre. Deshalb muss bei der Bemessung berücksichtigt werden, dass der Verlag V das Persönlichkeitsrecht in Gewinnerzielungsabsicht unter vorsätzlichem Rechtsbruch verletzt („Zwangskommerzialisierung"). Der Gewinn soll zwar nicht abgeschöpft werden, es muss aber ein echter Hemmungseffekt vor solchen Vermarktungen der Persönlichkeit erreicht werden. Allerdings soll es auf die konkrete Höhe der betriebswirtschaftlich ermittelbaren Vorteile des Verletzers nach Auffassung der Rechtsprechung nicht ankommen[141].

134 Der Verletzte kann auch einen Unterlassungs- und Beseitigungsanspruch aus §§ 1004 Abs. 1, 823 Abs. 1 geltend machen (sog. **quasi-negatorischer Unterlassungsanspruch**). Der Anspruch ist gegeben, wenn mit hinreichend großer Wahrscheinlichkeit entweder

137 Eine Erhöhung für Veröffentlichungen im Internet (wegen der Besonderheit des Internet) im Vergleich zur Veröffentlichung in Print-Medien wird vom BGH abgelehnt, siehe **BGHZ 199, 237 ff.**

138 BGH NJW 1996, 984, 985; BGH NJW 1995, 861, 865.

139 **BGHZ 128, 1 ff. („Caroline von Monaco")**; OLG Hamburg NJW 1996, 2870 ff.

140 BGHZ 128, 1, 7.

141 Vgl. OLG Hamburg NJW 1996, 2870, 2871 (180 000 DM).

eine Erstbegehungs- oder Wiederholungsgefahr besteht. Beseitigung ist etwa durch Widerruf möglich[142]. Der Anspruch auf Widerruf kommt bei einer fortdauernden Beeinträchtigung des Persönlichkeitsrechts durch Verbreitung unwahrer Tatsachen über eine Person in Betracht. Bei abträglichen Werturteilen besteht nach ständiger Rechtsprechung mit Rücksicht auf Art. 5 GG kein Beseitigungsanspruch[143]. Die Veröffentlichung des Widerrufs muss soweit wie möglich die Beseitigung der Rechtsbeeinträchtigung des Betroffenen erreichen. Sie muss also von der optischen Wirkung her den Leserkreis erreichen können, den die Erstmitteilung erreicht hat. Durch die Druckanordnung muss beim Leser nach Möglichkeit der Grad an Aufmerksamkeit erzeugt werden, den die unwahre Mitteilung beansprucht hat[144]. Die Höhe des Geldentschädigungsanspruchs bestimmt das Gericht nach „freier Überzeugung" (§ 287 Abs. 1 ZPO)[145].

6. „Sonstiges Recht": Das Recht am eingerichteten und ausgeübten Gewerbebetrieb[146]

a) Allgemeines

Das Recht am eingerichteten und ausgeübten Gewerbebetrieb, auch „Recht am Gewerbebetrieb" oder „Recht am Unternehmen" genannt[147], ist als „sonstiges Recht" i.S. des § 823 Abs. 1 anerkannt. Es wurde von der Rechtsprechung schon bald nach Inkrafttreten des BGB entwickelt, um ein Unternehmen in seinem wirtschaftlichen Tätigwerden vor widerrechtlichen Eingriffen zu schützen[148]. Bemerkenswert an dieser Rechtsprechung ist, dass das Vermögen ja eigentlich kein geschütztes Recht i.S. des § 823 Abs. 1 ist[149]. Es soll aber in manchen Fällen ein Schutzbedürfnis bestehen. Der Schutz des Eigentums nach § 823 Abs. 1 geht bei Gewerbebetrieben durch die Beschränkung auf Sacheigentum nicht weit genug. Mit umgekehrtem Argument begründet ein Teil des Schrifttums die Ablehnung eines Rechts am eingerichteten und ausgeübten Gewerbebetrieb als sonstiges Recht i.S. des § 823 Abs. 1. Sofern ein Schutzbedürfnis bestehe, sei dies durch § 826 hinreichend berücksichtigt[150]. **135**

b) Voraussetzungen

Inzwischen erfolgte eine weite **Ausdehnung** dieses Schutzes. Erstens erstreckt sich der Schutz nicht mehr nur auf Gewerbebetriebe, sondern auch auf freie Berufe (z.B. Arzt, Rechtsanwalt)[151]. Begründet wird das damit, dass der Begriff **„Gewerbebetrieb"** durch die Merkmale der Selbständigkeit, Entgeltlichkeit, Nachhaltigkeit und Auftreten nach außen bestimmt werde. Nicht erfasst sind aber Organisationen ohne gewerblichen Charakter, v.a. ohne Gewinnerzielungsabsicht (z.B. Idealverein)[152]. Zweitens wird der Gewerbe- **136**

142 BGH NJW 2008, 2262, 2263 (Presseartikel gegen das BKA).
143 BGH NJW 1989, 2941, 2942; BGH WM 1998, 2164, 2165 ff.
144 BGHZ 128, 1, 9 („Caroline von Monaco").
145 Vgl. Erman/*Klass*, Anh § 12 Rdnr. 318.
146 **Übungsfall** z.B. bei *Benrath*, JA 2013, 256, 266 ff.
147 PWW/*Schaub*, § 823 Rdnr. 82.
148 RGZ 58, 24, 29 f. („Jutefaser").
149 Siehe unten Rdnr. 150.
150 *Larenz/Canaris*, § 75 I 4 b, § 81 II-IV.
151 Erman/*Schiemann*, § 823 Rdnr. 60.
152 BGHZ 41, 314, 316 f.; BGHZ 90, 113, 121 ff.

betrieb nicht lediglich in seinem Bestand geschützt (Geschäftsräume, Maschinen, Betriebsgrundstück usw.), sondern auch in seiner Möglichkeit zur gewerblichen Tätigkeit (Kundenkreis, Geschäftsverbindung, Außenstände usw.)[153].

137 Damit der Schutzbereich nicht uferlos wird, hat die Rechtsprechung auch **Einschränkungen** vorgenommen. Das Recht am eingerichteten und ausgeübten Gewerbebetrieb stellt einen **Auffangtatbestand** dar, der eine sonst bestehende Lücke im Rechtsschutz bzgl. des gewerblichen Bereichs schließen soll[154]. Besteht ein Schutz durch spezielle Regelungen (UWG, GWB etc.), gehen diese vor[155]. Auch wenn ein in § 823 Abs. 1 ausdrücklich benanntes Rechtsgut oder Recht (z.B. Eigentum) verletzt wurde, muss ein Eingriff in das Recht am eingerichteten und ausgeübten Gewerbebetrieb als **subsidiär** ausscheiden.

Zudem ist nicht jede Beeinträchtigung eines fremden Gewerbebetriebs nach § 823 Abs. 1 geschützt, sondern es muss eine **unrechtmäßige** Verletzungshandlung vorliegen. Eine rechtswidrige Verletzung des Rechts am Gewerbebetrieb ist abzulehnen, wenn z.B. ein erlaubter Wettbewerb einen fremden Gewerbebetrieb beeinträchtigt oder vernichtet. Eine weitere Einschränkung ergibt sich daraus, dass es sich hier, wie beim allgemeinen Persönlichkeitsrecht, um einen offenen Tatbestand handelt, so dass zur Feststellung der **Rechtswidrigkeit** eine **Güter- und Interessenabwägung** vorzunehmen ist[156]. Häufig kollidiert das Recht des Unternehmens aus Art. 12 GG[157] mit dem Recht auf freie Meinungsäußerung (Art. 5 Abs. 1 GG)[158] oder der Versammlungsfreiheit (Art. 8 GG). Außerdem werden nur unmittelbare und betriebsbezogene Eingriffe erfasst.

138 ➔ **Betriebsbezogen** ist ein Eingriff, wenn er sich nach seiner objektiven Stoßrichtung gegen den betrieblichen Organismus oder die unternehmerische Entscheidungsfreiheit richtet. Es geht also nicht in erster Linie um die konkreten Auswirkungen der Verletzungshandlung, sondern um deren **Angriffsrichtung**. Der Eingriff darf sich nicht nur irgendwie gegen den Betrieb richten.

Als schädigende Handlung wird etwa die gezielte Blockade eines Betriebs angesehen (Boykott, Sabotagehandlungen des Betriebsablaufs)[159]. Ein unmittelbar betriebsbezogener Eingriff liegt damit regelmäßig noch nicht vor, wenn lediglich einzelne zum Betrieb gehörige Personen oder Betriebsfahrzeuge betroffen sind[160]. Es reicht auch nicht, dass ein zufälliges Hindernis besteht. Wird also etwa durch einen Unfall eine Betriebszufahrt versperrt, so dass für die Produktion erforderliche Teile nicht angeliefert werden können, ist, auch wenn die Produktion deshalb still steht, ein unmittelbarer, betriebsbezogener Eingriff zu verneinen.

---

153 BGHZ 29, 65, 70.
154 BGH NJW 1977, 2264, 2265; BGH NJW 1980, 881, 882; BGHZ 69, 128, 138 f.
155 Vgl. nur BGH NJW 2003, 1040, 1041; BGH NJW 2006, 830, 839.
156 BGHZ 45, 296, 307; BGHZ 138, 311, 318; BGHZ 166, 84, 109.
157 Nach BVerfG NJW-RR 2004, 1710, 1711 kommt dem eingerichteten und ausgeübten Gewerbebetrieb durch Art. 12 Abs. 1 GG grundrechtlicher Schutz zu.
158 Vgl. BGH NJW-RR 2014, 1508 ff. (Aufruf zur Kontokündigung).
159 BGH NJW 1972, 1366, 1367; BGH NJW 1998, 377, 379 f.
160 Vgl. BGH NJW 2003, 1040: Wenn bei einem Eiskunstlaufpaar einer der Partner von einem Dritten verletzt wird, kann der andere vom Dritten nicht Schadensersatz wegen Verletzung des Rechts am Gewerbebetrieb verlangen, da die Schädigung einer zum Betrieb gehörenden Person keinen betriebsbezogenen Eingriff darstelle.

Die mit dem Recht am eingerichteten und ausgeübten Gewerbebetrieb verbundenen Schwierigkeiten verdeutlicht **Fall 19**[161]: Einige Grundstücke von der Druckerei des A entfernt werden von B Tiefbauarbeiten ausgeführt. Dabei zerstört B das unterirdisch verlegte Stromkabel der städtischen Elektrizitätswerke, das allein den Betrieb des A versorgt. Durch die Unterbrechung des Stroms kann in der Druckerei des A mehrere Tage lang nicht gearbeitet werden. A verlangt von B Schadensersatz für den Produktionsausfall. Zu Recht? **139**

1. Ein Anspruch aus **§ 823 Abs. 1** wegen **Eigentumsverletzung** scheidet aus, da A nicht Eigentümer des zerstörten Stromkabels ist und somit der Verdienstausfall nicht als entgangener Gewinn zu ersetzen ist. Ein Anspruch aus § 823 Abs. 1 wegen Eigentumsverletzung könnte hinsichtlich der Gebrauchsstörung an den Maschinen bestehen. Bei der Gebrauchsstörung ist entscheidend, ob sie aus einer Einwirkung auf die Sache selbst resultiert oder daraus, dass andere Rechtspositionen verletzt werden, die nach § 823 Abs. 1 keinen Schutz genießen. Eine Eigentumsverletzung durch Gebrauchsbeeinträchtigung liegt danach nur dann vor, wenn der Eigentümer die Sache ohne weitere tatsächliche oder rechtliche Hilfsmittel (Öl für den Motor, Genehmigung usw.) gebrauchen kann. Wird ihm der Gebrauch unmöglich, weil ihm notwendige Hilfsmittel vorenthalten werden, liegt darin keine Eigentumsverletzung, sondern lediglich eine Verletzung des Vermögens[162]. Eine Gebrauchsstörung durch Unterbrechung der Stromversorgung stellt daher nach h.M. keine Eigentumsverletzung dar.

2. A könnte aber gegen B einen Anspruch aus **§ 823 Abs. 1** wegen Eingriffs in den **eingerichteten und ausgeübten Gewerbebetrieb** haben. Dessen Anwendbarkeit ist zu bejahen, da die Verletzungshandlung kein anderes, in § 823 Abs. 1 geschütztes Rechtsgut verletzt. Der BGH versteht die Voraussetzung „Gewerbebetrieb" weit und sieht nicht nur den Gewerbebetrieb in seinem Bestand, sondern auch in seiner **Ausstrahlung** als geschützt an. Fraglich ist, ob ein rechtswidriger Eingriff vorliegt. Dafür muss ein unmittelbarer Eingriff in den Gewerbebetrieb erfolgt sein, d.h. er darf sich nicht nur auf vom Gewerbebetrieb ohne Weiteres ablösbare Rechte oder Rechtsgüter beziehen, sondern muss gezielt erfolgen. Die Beschädigung des Stromkabels und der dadurch hervorgerufene Produktionsausfall stellen hier keinen solchen betriebsbezogenen Eingriff dar. B hat ein Stromkabel beschädigt, das zwar zufälligerweise nur den Betrieb des A mit Strom versorgte, aber auch für die Stromlieferungen an andere Betriebe oder Privatpersonen hätte bestimmt sein können. Damit scheidet ein Anspruch aus § 823 Abs. 1 aus.

c) Fallgruppen

Die Konkretisierung des Rechts am Gewerbebetrieb erfolgt wie beim allgemeinen Persönlichkeitsrecht, das ebenfalls ein offener Tatbestand ist, durch **Fallgruppen**, wobei diese nicht abschließend zu verstehen sind. Erste wesentliche Fallgruppe ist die **unberechtigte Schutzrechtsverwarnung**, die bereits bei der Reichsgerichtsentscheidung, die den Gewerbebetriebsschutz erstmals formulierte[163], eine Rolle spielte[164]. Es geht dabei **140**

161 **BGHZ 29, 65 ff.**
162 Siehe Rdnr. 117.
163 RGZ 58, 24 ff. („Jutefaser"); siehe auch BGH JZ 2006, 362 ff.
164 Nachdem der BGH (NJW 2004, 3322) dafür plädiert hatte, einen Schadensersatzanspruch diesbezüglich zu begrenzen, blieb der angerufene Große Senat für Zivilsachen bei der einmal begründeten Rechtsprechung (BGHZ 164, 1 ff.); dazu *Wagner/Thole*, NJW 2005, 3470 ff.; siehe auch BGH NJW 2009, 1263.

um Verwarnungen durch einen Dritten, der ein in Wirklichkeit nicht bestehendes gewerbliches Schutzrecht geltend macht (Patent, Gebrauchsmuster usw.). Eine zweite Fallgruppe stellen die unzulässigen Boykottaufrufe bzw. **Boykottmaßnahmen** dar[165]. Problematisch ist hier die zur (positiven) Feststellung der Rechtswidrigkeit erforderliche Güter- und Interessenabwägung. Der Schutz des eingerichteten und ausgeübten Gewerbebetriebs kann hier mit dem Recht auf freie Meinungsäußerung (Art. 5 Abs. 1 GG)[166] oder der Versammlungsfreiheit (Art. 8 GG) kollidieren.

In diesem Fall sind die widerstreitenden Interessen gegeneinander abzuwägen. Dabei verdient der Schutz des Gewerbebetriebs regelmäßig den Vorrang, wenn bei den Boykottmaßnahmen die **Mittel-Zweck-Relation** nicht gewahrt worden ist. Ein Boykottaufruf ist zwar als Form der öffentlichen politischen Auseinandersetzung zur Erreichung eines legitimen Zwecks grundsätzlich möglich. Allerdings darf wirtschaftliche oder politische Macht nicht sachwidrig eingesetzt werden und außer Verhältnis zum angestrebten Zweck stehen. Die Mittel-Zweck-Beurteilung berücksichtigt dabei das eigene Verhalten des Verletzten ebenso wie den Zweck des Eingriffs, seine Schwere und seine Folgen. Ein Boykottaufruf stellt eine stark einschneidende Maßnahme dar, so dass hier strenge Anforderungen an die Mittel-Zweck-Relation zu stellen sind. Diese liegt nicht vor, wenn ein milderes Mittel existiert, das zudem gleich wirksam ist. Häufig lassen sich andere, weniger einschneidende Maßnahmen finden, um den angestrebten Zweck zu erreichen, z.B. die bloße öffentliche Kritik an einem Unternehmen.

Die Beurteilung der Mittel-Zweck-Relation kann im Einzelfall schwierig sein. Folgende Aufrufe sind z.B. für zulässig gehalten worden: Kein Kauf von Seehundfellen wegen grausamer Tötung der Tiere[167], Aufforderung an Hersteller und Händler, im Interesse des Fachhandels keine SB-Großmärkte zu beliefern[168]. Als unzulässig wurden angesehen: die Aufforderung zum massenhaften „Mietboykott" durch Nichtzahlung der geschuldeten Miete[169] sowie zur Kürzung der Stromrechnung bei Lieferung von Atomstrom[170].

Eine dritte Fallgruppe sind die rechtswidrigen **Streiks**[171]. Eine vierte Fallgruppe stellen die **gewerbeschädigenden Werturteile** dar. Im Rahmen der Güter- und Interessenabwägung schützt Art. 12 GG jedoch nicht vor der Verbreitung zutreffender und sachlich gehaltener Informationen am Markt, welche für das Verhalten von Kunden oder anderen Marktteilnehmern von Bedeutung sein können. Unerheblich ist dabei, dass sich die Informationen für das betroffene Unternehmen nachteilig auswirken können[172].

---

165 BGHZ 24, 200, 205 f. („Spätheimkehrer").
166 Dazu *Schaub* JZ 2007, 548 ff.
167 OLG Frankfurt NJW 1969, 2095, 2096.
168 OLG Düsseldorf DB 1978, 2211, 2212.
169 BGH NJW 1985, 1620 f.
170 BGH NJW 1981, 764, 766.
171 BAG NJW 1978, 2114; BAG DB 1989, 2228; daneben ist als Anspruchsgrundlage auf vertraglicher Ebene an die §§ 283, 326 Abs. 5, 280 Abs. 1 zu denken.
172 Zulässig daher Angaben einer Wirtschaftsauskunftei über Kreditnehmer (BGH NJW 2003, 2904) und Bonitätsauskünfte (BGH DB 2011, 873 f.).

Am Beispiel der letzteren Fallgruppe soll in **Fall 20** der **Klausuraufbau** dargestellt werden[173]: Die Stiftung W führt einen Warentest über Ski-Bindungen durch. Die Ergebnisse des Tests werden in ihrer Zeitschrift „test" veröffentlicht. Drei Bindungen des Herstellers H werden mit „nicht zufrieden stellend" bewertet. H beanstandet die Veröffentlichung des Tests in mehrfacher Hinsicht. Er verlangt Schadensersatz von W, da ihm durch die Verbreitung des Tests ein erheblicher Schaden entstanden sei. Zu Recht? **141**

1. H könnte gegen W einen Anspruch aus **§ 824** haben. Diese Regelung bietet aber nur Schutz gegen unrichtige Tatsachenbehauptungen, nicht gegen schädigende Werturteile. Ein Testbericht stellt aber im Wesentlichen ein Werturteil dar[174]. Damit scheidet § 824 als Anspruchsgrundlage aus.

2. W könnte das Recht am eingerichteten und ausgeübten Gewerbebetrieb als sonstiges Recht i.S. des **§ 823 Abs. 1** rechtswidrig verletzt haben. Da § 824 als vorrangige Norm hier nicht einschlägig ist und auch Spezialgesetze wie § 1 UWG nicht greifen, ist die Anwendbarkeit zu bejahen. Bei dem Unternehmen handelt es sich um einen Gewerbebetrieb. Fraglich ist, ob eine rechtswidrige Verletzung des Rechts vorliegt. Dies ist anhand einer Güter- und Interessenabwägung festzustellen[175]. Da sich ein Gewerbebetrieb der Kritik seiner Waren stellen muss, ist eine gewerbeschädigende Kritik – jedenfalls sofern sie, wie hier, außerhalb eines Wettbewerbsverhältnisses geschieht – nicht schon von vornherein unzulässig. Warentests können aber auch den eingerichteten und ausgeübten Gewerbebetrieb verletzen. Dabei kommt es nicht auf ein „richtiges" oder „falsches" Testergebnis an, sondern darauf, ob das Ergebnis „unvertretbar" ist. Nach der Rechtsprechung ist eine Kritik für einen Unternehmer dann zumutbar, wenn der Warentest das Resultat sorgfältiger Prüfung darstellt. Deshalb müssen Untersuchungen neutral vorgenommen werden und objektiv sein, wobei nicht die objektive Richtigkeit des gewonnenen Ergebnisses verlangt wird, sondern dass sich die Untersuchung um Richtigkeit bemüht. Außerdem muss die Untersuchung sachkundig durchgeführt sein. Da dies im vorliegenden Fall zu bejahen ist, scheidet ein Anspruch aus § 823 Abs. 1 aus.

d) Unterlassungsanspruch

Die Verletzung des Rechts am Gewerbebetrieb steht häufig im Zusammenhang mit einem Unterlassungsanspruch[176], so auch in **Fall 21**[177]: Reiseunternehmen R hat das Recht, eine Hotelanlage mit Kunden zu belegen. Das Filmteam des Y.TV macht in dieser Anlage Interviews mit unzufriedenen Kunden. Als R die Filmaufnahmen bemerkt, werden dem Aufnahmeteam weitere Aufnahmen untersagt und ein Hausverbot erteilt. R verlangt von Y die Unterlassung der Ausstrahlung der Filmaufnahmen, deren inhaltliche Korrektheit nicht bestritten wird. R macht geltend, dass die Hotelanlage einen Bestandteil seines Gewerbebetriebs bilde und deshalb sein Recht an diesem Betrieb durch die Ausstrahlung beeinträchtigt werde. Zu Recht? **142**

173 BGHZ 65, 325 ff. („Stiftung Warentest").
174 Siehe Rdnr. 277 ff.; zu § 824 siehe auch OLG Frankfurt NJW 1996, 1146 („100 beste Weingüter – Adel verpflichtet").
175 Die Güter- und Interessenabwägung wird seit BGHZ 65, 325, 331 zur Feststellung eines rechtswidrigen Eingriffs herangezogen. Es werden – wie bei der Verletzung des allgemeinen Persönlichkeitsrechts – zumeist Tatbestand und Rechtswidrigkeit gemeinsam geprüft.
176 Siehe Rdnr. 87 f.
177 BGHZ 138, 311 ff.

Anspruchsgrundlage könnten **§§ 823 Abs. 1, 1004 Abs. 1 S. 2** analog im Hinblick auf eine Verletzung des eingerichteten und ausgeübten Gewerbebetriebs sein. Da es sich beim Recht am Gewerbebetrieb um einen Auffangtatbestand handelt, ist er lediglich subsidiär. Im vorliegenden Fall könnte ein Schutz durch § 824 oder § 823 Abs. 2 iVm. § 186 StGB in Betracht kommen. Da jedoch R die Unwahrheit der beabsichtigten Berichterstattung nicht geltend macht, scheiden diese Anspruchsgrundlagen aus. Damit sind die §§ 823 Abs. 1, 1004 Abs. 1 analog **anwendbar**.

Fraglich ist, ob hier eine rechtswidrige Verletzung des Rechts am eingerichteten und ausgeübten Gewerbebetrieb vorliegt. Bei R handelt es sich um einen **Gewerbebetrieb**, da sich sein Unternehmen durch die Merkmale Selbständigkeit, Entgeltlichkeit, Nachhaltigkeit und Auftreten nach außen auszeichnet. Es müsste des Weiteren ein **betriebsbezogener Eingriff** vorliegen. Die Frage ist, ob die Hotelanlage infolge des Belegungsrechts zu den sachlichen Betriebsmitteln und damit auch zu den Betriebsräumen des Gewerbebetriebs gehört. Der BGH lehnt dies mit der Begründung ab, dass das Belegungsrecht als solches zwar zum Gewerbebetrieb gehöre, weil es dem R in diesem Bereich die Ausübung ihrer gewerblichen Tätigkeit ermöglicht. Die Anlage selbst ist nicht in die Betriebsmittel des R einbezogen.

Aber schon die Verbreitung nicht genehmigter Filmaufnahmen könnte (ohne Rücksicht auf den Inhalt) einen Eingriff in den eingerichteten und ausgeübten Gewerbebetrieb darstellen. Der Eingriff muss sich nach seiner objektiven Stoßrichtung gegen den betrieblichen Organismus oder die unternehmerische Entscheidungsfreiheit richten. Da der Inhalt der Filmaufnahmen nicht bekannt ist, lässt sich die beabsichtigte Stoßrichtung eines etwaigen Eingriffs nicht beurteilen. Auch wenn man den Anspruch nicht auf den Inhalt der Aufnahmen stützt, sondern das Verbreiten im Hinblick auf die Umstände des Zustandekommens für unzulässig hält, ist mangels Betriebsbezogenheit ein Eingriff in den Gewerbebetrieb zu verneinen. Selbst wenn die Beschaffung der Informationen rechtswidrig gewesen wäre, wäre lediglich diese geschützt, während die Verbreitung rechtswidrig erlangter Informationen in den Schutzbereich des Art. 5 Abs. 1 GG fällt. Hierbei ist eine Güter- und Interessenabwägung vorzunehmen. Im vorliegenden Fall kommt der Informationsbeschaffung nur ein vergleichsweise geringfügiger Unrechtsgehalt zu. In die Abwägung einzubeziehen ist auch der Umstand, dass es hier nicht um inhaltlich unrichtige oder unzulässige, weil etwa schmähende Kritik geht, sowie die Tatsache, dass ein Gewerbetreibender eine der Wahrheit entsprechende Kritik an seinen Leistungen grundsätzlich hinnehmen muss. Die beabsichtigte Ausstrahlung der Filmaufnahmen stellt somit keinen Eingriff in den eingerichteten und ausgeübten Gewerbebetrieb dar. Es besteht kein Anspruch aus §§ 823 Abs. 1, 1004 Abs. 1 analog.

7. Besitz als „sonstiges Recht“?

143 Ob der Besitz als „sonstiges Recht“ i.S. des § 823 Abs. 1 geschützt ist, ist **streitig**. Besitz ist die Ausübung der tatsächlichen Sachherrschaft (§§ 854 Abs. 1, 856 Abs. 1). Anders als das Eigentum ist der Besitz ein tatsächliches Verhältnis, so dass er grundsätzlich kein „sonstiges **Recht**“ sein kann. Dennoch steht er in bestimmter Hinsicht unter dem besonderen Schutz der Rechtsordnung. Die h.M. sieht den Besitz deshalb als „sonstiges Recht“ i.S. des § 823 Abs. 1 an, soweit er wie ein ausschließliches Recht gegenüber jedermann geschützt ist und dem Besitzer eine „eigentumsähnliche“ Stellung gibt. Nach ganz h.M. wird das beim **rechtmäßigen Besitzer** angenommen.

Das soll **Fall 22**[178] verdeutlichen: A nimmt an einer Protestdemonstration teil, die zu einer zweitägigen Blockade des Einsatzes von Baumaschinen, die Bauunternehmer B gemietet hat, führt. B verlangt Schadensersatz von A. Zu Recht? **144**

B könnte gegen A einen Anspruch aus § 823 Abs. 1 haben. Voraussetzung ist zunächst eine Rechts(gut)verletzung. Hier könnte der **Besitz** als „sonstiges Recht“ verletzt sein. Ein Eingriff in den berechtigten Besitz des B kann in der zweitägigen Blockade des Einsatzes von Baumaschinen durch A liegen. Eine solche ist von der zeitlichen Dauer her hinreichend und stellt nicht nur eine irrelevante kurzfristige Störung dar[179]. Die Rechtsgutverletzung ist auch rechtswidrig. Zwar kann die Blockade nicht als „Gewalt“ i.S. des § 240 Abs. 1 StGB (Nötigung) angesehen werden, da A durch seinen bloßen Aufenthalt im Einsatzbereich der Fahrzeuge nur durch psychische Einwirkung auf die Arbeiter die Inbetriebnahme der Maschinen verhinderte, aber die Rechtswidrigkeit ist nicht durch Art. 8 GG (Versammlungsfreiheit) ausgeschlossen. Denn für eine zielgerichtete Anwendung unmittelbaren Zwangs gegenüber dem Rechtsgut eines Dritten kann sich A nicht auf das Grundrecht der Versammlungsfreiheit berufen. Zulässig wäre allein ein Kampf der Meinungen mit geistigen Mitteln[180]. Damit ist der Besitz als „sonstiges Recht“ i.S. des § 823 Abs. 1 verletzt.

Es könnte auch ein Schadensersatzanspruch aus § 823 Abs. 1 aufgrund der Verletzung des **eingerichteten und ausgeübten Gewerbebetriebs** vorliegen. Da aber bereits eine Besitzverletzung gegeben ist, muss eine Verletzung des eingerichteten und ausgeübten Gewerbebetriebs insoweit als subsidiär ausscheiden.

Auch der berechtigte **Mitbesitz** stellt ein sonstiges Recht i.S. des § 823 Abs. 1 dar[181]. Das **145**
gilt sowohl im Verhältnis zwischen Mitbesitzer und Drittem als auch im Verhältnis der Mitbesitzer untereinander. § 866 beschränkt zwar den besitzrechtsunabhängigen (possessorischen) Besitzschutz nach §§ 861, 862. Hieraus kann aber nicht gefolgert werden, dass bei Besitzstörung von Mitbesitzern untereinander auch der deliktische Schutz nach § 823 Abs. 1 ausgeschlossen sein soll. Nach dem Zweck des § 866 soll nämlich lediglich vermieden werden, dass im possessorischen Prozess auf das petitorische Verhältnis der Mitbesitzer untereinander zurückgegriffen werden muss. Insoweit wird durch § 866 der Besonderheit der Besitzschutzansprüche nach §§ 861 f. Rechnung getragen, die die Besitzentziehung bzw. -störung als etwas rein Tatsächliches verstehen, damit ein schneller und effektiver (dafür aber auch nur vorläufiger) Besitzschutz gewährleistet werden kann. Ein solcher Rückgriff auf das dem Mitbesitz zugrunde liegende Rechtsverhältnis ist im Rahmen des § 823 Abs. 1 – der im Gegensatz zu §§ 861 f. die Besitzlage endgültig regelt – ohnehin unausweichlich. Damit lässt sich der von § 866 verfolgte Regelungszweck nicht auf den deliktischen Besitzschutz nach § 823 Abs. 1 ausdehnen. Vielmehr werden

178 BGH NJW 1998, 377, 380.
179 Siehe oben Rdnr. 117.
180 BGHZ 59, 30, 35 f.
181 *Medicus/Petersen*, BR, Rdnr. 608; BGHZ 62, 243, 248.

die im petitorischen Verhältnis regelmäßig bestehenden Lücken des Besitzschutzes (vgl. auch §§ 741 ff.) von § 823 Abs. 1 geschlossen[182]. Die §§ 823 ff. können damit uneingeschränkt auch gegenüber Mitbesitzern angewendet werden, ohne dass diese Ansprüche durch § 866 relativiert werden.

146 Die **Rechtsprechung** sieht auch den **mittelbaren Besitz** als „sonstiges Recht" i.S. des § 823 Abs. 1, da der mittelbare Besitz nach §§ 868, 869 dem unmittelbaren Besitz gleichgestellt ist[183]. Entsprechend stehen dem mittelbaren Besitzer die in §§ 861 f. geregelten Besitzschutzansprüche zu, allerdings mit einer Ausnahme: Die Besitzschutzansprüche stehen dem mittelbaren Besitzer nach §§ 861 Abs. 1, 862 Abs. 1 nicht im Verhältnis zum unmittelbaren Besitzer zu. Ein ausschließliches Recht besteht also nur im umgekehrten Verhältnis des unmittelbaren gegen den mittelbaren Besitzer. Insoweit ist der mittelbare Besitzer nur im Rahmen des schuldrechtlichen Besitzmittlungsverhältnisses geschützt.

147 Schwierigkeiten bereitet in der **Klausur** vor allem die Frage, ob der Schutz auch auf den **unberechtigten, unmittelbaren Besitzer** ausgedehnt werden kann. Wenn diesem Besitz ebenfalls die Nutzungs- und Ausschlussfunktion zukommt, wird dies teilweise bejaht[184]. Eine Nutzungsbefugnis habe nicht nur der rechtmäßige, sondern ggf. auch der unrechtmäßige Besitzer, wenn er redlich bzw. unverklagt ist und die Nutzungen entgeltlich vor Rechtshängigkeit zieht. In diesem Fall darf er nämlich gemäß §§ 987, 988, 990, 993 Abs. 1 die Nutzungen im Verhältnis zum Eigentümer behalten[185]. Andere erreichen dasselbe Ergebnis über die Annahme, dass das Recht auf Besitz – anders als bloße Forderungen[186] – Deliktsschutz genieße, d.h. das Schutzobjekt wird nicht im Besitz selbst, sondern im obligatorischen Recht zum Besitz gesehen[187].

148 Wird in der **Klausur** der Besitz als „sonstiges Recht" i.S. des § 823 Abs. 1 nach Darstellung der wesentlichen Gedanken bejaht, so ist im Hinblick auf die Rechtsfolge zu beachten, dass – anders als beim Eigentum – beim Besitz die **Berechnung des Schadens** häufig schwierig ist. Besteht eine entgeltliche Nutzungsberechtigung (z.B. Miete), ist die Schadensberechnung einfach. Der bloße Besitz gibt aber keine verlässliche Grundlage zur Berechnung des Schadens. Gesichert ist nur, dass er stets weniger wert ist als das Eigentum.

8. Weitere Ausformungen des „sonstigen Rechts"[188]

149 Da unter den Begriff „sonstiges Recht" i.S. des § 823 Abs. 1 nur solche Rechte fallen, die wie das Eigentum absoluten Charakter haben, ist die Zahl der „sonstigen Rechte" begrenzt. Neben den bereits genannten „sonstigen Rechten" des allgemeinen Persönlichkeitsrechts, des Rechts am eingerichteten und ausgeübten Gewerbebetrieb und eingeschränkt auch des Besitzes, kommen noch **beschränkte dingliche Rechte** wie z.B. Pfandrechte, Anwartschaftsrechte, Hypotheken und Grundschulden in Betracht. Wie Ei-

---

182 BGHZ 62, 243, 250.
183 BGHZ 32, 194, 204 f.
184 *Medicus/Petersen*, BR, Rdnr. 607.
185 Zweifelnd BGHZ 79, 232, 238; nur auf den rechtmäßigen Besitzer abstellend *Wieser*, JuS 1970, 557 f.; *ders.*, NJW 1971, 597, 598 f.; *Honsell*, JZ 1983, 531, 532.
186 Siehe Rdnr. 151.
187 *Larenz/Canaris*, § 76 II 4 f.
188 **Übungsfall** z.B. bei *Bernhard*, JURA 2010, 62 ff.; *Büchner*, JURA 2004, 406 ff.

gentum geschützt ist auch die sog. dingliche Anwartschaft des Vorbehaltsverkäufers (§ 448). Außerdem sind die absolut geschützten Immaterialgüterrechte (Urheber-, Patent- und sonstige gewerbliche Schutzrechte) umfasst. Hier sind aber die Schadensersatzansprüche regelmäßig spezialgesetzlich geregelt (§§ 97 UrhG, 139 PatG, 24 GebrMG), so dass § 823 Abs. 1 nur ergänzende Funktion hat. „Sonstiges Recht“ sind auch Mitgliedschaftsrechte, d.h. Geschäftsanteile an einer GmbH, Aktien sowie Mitgliedschaftsrechte an einem eingetragenen Verein[189].

Im Hinblick auf die **Ehe** genießt nach der Rechtsprechung nur deren räumlich-gegenständlicher Bereich Schutz i.S. des § 823 Abs. 1, so dass der Ehegatte jedenfalls einen Anspruch aus §§ 1004 Abs. 1 analog, 823 Abs. 1 (quasi-negatorischer Unterlassungsanspruch) gegen den untreuen Ehegatten und dessen Geliebte(n) hat[190]. Ob gegen den untreuen Ehegatten und den Dritten ein Schadensersatzanspruch wegen Ehebruchs besteht, ist **umstritten**. Die Rechtsprechung lehnt einen Anspruch aus § 823 Abs. 1 wegen Verletzung der bei Eingehung der Ehe begründeten Pflichten als „sonstiges Recht“ ab[191]. In extremen Fällen soll ein Anspruch aus § 826 möglich sein[192]. Auch das elterliche Sorgerecht ist als absolutes Recht i.S. des § 823 Abs. 1 anerkannt. Dies soll sich aus § 1632 ergeben, nach dem der Sorgeberechtigte von jedem die Herausgabe des Kindes verlangen kann[193].

Kein sonstiges Recht i.S. des § 823 Abs. 1 ist dagegen nach ganz h.M. das **Vermögen**[194] **150**
als die Summe aller geldwerten Güter. Der Gesetzgeber hat bei der Schaffung des BGB gerade keine große deliktische Generalklausel geschaffen, nach der jeder Vermögensschaden ersatzfähig wäre. Derjenige, der sich schuldhaft verhalten hat, wäre, wenn das Vermögen als solches über § 823 Abs. 1 geschützt würde, dann im Zweifel uferlosen Schadensersatzansprüchen ausgesetzt. Würde beispielsweise ein Sänger, der ein großes Konzert geben soll, bei einem Verkehrsunfall verletzt, müsste der Schädiger auch etwa die Einnahmeausfälle ersetzen, die den Verkehrsbetrieben oder dem Würstchenverkäufer entstanden sind, weil das Konzert ausfallen musste. Daher hat der Gesetzgeber den deliktischen Schutz auf die zentralen Lebensgüter und absoluten Rechte wie das Eigentum begrenzt.

Auch wenn das Vermögen kein „sonstiges Recht“ darstellt, wird es ausnahmsweise über § 823 Abs. 1 im Zusammenhang mit dem sog. Recht am eingerichteten und ausgeübten Gewerbebetrieb doch, allerdings unter engen Voraussetzungen, geschützt. Ein deliktischer Schutz des Vermögens findet auch im Rahmen des § 826 statt. Nicht verwechselt werden darf die Tatsache, dass das Vermögen kein „sonstiges Recht“ i.S. des § 823 Abs. 1 ist, mit der Tatsache, dass auf der Rechtsfolgenseite grundsätzlich nur Vermögensschäden

---

189 Vgl. BGHZ 110, 323 ff., wo satzungswidrig die Yacht eines Vereinsmitglieds nicht als zu einer bestimmten Bootsklasse gehörig anerkannt wurde. Das trifft laut BGH die Mitgliedschaft dieses Mitglieds im Verein im Kern, so dass eine Verletzung eines „sonstigen Rechts“ i.S. des § 823 Abs. 1 bejaht wurde; siehe auch *Peifer*, § 3 Rdnr. 43.

190 BGHZ 6, 360 ff.; BGHZ 34, 80, 85 ff.; a.A. *Medicus/Petersen*, BR, Rdnr. 619, wonach die Ehe keine eigentumsähnliche Position und somit kein sonstiges Recht darstellt. Anerkannt wird aber, dass die Verbindung der Ehegatten zu geschlechtlicher Treue durch § 823 Abs. 1 geschützt ist.

191 BGH NJW 1990, 706, 707 m.w.N.; *Looschelders*, Rdnr. 1221; a.A. *Brox/Walker*, § 45 Rdnr. 27; *Medicus/Petersen*, BR, Rdnr. 619 (z.B. Ersatz von Scheidungskosten, Vaterschaftsanfechtung).

192 BGH NJW 1990, 367, 369.

193 BGHZ 111, 168, 172 f.; siehe auch PWW/*Schaub*, § 823 Rdnr. 72.

194 Siehe nur etwa BGHZ 86, 152, 155; BGH NJW 1980, 1581, 1582; *Kupisch/Krüger*, S. 20 f.

als materielle Schäden ersetzt werden (§§ 249 ff.) und immaterielle Schäden als Nichtvermögensschäden (Schmerzensgeld) nur in bestimmten Fällen (§ 253).

151 **Streitig** ist, ob **Forderungen** nach § 823 Abs. 1 geschützt sind[195]. Eine Forderung kann dadurch „verletzt“ werden, dass der Schuldner an den Scheingläubiger aufgrund unberechtigter, aber wirksamer Leistungsannahme mit befreiender Wirkung leistet (§§ 407 f., 893, 2367) oder auch dadurch, dass die Erfüllung eines Anspruchs (nachträglich) unmöglich gemacht wird. Die **h.M.** lehnt einen Schutz nach § 823 Abs. 1 ab, da Forderungen nicht als ausschließliche absolute Rechte von jedem zu beachten sind, sondern lediglich bestimmte Personen verpflichten[196]. Den Forderungen fehle, da sie lediglich ein relatives Recht darstellen, eine eigentumsähnliche (absolute) Rechtsqualität, die für ein „sonstiges Recht“ i.S. des § 823 Abs. 1 erforderlich ist. Die **Mindermeinung**[197], die dem (eigentlichen) Forderungsinhaber einen deliktischen Anspruch gegen den Schädiger geben will, führt zu erheblichen Abgrenzungsproblemen. So muss sie klären, ob auch der nach §§ 407 ff. leistende Schuldner nach § 823 Abs. 1 schadensersatzpflichtig ist. Da nach § 407 eine schuldnerbefreiende Leistung möglich ist, kann nicht schon bei leichter Fahrlässigkeit eine Schadensersatzpflicht nach § 823 Abs. 1 eintreten, da so der Schutz des § 407 ausgehebelt würde.

II. Dem Anspruchsgegner zurechenbares Verhalten[198]

152 Die Schadensersatzpflicht aus § 823 Abs. 1 trifft den Schädiger als Anspruchsgegner, wenn ihm die Rechtsgutverletzung zugerechnet werden kann („wer … verletzt“). Es muss eine Verletzungshandlung vorliegen, die für die Rechtsgutverletzung **kausal** geworden ist (**haftungsbegründende Kausalität**).

In diesem Zusammenhang spielen auch die sog. **Verkehrspflichten** eine Rolle. Viele Schädigungen ereignen sich nicht durch einen aktiven Eingriff (Tun), sondern durch Unterlassen, oder sie geschehen nicht direkt, sondern durch eine mittelbare Schädigung. Sowohl beim „Unterlassen“ als auch bei der „mittelbaren Schädigung“ sind zur Bestimmung der Verantwortlichkeit des Schädigers die von der Rechtsprechung entwickelten Verkehrspflichten (früher häufig „Verkehrssicherungspflichten“ genannt) erforderlich.

1. Handlung

153 Die Erfüllung des Tatbestands des § 823 Abs. 1 setzt eine menschliche Handlung voraus. **Handlung** ist ein menschliches Tun, das der Bewusstseinskontrolle und Willenslenkung unterliegt und daher beherrschbar ist[199].

195 Siehe *Petersen*, Examens-Repetitorium Allgemeines Schuldrecht, 7. Aufl. 2015, Rdnr. 3 ff. (mit einem entsprechenden Fall samt Lösung); *Peifer*, § 3 Rdnr. 39 f.

196 *Fikentscher/Heinemann*, Schuldrecht, 10. Aufl. 2006, Rdnr. 1557 f. m.w.N.; *Medicus/Petersen*, BR, Rdnr. 610.

197 *Larenz/Canaris*, § 76 II 4 g.

198 Siehe *Mohr*, JURA 2010, 567 ff.; *Musielak*, JA 2013, 241 ff.

199 BGHZ 39, 103, 106.

Eine Handlung liegt dagegen **nicht** bei körperlichen Bewegungen vor, die unter physischem Zwang ausgeführt oder als unwillkürlicher Reflex durch fremde Einwirkung ausgelöst werden. Ein zurechenbares Handeln fehlt damit bei Reflexbewegungen, bei Bewegungen während einer Bewusstlosigkeit und bei vis absoluta. Dagegen sind sog. Kurzschlusshandlungen oder Schreckreaktionen Handlungen im Rechtssinne. Ist jedoch eine nicht vom Willen gesteuerte Reaktion durch willentliches Verhalten ausgelöst worden, so ist ein tatbestandsmäßiges Handeln gegeben. Eine Handlung liegt also auch dann vor, wenn jemand, der zu plötzlich auftretenden epileptischen Anfällen neigt, trotzdem Auto fährt und aufgrund eines Anfalls einen Unfall verursacht.

Handeln kann sowohl positives **Tun** als auch **Unterlassen** sein. Bei der Abgrenzung wird **154** teilweise in Anlehnung an das Strafrecht darauf abgestellt, wo nach dem sozialen Sinngehalt der **Schwerpunkt der Vorwerfbarkeit** liegt[200]. Die h.M. stellt dagegen auf die **Gefahrerhöhung** durch den Täter ab: Jemand, der sich dem fremden Rechtsgut gefährlich nähert, handelt, jemand, der ohne die Gefahr durch sein Tun zu erhöhen, die Gefahr nicht abwendet, unterlässt[201]. Diese Abgrenzung ist deshalb von Bedeutung, weil das Unterlassen einer Handlung nur dann rechtserheblich ist, wenn dem Geschädigten gegenüber eine Pflicht zum Handeln (Erfolgsabwendungspflicht) besteht[202].

Dass die **Abgrenzung zwischen Tun und Unterlassen** nicht immer leicht ist, zeigt **Fall 23**: **155** Bauunternehmer B errichtet auf einem ihm gehörenden Grundstück einen Neubau, der spätestens nach Fertigstellung verkauft werden soll. Im Verlauf der Bauarbeiten versäumt B es, eine Öffnung abzudecken. Tags darauf besichtigt G, der sich für den Erwerb interessiert, den Rohbau, fällt durch die Öffnung und wird schwer verletzt. G verlangt von B Schadensersatz. Zu Recht?

G könnte gegen B einen Anspruch aus § 823 Abs. 1 haben. Eine Rechtsgutverletzung liegt in der Körperverletzung des G. Fraglich ist, ob B den G durch aktives Tun verletzt hat oder ob ihm ein Unterlassen zur Last gelegt werden kann. Früher wurden Fälle wie diese zumeist als Schädigung durch **Unterlassen** angesehen, da B es unterlassen hat, die Öffnung abzudecken. Das ist insofern ungenau, als B zunächst auch gehandelt hat: Er hat gebaut und erst durch dieses Tun hat sich das Bedürfnis nach einer Sicherung der betreffenden Stelle und damit auch eine mögliche Pflichtverletzung des B ergeben. Inzwischen wird hier überwiegend auf den Begriff der **mittelbaren Verletzung** abgestellt[203]. Für eine solche mittelbare Verletzung ist ausschlaggebend, dass der Verletzungserfolg außerhalb des Handlungsablaufs liegt. Im konkreten Fall könnte man argumentieren, dass der Sturz durch die Öffnung außerhalb der Errichtung des Neubaus liegt. Unabhängig davon, ob man hier nun ein Unterlassen oder eine mittelbare Verletzung prüfen will, wird man auf die Verletzung einer **Verkehrspflicht** abstellen müssen, so dass eine Unterscheidung ohne praktische Auswirkungen bleibt.

200 *Buchner/Roth*, Schuldrecht III, 2. Aufl. 1984, S. 8.
201 *Deutsch/Ahrens*, Rdnr. 40; Staudinger/*Hager*, § 823 Rdnr. H 6.
202 Siehe näher Rdnr. 169.
203 *Larenz/Canaris*, § 76 III 1c.

2. Kausalität bei positivem Tun

156 Zwischen der Verletzungshandlung und der Rechtsgutverletzung muss ein Ursachenzusammenhang bestehen (**haftungsbegründende Kausalität**). Nach heute h.M. ist dieser in drei Stufen zu prüfen: der Äquivalenz, der Adäquanz und des Schutzzwecks der Norm.

a) Äquivalenz

157 In einem ersten Schritt wird auf die – auch im Strafrecht geltende – **Äquivalenztheorie** (Conditio sine qua non-Formel) zurückgegriffen. Die äquivalente Verursachung stellt den „ersten Kausalitätsfilter" dar. Hiernach gilt: Ein positives Tun ist ursächlich, wenn es nicht hinweggedacht werden kann, ohne dass der konkrete Erfolg entfiele.

Wirken zwei oder mehrere Verursacher zusammen, die gemeinsam einen Erfolg verwirklichen (**Gesamtkausalität**), gilt Folgendes: Bei einer Mehrheit von ineinandergreifenden Ursachen, die nur durch ihr Zusammenwirken den Erfolg herbeiführen, ist jeder der Beteiligten für den ganzen Erfolg Urheber. Klassische Beispiele hierfür sind Schlägereien, bei denen die Schläge von A und B zusammen den Tod des C herbeigeführt haben oder Giftstoffeinleitungen in Gewässer, bei denen erst die Einleitung durch A und B zusammen die für die Fische tödliche Konzentration ergeben. Davon zu unterscheiden sind die Fälle der **Doppelkausalität**, bei denen schon allein die Schläge von A oder von B für den Tod des C ausgereicht hätten oder bereits die von A oder B allein in den Fluss eingeleitete Giftkonzentration für das Fischsterben ausgereicht hätte. Hier gilt nach der Äquivalenztheorie: Von mehreren Bedingungen, die zwar jede für sich, nicht aber insgesamt hinweggedacht werden können, ohne dass der Erfolg entfiele, ist jede für den Erfolg ursächlich[204].

b) Adäquanz

158 Allein die Feststellung äquivalenter Kausalität kann für die Zurechnung des Erfolgs nicht ausreichend sein. Durch die rein naturwissenschaftliche Ausrichtung dieser Theorie werden auch solche Verhaltensweisen einbezogen, die nur einen sehr entfernten Bezug zur Rechtsgutverletzung aufweisen. Ein juristisches Korrektiv, um Schadensfolgen von der Zurechnung auszuschließen, die einem völlig unwahrscheinlichen Kausalverlauf entspringen, und allein die einigermaßen naheliegenden („adäquaten") Folgen zu umfassen, ist die **Adäquanztheorie**.

➔ **Adäquat kausal** ist nach h.M. jeder Umstand, der aufgrund einer objektiven nachträglichen Prognose vom Standpunkt des optimalen Beobachters und nach den dem Handelnden bekannten Umständen generell geeignet ist, einen solchen Erfolg allein oder im Zusammenwirken mit anderen Umständen herbeizuführen[205].

Kausalität i.S. der Adäquanztheorie ist auch dann zu bejahen, wenn sie nur über eine Kette von zwischengeschalteten Ereignissen hergestellt wird. So z.B. bei Verderb von Sachen durch Beschädigung der Stromleitung und Unterbrechung der Stromzufuhr oder bei

204 Erman/*Ebert*, Vor §§ 249–253 Rdnr. 40 (konkurrierende Kausalität); PWW/*Schaub*, § 823 Rdnr. 7.
205 BGHZ 3, 261, 267 („Schleusenverklemmung"); BGH NJW 1991, 1109, 1110; BGH MDR 1995, 268; BGH NJW 2002, 2232, 2233.

Tod des Verletzten durch Infektion im Krankenhaus[206]. Adäquate Verursachung fehlt jedoch, wenn der Erfolg nur infolge des **ungewöhnlichen Zusammenwirkens** mehrerer Kausalketten verursacht worden ist[207].

Mit der Adäquanztheorie sollen bestimmte ganz ungewöhnliche, einmalige und deshalb sinnvollerweise nicht vorhersehbare Kausalzusammenhänge aus der rechtlichen Betrachtung ausgeklammert werden. Da sie nur **unvorhersehbare** Kausalzusammenhänge ausscheidet, genügt es für die Bejahung der Kausalität schon, wenn durch das Verhalten des Schädigers lediglich eine gesteigerte Gefahrenlage geschaffen wurde, die generell geeignet ist, Schädigungen der eingetretenen Art herbeizuführen. In der **Klausur** wird es häufig ausreichen, knapp festzustellen, es liege nicht außerhalb der Wahrscheinlichkeit, dass die konkrete Handlung den Verletzungserfolg herbeigeführt hat. **159**

Nach allgemeiner Meinung reicht bei Vorsatz des Täters die Äquivalenztheorie zur Bejahung einer Zurechenbarkeit aus. Begründen lässt sich das damit, dass für gewollte Folgen keine Einschränkung der Zurechnung zu erfolgen braucht, selbst wenn der Erfolgseintritt noch so unwahrscheinlich gewesen ist[208]. **Umstritten** sind die Fälle der **fahrlässigen** Erfolgsherbeiführung. Die h.M. sieht als ursächlich nur eine adäquate Bedingung an[209]. Andere wollen die Adäquanztheorie lediglich auf der Rechtsfolgenseite bei der haftungsausfüllenden Kausalität eine Bedeutung zuerkennen[210]. Andere lehnen die Adäquanztheorie als Mittel der Haftungsbeschränkung generell ab. Sie müsse aufgegeben und stattdessen allein auf den „Schutzzweck der Norm" abgestellt werden[211]. **Kritisiert** wird die Adäquanzformel insbesondere im Hinblick auf die Wahrscheinlichkeitsbetrachtung und das Abstellen auf den „optimalen" Beobachter. Ein solcher sei nahezu allwissend, so dass ein tatsächlicher Geschehensablauf, möge er noch so ungewöhnlich sein, immer voraussehbar sei[212]. Richtig daran ist, dass die Frage, ob ein Verhalten des Schädigers adäquat kausal zu einer Rechtsgutverletzung geführt hat, in der Rechtsprechung nur ganz selten verneint wird. **160**

Die einschränkende Bedeutung der Adäquanztheorie wird etwa bei **Fall 24** deutlich: A wird in einen von B verschuldeten Unfall verwickelt, bei dem er eine Stunde aufgehalten wird. Schließlich kann er weiterfahren und wird unverschuldet in einen anderen Unfall verwickelt, bei dem das Fahrzeug beschädigt und er selbst schwer verletzt wird. A verlangt von B Schadensersatz aus § 823 Abs. 1. Zu Recht? **161**

Eine für § 823 Abs. 1 erforderliche Rechts(gut)verletzung liegt vor, da sowohl das Eigentum des A als auch dessen Körper bzw. Gesundheit verletzt sind. Fraglich ist aber, ob dies durch ein dem B zurechenbares Handeln geschehen ist. Der erste Unfall ist äquivalente

206 RGZ 105, 264, 265 f.
207 BGHZ 3, 261, 265 ff. („Schleusenverklemmung").
208 BGH NJW 1981, 983.
209 BGHZ 7, 198, 204; BGHZ 57, 137, 141; BGH MDR 1995, 268; *Kupisch/Krüger*, S. 16 f., 52; Palandt/*Grüneberg*, Vorb v § 249 Rdnr. 69.
210 So z.B. *Deutsch*, JZ 1967, 641; *Huber*, JZ 1969, 677, 680.
211 So z.B. *Esser/Schmidt*, Schuldrecht Band 1: Allgemeiner Teil, Teilband 2, 8. Aufl. 2000, § 33 II; MünchKomm/*Oetker*, § 249 Rdnr. 116 ff.
212 *Larenz*, § 27 III b 1.

Ursache dafür, dass A in den zweiten Unfall verwickelt wurde. Der erste Unfall war indes nicht adäquat kausal für den zweiten. Eine zeitliche Verzögerung erhöht die Wahrscheinlichkeit weiterer Unfälle nicht generell. Selbst ein optimaler Beobachter konnte beim ersten Unfall nicht voraussehen, dass A durch seinen Aufenthalt am Unfallort in einen zweiten Unfall verwickelt werden würde. Damit ist der Tatbestand des § 823 Abs. 1 nicht gegeben.

c) Schutzzweck der Norm

162 Die Wahrscheinlichkeitsbetrachtung und das Abstellen auf einen optimalen Beobachter bei der Adäquanz führt nicht in allen Fällen zu einer ausreichenden Begrenzung zurechenbarer Folgen. Die h.M. ergänzt daher die Adäquanztheorie durch eine **weitere Wertungsebene**, indem sie die Lehre vom Schutzzweck der Norm heranzieht[213]. Danach erfolgt eine Zurechnung der Rechtsgutverletzung nur dann, wenn der konkret eingetretene Verletzungserfolg in den Schutzbereich der verletzten Norm fällt. Dabei ist der Schutzbereich einer Norm in persönlicher und sachlicher Hinsicht beschränkt. Es ist zu fragen, ob die verletzte Norm eine Person wie den Verletzten **(persönlicher Schutzbereich)** vor einer Verletzung wie der erlittenen **(sachlicher Schutzbereich)** schützen will. Die Schutzwirkung darf sich insoweit nicht nur als bloßer Reflex einer ganz anderen (persönlichen oder sachlichen) Schutzrichtung darstellen. Entscheidend ist, ob die vom Schädiger verletzte Norm gerade die Verhinderung des eingetretenen Verletzungserfolgs bzw. des weiteren Schadens erfasst. Soweit die konkrete Rechtsgutverletzung innerhalb des persönlichen und sachlichen Schutzbereichs der verletzten Norm liegt, kann der Verletzte sämtliche adäquat kausalen Schäden ersetzt verlangen.

163 Mit Hilfe der Schutzzwecklehre können solche Rechtsgutverletzungen ausgeschieden werden, die sich als bloße Verwirklichung des allgemeinen Lebensrisikos darstellen, denn sie sind vom Schutzzweck des § 823 Abs. 1 nicht erfasst. Eine **Eingrenzung** der Zurechnung über den Schutzzweck der Norm erfolgt vor allem in **drei Fällen** von mittelbaren Verletzungsfolgeschäden: bei allgemein mittelbar schädigenden Handlungen, bei den sog. Schockschadensfällen und sog. Herausforderer-, Verfolgungs- bzw. Nothilfefällen[214].

aa) Mittelbar schädigende Handlung

164 Eine nur mittelbar schädigende Handlung liegt vor, wenn der durch die Handlung äquivalent und adäquat kausal verursachte Verletzungserfolg erst nach einigen Zwischenursachen eingetreten ist. Das ist z.B. der Fall, wenn jemand ein gefährliches Produkt in den Verkehr bringt und sich die Gefahr später unter Mitwirkung weiterer Ursachen schädigend auswirkt. Das Vorverhalten kann einen haftungsrechtlichen Zusammenhang mit dem eingetretenen Schaden haben, muss es aber nicht. Aufgrund der Entfernung von schädigender Handlung und Verletzungserfolg erfordert eine Zurechnung eine besondere (normative) Begründung im Rahmen des Schutzzwecks der Norm. Wird der Verletzungserfolg mittelbar durch eine (fahrlässig) schädigende Handlung verursacht, findet eine Zu-

213 Teilweise auch „Rechtswidrigkeitszusammenhang" bzw. „Gefahrbereichs- oder Risikoverteilung" genannt, vgl. *Larenz*, § 27 III b 2; *Kupisch/Krüger*, S. 52.
214 Vgl. *Mohr*, JURA 2010, 567 ff.

rechnung nur statt, wenn der Schädiger die Rechtsgutverletzung adäquat kausal herbeigeführt hat und sein Verhalten vom (persönlichen und sachlichen) Schutzbereich einer deliktischen Sorgfaltspflicht im Allgemeinen oder einer Verkehrspflicht im Besonderen[215] umfasst ist.

Das verdeutlicht **Fall 25**[216]: A hat durch Verletzung der Vorfahrt des G einen Verkehrsunfall verschuldet (§ 8 StVO). Vor der Polizei versucht er den schuldlosen Geschädigten G als den wahren Schuldigen hinzustellen. Dabei erregt sich der an Bluthochdruck leidende G so sehr, dass er unmittelbar nach dem Unfall einen Schlaganfall erleidet. Fortan ist er arbeitsunfähig. G verlangt von A Schadensersatz aus § 823 Abs. 1. Zu Recht? **165**

Eine Rechtsgutverletzung i.S. des § 823 Abs. 1 liegt mit der Gesundheitsverletzung des G vor. Diese müsste A zurechenbar herbeigeführt haben. Als entsprechendes Verhalten des A kommt die Verursachung des Unfalls in Betracht. Diese Handlung müsste **äquivalent** kausal für den Schlaganfall des G sein. Das Herbeiführen des Unfalls kann nicht hinweggedacht werden, ohne dass die falsche Unfalldarstellung gegenüber der Polizei und damit der Schlaganfall des G entfiele. A hat zwar durch die Behauptung vor der Polizei nicht unmittelbar physisch auf G eingewirkt, ein Kausalzusammenhang i.S. der Äquivalenztheorie kann aber auch psychisch vermittelt werden[217]. Somit ist das Herbeiführen des Verkehrsunfalls äquivalent kausal für die Gesundheitsverletzung des G.

Dieses Verhalten müsste auch **adäquat** kausal für den Schlaganfall des G sein. Die adäquate Kausalität zwischen Verletzungshandlung und -erfolg ist nicht schon deshalb unterbrochen, weil die erlittene Verletzung auf einer besonderen Anfälligkeit des Betroffenen beruht[218]. Insofern kann sich A nicht darauf berufen, dass der Schlaganfall im Wesentlichen auf der Erkrankung des G beruht und bei einem gesunden Menschen nicht ausgelöst worden wäre. Der Schädiger kann grundsätzlich nicht verlangen, so behandelt zu werden, als sei er auf einen Gesunden gestoßen. Ausnahmen können sich nach Ansicht des BGH nur in Extremfällen ergeben, d.h. wenn es sich um ganz außergewöhnliche, schlechterdings nicht zu erwartende Kausalverläufe handelt[219].

Fraglich ist, ob die Gesundheitsverletzung des G dem A unter wertenden Gesichtspunkten noch zugerechnet werden kann oder ob das deshalb zu verneinen ist, weil die Haftung sonst übermäßig ausgedehnt würde. An diesem Punkt setzt die Lehre vom **Schutzzweck der Norm** an. Diese stellt darauf ab, ob sich im Verletzungserfolg eine Gefahr realisiert hat, welche die verletzte Norm gerade verhüten wollte. A müsste also durch das Herbeiführen des Verkehrsunfalls eine durch § 823 Abs. 1 missbilligte Gefahr geschaffen haben. Diese müsste sich in der Gesundheitsverletzung des G verwirklicht haben. Eine rechtlich missbilligte Gefahr liegt im Vorfahrtsverstoß des A. Ebenso wie § 823 Abs. 1 dient auch § 8 StVO grundsätzlich dem Schutz der körperlichen Integrität. Dementsprechend ist hier auf den Schutzzweck des § 8 StVO (Sicherheit und Leichtigkeit des Straßenverkehrs) abzustellen. Dieser soll nach Ansicht des BGH aber nur die Risiken mindern, die unmittel-

---

215 Zu den Verkehrspflichten siehe auch Rdnr. 169a ff.
216 **BGHZ 107, 359 ff.**
217 BGHZ 132, 341, 344.
218 BGH NJW 1996, 2425, 2426.
219 BGH NJW 1996, 2425, 2426.

bar mit einem Unfall einhergehen. Dazu können auch erst im Anschluss an den Verkehrsunfall (z.B. bei der Bergung oder bei der Unfallaufnahme) erlittene Verletzungen gehören. Das setzt jedoch voraus, dass sich hierin die Gefahren des Straßenverkehrs verwirklichen[220].

Eine falsche Unfalldarstellung steht indes in keinem inneren Zusammenhang mit der Sicherheit und Leichtigkeit des Straßenverkehrs und ist daher nicht mehr vom Schutzbereich des § 8 StVO umfasst[221]. Erst die Behauptung des A, G habe den Unfall verursacht, hat die Gefahr für die spätere Gesundheitsverletzung geschaffen. Ein Schutzzweckzusammenhang zwischen dem Herbeiführen des Verkehrsunfalls und dem Schlaganfall des G ist zu verneinen. A hat die Gesundheitsverletzung des A nicht zurechenbar verursacht. Es gehört zum allgemeinen Lebensrisiko, dass Unfallbeteiligte versuchen, das Verschulden am Unfall der anderen Seite zuzuschieben. G hat keinen Anspruch gegen A auf Schadensersatz aus § 823 Abs. 1[222].

bb) Schockschäden

166 Bereits bei der Behandlung der Gesundheitsverletzung wurde festgestellt, dass der BGH grundsätzlich einen Schadensersatzanspruch wegen Schockschäden bejaht, sofern diese Auswirkungen der Verletzung des Körpers oder der Gesundheit sind[223]. Allerdings wurde dieser Grundsatz eingeschränkt: Nicht alle seelischen Folgen sollen ersatzfähig sein, sondern nur solche, die sowohl in medizinischer Hinsicht als auch nach allgemeiner Verkehrsauffassung als Verletzung des Körpers oder der Gesundheit angesehen werden. Auf der Ebene der Kausalität erfolgt eine weitere **Einschränkung**.

166a Hierzu nun **Fall 26**: Der Motorradfahrer S führt verkehrswidrig und schuldhaft einen Zusammenstoß mit dem Pkw des Geschädigten G herbei. S wird dabei schwer verletzt. Der nur leicht verletzte G leistet S erste Hilfe. Aufgrund der schweren Verletzungen des S und der erlebten Gefahr des drohenden Todes des S erleidet G einen Nervenschock, der zu schweren seelischen Beeinträchtigungen führt. G verlangt von S Schadensersatz. S lehnt dies ab, da die Schäden des G auf dessen konstitutiver Schwäche beruhten. Für diese könne er nicht einzustehen haben. Kann G von S Schadensersatz verlangen?

G könnte gegen S einen Anspruch aus § 823 Abs. 1 haben. Eine Rechtsgutverletzung könnte hier in Form einer Gesundheitsverletzung vorliegen. Ein Nervenschock stellt eine (psychisch vermittelte) Gesundheitsverletzung dar, wenn die mit ihm einhergehende Beeinträchtigung erheblich ist. Die Folgewirkungen müssen nach Art und Schwere das normale Maß an Erregung, Bestürzung und Trauer überschreiten, mit dem erfahrungsgemäß in vergleichbaren Fällen zu rechnen ist. Insoweit ist die Erheblichkeitsschwelle regelmäßig überschritten, sobald der Nervenschock einen krankhaften, behandlungsbedürftigen

220 BGHZ 107, 359, 364.

221 Anders BGH NJW 2013, 1679 Rdnr. 13 für § 3 Abs. 1 S. 1, § 4 Abs. 1 S. 1 und § 1 Abs. 2 StVO bei Ausrutschen nach Auffahrunfall.

222 Ein Anspruch aus § 823 Abs. 2 iVm. § 8 StVO scheidet ebenfalls aus, da die Schäden nicht vom Schutzzweck der Norm erfasst sind. Daneben ist ein Anspruch aus §§ 7, 18 StVG zu prüfen, dazu unten Rdnr. 302 ff.; zum Verhältnis der beiden Ansprüche siehe Rdnr. 316.

223 Siehe Rdnr. 101.

Zustand hervorruft. Die Beeinträchtigung muss einen echten Krankheitswert haben[224]. Es werden gewichtige psychopathologische Ausfälle von einiger Dauer verlangt[225]. Im vorliegenden Fall ist eine solche Gesundheitsverletzung zu bejahen.

Sie muss auf einem dem Anspruchsgegner zurechenbaren Handeln beruhen. **Äquivalente** Kausalität liegt vor. Hätte S den Unfall nicht herbeigeführt, hätte G keinen Nervenschock erlitten. Es müsste auch **adäquate** Kausalität vorliegen. Vom Standpunkt eines optimalen Beobachters ist es nicht außerhalb der Lebenserfahrung, dass ein am Unfall Beteiligter beim Anblick der schweren Verletzungen eines Anderen einen Schock erleidet. Der Schock wird allerdings nicht durch einen **unmittelbaren** Eingriff bei G herbeigeführt. Daher sind durch das Kriterium des Schutzzwecks der Norm (hier: § 823 Abs. 1) Einschränkungen erforderlich. Im Gegensatz zu **Fall 25** ist hier nicht auf den Verstoß gegen die StVO abzuheben. Die Hilfeleistung des G knüpft nur äußerlich an den von S verursachten Unfall an. Daher stellt sich unabhängig vom Unfallgeschehen und damit vom Verstoß gegen die StVO generell die Frage, ob Schockschäden in den Schutzbereich des § 823 Abs. 1 fallen. Anders ist dies bei Fall 25 gewesen, bei dem die falsche Unfalldarstellung vor der Polizei zwingend einen Verkehrsunfall voraussetzt. Dementsprechend ist dort auf § 8 StVO abzustellen, der insoweit das in § 823 Abs. 1 verankerte Verbot, Leben, Körper, Gesundheit und Eigentum anderer zu verletzen, konkretisiert.

Die durch ein schockierendes Ereignis psychisch vermittelte Gesundheitsverletzung ist dem Schädiger nur dann zuzurechnen, wenn sich in dem Eingriff in die Gesundheit ein Risiko verwirklicht hat, welches über das – von jedem Einzelnen selbst zu tragende – **allgemeine Lebensrisiko** hinausgeht. Ein solches gesteigertes Lebensrisiko ist anzunehmen, wenn der Tote oder Verletzte ein naher Angehöriger ist oder eine sonstige enge persönliche Nähebeziehung besteht (z.B. Verlobte)[226] oder der Schockgeschädigte dem Ereignis unmittelbar ausgesetzt gewesen ist[227]. Die Rechtsprechung geht davon aus, dass der Geschädigte bei einem Unfall einer nicht nahe stehenden Person keinen Schadensersatzanspruch hat. Ein dabei erlittener psychischer Schock sei so ungewöhnlich, dass die Voraussehbarkeit einer Gesundheitsbeschädigung zu verneinen und dem Schädiger diese Schadensfolge billigerweise nicht zuzurechnen ist[228]. Dies soll auch gelten, wenn ein Tier getötet oder verletzt wird[229]. Hier war G dem Unfallgeschehen unmittelbar ausgesetzt. Überdies wurde S durch den Unfall lebensgefährlich verletzt. Dementsprechend stellt der Schock des G keine **Überreaktion** dar, sondern war noch verhältnismäßig. Im Übrigen wird der Schockschaden dem primär Geschädigten (hier: S) auch dann zugerechnet, wenn das konkrete Ausmaß des Schocks lediglich auf der vorgegebenen seelischen Labilität des Verletzten beruht. Insoweit gilt für psychisch vermittelte Schädigungen dasselbe wie in **Fall 25**: Der Schädiger muss sein Opfer so nehmen, wie er es antrifft[230]. Wer einen Menschen mit schwacher Konstitution verletzt, kann nicht verlangen, so gestellt zu wer-

224 BGHZ 56, 163, 165; BGHZ 132, 341, 344; MünchKomm/*Oetker*, § 249 Rdnr. 144.
225 BGH NJW 1989, 2317, 2318.
226 OLG Stuttgart NJW-RR 1989, 477, 478; MünchKomm/*Oetker*, § 249 Rdnr. 153.
227 OLG Nürnberg VersR 1999, 1501, 1502.
228 BGHZ 56, 163, 170; BGH VersR 2007, 1093.
229 BGH NJW 2012, 1730 f. („Hund").
230 BGHZ 132, 341, 345; BGHZ 137, 142, 145.

den, als habe er einen gesunden Menschen verletzt. Eine spezielle **Schadensgeneigtheit** des Verletzten schließt daher die Zurechnung des eingetretenen Schadens nicht aus[231].

Die Tatbestandsmäßigkeit indiziert die Rechtswidrigkeit. Ein Rechtfertigungsgrund liegt nicht vor. Da sich S verkehrswidrig verhalten hat, kann die Streitfrage, ob verkehrsrichtiges Verhalten einen Rechtfertigungsgrund darstellt[232], hier offen bleiben. S hat den Unfall auch schuldhaft herbeigeführt. Die Voraussetzungen des § 823 Abs. 1 liegen damit vor. S ist dem G zum Ersatz seines Schadens verpflichtet.

cc) Herausforderer-, Verfolgungs- und Nothilfefälle

167 Die Herausforderer- bzw. Verfolgungsfälle sowie die Nothilfefälle knüpfen ebenfalls an ein bloßes mittelbares Tun an. Unmittelbare Ursache für die Rechtsgutverletzung bzw. den Schaden ist hier die Handlung des Geschädigten, während der Schädiger diese(n) nur mittelbar (psychisch kausal) verursacht. Bei den Nothilfefällen geht es darum, dass jemand einer anderen Person, die durch ein rechtswidriges Verhalten eines Dritten in Gefahr gebracht worden ist, hilft und dabei seinerseits verletzt wird, während die Verfolgungsfälle dadurch gekennzeichnet sind, dass jemand bei der Verfolgung einer anderen Person, die sich der rechtmäßigen Festnahme durch Flucht zu entziehen versucht, Schäden erleidet. Zu fragen ist, ob der Zurechnungszusammenhang durch den Handlungsentschluss des Geschädigten unterbrochen wird. Die Rechtsprechung nimmt dabei eine Schadenszurechnung regelmäßig nicht nur dann vor, wenn es bei der Verfolgung zu einer aus der gesteigerten Gefahrenlage resultierenden Schädigung des Verfolgers kommt, sondern auch bei einem vom Verfolger bewusst herbeigeführten Schadensereignis, das die Flucht des Schädigers stoppen soll[233].

168 Hierzu nun **Fall 27**[234]: Der Polizeibeamte W führt den 17jährigen S, der aufgrund eines Ermittlungsverfahrens wegen mehrerer Pkw-Aufbrüche und Diebstähle aus Wohnungen festgenommen worden war, dem Haftrichter vor. S ist schon mehrfach vorbestraft. Nach der richterlichen Vernehmung flieht er durch ein etwa vier Meter über dem Erdboden gelegenes Fenster im ersten Obergeschoss des Gerichtsgebäudes. W nimmt sofort die Verfolgung auf, eilt zum Fenster und springt dem S hinterher. W erleidet schwere Beinverletzungen und wird sechs Monate lang stationär behandelt. W verlangt Erstattung seiner Heilbehandlungskosten von S. Zu Recht?

Ein Schadensersatzanspruch des W gegen S könnte sich aus § 823 Abs. 1 ergeben. W hat eine Körperverletzung erlitten. Diese Rechtsgutverletzung müsste S zurechenbar sein. Durch die Flucht des S wurde W veranlasst, die Verfolgung des S aufzunehmen. Das Handeln des S ist daher conditio sine qua non für die Körperverletzung. Auch adäquate Kausalität liegt vor. Vom Standpunkt eines optimalen Beobachters ist eine Flucht nach der Le-

231 Die Zurechnung entfällt ausnahmsweise bei Bagatellfällen sowie bei der sog. **Rentenneurose** (der Geschädigte nimmt den Unfall im neurotischen Streben nach Versorgung und Sicherheit lediglich zum Anlass, um den Schwierigkeiten und Belastungen des Erwerbslebens auszuweichen); vgl. BGH NJW 1993, 2234 f.; BGHZ 132, 341 ff.; BGH NJW 1998, 810; BGH NJW 2000, 862.
232 Siehe unten **Fall 30**, Rdnr. 189.
233 BGHZ 192, 261 ff.
234 **BGHZ 132, 164 ff.**; vgl. auch BGHZ 192, 261 ff. („Verfolgung mit Polizeifahrzeug"), wo neben einem Anspruch aus § 823 Abs. 1 ein solcher aus § 7 Abs. 1 StVG in Betracht kam.

benserfahrung generell geeignet, einen Polizisten zur Verfolgung zu veranlassen und dessen Verletzung herbeizuführen.

Fraglich ist, ob der Verletzungserfolg vom Schutzzweck des § 823 Abs. 1 umfasst ist. Der § 823 Abs. 1 soll grundsätzlich nur vor Fremdschädigungen, nicht aber vor **Selbstschädigungen** schützen. Daher könnte hier eine Einschränkung der Zurechnung geboten sein. Der Sprung des W aus dem Fenster, der zu seiner Verletzung führte, beruhte auf seinem eigenen freien Willensentschluss[235]. Nach ständiger Rechtsprechung wird der Verletzungserfolg bei den sog. Herausforderungsfällen nur unter bestimmten Bedingungen vom Schutzzweck der Norm umfasst: Das Verhalten des Verfolgers muss vom Verfolgten **herausgefordert** worden sein und der Verfolger muss sich auch herausgefordert gefühlt haben dürfen (keine inadäquate Reaktion)[236]. Der Willensentschluss des Verfolgers muss also auf einer mindestens im Ansatz billigenswerten Motivation beruhen und der Zweck der Verfolgung mit den damit verbundenen Risiken in einem angemessenen Verhältnis stehen (**Mittel-Zweck-Relation**)[237]. Für den Schädiger muss die Verfolgung und deren mögliche Konsequenzen vorhersehbar gewesen sein. Zudem muss der Verfolgte durch seine Flucht das **Risiko** für die Rechtsgüter des Verfolgers **erhöht** haben.

Im vorliegenden Fall ist W für die Bewachung und Ergreifung des S zuständig. Als W sich entschloss, die Verfolgung des S aufzunehmen und aus dem Fenster zu springen, wollte er in erster Linie seine Dienstpflichten erfüllen. Hierin liegt trotz der damit verbundenen besonderen Risiken eine billigenswerte Motivation des W. Der Schaden müsste auf dem mit der Verfolgung verbundenen gesteigerten **Risiko** beruhen. Das „normale“ Einsatzrisiko trägt der Polizist stets selbst, ohne dass eine Risikoverlagerung auf den Fliehenden stattfindet[238]. Ob und in welchem Umfang ein Fliehender ein gesteigertes Risiko seines Verfolgers zu tragen hat, richtet sich nach den Besonderheiten des Einzelfalls. Es kommt dabei auf eine angemessene Mittel-Zweck-Relation an. Die Risiken der Verfolgung dürfen nicht außer Verhältnis zum Ziel der Ergreifung des Fliehenden stehen. Eine bei unangemessen hohem Risiko eingetretene Körperverletzung wird vom Schutzzweck des § 823 Abs. 1 nicht erfasst. Grund für die zivilrechtliche Haftung ist nach Ansicht des BGH nicht die Flucht als solche. Das pflichtwidrige Vorverhalten liegt vielmehr in der psychischen Beeinflussung mit dem dadurch ausgelösten Entschluss zu pflichtgemäßer oder jedenfalls von der Rechtsordnung gewünschter Verfolgung mit ihrem besonderen Gefahrenpotenzial.

Im konkreten Fall fragt sich, ob ein angemessenes Verhältnis zwischen dem Zweck der Verfolgung und deren erkennbarem Risiko gewahrt war. Bei erfolgreicher Flucht des S wäre die staatliche Strafvollstreckung vereitelt worden. Überdies war der S bereits mehrfach wegen verschiedener schwerer Delikte vorbestraft. Das Interesse am Ergreifen des S war deshalb groß, weil die Begehung weiterer Straftaten verhindert werden sollte (**Wiederholungsgefahr**). Der Sprung aus dem Fenster müsste sich angesichts des ver-

235 Früher wurde deshalb zum Teil eine Unterbrechung des Zurechnungszusammenhangs angenommen, so z.B. BGHZ 58, 162, 165 f.

236 BGHZ 57, 25, 31; BGH NJW 2002, 2232, 2233 f.

237 Vgl. BGH NJW 2012, 1951 ff., Rdnr. 8 ff.

238 Der fliehende Täter haftet nicht, wenn der Verfolger auf einem feuchten, frisch gemähten Rasen stürzt und sich verletzt, BGH NJW 1971, 1982, 1983.

folgten Zwecks als angemessenes Mittel darstellen. Der Verfolger durfte sich dann nicht zum Sprung aus dem Fenster herausgefordert fühlen, wenn aufgrund der großen Höhe schwerste Verletzungen zu erwarten waren und eine Wiederergreifung des S daher ohnehin sehr **unwahrscheinlich** gewesen wäre. In dem kritischen Bereich, um den es im Streitfall bei einer Höhe von etwa vier Metern geht, müssen die besonderen Umstände des Einzelfalls den Ausschlag geben. Dabei können unter anderem die Beschaffenheit der Aufsprungstelle oder das Alter und der körperliche Zustand des Verfolgers von Bedeutung sein. Vorliegend boten all diese Faktoren keinen Anlass, von einem Nachspringen abzusehen. Außerdem befand sich W in einer **Stresssituation**, in der er sich schnellstmöglich entscheiden musste. In dieser Situation blieb W kaum Gelegenheit, die Risiken eines Sprungs abzuwägen. Auch deshalb können an seine Berechtigung, sich herausgefordert zu fühlen, keine überhöhten Anforderungen gestellt werden. Nach alledem hat W bei der Verfolgung des S die Zweck-Mittel-Relation gewahrt[239].

Rechtswidrigkeit liegt vor, da keine Rechtfertigungsgründe ersichtlich sind. S handelte auch schuldhaft. Er hat die nach § 828 Abs. 3 erforderliche Einsichtsfähigkeit und die im Verkehr erforderliche Sorgfalt außer Acht gelassen. S muss daher dem W Schadensersatz leisten. Der Anspruch des S könnte gemindert sein, wenn W ein **Mitverschulden** nach § 254 Abs. 1 trifft. W musste sich zwar schnell entscheiden, dies schließt jedoch nicht jede Sorgfaltspflicht sich selbst gegenüber aus. Selbst bei nur kurzer Bedenkzeit hätten W angesichts der mit dem Sprung verbundenen erheblichen Verletzungsrisiken Zweifel an seinem Vorhaben kommen müssen. Nach kurzer – aber sorgfältiger – Überlegung hätte für W einiges dafür gesprochen, die Verfolgung durch einen Sprung aus dem Fenster zu unterlassen. W trifft somit ein Mitverschulden nach § 254 Abs. 1.

3. Kausalität bei Unterlassen

169 Ein Unterlassen ist dann für die Rechtsgutverletzung kausal, wenn ein bestimmtes aktives Tun die Integritätsverletzung verhindert hätte. Allerdings ist nicht jeder, der hätte handeln können, ein Deliktstäter durch Unterlassen. Zu unterscheiden ist zwischen echten und unechten Unterlassungsdelikten. Formuliert das Gesetz selbst ein Handlungsgebot, so begründet ein Verstoß dagegen ohne Weiteres das Delikt. Es liegt ein **echtes Unterlassungsdelikt** vor. Ein Beispiel dafür ist § 17 StVO (Beleuchtungspflicht). Diese Fälle bereiten in der **Klausur** kaum Probleme. Dagegen enthält § 823 Abs. 1 kein Handlungsgebot, sondern lediglich ein Verbot der Schädigung oder Gefährdung bestimmter Rechtsgüter. Um eine Rechts(gut)verletzung nach § 823 Abs. 1 durch Unterlassen zu begehen, bedarf es bestimmter Voraussetzungen.

a) Erfolgsabwendungspflicht/Verkehrspflicht[241]

169a Das Nichthandeln wird erst dann haftungsrechtlich relevant, wenn eine Rechtspflicht zum Handeln (**Erfolgsabwendungspflicht**) bestanden hätte. Diese Pflicht transfor-

239 In Anbetracht der Sprunghöhe von vier Metern wäre hier wohl anders zu entscheiden gewesen, wenn es bloß um die Festnahme eines nicht einschlägig vorbestraften Jugendlichen, dessen Wohnsitz und Aufenthalt bekannt sind, zur Verbüßung eines Jugendarrests gegangen wäre. Die Flucht hätte die Strafvollstreckung nicht vereitelt, sondern nur hinausgezögert. In BGHZ 63, 189, 194 f. hat der BGH in einem solchen Fall die Zweck-Mittel-Relation jedenfalls für den Sprung aus einem Fenster im Erdgeschoss bejaht.

240 **Übungsfall** z.B. bei *Lange/Vogl*, JURA 2013, 1052 ff.

miert das Verbot in ein Gebot, es liegt ein sog. **unechtes Unterlassungsdelikt** vor. Teilweise wird im Hinblick auf die Erfolgsabwendungspflicht der (aus dem Strafrecht entlehnte) Begriff der **Garantenstellung** (hinsichtlich der betroffenen Rechtsgüter Dritter) verwendet[241], teilweise wird diese Begrifflichkeit abgelehnt[242]. Aufgrund der Anlehnung an das Strafrecht ist die Bezeichnung „Garantenstellung" mehr irritierend als hilfreich, so dass es vorteilhafter erscheint, den Begriff „Erfolgsabwendungspflicht" zu benutzen.

Eine Erfolgsabwendungspflicht kann aus Gesetz, aus Vertrag, aus enger Lebensgemein- **170**
schaft oder aus der Verantwortlichkeit für Gefahrenquellen folgen. Eine solche aus Gesetz ergibt sich etwa aus § 1626 (elterliche Sorge für das Kind) oder aus § 1353 Abs. 1 S. 2 (Beistandspflicht der Ehegatten). Dagegen begründet § 323c StGB (unterlassene Hilfeleistung) lediglich eine Erfolgsabwendungspflicht zugunsten der Allgemeinheit, nicht aber zugunsten des Verletzten. Der Unterlassende macht sich zwar strafbar (§ 323c StGB), nicht jedoch schadensersatzpflichtig[243]. Eine Erfolgsabwendungspflicht aus Vertrag kann sich etwa aus einem Dienstvertrag nach § 611 (Babysitter, Nachtwächter) ergeben. Eine Erfolgsabwendungspflicht aus enger Lebensgemeinschaft liegt z.B. bei einer nichtehelichen Lebensgemeinschaft, einer Segelcrew oder einer Seilschaft vor. Die Erfolgsabwendungspflicht aus **Verantwortlichkeit für Gefahrenquellen** ist in **Klausuren** am häufigsten. Aus dieser resultiert die sog. Verkehrspflicht.

Verkehrspflicht bedeutet, dass jemand, der in seinem Verantwortungsbereich Ge- **171**
fahren schafft oder andauern lässt, die notwendigen Vorkehrungen treffen muss, die im Rahmen des wirtschaftlich Zumutbaren geeignet sind, Gefahren von Dritten abzuwenden[244].

Verkehrspflichten können sich ergeben aus Verkehrseröffnung (Straßen, Kinderspielplätze[245], Läden, öffentliche Gebäude), aus der Beherrschung einer Gefahrenquelle (Baustelle, Schwimmbad), aus der beruflichen Stellung (Bauunternehmer, Kfz-Werkstattinhaber, Arzt, Polizist) oder aus dem In-Verkehr-Bringen gefährlicher Sachen[246]. Letzteres ist zumeist ein Fall der **Produzentenhaftung** nach § 823 Abs. 1[247]. Zahlreiche Verkehrspflichten sind inzwischen auch gesetzlich normiert. So bestehen etwa Teile der StVO aus der Festschreibung solcher Pflichten. Bei Betrieben/Unternehmen usw. können bestimmte **Organisationspflichten** als Verkehrspflichten bestehen, deren Unterlassen zu einer Schadensersatzpflicht führt[248].

---

241 BGH WM 2014, 2214 ff., Rdnr. 17; BGHZ 194, 26 ff., Rdnr. 18; *Gursky*, S. 209.
242 Staudinger/*Hager*, § 823 Rdnr. H 5 m.w.N.; *Schwarz/Wandt*, § 16 Rdnr. 106 f.
243 § 323c StGB ist auch kein Schutzgesetz i.S. des § 823 Abs. 2, siehe Rdnr. 232.
244 BGHZ 5, 378, 380 f.; BGHZ 62, 265, 270; BGH NJW 1997, 582, 583; *Deutsch/Ahrens*, Rdnr. 330; *Esser/Weyers*, § 55 V; *Larenz/Canaris*, § 76 III 3; ausführlich *Raab*, JuS 2002, 1041 ff.; PWW/*Schaub*, § 823 Rdnr. 107 ff.
245 BGHZ 103, 338 ff.
246 Siehe aber etwa BGH NJW 2007, 762 ff. (keine Verkehrspflicht des Einzelhändlers zur Kühlung von Trinkflaschen).
247 Siehe Rdnr. 264 ff.
248 Siehe Rdnr. 325 ff.

b) Erforderlichkeit, Zumutbarkeit

172 Besteht generell eine deliktische Verkehrspflicht, stellt sich die Frage nach dem **Umfang** der aus ihr resultierenden Erfolgsabwendungspflicht. Es kann erwartet werden, dass derjenige, der eine Gefahrenquelle schafft oder unterhält, die erforderlichen Vorkehrungen zum Schutz anderer Personen trifft. Allerdings sind die berechtigten Verkehrserwartungen nicht auf einen absoluten Schutz vor allen denkbaren Schadensereignissen gerichtet. Vielmehr beschränkt sich die Verkehrspflicht auf das Ergreifen solcher Maßnahmen, die – so der BGH – „nach den Gesamtumständen zumutbar sind und die ein verständiger und umsichtiger, in vernünftigen Grenzen vorsichtiger Mensch für notwendig und ausreichend hält, um andere vor Schaden zu bewahren"[249].

173 Die Erfolgsabwendung muss also **erforderlich** und für den Abwendungspflichtigen **zumutbar** sein. Der Umfang der Verkehrspflichten kann somit je nach Lage der Verhältnisse variieren. Relevant sind insbesondere der Grad der Gefahr, die Schwere des drohenden Schadens, der Umfang des zur Schadenseintrittsverhütung erforderlichen Aufwands sowie der Kreis der potenziell gefährdeten Personen. Bei geringen Gefahren kann der Erfolgsabwendungspflichtige seiner Pflicht etwa durch den bloßen Hinweis auf die Möglichkeit einer Rechtsgutverletzung nachkommen, ohne dass es erforderlich wäre, die Gefahr zu beseitigen. Dies genügt aber nur, wenn der gefährdete Personenkreis in der Lage ist, aufgrund des Warnhinweises eigene ausreichende Schutzvorkehrungen gegen eine mögliche Verletzung zu treffen. Bei der Bestimmung des Umfangs der Verkehrspflichten spielt somit auch die Möglichkeit des **Selbstschutzes** des gefährdeten Personenkreises eine Rolle.

c) Pflicht gegenüber dem Geschädigten

174 Weitere Voraussetzung der Erfolgsabwendungspflicht ist, dass sie gerade gegenüber dem Geschädigten besteht. Eröffnet und unterhält jemand einen mit besonderen Gefahren verbundenen Verkehr, so ist er in den Grenzen seines Einfluss- oder Herrschaftsbereichs verkehrspflichtig. Er kann jedoch seinen (räumlichen) Herrschaftsbereich durch geeignete Maßnahmen (z.B. Verbotsschilder, Absperrungen) beschränken. Entsprechend treffen ihn Verkehrspflichten nur hinsichtlich der Personen, die sich in seinem (begrenzten) Herrschaftsbereich aufhalten dürfen. Gegenüber **„unbefugten" Personen**, für die der Verkehr in seinem Herrschaftsbereich nicht eröffnet wurde, braucht er regelmäßig keine Maßnahmen zur Erfolgsabwendung treffen[250]. Eine Sicherungspflicht ist nur ausnahmsweise und in engen Grenzen anzunehmen, wenn im Herrschaftsbereich des Pflichtigen außerordentlich große Gefahren lauern oder die Wahrscheinlichkeit einer Teilnahme am Verkehr trotz Verbots sehr hoch ist.

175 Eine Sonderstellung nehmen **Kinder** ein. Die Verkehrspflicht besteht gegenüber Kindern auch dann, wenn sie sich unbefugt im Gefahrenbereich aufhalten. Kinder sind aufgrund

---

249 BGH NJW 1990, 1236, 1237; BGH NJW-RR 2003, 1459, 1460; BGH NJW 2004, 1449, 1450.

250 BGH NJW 1987, 2671, 2672; BGH NJW-RR 2001, 1173: Der Eigentümer eines in ländlich einsamer Gegend gelegenen Hausgrundstücks ist gegenüber einer das Grundstück zur Nachtzeit unbefugt betretenden Person nicht verpflichtet, Sicherungsvorkehrungen dagegen zu treffen, dass diese nicht in den seitlich des Hauses befindlichen, bei Tageslicht deutlich sichtbaren Treppenschacht stürzt.

ihrer Neugierde, des Spieltriebs und ihrer Unbefangenheit nicht in der Lage, Gefahren und Warnhinweise angemessen zu erkennen und abzuschätzen. Wenn z.B. bei einer Baustelle mit dem Eindringen von Kindern zu rechnen ist (etwa wegen eines benachbarten Spielplatzes), müssen entsprechend weitergehende Vorsichtsmaßnahmen auf der Baustelle getroffen werden (Bauplatz umzäunen etc.).

d) Schutzzweckzusammenhang

Bei Verkehrspflichten kommt es stets darauf an, ob sich gerade diejenige Gefahr verwirklicht hat, vor der die jeweilige Verkehrspflicht schützen soll (Schutzzweckzusammenhang). Hat beispielsweise jemand dadurch eine Verkehrspflicht verletzt, dass er den Gehweg zu seinem Haus bei Glatteis nicht gestreut hat, haftet er zwar für die dem Verletzten entstehenden Schäden, es entspricht aber nicht dem Schutzzweck des § 823 Abs. 1, dass er auch den Schaden zu tragen hat, der dadurch entsteht, dass ein Krankenwagen bei der Anfahrt zur Unfallstelle selbst in einen Unfall verwickelt wird. **176**

e) Prüfung der Verkehrspflichten

Nach dem dargestellten **Fallaufbau** bei **Unterlassen** werden die Verkehrspflichten nicht im Rahmen der Rechtswidrigkeit[251], sondern bei der Frage der Erfolgsabwendungspflicht, also im Tatbestand geprüft. Das ist **umstritten**, aber h.M. Danach ergibt sich die Rechtswidrigkeit nicht erst aus dem Verstoß gegen ein Verhaltensgebot bzw. -verbot (hier: Verkehrspflicht), sondern sie ist bereits bei Herbeiführung eines von der Rechtsordnung missbilligten Erfolgs, also bei Erfüllung des objektiven Tatbestands des § 823 Abs. 1, indiziert (so die h.L. vom Erfolgsunrecht[252]). **177**

Die Verkehrspflichten sind nochmals bei der Prüfung des **Verschuldens** heranzuziehen. Sie bilden auch den Maßstab für die im Verkehr erforderliche Sorgfalt (§ 276 Abs. 2). In der **Klausur** kann dann im Wesentlichen auf die Ausführungen zur Verletzungshandlung verwiesen werden. Das gilt jedoch nur für die Anforderungen an die sog. äußere Sorgfalt, also den am allgemeinen Verkehrsbedürfnis ausgerichteten objektiv-abstrakten Sorgfaltsmaßstab. Entscheidend ist hiernach, wie sich ein durchschnittlich sorgfältiger und gewissenhafter Verkehrsteilnehmer verhalten hätte. Diese (objektiven) Anforderungen entsprechen den Verkehrspflichten. Demgegenüber umschreibt die sog. innere Sorgfalt diejenigen (subjektiven) Anforderungen an eine Person, die sie erfüllen muss, um die (objektiven) Erwartungen des Rechtsverkehrs zu erkennen und sich entsprechend zu verhalten[253]. Insoweit ist eine gesonderte Prüfung des Verschuldens vorzunehmen.

Zur Prüfung des Unterlassens nun **Fall 28**[254]: Eigentümer E lässt auf seinem Grundstück von Bauunternehmer B einen Löschwasserteich anlegen. Das Grundstück des E ist nicht umzäunt, so dass sich die Nachbarskinder immer wieder auf dieses begeben und es als „Abenteuerspielplatz“ nutzen. Beim Spielen fällt das Kind K von einem 5 m hohen Lärmschutzwall in den Teich und erleidet schwere Verletzungen. K verlangt sowohl von E als auch von B Schadensersatz aus § 823 Abs. 1. Zu Recht? **177a**

251 Soergel/*Zeuner*, § 823 Rdnr. 154 ff.
252 Siehe unten Rdnr. 179.
253 *Looschelders*, Rdnr. 1184 m.w.N.
254 BGH NJW 1997, 582 f.

K könnte gegen E und B einen Anspruch aus § 823 Abs. 1 haben. K hat eine Körperverletzung erlitten. Die Rechtsgutverletzung müsste durch ein dem E bzw. dem B zurechenbares Handeln erfolgt sein. Grundsätzlich ist es Sache des Einzelnen, einen Löschwasserteich anzulegen oder nicht. Wenn ein solcher aber angelegt wird, werden u.U. bestimmte Sicherungsmaßnahmen erwartet. Daher ist an ein Unterlassen anzuknüpfen[255]. Mit dem Anlegen des Löschwasserteichs haben sowohl E als auch B eine Gefahrenquelle eröffnet. Beiden oblag die deliktsrechtliche **Verkehrspflicht**, Dritte vor Schäden zu bewahren, die sich aus dieser Gefahrenquelle ergeben konnten. Insoweit bestehen bei **Kindern** erhöhte Anforderungen an die Erfolgsabwendungspflicht. Kinder können nämlich Gefahrensituationen aufgrund ihrer Unerfahrenheit nicht richtig einschätzen. Zudem legen ihr Spieltrieb und ihre Neugierde in besonderer Weise nahe, dass sie sich – wenn auch unbefugt – einer ungesicherten Gefahrenquelle nähern. Die Maßnahmen zur Verhütung von Rechtsgutverletzungen müssen also umso umfangreicher sein, je größer der Anreiz ist, den die Gefahrenquelle auf Kinder ausübt, und je weniger diese selbst in der Lage sind, das Gefahrenpotenzial abzuschätzen[256].

Im vorliegenden Fall haben die Kinder zwar ohne Erlaubnis auf dem Grundstück des E gespielt. Das Grundstück war aber nicht gegen unbefugtes Betreten geschützt. In Anbetracht des besonderen Reizes des Teichs für Kinder wäre es erforderlich und zumutbar gewesen, das Grundstück mit einem Zaun zu umgeben. Hinzu kommt, dass der Lärmschutzwall am Ufer des Teichs die ohnehin erhebliche Gefahr, die von der Teichanlage ausging, zusätzlich erhöht hat. Es bestand eine Verkehrspflicht auch K gegenüber, die im konkreten Fall auch verletzt wurde. Conditio sine qua non i.S. der Äquivalenztheorie ist zu bejahen. Pflichtgemäßes Handeln hätte den Eintritt des schädigenden Erfolgs mit an Sicherheit grenzender Wahrscheinlichkeit verhindert. Auch Adäquanz liegt vor, da eine Absicherung des Teichs eine adäquate, typischerweise geeignete Bedingung des Nichteintritts der Schädigung des Kindes gewesen wäre. Der Verletzungserfolg fällt auch in den Schutzbereich der verletzten Norm. Rechtswidrigkeit ist gegeben, da Rechtfertigungsgründe nicht ersichtlich sind. E und B haben auch schuldhaft gehandelt. Beide haften damit gegenüber K aus § 823 Abs. 1 für die ihm entstandenen Schäden.

f) Delegation

178 Die aus der Verkehrssicherungspflicht resultierende Rechtspflicht zum Handeln kann der Betreffende in gewissem Umfang auch auf einen **Dritten** übertragen. Der Dritte tritt durch die Übernahme von Aufgaben in die Erfolgsabwendungsstellung ein und kann seinerseits nach § 823 Abs. 1 aus Unterlassen haften. Die Übernahme der Verkehrssicherungspflicht geschieht nach allgemeiner Meinung „faktisch", d.h. die Verkehrssicherungspflicht des Übernehmers ist keine abgeleitete, sondern sie erfährt mit der Übernahme eine rechtliche Verselbständigung[257]. Dadurch ist es auch unerheblich, ob der Vertrag zwischen Übertragendem und Übernehmer wirksam ist.

---

255 An eine mittelbare Verletzung anknüpfend, die eine Verkehrspflichtverletzung voraussetzt, *Medicus*, Gesetzliche Schuldverhältnisse, 5. Aufl. 2007, S. 24 f. (allerdings die Verletzung der Verkehrspflicht im Rahmen der Rechtswidrigkeit prüfend).

256 BGH NJW 1997, 582, 583.

257 BGH NJW-RR 1989, 394, 395.

Der Übertragende wird aber nicht von jeder Pflicht frei (insofern ist der Begriff „übertragen" dogmatisch unpräzise). Er bleibt weiter verkehrspflichtig, erfüllt aber seine Verkehrspflicht, indem er den Dritten, den er mit der Wahrnehmung beauftragt hat, ordnungsgemäß **auswählt und überwacht**[258]. Die Verkehrssicherungspflicht des Übertragenden verengt sich zu einer Auswahl- und Überwachungspflicht[259]. In der **Klausur** ist daher nicht nur eine Haftung des Übernehmers, sondern auch eine Haftung des Übertragenden gegenüber dem Geschädigten aus § 823 Abs. 1 wegen Unterlassens zu prüfen. Dabei ist festzustellen, dass der Übertragende durch die Delegation nicht ganz von der Verkehrssicherungspflicht befreit wurde, sondern ihn eine Auswahl- und Überwachungspflicht bzgl. des Übernehmenden trifft. Ist diese Pflicht verletzt, ist die Rechtsgutverletzung des Dritten durch ein dem Übertragenden zuzurechnendes Verhalten eingetreten. Eine Übertragung auf einen Dritten mit der Folge einer vollständigen Entlastung des Übertragenden kommt allein dann in Betracht, wenn das durch Rechtsnorm angeordnet bzw. zugelassen wird[260].

III. Rechtswidrigkeit

1. Lehre vom Erfolgsunrecht

Nach überwiegender Auffassung wird die Rechtswidrigkeit mit Vorliegen der tatbestandsmäßigen Rechts(gut)verletzung widerleglich vermutet, d.h. die Erfüllung des objektiven Tatbestands einer Deliktsnorm indiziert die Rechtswidrigkeit[261]. Sie liegt nur dann nicht vor, wenn zugunsten des Schädigers ein Rechtfertigungsgrund eingreift. Diese auch von der Rechtsprechung vertretene Auffassung wird **Lehre vom Erfolgsunrecht** genannt, da die Rechtswidrigkeit an den tatbestandsmäßigen Erfolg der Verletzung anknüpft. **179**

Dagegen knüpft die **Lehre vom Handlungsunrecht** die Rechtswidrigkeit an die zum Erfolg führende Handlung an. Die Rechtswidrigkeit wird hiernach nicht durch den bloßen Eintritt der tatbestandsmäßigen Rechtsgutverletzung begründet, sondern dadurch, dass der von der Rechtsordnung missbilligte Verletzungserfolg durch eine objektiv pflichtwidrige Handlung herbeigeführt wurde. Der Handelnde muss also ein von der Rechtsordnung aufgestelltes Verhaltensgebot oder -verbot missachtet und die zur Verhinderung des Schadens generell erforderliche Sorgfalt verletzt haben (Verkehrspflicht). Eine Handlung, die die Grenzen des Erlaubten nicht überschreitet, ist stets rechtmäßig. Gegen die Lehre vom Handlungsunrecht spricht, dass sie im Widerspruch zur Terminologie des § 823 Abs. 1 steht, der Rechtswidrigkeit und Verschulden verlangt. Die Lehre vom Handlungsunrecht prüft Elemente des verkehrsgerechten Verhaltens bereits auf der Ebene der Rechtswidrigkeit, so dass das Verschulden schon hier geprüft wird. Wendet man die Lehre vom Hand- **180**

258 Der Dritte ist kein Erfüllungsgehilfe i.S. des § 278, so dass eine Zurechnung seiner Pflichtverletzung gegenüber dem Übertragenden nicht erfolgt. § 278 würde nämlich das Bestehen eines Schuldverhältnisses zwischen Verkehrspflichtigem und Geschädigtem voraussetzen. Ein solches besteht jedoch idR nicht, sondern wird erst durch das schädigende Ereignis begründet. Dagegen kommt eine Haftung des Übertragenden nach § 831 in Betracht.

259 BGH NJW-RR 1989, 394 f.

260 Zulässig ist es daher, wenn eine Gemeinde ihre Streupflicht durch Verordnung auf die Anlieger abwälzt.

261 BGHZ 122, 1, 6 f.; BGH NJW 2005, 2923, 2925; BGH NJW 2009, 681, 683; zur Rechtswidrigkeit auch *Moht*, JURA 2013, 567 ff.

lungsunrecht konsequent an, werden bei Anspruchsgrundlagen, die neben dem Tatbestand nur Rechtswidrigkeit und gerade kein Verschulden erfordern (z.B. Unterlassungs- und Beseitigungsanspruch aus § 1004, Haftung für den Verrichtungsgehilfen nach § 831) trotzdem auch Verschuldenselemente geprüft. Da zwischen den beiden Theorien regelmäßig im Ergebnis kein Unterschied besteht, braucht in der **Klausur** nicht ausführlich auf diesen Meinungsstreit eingegangen zu werden.

181 Die Lehre vom Erfolgsunrecht geht sehr weit, so dass die Rechtsprechung inzwischen zahlreiche **Ausnahmen** anerkennt. Eine **Feststellung** der Rechtswidrigkeit verlangt die h.M. dann, wenn ein sog. **Rahmenrecht** verletzt ist (allgemeines Persönlichkeitsrecht, Recht am eingerichteten und ausgeübten Gewerbebetrieb). Hier ist der Tatbestand generalklauselartig, so dass die Rechtswidrigkeit erst durch eine Interessenabwägung mit den Rechten anderer begründet werden kann. Darüber hinaus ist die Rechtswidrigkeit auch beim Unterlassen und bei mittelbaren Rechtsgutverletzungen positiv festzustellen. In den Fällen der nur **mittelbaren Verletzungshandlung** hat der BGH eine objektive Pflichtverletzung verlangt, damit der Tatbestand die Rechtswidrigkeit indizieren kann.

182 Da die Lehre vom Erfolgsunrecht weit ist, wollen manche zwischen unmittelbaren und bloßen mittelbaren Rechts(gut)verletzungen differenzieren[262]. Bei unmittelbaren Rechts(gut)verletzungen sei die Rechtswidrigkeit indiziert, während bei lediglich mittelbaren Rechts(gut)verletzungen Rechtswidrigkeit nur dann vorliege, wenn die Handlung objektiv gegen das allgemeine Verbot verstoßen hat, andere nicht zu gefährden. Fraglich ist, an welcher Stelle im **Fallaufbau** dies geprüft werden soll. Überwiegend wird davon ausgegangen, dass eine Begrenzung der Haftung schon im Tatbestand unter dem Gesichtspunkt der Zurechnung erfolgen soll. Nach der Feststellung der äquivalenten und adäquaten Verursachung wird der **Schutzzweck der Norm** geprüft. Folgt man dieser Ansicht, bleibt es bei der Regel, dass die Tatbestandsmäßigkeit die Rechtswidrigkeit indiziert.

183 Auch beim **Unterlassen** liegt keine „direkte"[263] Verletzung eines Rechtsguts vor. Wie bei der bloß mittelbaren Verletzung hat der Verursacher auch hier zunächst lediglich eine Verletzungsgefahr geschaffen. Es liegt nicht mehr bei ihm, ob sich diese verwirklicht. Auch hier muss die Rechtswidrigkeit aus der Verletzung einer Verkehrspflicht hergeleitet werden. Wie bei der mittelbaren Verletzung stellt sich auch hier die Frage, an welcher Stelle im **Fallaufbau** die Pflichtverletzung zu prüfen ist. Die h.M. geht auch hier von einer Prüfung im Rahmen des Tatbestands aus[264], so dass bei dessen Vorliegen die Rechtswidrigkeit indiziert wird.

2. Rechtfertigungsgründe

184 Kann der Schädiger beweisen, dass ein Rechtfertigungsgrund vorliegt, scheidet eine Haftung aus. Die Rechtfertigungsgründe[265] sind die Notwehr (§ 227), der Notstand (§ 228), der aggressive Notstand (§ 904), die erlaubte Selbsthilfe (§§ 229, 561, 581 Abs. 2, 859,

262 *Kupisch/Krüger*, S. 37; *Larenz/Canaris*, § 75 II 3 c.
263 *Medicus/Lorenz*, SR II, Rdnr. 1243.
264 *Brox/Walker*, § 45 Rdnr. 49; *Medicus/Petersen*, BR, Rdnr. 647.
265 *Schreiber*, JURA 1997, 29.

860, 867, 910, 962, 1005)[266]. Bei der Verletzung von Persönlichkeitsrechten kann ein Rechtfertigungsgrund in der Wahrnehmung berechtigter Interessen (§ 193 StGB) liegen. In Betracht kommen auch gesetzliche oder gewohnheitsrechtliche Eingriffsermächtigungen, wie z.B. das Recht zur vorläufigen Festnahme (§ 127 StPO) sowie grundrechtlich geschützte Positionen wie etwa die Ausübung des Rechts auf Meinungsfreiheit (Art. 5 Abs. 1 S. 1 GG) oder Versammlungsfreiheit (Art. 8 GG). Allerdings wird der Rahmen der verfassungsrechtlichen Versammlungsfreiheit dort verlassen, wo es nicht mehr allein um eine geistige Auseinandersetzung, die Artikulierung der gegensätzlichen Standpunkte und die „Kundbarmachung" des Protests als solche geht, sondern darum, durch zielgerichtete Ausübung von Zwang Dritte in rechtlich erheblicher Weise an der Nutzung ihrer geschützten Rechtsgüter zu hindern[267].

Einen Rechtfertigungsgrund stellt auch die **Einwilligung** des Verletzten dar[268]. Das spielt **185** insbesondere bei ärztlichen Heilbehandlungen eine Rolle. Für eine wirksame Einwilligung ist die nötige Einsicht in die Bedeutung des Eingriffs erforderlich, so dass bei ärztlichen Eingriffen regelmäßig eine umfassende Aufklärung des Patienten notwendig ist. Der Arzt hat dem Patienten alle Chancen und Risiken der Behandlung offenzulegen, und zwar so, dass der Patient in der Lage ist, diese gegeneinander abzuwägen. Hat sich gerade dasjenige Risiko verwirklicht, über das aufgeklärt worden ist, hebt die Einwilligung die Rechtswidrigkeit des Eingriffs auf. Insoweit besteht die rechtfertigende Wirkung der Einwilligung unabhängig davon, ob die Aufklärung im Hinblick auf andere Risiken der Behandlung Lücken aufwies[269]. Die Aufklärung durch den Arzt und die Einwilligung des Patienten müssen rechtzeitig erfolgt sein. Unzureichend ist, wenn dies erst auf dem Weg in den Operationssaal geschieht[270].

Da die Einwilligung kein Rechtsgeschäft ist, finden die §§ 104 ff. keine Anwendung. Bei **185a** einem **Minderjährigen** ist daher dessen Einsichts- und Urteilsfähigkeit maßgeblich[271]. Dennoch darf der Minderjährigenschutz nicht völlig beiseitegeschoben werden, so dass zwar ein nicht (voll) Geschäftsfähiger vor den Folgen des kleinsten Rechtsgeschäfts geschützt wird, aber nicht vor ärztlichen Heileingriffen, deren Folgen um ein Vielfaches schlimmer ausfallen können[272]. Es sind daher stets hohe Anforderungen an die Einsichtsfähigkeit eines Minderjährigen zu stellen. Sie wird regelmäßig bei **wesentlichen** Eingriffen in wichtige Rechtsgüter wie Körper und Gesundheit zu verneinen sein, so dass lediglich ein voll Geschäftsfähiger hierzu seine Einwilligung geben kann[273].

Allerdings kann die Einwilligung nur dann ein Rechtfertigungsgrund sein, wenn dem Verletzten nach den sittlichen Anschauungen das **Verfügungsrecht** über das verletzte Gut zusteht. Die Einwilligung darf nicht gegen ein gesetzliches Verbot oder die guten Sit-

266 Das früher bestehende Erziehungsrecht der Eltern als Rechtfertigungsgrund ist mit § 1631 Abs. 2 entfallen, vgl. *Looschelders*, Rdnr. 1186 m.w.N.; PWW/*Ziegler*, § 1631 Rdnr. 3.
267 BGH NJW 1998, 377, 380.
268 BGHZ 163, 195 ff.: Eine gegen den Willen des Patienten durchgeführte künstliche Ernährung stelle eine rechtswidrige Handlung dar, deren Unterlassen dieser nach § 1004 Abs. 1 S. 2 analog iVm. § 823 Abs. 1 verlangen kann; vgl. auch BGHZ 154, 205 ff.
269 BGH MDR 2000, 701, 702.
270 BGH JZ 1993, 312, 313.
271 BGHZ 29, 33, 36; siehe auch *Staudinger/Steinrötter*, JuS 2012, 97, 104.
272 *Medicus/Lorenz*, SR II, Rdnr. 1258.
273 BGHZ 105, 45 ff. (zur Frage, wann die Einwilligung lediglich eines Elternteils ausreichend sein kann).

ten verstoßen. Durch die Einwilligung in die Tötung oder in eine schwere Körperverletzung wird somit die Rechtswidrigkeit der Handlung nicht ausgeschlossen (vgl. § 228 StGB).

186 Ein Rechtfertigungsgrund kann auch in einer berechtigten, d.h. dem maßgeblichen Willen des Geschäftsherrn entsprechenden **Geschäftsführung ohne Auftrag** liegen bzw. in einer mutmaßlichen **Einwilligung nach § 683 analog**, wenn der Betroffene, etwa weil er bewusstlos ist, nicht in der Lage ist, Chancen und Risiken gegeneinander abzuwägen und ggf. in die ärztliche Heilbehandlung einzuwilligen. Nach § 683 S. 1 ist der Geschäftsführer im Wesentlichen nach Auftragsrecht zu behandeln, was gleichbedeutend damit ist, dass auch seine Tätigkeit gebilligt wird. Entsprechend ist ein Arzt regelmäßig gerechtfertigt, der am Unfallort die nötigen Sofortmaßnahmen ergreift und einen Bewusstlosen sachgerecht versorgt, während die sofortige Vornahme von aufschiebbaren Heileingriffen die Grenzen der rechtfertigenden Einwilligung überschreitet. Der medizinische Eingriff ist also dann gerechtfertigt, wenn er dem objektiven Interesse und subjektiv dem wirklichen oder mutmaßlichen Willen des Patienten entspricht.

187 Fraglich ist, ob eine **Einwilligung** auch aus dem **bloßen Verhalten** des Rechtsträgers gefolgert werden kann. Dazu **Fall 29**[274]: A und B treffen sich in einer Diskothek. A ist mit dem Pkw seines Vaters gekommen. A, der, wie B bemerkt, sehr angetrunken ist, bietet dem B an, diesen nach Hause zu fahren. B stimmt zu. Auf der Heimfahrt fährt A infolge des Alkoholgenusses auf einen parkenden Pkw auf. B erleidet dadurch erhebliche Verletzungen und verlangt nun von A Ersatz der Arztkosten. Zu Recht?

B könnte gegen A einen Anspruch aus § 823 Abs. 1 haben. Dem könnte ein vertraglicher Haftungsausschluss entgegenstehen[275]. Ein vertraglicher Haftungsausschluss zwischen A und B liegt schon mangels Erklärungsbewusstseins (mangelnder [potenzieller] Erklärungswille) nicht vor. Eine Rechtsgutverletzung in Form einer Körperverletzung liegt mit der Verletzung des B vor. Kausalität ist auch zu bejahen.

Fraglich ist, ob das Verhalten des A rechtswidrig war oder ob nicht ein Rechtfertigungsgrund vorliegt. Da B freiwillig mitgefahren ist, könnte eine rechtfertigende Einwilligung vorliegen. Hat sich der später Verletzte bewusst in die zur Verletzung führende Gefahr begeben, so wurde darin früher ein **Handeln auf eigene Gefahr** und damit eine die Rechtswidrigkeit ausschließende Einwilligung in die mögliche Verletzung gesehen[276]. Nach heute ganz h.M. ist das abzulehnen, da das Einverständnis mit der Gefährdung regelmäßig **keine Einwilligung** in die Verletzung bedeute. Auch derjenige, der sich bewusst gefährdet, hoffe, dass nichts passieren werde. Die Annahme einer Einwilligung sei eine bloße Fiktion[277]. Eine Einwilligung soll allenfalls dann vorliegen können, wenn das Verhalten des Geschädigten ohne künstliche Unterstellung als solche aufgefasst werden kann, dem Verletzten die Verfügungsgewalt über das Rechtsgut zusteht und er die erforderliche Einsichtsfähigkeit besessen hat. Der Rechtsbindungswille in den Haftungsausschluss muss

274 **Vgl. BGHZ 34, 355 ff.**
275 Dazu auch unten Rdnr. 199.
276 RGZ 141, 262, 265; BGHZ 2, 159, 162.
277 BGHZ 34, 355, 360.

unmissverständlich zum Ausdruck kommen. Im vorliegenden Fall wird nicht von einer Einwilligung ausgegangen werden können. Damit handelte A rechtswidrig.

Er handelte auch fahrlässig und damit schuldhaft. A haftet daher dem B aus § 823 Abs. 1 auf Schadensersatz. Allerdings lag bei B eine schuldhafte Selbstgefährdung vor (s.o.), die im Rahmen des **Mitverschuldens (§ 254)** zu berücksichtigen ist. Denn würde B den gesamten Schaden von A ersetzt verlangen, würde er sich zu seinem eigenen selbstgefährdenden Verhalten in Widerspruch setzen. Im Verhalten des später verletzten B liegt ein anspruchsminderndes oder sogar anspruchsausschließendes Mitverschulden, so dass die Ersatzpflicht gemindert wird oder im Extremfall ganz wegfällt. Für einen Anspruch aus § 18 StVG gilt Entsprechendes.

3. Insbesondere: Sportverletzungen

Umstritten ist, wie von einem anderen zugefügte **Sportverletzungen** zu bewerten sind. **188**
Teilweise wird die im Verkehr erforderliche Sorgfalt hier im Sinne eines eingeschränkten Fahrlässigkeitsmaßstabs verstanden, teilweise wird von einem stillschweigenden Haftungsverzicht oder Haftungsausschluss ausgegangen, teilweise ein Handeln auf eigene Gefahr angenommen[278]. Der BGH hat in diesen Fällen lange Zeit zweispurig zum einen auf ein treuwidriges Verhalten (bei Geltendmachung eines Schadensersatzanspruchs des Verletzten), zum anderen auf eine Einwilligung abgestellt. Inzwischen hat der BGH den Bezug auf die Figur der Einwilligung aufgegeben und in seiner jüngsten Entscheidung allein auf den Aspekt des treuwidrigen Selbstwiderspruchs abgehoben[279].

Bei der Ausübung bestimmter (besonders) **gefährlicher Sportarten** (Autorennen, Box- oder Ringkämpfen) soll eine Haftung ausscheiden, wenn die sportlichen Regeln eingehalten werden[280]. Der Schädiger haftet, wenn die Verletzung auf einen schuldhaften Regelverstoß zurückzuführen ist. Die dogmatische Begründung dafür ist uneinheitlich (s.o.). Teilweise wird eine Einwilligung angenommen, teilweise davon ausgegangen, der Spieler willige zwar in Verletzungen, die auch bei regelgerechtem Spiel unvermeidbar seien, nicht ein, er nehme sie aber in Kauf. Es sei ein treuwidriger (und damit unzulässiger) Selbstwiderspruch (**venire contra factum proprium**), wenn der Verletzte den Verletzer in Anspruch nimmt, obwohl er genauso gut in die Lage hätte kommen können, in der nun der Verletzer ist[281]. Wieder andere heben auf fehlendes Verschulden[282] oder eine Begrenzung des Verschuldens auf Vorsatz und grobe Fahrlässigkeit bei Verstößen gegen Sportregeln oder Sorgfaltsanforderungen ab[283]. Jedenfalls soll ein bestehender Versicherungsschutz nicht schon zu einer Haftung des Schädigers führen[284].

Ein Schadensersatzanspruch setzt daher voraus, dass der Mitspieler sich nicht regelgerecht verhalten hat, was der Geschädigte beweisen muss. An dieser Risikoverteilung än-

---

278 Siehe etwa MünchKomm/*Oetker*, § 254 Rdnr. 67; MünchKomm/*Wagner*, § 823 Rdnr. 563 ff.; Soergel/*Spickhoff*, Vor § 823 Rdnr. 108 ff.; Staudinger/*Schiemann*, § 254 Rdnr. 66 f.; *Fleischer*, VersR 1999, 785; *Grunsky*, JZ 1975, 109; *Looschelders*, JR 2000, 265, 267 ff.

279 **BGH JZ 2004, 92 ff. („Porsche")** m. Anm. *Möllers*, JZ 2004, 95 ff.

280 Vgl. **BGHZ 63, 140 ff. („Fußballspiel")**.

281 BGHZ 63, 140, 144 f.

282 *Scheffen*, NJW 1990, 2658, 2659.

283 BGH NJW 2010, 537 ff.; OLG Stuttgart NJW-RR 2000, 1043, 1044.

284 BGH NJW 2010, 537 ff.; BGHZ 154, 316 ff.; BGH NJW 2008, 1591.

dert sich nichts, wenn schwere Verletzungen eintreten[285]. Verschulden soll selbst dann nicht gegeben sein, wenn sich der Regelverstoß bei einem (Kampf-)Sport (Boxen, Fußball usw.) im Grenzbereich zwischen der diesem eigenen Härte und Unfairness abgespielt hat[286]. Der Grundsatz über die Auswirkungen widersprüchlichen Verhaltens gilt nach Ansicht des BGH auch über den Bereich sportlicher Kampfspiele, bei denen Körperkontakt unvermeidlich ist, hinaus[287].

4. Verkehrsrichtiges Verhalten

189 Umstritten ist, ob ein **verkehrsrichtiges Verhalten** ein Rechtfertigungsgrund sein kann. Dies zeigt **Fall 30**[288]: Straßenbahnführer A fährt an, nachdem er sich vergewissert hat, dass alle Fahrgäste aus- bzw. zugestiegen sind und er das Signal zur Abfahrt gegeben hat. Plötzlich entschließt sich B, der in der Nähe der Haltestelle steht, mitzufahren. Er läuft der anfahrenden Straßenbahn nach und springt auf die Bahn auf. Dabei rutscht er ab und wird verletzt. B verlangt von A Ersatz seines Schadens aus § 823 Abs. 1[289]. Zu Recht?

B könnte gegen A einen Anspruch aus § 823 Abs. 1 haben. Die kausale Verletzung eines Rechtsguts, hier des Körpers des B, liegt vor. A müsste rechtswidrig gehandelt haben. Er hat aber alle im Verkehr erforderlichen Maßnahmen ergriffen. Wer sich verkehrsrichtig verhält, kann nicht rechtswidrig handeln. Andererseits ist nach dem traditionellen Verständnis des § 823 Abs. 1 die Rechtswidrigkeit indiziert. Die **Rechtsprechung** sieht das verkehrsrichtige Verhalten als Rechtfertigungsgrund an und schließt damit die grundsätzlich indizierte Rechtswidrigkeit aus[290]. Das wird im **Schrifttum** weitgehend kritisiert, da hierin ein punktuelles Zugeständnis an die Lehre vom Handlungsunrecht liege[291]. Teilweise wird es als dogmatisch überzeugender angesehen, den Indikationsmechanismus aufzugeben und die Rechtswidrigkeit positiv festzustellen[292]. Ein Rechtfertigungsgrund wird überwiegend mit dem Argument abgelehnt, A sei trotz seines verkehrsrichtigen Verhaltens nicht bereit, einen anderen Verkehrsteilnehmer zu verletzen[293]. Folgt man dem Schrifttum, ist Rechtswidrigkeit gegeben. Fraglich ist jedoch, ob A fahrlässig handelte (§ 276 Abs. 2). Dies ist zu verneinen, da er durch das Vergewissern und das Klingelzeichen die im Verkehr erforderliche Sorgfalt beachtet hat. Es fehlt an einem Verschulden. A haftet daher nicht nach § 823 Abs. 1.

190 Die dem Fall zugrunde liegende Entscheidung blieb in der Folgezeit nahezu ohne praktische Wirkungen. Der Rechtfertigungsgrund des verkehrsrichtigen Verhaltens wird inzwi-

---

285 BGHZ 63, 140, 146.
286 BGHZ 34, 355, 363; BGHZ 63, 140, 142; OLG Düsseldorf NJW-RR 2000, 1116 m.w.N.
287 BGH NJW-RR 1995, 857 f. (gegenseitiges Stoßen in Badesee als Spiel); BGHZ 154, 316 ff.; BGH NJW 2008, 1591 („Autorennen").
288 **BGHZ 24, 21 ff.**
289 Im Ausgangsfall wurde zudem die Straßenbahngesellschaft aus § 831 wegen eines Versagens ihrer Verrichtungsgehilfen in Anspruch genommen.
290 Vgl. auch OLG Hamm NJW-RR 1998, 1402.
291 *Gursky*, S. 211 f.; *Medicus/Lorenz*, SR II, Rdnr. 1242; *Medicus/Petersen*, BR, Rdnr. 606; siehe auch *Peifer*, § 3 Rdnr. 76.
292 *Schmidt/Brüggemeier*, Grundkurs Zivilrecht, 7. Aufl. 2006, Rdnr. 797.
293 *Larenz/Canaris*, § 79 III 2c; vgl. auch *Looschelders*, Rdnr. 1191 in Bezug auf das Verschulden.

schen von der Rechtsprechung nicht mehr herangezogen[294], sondern eine Lösung entsprechender Fälle über die Abgrenzung unmittelbare – mittelbare Verletzung, innere – äußere Sorgfalt sowie Verkehrspflicht – Nicht-Verkehrspflicht gesucht. Wenn im vorliegenden Fall etwa lediglich eine mittelbare Verletzungshandlung durch A angenommen wird, kann die Verantwortlichkeit des A bereits unter dem Gesichtspunkt der Zurechnung verneint werden. Da A sich nicht objektiv pflichtwidrig verhalten hat, handelte er nicht tatbestandsmäßig.

IV. Verschulden

Eine Ersatzpflicht aus unerlaubter Handlung setzt regelmäßig auch Verschulden voraus[295]. Zunächst ist festzustellen, ob der Täter überhaupt verschuldensfähig (deliktsfähig) ist, sodann, ob die im konkreten Tatbestand verlangte Verschuldensform vorliegt. **191**

1. Verschuldensfähigkeit[296]

→ **Delikts- oder Verschuldensfähigkeit** bedeutet die Fähigkeit, für eigene schuldhafte Handlungen verantwortlich zu sein. Die Verschuldensfähigkeit ist als Deliktsfähigkeit in den §§ 827, 828 geregelt. **192**

Nicht deliktsfähig sind Kinder unter 7 Jahren. Auf die individuelle Einsichtsfähigkeit kommt es nicht an. Nicht deliktsfähig sind des Weiteren Personen, die im Zustand der Bewusstlosigkeit oder einer die freie Willensbestimmung ausschließenden Störung der Geistestätigkeit (z.B. epileptischer Anfall) gehandelt haben (§ 827). Ein **Bewusstloser** haftet nur dann wegen Fahrlässigkeit, wenn er sich durch Alkohol, Rauschgift o.Ä. in einen vorübergehenden Zustand der Bewusstlosigkeit oder Bewusstseinstrübung versetzt hat. Eine Haftung ist lediglich dann ausgeschlossen, wenn er den Nachweis erbringt, dass er schuldlos in diesen Zustand geraten ist. **Juristische Personen** sind selbst nicht deliktsfähig. Eine Zurechnung des schadensstiftenden Verhaltens ihrer Organe bzw. besonderen Vertreter oder Repräsentanten erfolgt nach den §§ 31, 89 Abs. 1. **193**

Als **bedingt (beschränkt) deliktsfähig** werden nach **§ 828 Abs. 3** Jugendliche zwischen 7 (bzw. bei Verkehrsunfällen ab 10) und 18 Jahren angesehen. Sie sind nicht verantwortlich, wenn sie bei Tatbegehung nicht die zur Erkenntnis der Verantwortlichkeit erforderliche **Einsichtsfähigkeit** besessen haben. Für diesen Umstand sind sie beweispflichtig, da das Gesetz das Vorliegen dieser Voraussetzung widerleglich vermutet. Nach der Rechtsprechung besitzt die erforderliche Einsichtsfähigkeit, wer diejenige geistige Entwicklung erreicht hat, die ihn befähigt, das Unrechtmäßige seiner Handlung und zugleich die Verpflichtung zu erkennen, in irgendeiner Weise für die Folgen seines Tuns einstehen zu müssen[297]. Im Rahmen des § 828 Abs. 3 genügt die geistige Reife, die potenzielle eigene **194**

294 BGH NJW 1981, 570, 571 („bisher ausdrücklich noch nie aufgegeben").
295 Zum Verschulden *Mohr*, JURA 2013, 567 ff.
296 **Übungsfall** z.B. bei *Schubmehl/Rabbe*, JURA 2008, 853 ff.; *Graziano/Landbrecht*, JA 2014, 624 ff.
297 BGHZ 39, 281, 285; BGH NJW 1979, 864, 865. Zustimmend auch das ganz überwiegende Schrifttum, vgl. *Kötz/Wagner*, Rdnr. 345; MünchKomm/*Wagner*, § 828 Rdnr. 10, jeweils m.w.N.

Verantwortlichkeit als Folge seiner gefährlichen Handlung zu erkennen[298]. Auf die individuelle Fähigkeit, sich der Einsicht gemäß zu verhalten, kommt es nicht an. Das Haftungsprivileg gilt nicht bei vorsätzlichem Handeln, da hier nicht die Überforderungssituation schadensursächlich ist bzw. sich jedenfalls nicht ausgewirkt hat[299]. Sobald Einsichtsfähigkeit bejaht wird und damit die deliktische Verantwortlichkeit nicht ausgeschlossen ist, ist zu prüfen, ob Fahrlässigkeit (oder Vorsatz) vorliegt.

195 **§ 828 Abs. 2** enthält eine Sonderregel zu § 828 Abs. 3 und lässt Kinder zwischen dem vollendeten 7. und dem 10. Lebensjahr nicht für Schäden aus Unfällen mit einem Kraftfahrzeug, einer Schienenbahn oder einer Schwebebahn haften, außer sie haben den Schaden vorsätzlich herbeigeführt. Damit greift das Haftungsprivileg des § 828 Abs. 2 nur dann, wenn sich eine typische Überforderungssituation des Kindes durch die spezifischen Gefahren des fließenden Verkehrs realisiert hat[300]. Das Privileg des § 828 Abs. 2 greift damit nicht, wenn etwa ein parkender Pkw beschädigt wird[301]. Bedeutung hat § 828 Abs. 2 vor allem für das Mitverschulden nach § 254, wo die §§ 827, 828 entsprechend gelten: Ein eigenes Fehlverhalten (z.B. das achtlose Laufen auf die Fahrbahn) wird dem Kind nicht als Mitverschulden angerechnet.

196 Ist jemand deliktsunfähig oder nur bedingt deliktsfähig, kann die **Haftung aufsichtspflichtiger Personen** nach **§ 832** in Betracht kommen[302].

2. Verschuldensformen

197 Das zivilrechtliche Verschulden umfasst Vorsatz und Fahrlässigkeit (§ 276 Abs. 1 S. 1).

➔ **Vorsatz** bedeutet ein wissentliches und willentliches Herbeiführen des tatbestandsmäßigen und rechtswidrigen Erfolgs. Bei § 823 Abs. 1 bezieht sich das Verschulden auf den objektiven Tatbestand. Der Vorsatz muss den Schaden nicht umfassen[303], daher wird Letzterer erst nach dem Element des Vorsatzes geprüft.

Umfasst sind hiervon sowohl der direkte Vorsatz (dolus directus) als auch der bedingte Vorsatz (dolus eventualis), bei dem der Schädiger die Verwirklichung des Tatbestands für möglich hält und billigend in Kauf nimmt. Ein Irrtum über das Verbotensein, d.h. die Rechtswidrigkeit, lässt im Zivilrecht – anders als im Strafrecht – den Vorsatz entfallen (sog. Vorsatztheorie), da die Rechtswidrigkeit des Erfolgs auch von Vorsatz umfasst sein muss. Irrt also jemand über die tatsächlichen Umstände des Vorliegens eines Rechtfertigungsgrunds, ist der Vorsatz ausgeschlossen. Bei Vermeidbarkeit des Irrtums kommt eine Haftung wegen Fahrlässigkeit in Betracht.

---

298 Im Gegensatz dazu setzt ein Verschulden i.S. des § 276 die Fähigkeit voraus, die besonderen Gefahren der konkreten Handlung zu erkennen.
299 BGH NJW 2005, 354, 355.
300 BGH NJW-RR 2005, 327 ff.; BGH NJW 2008, 147 f. (vorbeifahrendes Kraftfahrzeug).
301 BGH NJW 2005, 354, 355; BGH NJW 2005, 356; daher Privilegierung bejaht bei BGH NJW 2007, 2113, weil auf einen verkehrsbedingt haltenden Pkw aufgefahren wurde, der dem sog. fließenden Verkehr zuzurechnen ist.
302 Siehe unten Rdnr. 284 ff.
303 Anders bei § 826, siehe dort Rdnr. 251.

Fahrlässigkeit liegt vor, wenn der Schädiger diejenige Sorgfalt außer Acht gelassen hat, die von einem Angehörigen dieses Verkehrskreises (Berufsgruppe, Gruppe von Verkehrsteilnehmern usw.) in der jeweiligen konkreten Situation erwartet wird. **198**

Die Fahrlässigkeit ist also objektiviert. Es kommt nicht auf die Vorwerfbarkeit des individuellen Fehlverhaltens an, sondern entscheidend ist die Verletzung der im Verkehr erforderlichen Sorgfalt (§ 276 Abs. 2). Verfügt der Schädiger über spezielle Kenntnisse, so ist auch auf diese abzustellen, denn die Objektivierung des Fahrlässigkeitsmaßstabs soll dem Schutz des Verkehrs sowie des Geschädigten dienen[304]. Bei Minderjährigen muss das Alter des Schädigers berücksichtigt werden. Entscheidend ist, ob Kinder dieses Alters und dieser Entwicklungsstufe den Schadenseintritt hätten voraussehen können und müssen. Außerdem muss es ihnen bei Kenntnis der Gefährlichkeit ihres Tuns in der konkreten Situation möglich und zumutbar gewesen sein, sich der Erkenntnis gemäß zu verhalten[305].

3. Haftungsbeschränkungen

a) Vertragliche Haftungsbeschränkungen

Ein **gemilderter Verschuldensmaßstab** gilt bei einer vertraglichen Haftungsbeschränkung. Diese kann sich dann auch auf die §§ 823 ff. erstrecken, wenn ansonsten Sinn und Zweck der Haftungsmilderung leer laufen würden[306]. Die Rechtsprechung behilft sich in Fällen, in denen eine uneingeschränkte Haftung unbillig erscheint, mit der Figur des **stillschweigenden** Haftungsausschlusses[307]. Auf diese Weise gelangt sie zum Ausschluss der Haftung des Gefälligen für leichte Fahrlässigkeit[308]. Vorgeworfen wird ihr, die großzügige Annahme eines solchen Haftungsausschlusses laufe im Ergebnis häufig auf eine bloße Fiktion hinaus. An eine stillschweigende Haftungsbeschränkung sind allerdings strenge Anforderungen zu stellen. Ein konkludenter Haftungsausschluss soll bei Gefälligkeitsfahrten nur dann in Betracht kommen, wenn es sich um eine Gefälligkeit handelt, der Fahrer in Bezug auf die eintretenden Schäden nicht versichert ist und besondere Umstände hinzukommen, die einen solchen stillschweigenden Haftungsausschluss nahelegen. Dies soll etwa der Fall sein, wenn die Fahrt im überwiegenden Interesse des Geschädigten erfolgt[309]. **199**

Nach **§ 276 Abs. 3** kann eine Haftung wegen Vorsatzes nicht im Voraus ausgeschlossen werden. Dagegen ist der Ausschluss der Haftung für Vorsatz des Erfüllungsgehilfen möglich, da § 276 Abs. 3 insoweit nach § 278 S. 2 keine Anwendung findet. Im Übrigen können sich Grenzen für vertragliche Haftungsabreden insbesondere aus **§ 138** sowie **§§ 307–309** ergeben. Nach § 309 Nr. 7 und 8 sind bestimmte Haftungsausschlüsse in **200**

---

304 Vgl. BGH NJW 1987, 1479, 1480 (Chefarzt und Arzt in Ausbildung); MünchKomm/*Grundmann*, § 276 Rdnr. 56 m.w.N.

305 BGH NJW 2005, 354, 356.

306 Siehe auch oben Rdnr. 10.

307 BGH NJW 1979, 643, 644; BGH NJW 1980, 1681, 1682.

308 Problematisch kann die Beteiligung nicht (voll) Geschäftsfähiger sein, weil auf den vereinbarten Haftungsausschluss grundsätzlich auch die §§ 104 ff. Anwendung finden.

309 *Hirte/Heber*, JuS 2002, 241, 243 f. m.N. aus der Rechtsprechung.

AGB unzulässig[310]. Liegt ein Verbrauchsgüterkauf vor, ist **§ 475** zu beachten. Außerdem können die §§ 8a StVG, 14 ProdHG oder 7 HaftPflG zu beachten sein.

b) Gesetzliche Haftungsbeschränkungen

201 Haftungsbeschränkungen können sich auch aus dem Gesetz ergeben. Der BGB-Gesellschafter haftet bei der Erfüllung der ihm obliegenden Verpflichtung nur für diejenige Sorgfalt, die er in eigenen Angelegenheiten anzuwenden pflegt (**diligentia quam in suis**, §§ 708, 277). Dieser Haftungsmaßstab muss wegen des Grundsatzes der Normenangleichung auch für unerlaubte Handlungen gelten. Eine gesetzliche Beschränkung der Haftung auf die eigenübliche Sorgfalt gilt auch im Verhältnis der Eheleute untereinander (§ 1359), im Verhältnis der Eltern zu ihren Kindern (§ 1664)[311] sowie im Verhältnis von Vorerbe zum Nacherben (§ 2131, beachte aber §§ 2136, 2137). Diese Regelungen gelten auch im Rahmen der unerlaubten Handlung. Zu beachten ist, dass die Haftungsbeschränkung auf die „diligentia quam in suis" nach h.M. **nicht im Straßenverkehr** gilt, da dort kein Raum für „individuelle Sorglosigkeit" sei. Fehlverhalten im Straßenverkehr sei regelmäßig mit Konsequenzen für andere Verkehrsteilnehmer verbunden, so dass es hier keine „eigenen Angelegenheiten" gebe[312]. Nach a.A. ist eine zivilrechtliche Beschränkung der Haftung im Verhältnis zu bestimmten Personen sehr wohl mit der durch das Verkehrsstrafrecht sanktionierten Pflicht zur Anwendung aller Sorgfalt vereinbar[313].

Möglich sind auch **Haftungsmilderungen** auf Vorsatz und grobe Fahrlässigkeit, die das Gesetz bei zahlreichen uneigennützigen Tätigkeiten vorsieht[314]. Haften also Personen einander aufgrund § 277 regelmäßig nur für Vorsatz und grobe Fahrlässigkeit, so liegt bei leichter Fahrlässigkeit ein Haftungsausschluss vor. Auch hier gilt der Grundsatz der Normenangleichung, d.h. der im Vertragsverhältnis bestehende Haftungsmaßstab gilt auch für die unerlaubte Handlung. Die Haftungsmilderung würde ihren Sinn verlieren, würde derjenige, der selbstlos handelt und deshalb auf vertraglicher Ebene mit einer Haftungsmilderung bedacht wird, über das Deliktsrecht schärfer haften müssen und damit „bestraft" werden.

202 Fraglich ist, ob die **Haftung bei Gefälligkeitsverhältnissen** analog §§ 521, 599, 690 gemildert ist oder nicht. Die **Rechtsprechung** lehnt eine privilegierte Haftung des Gefälligen ab, da dessen uneigennütziges Tätigwerden allein für eine Analogie nicht ausreiche. Das BGB ordne zwar mit der Schenkung (§ 521), der Leihe (§ 599) und der Verwahrung (§ 690) für die meisten unentgeltlichen Rechtsgeschäfte eine Haftungsprivilegierung an, aber nicht für alle. In den §§ 663 ff. (Auftrag) ist keine privilegierte Haftung des Beauftragten vorgesehen. Daher lasse sich dem BGB auch nicht die allgemeine Wertung entnehmen, dass bei unentgeltlichen Geschäften stets nur für Vorsatz und grobe Fahrlässig-

---

310 Vgl. hierzu die einschlägigen Kommentierungen, z.B. Erman/*Roloff*, § 309 Rdnr. 62 ff. (zu § 309 Nr. 7) und Rdnr. 80 ff. (zu § 309 Rdnr. 8).

311 Vgl. OLG Bamberg, NJW 2012, 1820 ff., wonach der Maßstab der §§ 1664 Abs. 1, 277 auch bei Verletzung deliktischer Verhaltenspflichten gelten soll (vom BGH bislang offengelassen).

312 BGHZ 46, 313, 317 f.; BGHZ 53, 353, 355 f.; BGHZ 61, 101, 104 f.; BGHZ 63, 51, 57 f.; BGH NJW 2009, 1875 (Ehegatten).

313 *Medicus/Petersen*, BR, Rdnr. 930.

314 Vgl. § 300 Abs. 1 (Schuldner in Annahmeverzug), § 521 (Schenker), § 599 (Verleiher), § 680 (Geschäftsführung ohne Auftrag bei Gefahrenabwehr), § 690 (Verwahrer), § 968 (Finder).

keit gehaftet werden solle. Der Rechtsprechung ist insoweit zu folgen, als zumindest keine generelle Haftungsprivilegierung für alle Gefälligkeitsverhältnisse in Betracht kommt.

Hieran anknüpfend differenziert ein **Teil der Literatur**[315] zwischen Gefälligkeitsverhältnissen mit und ohne Treuhandcharakter. Der Auftrag unterscheide sich nämlich von den anderen im BGB geregelten Gefälligkeitsverträgen durch seinen Treuhandcharakter, d.h. durch eine selbständige Tätigkeit in fremdem Interesse. Dieser rechtfertige die Haftung auch für einfache Fahrlässigkeit. Dagegen lasse sich dem BGB für Rechtsverhältnisse ohne Treuhandcharakter sehr wohl die allgemeine Wertung entnehmen, dass nur für Vorsatz und grobe Fahrlässigkeit gehaftet werden muss. Daher seien bei Gefälligkeitsverhältnissen ohne Treuhandcharakter die §§ 521, 599, 690 analog anzuwenden. Handelt der Gefällige auch im eigenen Interesse, soll er nur in den Grenzen der eigenüblichen Sorgfalt haften[316].

4. Billigkeitshaftung, § 829

§ 829 ist eine **Anspruchsgrundlage**[317]. Die Regelung stellt eine Ausnahme vom Verschuldensprinzip dar, so dass sie, obwohl sie Anspruchsgrundlage ist, an dieser Stelle behandelt werden soll. Ob § 829 dogmatisch eine Ausfallhaftung, eine Gefährdungshaftung oder eine „sozialisierte Haftung für persönliches Verhalten" ist, ist **umstritten**[318]. Das ist allerdings für die Anwendung der Regelung unerheblich. **203**

§ 829 ist **subsidiär**. Zu prüfen ist daher erstens, dass kein Ersatz des Schadens von einem aufsichtspflichtigen Dritten (z.B. Eltern, Vormund) zu erlangen ist. Zweitens ist festzustellen, dass der Anspruchsgegner eine unerlaubte Handlung nach den §§ 823–826 begangen hätte, würde es nicht aufgrund der §§ 827, 828 an der Verschuldensfähigkeit fehlen. Entsprechend angewendet wird § 829 auf die Fälle fehlender Handlung (z.B. Bewusstlosigkeit, Tod des Schädigers)[319] sowie die Fälle fehlenden Verschuldens wegen alterstypischer Steuerungsunfähigkeit (z.B. Jugendlicher nach § 828 Abs. 3)[320].

Außerdem ist ein Anspruch nur dann und soweit gegeben, als die Billigkeit nach den Umständen (insbesondere den Verhältnissen der Beteiligten) eine **Schadloshaltung** erfordert. Es kommt vor allem auf das Maß an Einsichtsfähigkeit, auf den Schweregrad der Verletzung und die Vermögensverhältnisse der Beteiligten an[321]. Die Billigkeit muss den Ersatz „fordern", nicht nur „erlauben". Dabei dürfen dem Schädiger nicht die Mittel entzogen werden, deren er zum angemessenen Unterhalt sowie zur Erfüllung seiner gesetzlichen Unterhaltspflichten bedarf (vgl. § 829 a.E.). **204**

---

315 *Medicus/Petersen*, BR, Rdnr. 369.
316 *Medicus/Petersen*, BR, Rdnr. 369.
317 *Medicus/Lorenz*, SR II, Rdnr. 1263 ff.
318 MünchKomm/*Wagner*, § 829 Rdnr. 3; PWW/*Schaub*, § 829 Rdnr. 1.
319 BGHZ 23, 90, 98.
320 BGHZ 39, 281, 284 f.
321 Nach BGHZ 127, 186 ff. soll auch das Bestehen einer Kfz-Pflichtversicherung auf Seiten des schuldlos handelnden Schädigers zu berücksichtigen sein.

V. Haftungsausfüllender Tatbestand

1. Schaden

205 Behandelt werden sollen die in Bezug auf unerlaubte Handlungen wichtigsten schadensrechtlichen Gesichtspunkte. Es gelten auch hier die allgemeinen Grundsätze des Schadensrechts, §§ 249 ff.[322]. Verursacht jemand rechtswidrig und schuldhaft eine Rechtsgutverletzung, hat er die entstandenen Schäden zu ersetzen. Das gilt nicht nur für die Kosten einer erfolgten medizinischen Behandlung, sondern auch für damit verbundene Aufwendungen (z.B. Attestkosten). Ein Ersatz kommt aber nicht in Betracht, wenn lediglich die Möglichkeit oder der Verdacht einer Verletzung besteht[323]. Die §§ 842–846 sind als Sonderregelungen zu beachten.

a) §§ 842–843

206 Nach **§ 842** umfasst der zu ersetzende Schaden auch die Nachteile, welche die unerlaubte Handlung für den Erwerb oder das Fortkommen des Verletzten herbeigeführt hat. Dabei muss sich die unerlaubte Handlung gegen eine Person gerichtet haben (Personenschaden). Ersetzt werden sämtliche Nachteile (idR. Verlust von Arbeitseinkünften), die dem Verletzten dadurch entstehen, dass er seine Arbeitskraft verletzungsbedingt nicht einsetzen kann. Insoweit stellt § 842 eine Sonderregelung für den Ersatz von entgangenem **Gewinn** (§ 252) dar. Er stellt klar, dass auch Nachteile für Erwerb und Fortkommen als Vermögensschaden i.S. der §§ 252 f. zu qualifizieren sind. Daneben sind die §§ 249 ff. uneingeschränkt anwendbar.

207 **§ 843** betrifft Fälle, in denen wegen Verletzung des Körpers oder der Gesundheit die Erwerbsfähigkeit des Verletzten aufgehoben oder gemindert wird oder die Bedürfnisse vermehrt werden (z.B. Aufwendungen für ambulante Pflege). Hier ist als Ausgleich für dauernde Nachteile regelmäßig **Rente** zu zahlen. Ebensogut kann zwar § 249 einen Anspruch auf Schadensersatz in Rentenform gewähren, § 843 ordnet ihn jedoch ausdrücklich an[324]. Der Umfang des Schadensersatzes wird von § 843 nicht erweitert, es bleibt bei der Schadenskompensation i.S. des § 249 und der ergänzenden Vorschriften der §§ 252, 842[325].

208 Bei der Arbeit des Ehegatten im **Haushalt** der Familie ist zu differenzieren, ob er einen Beitrag zum Familienunterhalt (§§ 1360, 1601) leistet oder ob die Arbeit der eigenen Bedarfsdeckung dient. Die Haushaltstätigkeit des Ehegatten zur Erfüllung des Familienunterhalts ist mit einer „normalen" Erwerbstätigkeit (d.h. dem auf Erzielung von Gewinn zur Deckung des Lebensbedarfs gerichteten Arbeitseinsatz) vergleichbar. Fällt sie aus, liegt ein Erwerbsschaden i.S. der §§ 842, 843 Abs. 1, 1. Alt. vor. Für den (zeitlichen) Umfang des Ersatzanspruchs ist die ohne die Verletzung tatsächlich erbrachte Arbeitsleistung maßgeblich, selbst wenn diese hinter der gesetzlich geschuldeten Unterhaltspflicht zu-

---

322 Zum Schadensrecht *Armbrüster*, JuS 2007, 411 ff. (I), 508 ff. (II); *Mohr*, JURA 2010, 168 ff.; *Förster*, Schuldrecht, Allgemeiner Teil, 2011, S. 209 ff.; *Wandt*, §§ 22 f.; zur Handhabung der §§ 249 ff. in der **Klausur** *Spancken/Schneidenbach*, JuS 2012, 298, 299 ff.

323 BGH NJW 2013, 3634 f.

324 *Lange/Schiemann*, Handbuch des Schuldrechts, Band 1: Schadensersatz, 3. Aufl. 2003, § 5 IX; vgl. auch MünchKomm/*Wagner*, §§ 842, 843 Rdnr. 70.

325 Erman/*Schiemann*, § 843 Rdnr. 1.

rückbleibt. Ein Anhaltspunkt für die Bemessung des Ersatzanspruchs kann aus der Höhe des Nettolohns einer Haushaltshilfe gewonnen werden[326]. Gleichen die übrigen Familienmitglieder den Ausfall der Haushaltstätigkeit des Verletzten durch (unentgeltliche) Mehrarbeit in ihrer Freizeit aus, kommt das dem Schädiger nicht zugute (vgl. § 843 Abs. 4, Vorteilsausgleichung). Demgegenüber liegt ein Schaden unter dem Aspekt der vermehrten Bedürfnisse i.S. des § 843 Abs. 1, 2. Alt. vor, wenn die Haushaltstätigkeit nur den eigenen Bedürfnissen dient und damit keine Erwerbsquelle darstellt[327]. Die Haushaltstätigkeit fällt somit je nachdem, welchem Zweck sie dient, in die Kategorie „Erwerbsschaden" oder „vermehrte Bedürfnisse"[328].

Im Rahmen der Haftungsausfüllung (nicht beim Verschulden des Schädigers) ist an ein **Mitverschulden** und eine Mitverursachung des Schadens durch den Geschädigten zu denken. Dadurch kann die Höhe des Schadensersatzes gemindert sein[329]. **209**

a) §§ 844–846

Ausnahmsweise kann nach den **§§ 844–846** auch der nur **mittelbar Geschädigte**[330], der keine Rechtsgutverletzung, sondern nur einen Vermögensschaden erlitten hat, einen Anspruch geltend machen. Voraussetzung dafür ist, dass ein tatbestandsmäßiges, rechtswidriges und schuldhaftes Delikt (Tötung, bei § 845 auch Körper- oder Gesundheitsverletzung oder Freiheitsentziehung) vorliegt. Dann kann auch der mittelbar Geschädigte die dadurch verursachten eigenen Schäden ersetzt verlangen: nach § 844 die Ersatzansprüche bei Tötung eines anderen und nach § 845 die Ersatzansprüche wegen entgangener Dienste. Zur Leistung von Diensten sind kraft Gesetzes die Kinder verpflichtet (§ 1619). Zu beachten ist, dass ein Ehegatte, der Tätigkeiten im Haushalt übernimmt oder im Erwerbsgeschäft des anderen Ehegatten mitarbeitet, keine Dienstleistung i.S. des **§ 845** erbringt. Er erfüllt vielmehr seine gesetzliche Unterhaltspflicht gegenüber der Familie (vgl. §§ 1356 Abs. 1, 1360). § 845 hat daher geringe praktische Bedeutung. Ein Ehegatte kann vielmehr im Falle der Tötung des anderen Ehegatten einen Anspruch aus § 844 Abs. 2 haben. Denn die Haushaltsführung eines Ehegatten (§ 1360 S. 2) fällt unter § 844 Abs. 2. Sie gehört zum Unterhalt. Anders ist das bei der Tötung bzw. Körperverletzung eines Kinds, da Kinder nach § 1619 zu Dienstleistungen in Haus und Geschäft der Eltern verpflichtet sind. Hier kann § 845 relevant werden. **210**

In den Fällen der §§ 844 f. greift § 254 nicht direkt, weil es bei § 254 um das Mitverschulden des unmittelbar Geschädigten (Getöteten, Verletzten) und nicht des mittelbar Geschädigten geht. Allerdings vermindert sich der Schadensersatzanspruch nach **§ 254 analog**, wenn den mittelbar Geschädigten ein eigenes Mitverschulden trifft. Das „fremde" Mitverschulden des unmittelbar Geschädigten muss er sich wegen § 846 ebenfalls entsprechend § 254 zurechnen lassen[331]. **211**

---

326 BGH NJW 1979, 1501, 1502; BGH NJW-RR 1990, 34.
327 Vgl. BGH NJW 1974, 41, 42; BGH NJW 1997, 256; BGH NJW 1985, 735; Staudinger/*Vieweg*, § 842 Rdnr. 118 ff.
328 BGH NJW 1974, 41, 42; BGH NJW 1997, 256 f.; BGH NJW 1985, 735.
329 Siehe *Mohr*, JURA 2010, 808 ff.
330 Vgl. Rdnr. 96 f.
331 Der Dritte muss sich bei eigener Gesundheits- oder Körperverletzung das Mitverschulden des Getöteten nach Ansicht des BGH nicht über § 846 analog, sondern über **§§ 254, 242** zurechnen lassen, BGHZ 56, 163, 167 ff.

b) §§ 848–851

212 Bei **Sachschäden** durch unerlaubte Handlungen enthalten die **§§ 848–851** von den allgemeinen Regelungen abweichende Vorschriften. Nach § 848 haftet derjenige, der durch eine unerlaubte Handlung eine Sache entzogen hat und zur Rückgabe verpflichtet ist, sogar für Zufall bzw. zufällige Folgeschäden. An § 848 ist daher immer zu denken, wenn im Eigentümer-Besitzer-Verhältnis eine Haftung des Herausgabepflichtigen als deliktischer Besitzer nach § 992 in Betracht kommt. § 849 regelt die Verzinsung der Ersatzsumme, § 850 den Ersatzanspruch des Herausgabepflichtigen wegen Verwendungen und § 851 den Fall der Ersatzleistung an einen Nichtberechtigten.

213 Was bei einer Schadensersatzpflicht nach § 823 Abs. 1 alles **konkret als Schaden** zu ersetzen ist, zeigt unser **Fall 31**[332]: Das Kind K der Eltern E erleidet durch einen Behandlungsfehler des Arztes A erhebliche körperliche und gesundheitliche Schäden. Während des Krankenhausaufenthalts besuchen die E das K regelmäßig und auch während der anschließenden ambulanten Behandlung verbringen die E viel Zeit mit K. Insgesamt wenden die E hierzu mehrere hundert Stunden auf. Dadurch erleiden sie einen Verdienstausfall und müssen erhebliche Fahrtkosten aufbringen. Auf die Inanspruchnahme von (häuslichen) Pflegediensten verzichten sie. K verlangt von A Schadensersatz. Zu Recht?

K könnte von A Schadensersatz aus § 823 Abs. 1 verlangen. A hat K fehlerhaft behandelt und damit rechtswidrig und schuldhaft am Körper und an der Gesundheit verletzt. Deshalb ist A dem Grunde nach zum Ersatz des daraus entstandenen Schadens verpflichtet. Fraglich ist aber der Umfang der Schadensersatzpflicht. Grundsätzlich ist K bei Anwendung der **Differenzhypothese** vermögensmäßig so zu stellen, wie es stünde, wenn das schädigende Ereignis nicht eingetreten wäre[333]. Insofern bereiten die Schadensposten Probleme, die sich nicht als Schäden des unmittelbar Geschädigten (K), sondern bloß als Schaden der mittelbar geschädigten Eltern darstellen. Der BGH erkennt an, dass der Verdienstausfall der Eltern oder Ehegatten, der durch Krankenbesuche bei einem Angehörigen entsteht[334], sowie die für solche Besuche aufgewendeten Fahrtkosten[335] als dem Verletzten erwachsene Heilungskosten zu ersetzen sind. Bei rein natürlicher Betrachtung berühren diese Schadensposten nicht das Vermögen des K, sondern nur das Vermögen der E. Im Rahmen einer **wertenden Betrachtung** werden diese Positionen aber wegen der durch die Krankenhausbesuche bewirkten Förderung des Heilerfolgs noch dem Aufwand für die Heilung des Verletzten (unmittelbar Geschädigten) **zugerechnet**[336]. Sowohl der Verdienstausfall als auch die Besuchskosten sind damit Heilungskosten des Kindes (§ 249 Abs. 2 S. 1).

Ist aufgrund der Verletzung häusliche **Pflege** erforderlich, sind die hierfür anfallenden Kosten nach § 843 Abs. 1 zu ersetzen. Dies gilt auch, wenn auf fremde Pflegekräfte verzichtet wird und stattdessen nahe Angehörige den Verletzten (unentgeltlich) pflegen. Unerheblich ist, ob der Angehörige durch die Übernahme der Pflege einen Verdienstausfall

332 **BGHZ 106, 28 ff.**
333 Dazu näher *Mohr*, JURA 2010, 327 ff.
334 BGH VersR 1957, 790; BGH VersR 1961, 545; BGH VersR 1985, 784, 785.
335 BGH VersR 1961, 272.
336 Zur dogmatischen Konstruktion Staudinger/*Schiemann*, 2005, § 249 Rdnr. 239.

erleidet[337]. Insoweit kann der Rechtsgedanke des § 843 Abs. 4 (Vorteilsausgleichung) herangezogen werden.

Für die Besuchszeit selbst bzw. die spätere häusliche Betreuung des K kann dagegen kein Schadensersatz verlangt werden. Der bloße Zeitaufwand hat die Vermögenssphäre der E nicht berührt. Zwar konnten die E in der Zeit, in der sie sich um K kümmerten, keiner Erwerbstätigkeit nachgehen. Diese Einschränkung der Arbeitskraft und der dadurch entgangene Arbeitslohn sowie der Verlust an Urlaubs- oder Freizeit sind nicht ersatzfähig, soweit sich solche Einbußen nicht als geldwerter Verlustposten im Vermögen konkret niedergeschlagen haben[338]. Insbesondere der Verlust von Urlaubszeit und Freizeit begründet grundsätzlich nur einen immateriellen Schaden, der lediglich in den Grenzen des § 253 ersatzfähig ist[339].

Fraglich ist auch, ob ein **Kind als Schaden** gesehen werden kann. Hierzu **Fall 32**: Frauenarzt A nimmt bei F eine Sterilisation vor. Da er diese ärztlich fehlerhaft durchführt, wird F ungewollt schwanger und bekommt ein Kind. F verlangt von A Schadensersatz aus Delikt[340]. Zu Recht? **214**

Die F könnte gegen A einen Anspruch auf Schadensersatz aus § 823 Abs. 1 haben. Wird eine Schwangerschaft und eine Geburt gegen den Willen der Mutter herbeigeführt, ist das eine Körperverletzung i.S. des § 823 Abs. 1, auch wenn ein normaler Ablauf ohne Komplikationen vorlag[341]. Rechtswidrigkeit und Verschulden sind gegeben. F hat damit einen Anspruch auf Ersatz des daraus entstandenen Schadens.

In Frage kommen sowohl der Ersatz der Unterhaltsaufwendungen für das ungewollte Kind als auch ein Schmerzensgeld (§§ 823 Abs. 1, 253 Abs. 2). Der Schmerzensgeldanspruch ist zu bejahen[342]. Fraglich ist, ob F auch Ersatz der Unterhaltsaufwendungen verlangen kann. Diesbezüglich gab es eine heftige Kontroverse zwischen BGH und BVerfG. Nachdem der Zweite Senat des BVerfG ausgesprochen hatte, der Schutz der Menschenwürde (Art. 1 Abs. 1 GG) verbiete es, die Unterhaltspflicht für ein Kind als Schaden zu begreifen[343], hat der BGH[344] gleichwohl an seiner seit **BGHZ 86, 240** ständigen Rechtsprechung festgehalten, nach der zwar nicht das Kind selbst, wohl aber die Belastung mit Unterhaltspflichten ein ersatzfähiger Schaden sein kann. Der sodann angerufene Erste Senat des BVerfG qualifizierte die Erwägungen des Zweiten Senats gegen dessen erklärten Willen als bloßes obiter dictum und sah sich deshalb nicht gehindert, die Rechtsprechung des BGH verfassungsrechtlich für unbedenklich zu erklären[345].

---

337 BGH VersR 1978, 149, 150.

338 BGHZ 106, 28, 32 f.

339 BGHZ 63, 98, 100 ff.; siehe aber die spezielle Regelung für den Reisevertrag, § 651f Abs. 2.

340 Daneben kommen vertragliche Ansprüche aus § 280 Abs. 1 (Pflichtverletzung im Rahmen des Behandlungsvertrags) bzw. für neuere Fälle Ansprüche aus dem Behandlungsvertrag nach § 640a in Betracht (dazu *Katzenmeier*, NJW 2013, 817 ff.).

341 BGH NJW 1980, 1452, 1453; anders in **Fall 13**, Rdnr. 103.

342 Bis zur Schadensersatzrechtsänderung am 1.8.2002 spielte der deliktische Anspruch für die Gewährung von Schmerzensgeld nach § 847 a.F. eine große Rolle, da nur darüber Schmerzensgeld denkbar war, vgl. OLG Hamm NJW 2002, 2649 ff. Seither ist auch bei vertraglichen Ansprüchen entsprechender Schadensersatz möglich.

343 BVerfGE 88, 203, 296.

344 **BGHZ 124, 128, 136 f.**

345 BVerfGE 96, 375, 396 ff., 403 ff.

Bei einer aus ärztlichem Verschulden misslungenen Sterilisation sowie eines verhinderten oder fehlgeschlagenen Schwangerschaftsabbruchs haftet also der Arzt auf Schadensersatz wegen der Unterhaltsbelastung der Eltern durch das Kind. Allerdings gilt das nach den allgemeinen Regeln der schadensrechtlichen Zurechnung nur, wenn sich in dem Schaden (hier: Belastung der Eltern mit der Unterhaltsverpflichtung) das Risiko verwirklicht hat, das durch die verletzte Norm vermieden werden soll (Lehre vom Schutzzweck der Norm). Entscheidend ist also, ob der zwischen Arzt und Patient geschlossene Behandlungsvertrag zumindest auch vor der Belastung mit Unterhaltspflichten schützen sollte oder ob er in keinem Zusammenhang mit einer möglichen Schwangerschaft stand[346]. Teilweise wird das im Schrifttum als zweifelhaft kritisiert[347].

2. Speziell: Pkw-Schaden[348]

215 Bei der Beschädigung einer Sache hat der Geschädigte nach § 249 Abs. 2 S. 1 ein Wahlrecht und kann entweder den für die Reparatur oder den für die Ersatzbeschaffung eines gleichwertigen Gegenstands erforderlichen Geldbetrag verlangen[349]. Nach Ansicht des BGH stehen Reparatur und Beschaffung eines (gleichwertigen) Ersatzes als Formen der Naturalrestitution i.S. des § 249 Abs. 1 nebeneinander[350]. Zur Begründung verweist der BGH auf das Ziel der Naturalrestitution: Sie beschränke sich nicht auf die Wiederherstellung der beschädigten Sache, sondern bezwecke die umfassende Wiederherstellung der Vermögenslage des Geschädigten, die – wirtschaftlich gesehen – ohne das Schadensereignis bestehen würde[351]. Die Ersatzbeschaffung als Naturalrestitution kommt nur dann nicht in Betracht, wenn es sich bei der beschädigten Sache um eine unvertretbare Sache handelt[352].

216 Wenn es um die Verletzung einer Person oder die Reparatur einer Sache geht, kann der Geschädigte zudem die Wiederherstellungskosten vom Schädiger ersetzt verlangen. Es wird ihm nicht zugemutet, dem Schädiger die Sache ein zweites Mal „auszuliefern". Er kann die zur Reparatur seiner Sache erforderlichen Maßnahmen selbst veranlassen. Bei Personenschäden ist das selbstverständlich. Wählt der Geschädigte den Geldersatz, hat er die **Erforderlichkeitsgrenze** i.S. des § 249 Abs. 2 S. 1 zu beachten[353]. Bis zu dieser Grenze reicht, was ein verständiger, wirtschaftlich denkender Mensch in der konkreten Situation des Geschädigten für zweckmäßig und notwendig halten durfte[354].

217 Der Geschädigte kann sogar eine Reparatur verlangen, wenn die Reparaturkosten die Kosten für eine Ersatzbeschaffung übersteigen (z.B. wirtschaftlicher **Totalschaden**). Bei

346 BGH NJW 2000, 1782, 1783 f.
347 *Picker*, AcP 195 (1995), 483 ff.
348 Zu typischen Fallgestaltungen bei Kfz-Schäden *Wellner*, NJW 2012, 7 ff.
349 Zur Schadensberechnung auch *Witt*, NJW 2010, 3329 ff.
350 BGHZ 115, 364, 368; BGH NJW 2003, 2085; a.A. MünchKomm/*Oetker*, § 251 Rdnr. 10 f., 41 ff.; *Medicus/Petersen*, BR, Rdnr. 817–819.
351 BGHZ 115, 364, 368 m.w.N.
352 BGH NJW 1985, 2413, 2414.
353 BGHZ 115, 364, 368 f. m.w.N.; a.A. MünchKomm/*Oetker*, § 251 Rdnr. 10 f., 44 ff.; *Medicus/Petersen*, BR, Rdnr. 817–819, wo das Problem in § 251 Abs. 2 S. 1 und die Unverhältnismäßigkeit der Herstellungsaufwendungen eingeordnet wird. In BGH NJW 2003, 2085, 2086 („Porsche") bezeichnet der BGH die 130%-Rechtsprechung als Ausnahme zur Unverhältnismäßigkeitsgrenze.
354 BGHZ 61, 346, 349.

Beschädigung eines Kfz gewährt die Rechtsprechung einen sog. **Integritätszuschlag**, weil das Interesse des Geschädigten an der konkreten Zusammensetzung seines Vermögens besonders anzuerkennen ist. Er kennt „sein Auto" und soll nicht ohne Weiteres gezwungen sein, sich umzustellen[355]. Der Geschädigte soll die Reparaturkosten bis zu **130 % des Wiederbeschaffungswerts** verlangen können[356]. Liegen die konkreten Reparaturkosten unterhalb der vom Gutachter geschätzten 130%, können diese geltend gemacht werden[357]. Der BGH zieht den Wiederbeschaffungswert als Vergleichsmaßstab heran, wobei der Restwert des Kfz unberücksichtigt bleibt[358]. Begründet wird das mit der Häufigkeit von Kfz-Unfällen und dem Bedürfnis nach einer möglichst effektiven und praktikablen Schadensabwicklung. Der Integritätszuschlag ist jedoch nur möglich, wenn der Geschädigte das Fahrzeug weiter selbst benutzen will, wofür idR ein Zeitraum von sechs Monaten ausreicht[359] und das Fahrzeug tatsächlich fachgerecht repariert wird (keine fiktive Abrechnung)[360]. Andernfalls macht der Geschädigte deutlich, dass er kein hinreichendes schützenswertes Interesse am konkreten Fahrzeug besitzt.

Der Geschädigte muss sich nur dann auf eine **kostengünstige** Reparatur in einer nicht markengebundenen Fachwerkstatt einlassen, wenn erstens der Schädiger die technische Gleichwertigkeit der billigeren Reparatur darlegen und ggf. beweisen kann[361] und zweitens die Inanspruchnahme dieser Reparaturmöglichkeit für den Geschädigten zumutbar ist[362]. Bei Fahrzeugen bis zum Alter von drei Jahren wird **Unzumutbarkeit** regelmäßig deshalb angenommen, weil der Geschädigte ansonsten bei der Geltendmachung von Gewährleistungsrechten, einer Herstellergarantie oder bei Kulanzleistungen Schwierigkeiten bekomme[363]. Bei (älteren) Fahrzeugen soll eine Unzumutbarkeit daraus resultieren, dass der Geschädigte dann nicht mehr darlegen könne, sein Wagen sei „scheckheftgepflegt"[364]. Unzumutbarkeit soll sich auch ergeben, wenn eine Reparatur in einer freien Fachwerkstatt für den Geschädigten nur aufgrund einer besonderen vertraglichen Vereinbarung mit dem Haftpflichtversicherer des Schädigers günstiger ist[365]. Schließlich befreit die Ersetzungsbefugnis des § 249 Abs. 2 S. 1 den Geschädigten davon, die beschädigte Sache dem Schädiger oder einer von ihm ausgewählten Person zur Reparatur anvertrauen zu müssen.

Übersteigen die Reparaturkosten 130% des Wiederbeschaffungswerts, kann der Geschä- **218**
digte vom Schädiger nur die Kosten der **Ersatzbeschaffung** (Wiederbeschaffungswert unter Abzug des Restwerts) ersetzt verlangen[366]. Dahinter steht die Überlegung, dass ein

355 BGH NJW 2008, 437, 438.
356 BGHZ 115, 364, 371 ff.; BGHZ 115, 375, 380 f.; siehe auch **BGHZ 154, 395**; dazu *Huber*, MDR 2003, 1334 ff.
357 BGH NJW 2011, 669.
358 BGH NJW 2007, 588, 589, wonach Ersatz der Reparaturkosten, die den Wiederbeschaffungswert nicht übersteigen, verlangt werden kann, auch wenn das Fahrzeug nach der Reparatur nicht weiter benutzt wird.
359 BGH NJW 2008, 437; BGH NJW 2008, 2183; BGH NJW 2011, 667, 668.
360 BGH VersR 2010, 363; BGHZ 162, 170; BGHZ 162, 161, wonach die Reparatur, auch bei Eigenreparatur, vollständig und fachgerecht erfolgen muss; siehe vorher BGHZ 154, 395.
361 BGH NJW 2010, 606 („VW"); bestätigt in BGH NJW 2010, 2941.
362 BGH NJW 2010, 606 („VW"); BGH NJW 2010, 2118 („BMW").
363 Dazu *Witt*, NJW 2010, 3329, 3332.
364 Zur Unabhängigkeit vom Alter des Fahrzeugs BGH NJW 2010, 2727 („Audi"); a.A. noch LG Mannheim, NJW-RR 2009, 321, 322 (mehr als zehn Jahre).
365 BGH NJW 2010, 2725 („Mercedes").
366 Zur Bemessung des maßgeblichen Restwerts, *Witt*, NJW 2010, 3329, 3333 f.

wirtschaftlich denkender Eigentümer sein Kfz nicht mehr reparieren lässt, wenn die Reparaturkosten den Wiederbeschaffungswert um mehr als 30% übersteigen. Die Reparaturkosten werden dabei **nicht** in einen vom Schädiger auszugleichenden Teil in Höhe von 130% des Wiederbeschaffungswerts und den Teil, der die 130% des Wiederbeschaffungswerts übersteigt, **aufgeteilt**[367]. Fiktive Reparaturkosten kann der Geschädigte auch nur in den Grenzen des „Erforderlichen" verlangen, also nur bis zu den Kosten der Ersatzbeschaffung (Wiederbeschaffungswert unter Abzug des Restwerts). Im Fall der Aufspaltung würde ansonsten ein Anreiz zu wirtschaftlich unsinnigen Reparaturen geschaffen, an deren Kosten sich der Schädiger zu beteiligen hätte. Das würde zu einer dem Gebot der **wirtschaftlichen Vernunft** zuwiderlaufenden Überdehnung des Schadensersatzes bei der Regulierung von Kfz-Schäden führen und zudem den Schädiger über Gebühr belasten[368].

219 Stellt sich erst nach Durchführung der Reparaturarbeiten in einer Werkstatt heraus, dass die Herstellungskosten (§ 249 Abs. 2 S. 1) im Vergleich zum Wiederbeschaffungswert doch nicht mit geringerem Aufwand verbunden sind, können die Reparaturkosten ersetzt verlangt werden, auch wenn sie die Grenze der Erforderlichkeit (130%) übersteigen. Eigentlich fehlt es in diesem Fall an der Erforderlichkeit der Herstellungs- bzw. Reparaturkosten (vgl. § 249 Abs. 2 S. 1), so dass an sich nur der Wiederbeschaffungswert verlangt werden kann. Dieses Risiko einer mit (unverhältnismäßigen) Kosten verbundenen Reparatur geht aber zu Lasten des Schädigers. Er trägt das sog. **Werkstatt- und Prognoserisiko**[369].

219a Wird ein gebrauchtes, aber **nahezu neues Kfz** beschädigt, ist bei der Schadensbemessung vom Kaufpreis für einen Neuwagen auszugehen (Abrechnung „auf Neuwagenbasis")[370]. Grundsätzlich hat der Geschädigte zwar die Form der Naturalrestitution zu wählen, die den geringsten Aufwand erfordert. Dennoch kann er selbst dann die Kosten einer Ersatzbeschaffung verlangen, wenn sie über den Reparaturkosten und einem Ausgleich für den merkantilen Minderwert[371] des Kfz liegen. Hierfür darf das beschädigte Fahrzeug idR maximal eine Laufleistung von 1000 km[372] haben und muss durch den Unfall erheblich beschädigt sein. Die **Erheblichkeit** der Beschädigung richtet sich nicht nach der Schwere des eingetretenen Unfallschadens, sondern nach dem Zustand, in dem sich das Fahrzeug nach einer fachgerechten Reparatur befinden würde[373]. Danach ist eine erhebliche Beschädigung im Allgemeinen zu bejahen, wenn beim Unfall tragende oder sicherheitsrele-

---

367 BGHZ 115, 375, 380 f.; BGH NJW 2011, 669, 670.

368 BGHZ 115, 375, 380.

369 BGHZ 115, 364, 370; BGH NJW 1972, 1800, 1801 f.; *Medicus/Petersen*, BR, Rdnr. 820. Die Problematik des Werkstatt- und Prognoserisikos taucht auch außerhalb von Kfz-Schäden bei § 251 Abs. 2 und der „Unverhältnismäßigkeit" auf. Es liegt im Grunde ein Missverhältnis zwischen Reparaturkosten (§ 249 Abs. 2 S. 1) und Wertinteresse (§ 251) vor, bei dem nur das Summen- oder Wertinteresse verlangt werden kann (§ 251 Abs. 2). Weil das Risiko aber zu Lasten des Schädigers geht, kann der Geschädigte ausnahmsweise die unverhältnismäßigen Reparaturkosten verlangen.

370 Palandt/*Grüneberg*, § 249 Rdnr. 18.

371 Der merkantile Minderwert ist der Wertverlust, den ein Fahrzeug trotz fachgerechter Reparatur allein aufgrund seiner Eigenschaft als Unfallwagen erleidet.

372 BGH NJW 1982, 433 (auch bei Laufleistung von 3000 km im ersten Nutzungsmonat). In diesem Fall muss der Geschädigte jedoch einen Abschlag vom Neuwagenpreis hinnehmen; vgl. BGH NJW 1983, 2694; MünchKomm/*Oetker*, § 251 Rdnr. 29; Palandt/*Grüneberg*, § 249 Rdnr. 18.

373 BGH NJW 2009, 3022, 3024 = BGHZ 181, 242 ff.

vante Teile beschädigt und die fachgerechte Instandsetzung nicht völlig unerhebliche Richt- oder Schweißarbeiten erfordert[374]. Dagegen ist es beispielsweise nicht erforderlich, dass trotz der fachgerechten Reparatur des Kfz erhebliche Schönheitsfehler oder Sicherheitsrisiken verbleiben oder Garantieansprüche gefährdet sind[375]. Zudem darf die Zulassungsdauer des Kfz grundsätzlich den Zeitraum von einem Monat nicht überschreiten[376]. Da die Abrechnung „auf Neuwagenbasis" eine Ausnahme von der Erforderlichkeitsgrenze i.S. des § 249 Abs. 2 S. 1 ist, muss der Geschädigte einen Neuwagen als Ersatz für sein beschädigtes Fahrzeug (Deckungskauf) auch tatsächlich erworben haben (keine fiktive Abrechnung „auf Neuwagenbasis")[377].

3. Ersatz immaterieller Schäden

Nach **§ 253 Abs. 2** hat der Schädiger dem Geschädigten auch den immateriellen Schaden zu ersetzen[378]. § 253 Abs. 2 ist **keine Anspruchsgrundlage**, sondern lediglich ein Schadensposten bei der Schadensberechnung[379]. Obwohl in § 253 Abs. 2 nicht genannt, kann auch bei Verletzung des allgemeinen Persönlichkeitsrechts (nach wie vor) Schmerzensgeld verlangt werden. Dieser Schmerzensgeldanspruch hat seine Grundlage in Art. 1 und 2 Abs. 1 GG und ist von der Änderung des § 253 unberührt geblieben[380]. **220**

4. Haftungsausfüllende Kausalität

Nach § 823 Abs. 1 muss der Schädiger den aus der Rechtsgutverletzung entstehenden Schaden ersetzen. Damit muss auch die haftungsausfüllende Kausalität gegeben sein. Die haftungsbegründende Kausalität bezog sich darauf, dass der Verletzungserfolg auf einem dem Anspruchsgegner zurechenbaren Handeln beruhen muss. Die – auf der Rechtsfolgenseite zu prüfende – haftungsausfüllende Kausalität bezieht sich dagegen darauf, dass nicht alle aus der kausalen Rechtsgutverletzung resultierenden Schäden zu ersetzen sind, sondern nur diejenigen, die in einem Zusammenhang zum **Verletzungserfolg** stehen[381]. Entscheidend ist dabei der Zusammenhang zwischen Schaden und erster Rechtsgutverletzung. Heranzuziehen sind auch auf dieser Ebene der Kausalität wieder Erwägungen der Äquivalenz, der Adäquanz sowie des Schutzzwecks der Norm. **221**

Die haftungsausfüllende Kausalität ist vor allem bei **Folgeschäden** problematisch. Dabei handelt es sich um Schäden, die erst infolge der Erstschädigung entstehen[382]. Ob der **222**

---

374 BGH NJW 2009, 3022, 3024 = BGHZ 181, 242 ff.

375 BGH NJW 2009, 3022, 3024 = BGHZ 181, 242 ff.; anders noch BGH NJW 1976, 1202; BGH NJW 1982, 433.

376 MünchKomm/*Oetker*, § 251 Rdnr. 29; OLG Nürnberg NJW-RR 1995, 919; LG Schweinfurt NJW-RR 2005, 1110.

377 BGH NJW 2009, 3022; a.A. *Gsell* NJW 2009, 2994.

378 *Neuner*, JuS 2013, 577 ff.

379 Vgl. nur etwa Bamberger/Roth/*Spindler*, § 253 Rdnr. 9; etwas anders *Wandt*, § 23 Rdnr. 41; siehe auch den **Übungsfall** z.B. bei *Rühl/Schmidt*, JA 2013, 814, 820 ff.

380 Vgl. oben Rdnr. 131 zum Schutzumfang bei der Verletzung des allgemeinen Persönlichkeitsrechts.

381 Siehe auch BGH NJW 2004, 1375 f., wo der haftungsrechtliche **Zurechnungszusammenhang** zwischen einem Erst- und einem Zweitunfall verneint wird, weil der **unaufmerksame** Verursacher des Zweitunfalls diesen so herbeigeführt hat, dass es unwesentlich ist, ob das bestehende Hindernis durch einen (Erst-)Unfall oder aus anderen Gründen (z.B. Verkehrsstau) geschaffen wurde.

382 BGH NJW 2004, 1945 ff. (in Ergänzung zu BGH NJW 2002, 504).

(Erst-)Schädiger auch für weitere Schäden haftet, richtet sich danach, ob er ein zusätzliches Risiko für die eingetretenen Folgeschäden geschaffen hat oder ob diese noch als Ausfluss des allgemeinen Lebensrisikos angesehen werden können. Wird also jemand aufgrund eines Unfalls verletzt, ist der daraus entstehende Körperverletzungsschaden unter dem Gesichtspunkt der haftungsausfüllenden Kausalität unproblematisch. Zieht sich der Verletzte aber bei dem daraufhin notwendigen Krankenhausaufenthalt zusätzlich eine Infektion zu, so ist diese weitere Rechtsgutverletzung nur dann von der haftungsausfüllenden Kausalität (Schutzzweck der Norm) erfasst, wenn sie **spezifischer Ausfluss** der Körperverletzung ist, etwa weil der Verletzte durch die Körperverletzung insgesamt geschwächt war. Die haftungsausfüllende Kausalität ist dagegen nicht gegeben, wenn die Infektion ohne einen solchen unmittelbaren Zusammenhang zustande kam. Zwar wäre der Verletzte ohne die Körperverletzung schon gar nicht im Krankenhaus gewesen und hätte sich deshalb die Infektion nicht zugezogen, sie wird aber dann als allgemeines Lebensrisiko angesehen[383].

222a Der Schädiger haftet auch für seelisch bedingte Folgeschäden einer Verletzungshandlung. Das gilt grundsätzlich auch dann, wenn sie auf einer psychischen Anfälligkeit des Verletzten oder einer sonstigen neurotischen Fehlverarbeitung beruhen[384].

Eine Zurechnung kommt aber nicht in Betracht, wenn der Geschädigte das Schadensereignis im neurotischen Streben nach Versorgung und Sicherheit lediglich zum Anlass nimmt, den Schwierigkeiten und Belastungen des Erwerbslebens auszuweichen **(Rentenneurose)**[385]. Dasselbe gilt, wenn das schädigende Ereignis geringfügig ist **(Bagatellfall)** und nicht speziell auf die Schadenslage des Verletzten trifft, so dass insgesamt die psychische Reaktion des Geschädigten in grobem Missverhältnis zum Anlass steht und daher nicht mehr verständlich ist[386].

223 Zur haftungsausfüllenden Kausalität folgender **Fall 33**[387]: B verursacht schuldhaft einen Verkehrsunfall, bei dem A eine schwere Kopfverletzung erleidet. Bei der späteren Untersuchung stellt der behandelnde Unfallarzt eine bisher verborgene Hirnarteriosklerose bei A fest. Infolge dieser wird A vorzeitig pensioniert, was zu verminderten Pensionsbezügen führt. A verlangt von B die Differenz zwischen den Dienstbezügen und dem geringeren Ruhegehalt ersetzt. Zu Recht?

1. A könnte gegen B einen Anspruch aus § 823 Abs. 1 haben. Mit der Kopfverletzung liegt eine Körperverletzung des A vor. Die Rechtsgutverletzung hat B durch sein zum Verkehrsunfall führendes Fahrverhalten auch zurechenbar verursacht. Rechtswidrigkeit und Verschulden liegen vor. Für den Ersatz des daraus entstandenen Schadens müsste auch der **haftungsausfüllende Tatbestand** (Schaden und haftungsausfüllende Kausalität) gegeben sein. Ein Schaden liegt hier vor, da A wegen der vorzeitigen Pensionierung ein im Vergleich zu den Dienstbezügen geringeres Ruhegehalt hat.

---

383 *Huber*, JZ 1969, 677 ff.
384 BGHZ 132, 341 ff.
385 BGHZ 20, 137.
386 BGHZ 132, 341, 346.
387 **BGH NJW 1968, 2287.**

Fraglich ist, ob auch die haftungsausfüllende Kausalität vorliegt. Hierfür müsste ein **Zurechnungszusammenhang** zwischen der Rechtsgutverletzung (Kopfverletzung) und dem geminderten Ruhegehalt (Schaden) zu bejahen sein. Ohne den Unfall wäre A nicht ins Krankenhaus eingeliefert und die Krankheit zumindest zu diesem frühen Zeitpunkt nicht entdeckt worden. Äquivalente Kausalität liegt mithin vor. Auch Adäquanz ist zu bejahen, da es nicht außerhalb jeder Wahrscheinlichkeit liegt, dass bei einem Krankenhausaufenthalt eine weitere, nicht mit der Unfallverletzung zusammenhängende Erkrankung früher festgestellt wird, als dies sonst der Fall gewesen wäre. Zu ersetzen sind jedoch nur solche Schäden, die vom Schutzzweck der verletzten Norm (hier: § 823 Abs. 1) erfasst werden. Im Rahmen einer wertenden Betrachtung ist daher zu fragen, ob die verletzte Norm ihrem Sinn und Zweck nach den Eintritt gerade dieser Verletzung bzw. Schäden verhindern will. § 823 Abs. 1 (Körperverletzung) will vor den Gefahren schützen, die sich aus der Verletzung des Körpers ergeben, nicht aber davor, dass eine schon vorhandene Krankheit entdeckt wird, auch wenn diese zur Pensionierung führt und für den Verletzten Vermögensnachteile mit sich bringt. Insoweit sind durch den Unfall keine Gefahren verwirklicht worden, die das Gesetz verhüten will. Die vorzeitige Pensionierung wegen Dienstunfähigkeit gehört zu den allgemeinen Lebensrisiken, die jeder selbst tragen muss. Der Schaden (vermindertes Ruhegehalt) ist außerhalb des Schutzzwecks der verletzten Norm. Es liegt hier auch kein Fall einer mittelbaren (zweiten) Rechtsgutverletzung vor, weil die verborgene Erkrankung vom Schädiger nicht verursacht wurde.

2. Auch der haftungsbegründende Tatbestand des § 823 Abs. 2 iVm. fahrlässiger Körperverletzung (§ 229 StGB) ist gegeben. Der haftungsausfüllende Tatbestand scheitert aber an den gleichen Erwägungen wie oben.

3. Auch die Voraussetzungen des § 7 Abs. 1 StVG liegen vor, so dass B zum Schadensersatz verpflichtet ist. Dazu gehören aber nicht die wegen vorzeitiger Pensionierung eingetretenen Vermögenseinbußen. Es gelten die Ausführungen zu § 823 Abs. 1 entsprechend.

Was im Zusammenhang mit der haftungsausfüllenden Kausalität konkret zu ersetzen ist, verdeutlicht auch **Fall 34**[388]: B wird beim Diebstahl im Kaufhaus K vom Angestellten A beobachtet und festgehalten. K zahlt daraufhin A eine Prämie von 25 Euro entsprechend einer ihm vorher gegebenen Zusage. Im weiteren Verlauf fallen zusätzlich 10 Euro Bearbeitungskosten für Porto, Telefon und Papier an. K verlangt von B nun Ersatz der Fangprämie und der Bearbeitungskosten. Darüber hinaus möchte K die anteiligen Kosten für allgemeine Schutzmaßnahmen gegen Ladendiebe (anteiliges Gehalt für den Kaufhausdetektiv, Überwachungskamera, Spiegel) in Höhe von 100 Euro ersetzt haben. Zu Recht? **224**

K könnte einen Anspruch gegen B aus § 823 Abs. 1 wegen Verletzung des Eigentums oder des berechtigten Besitzes (z.B. wenn K die Waren unter Eigentumsvorbehalt erworben hat) haben. Die Voraussetzungen des § 823 Abs. 1 liegen vor. B hat dem K die aus der Eigentums-/Besitzverletzung entstandenen Schäden dem Grunde nach zu ersetzen. Fraglich ist, welche Schadensposten ersatzfähig sind.

1. Die **Vorbeuge- oder Vorhaltekosten** (anteilige Kosten für Detektiv und Überwachungskamera usw.) werden nach der Rechtsprechung und der h.M. vom Schutzzweck

---

388 BGHZ 75, 230 ff.

des § 823 Abs. 1 nicht erfasst[389]. Sie stehen nicht im Zusammenhang mit drohenden, unmittelbar bevorstehenden konkreten Eingriffen, sondern dienen der Minderung des allgemeinen Diebstahlsrisikos. Der auf die einzelne Rechtsgutverletzung entfallende Anteil der aufgewendeten Kosten lässt sich nicht ermitteln. Das ist aber Voraussetzung für eine Schadenszurechnung[390].

2. Der BGH versagt auch die Erstattung allgemeiner Bearbeitungskosten (Porto, Telefon, Papier). Soweit diese Auslagen für die Einleitung eines Strafverfahrens entstanden sind, liegen sie außerhalb des Schutzbereichs der Schadensersatznorm: der Eigentumsschutz erstreckt sich nicht auf die Verwirklichung des Strafanspruchs[391]. Soweit der Inhaber Sachauslagen zur Verfolgung seiner zivilrechtlichen Ansprüche geltend macht, besteht zwar grundsätzlich ein materiellrechtlicher Erstattungsanspruch. Für die selbständige klageweise Geltendmachung fehlt aber das Rechtsschutzbedürfnis, da diese Auslagen im Kostenfestsetzungsverfahren (§§ 103 f. ZPO) durchgesetzt werden können[392].

3. Anders verhält es sich mit der **Fangprämie**, da sie einen konkreten Bezug zum Diebstahl aufweist. Gerade der von B begangene Diebstahl hat dazu geführt, dass die Fangprämie fällig geworden ist. Die Fangprämie ist daher nach h.M. prinzipiell erstattungsfähig. Allerdings hält der BGH grundsätzlich nur eine Prämie bis zu 25 Euro für vertretbar und differenziert darüber hinaus nach dem Wert der entwendeten Güter[393]. Folgt man der h.M., kann K von B Zahlung von 25 Euro verlangen.

§ 10 Schutzgesetzverletzung: § 823 Abs. 2

I. Grundlagen

225 § 823 Abs. 1 und § 823 Abs. 2 sind jeweils **selbständige** Anspruchsgrundlagen (Anspruchskonkurrenz)[394]. Die Bedeutung des § 823 Abs. 2 liegt v.a. dort, wo jemand seinen Ersatzanspruch nicht auf § 823 Abs. 1 stützen kann, weil sein Schaden an keinem der in dieser Vorschrift genannten Rechte oder Rechtsgüter eingetreten ist. Dies wird insbesondere bei einer Vermögensbeschädigung oder Ehrverletzung der Fall sein. Voraussetzung des § 823 Abs. 2 ist, dass ein Schutzgesetz rechtswidrig und schuldhaft verletzt ist. In der **Klausur** sind sämtliche möglicherweise verletzten Schutzgesetze zu prüfen.

---

389 BGHZ 75, 230 ff. (dazu *Deutsch*, JZ 1980, 102 ff.; *Pecher*, JuS 1981, 645, 646 f.); vgl. auch Staudinger/*Schiemann*, § 249 Rdnr. 119; *Esser/Schmidt*, § 32 III 2 b; *Medicus/Petersen*, BR, Rdnr. 862 ff. (v.a. Rdnr. 864); a.A. aber *Canaris*, NJW 1974, 521, 525 (bis zum Wert der gestohlenen Ware sei Umlage auf den Dieb möglich).

390 BGHZ 59, 286, 287 f.

391 BGHZ 75, 230, 234 f.

392 BGHZ 75, 230, 235.

393 So im Jahr 1979: BGHZ 75, 230, 240 f.; siehe auch *Deutsch*, JZ 1980, 102 ff.; *Medicus/Petersen*, BR, Rdnr. 864; MünchKomm/*Oetker*, § 249 Rdnr. 202 f.

394 *Kupisch/Krüger*, S. 64.

II. Schutzgesetzverletzung[395]

➔ **Schutzgesetz** i.S. des § 823 Abs. 2 ist nach ständiger Rechtsprechung eine Norm, die nach Zweck und Inhalt wenigstens auch auf den Schutz von Individualinteressen vor einer näher bestimmten Art ihrer Verletzung ausgerichtet ist[396]. **226**

Allerdings genügt nicht, dass der Individualschutz durch Befolgung der Norm als ihr Reflex objektiv erreicht werden kann. Er muss im Aufgabenbereich der Norm liegen. Teilweise wird verlangt, dass der Schutzzweck gerade (auch) durch privatrechtliche Schadensersatzansprüche erreicht werden soll[397]. Damit sind **drei Punkte zu prüfen**: Es muss sich um ein Gesetz handeln (1.), das eine Verbots- oder Gebotsnorm darstellt (2.) und das den Schutz eines anderen bezweckt (3.).

1. Gesetz

➔ Der Begriff **„Gesetz“** ist hier sehr weit zu verstehen. Gesetz im Rahmen des § 823 Abs. 2 ist jede Rechtsnorm im materiellen Sinne (vgl. Art. 2 EGBGB)[398]. Darunter fallen Gesetze im formellen Sinn, aber auch Verordnungen, öffentlich-rechtliche Satzungen und Gewohnheitsrecht. **227**

Mangels spezieller staatlicher Ermächtigung sind dagegen bloße Vereinssatzungen, Handelsbräuche usw. keine Schutznormen[399]. Ebenso wenig hat ein Verwaltungsakt Schutzgesetzcharakter, da er kein Gesetz i.S. des Art. 2 EGBGB darstellt[400]. Das Schutzgesetz kann sich im Zivilrecht, im öffentlichen Recht oder im Strafrecht finden. Nicht entscheidend ist, ob die betreffende Regelung eine Sanktion enthält[401]. Eine Mindermeinung will auch die Verkehrspflichten als Normen i.S. des § 823 Abs. 2 behandeln[402]. Die h.M. lehnt das jedoch ab und prüft die Verkehrspflichten im Rahmen des zurechenbaren Handelns bei § 823 Abs. 1, da § 823 Abs. 2 sonst zu einer deliktischen Generalklausel werden würde[403].

2. Gebots- oder Verbotsnorm

Die Bezugsnorm muss eine **Gebots- oder Verbotsnorm** darstellen, d.h. Befehlsqualität haben. Bloße Formvorschriften können damit keine Schutzgesetze i.S. des § 823 Abs. 2 sein. **228**

3. Schutz eines anderen

Das Gesetz muss den **„Schutz eines anderen bezwecken“**, d.h. nach seinem persönlichen und sachlichen Schutzbereich für den konkreten Fall eine Ersatzpflicht vorsehen. **229**

395 **Übungsfall** z.B. bei *Kredig/Uffmann*, JURA 2011, 454 ff.
396 **BGHZ 122, 1, 3**; kritisch dazu *Medicus/Lorenz*, SR II, Rdnr. 1320; *Larenz/Canaris*, § 77 II 2.
397 *Medicus/Lorenz*, SR II, Rdnr. 1320.
398 Vgl. den Begriff „Gesetz“ in § 134.
399 *Kupisch/Krüger*, S. 66 Fn. 12.
400 BGHZ 122, 1, 3. Nach h.M. kann aber die Eingriffsnorm, auf die der Verwaltungsakt gestützt ist, Schutzgesetz sein, siehe Staudinger/*Hager*, § 823 Rdnr. G 10.
401 *Kupisch/Krüger*, S. 66.
402 *Mertens*, AcP 178 (1978), 227, 230.
403 *Honsell*, JA 1983, 101, 103.

Das Schutzgesetz muss damit erstens zumindest auch Individualschutz bezwecken, zweitens muss der Anspruchsteller zum geschützten Personenbereich gehören (persönlicher Schutzbereich) und drittens muss das geltend gemachte Interesse von der Norm (auch) geschützt werden (sachlicher Schutzbereich).

a) Individualschutz

230 Da das Gesetz einen **Individualschutz** und nicht nur den Schutz der Allgemeinheit bezwecken muss, muss es jedenfalls auch den Schutz des Einzelnen oder eines bestimmten Personenkreises zum Ziel haben[404]. Das Schutzgesetz braucht nicht ausschließlich Individualschutz zu gewährleisten, sondern es genügt, dass der Individualschutz eines von mehreren gesetzgeberischen Anliegen der Norm ist[405]. Zu den Normen, die (zumindest auch) Individualschutz bezwecken, zählen die meisten Tatbestände des **StGB**, soweit sie Übergriffe in private Rechtssphären unter Strafe stellen[406]. Darunter fallen die §§ 211 ff. StGB (Leben), §§ 223 ff. StGB (Körper/Gesundheit), §§ 234 ff. StGB (Freiheit), §§ 174 ff. StGB (sexuelle Selbstbestimmung), §§ 185 ff. StGB (Ehre), §§ 242 ff. StGB (Eigentum) sowie §§ 263 ff. StGB (Vermögen). **§ 315b StGB** (gefährliche Eingriffe in den Straßenverkehr) schützt neben der Sicherheit des Straßenverkehrs auch den einzelnen Verkehrsteilnehmer vor Verletzungen von Körper, Gesundheit und Leben sowie vor Verletzungen des Eigentums (ab einem bestimmten Wert der Sache)[407].

231 Als **problematisch** hinsichtlich des Schutzcharakters haben sich beispielsweise die folgenden Normen erwiesen: Die **§§ 153 ff. StGB** (Aussagedelikte) sind nach h.M. Schutzgesetz i.S. des § 823 Abs. 2, da sie nicht nur die Rechtspflege schützen, sondern auch das Vermögen des Einzelnen[408]. Auch **§ 264 StGB** (Subventionsbetrug) wird nach h.M. als Schutzgesetz i.S. des § 823 Abs. 2 angesehen. Hier sei nicht allein die staatliche Planungs- und Dispositionsfreiheit geschützt, sondern auch das staatliche Vermögen vor missbräuchlicher Inanspruchnahme durch die Einwirkung unberechtigter Subventionen[409]. Auch **§ 264a StGB** (Kapitalanlagebetrug) kann Schutzgesetz i.S. des § 823 Abs. 2 sein, da er nicht nur das Vertrauen der Allgemeinheit in das Funktionieren des Kapitalmarkts schützt, sondern auch das Vermögen des einzelnen Kapitalanlegers vor möglichen Schäden durch falsche oder unvollständige Prospektangaben[410]. **§ 265 StGB** (Versicherungsbetrug) hat jedenfalls auch den Schutz des Vermögens des Versicherers vor unberechtigter Inanspruchnahme zum Inhalt[411]. Ebenso ist § 266a StGB (Vorenthalten und Veruntreuen von Arbeitsentgelt) Schutzgesetz[412]. Da **§ 288 StGB** (Vereiteln der Zwangsvollstreckung) das materielle Befriedigungsrecht des Gläubigers schützt, kann ein Ersatzanspruch aus § 823 Abs. 2 iVm. § 288 StGB nur bestehen, wenn der Anspruchsgegner dem Anspruchsteller zur Herausgabe des veräußerten bzw. beiseite geschafften Gegenstands materiellrechtlich verpflichtet war[413].

---

404 BGHZ 122, 1, 3 f. m.w.N.
405 BGHZ 122, 1, 4; BGHZ 100, 13, 14 f. m.w.N.
406 Zu Beispielen PWW/*Schaub*, § 823 Rdnr. 235 ff.
407 *Honsell*, JA 1983, 101, 103.
408 OLG Celle FamRZ 1992, 556; OLG Brandenburg MDR 2000, 1076.
409 BGHZ 106, 204, 207 ff.
410 BGH NJW 1992, 241, 243; BGHZ 160, 134, 141 f; BGHZ 177, 88, 94, Rdnr. 17.
411 OLG Düsseldorf NJW-RR 1995, 1493.
412 BGHZ 183, 77, 79; BGH NJW-RR 2010, 701; BGHZ 133, 370, 374.
413 BGHZ 114, 305, 308 f.; BGH NJW-RR 1991, 467.

Kein Schutzgesetz ist etwa **§ 267 StGB** (Urkundenfälschung). § 267 StGB soll lediglich die Sicherheit und Zuverlässigkeit des Rechtsverkehrs mit Urkunden schützen, nicht aber einen Schutz des Vermögens des Einzelnen bezwecken[414]. Zwar kann mittelbar auch das Vermögen geschützt werden, dies ist aber nur Reflex des Schutzes des Rechtsverkehrs vor falschen oder unechten Urkunden. In den spezifischen Schutzbereich des § 267 StGB fällt das Vermögen nicht. Kein Schutzgesetz stellt des Weiteren **§ 323c StGB** (unterlassene Hilfeleistung) dar, der lediglich die öffentliche Sicherheit und die humanitäre Solidarität schützen will[415]. Auch die Strafbestimmungen über Hoch- und Landesverrat, **§§ 81 ff. und 94 StGB**, sollen lediglich die Allgemeinheit schützen. **232**

Auch einige Normen der **StVO**[416], **StVZO** und des **StVG** bezwecken (zumindest auch) Individualschutz (z.B. § 21 Abs. 1 Nr. 2 StVG). Allerdings sollen zahlreiche dieser Normen lediglich die Allgemeinheit schützen, so dass sie wie etwa § 29 StVZO (Untersuchungspflicht von Kraftfahrzeugen und Anhängern) kein Schutzgesetz i.S. des § 823 Abs. 2 darstellen. Schutzgesetze finden sich zudem im Grundgesetz, z.B. Art. 5 GG (Pressefreiheit) oder Art. 9 Abs. 3 GG (Koalitionsfreiheit). Auch Schutzbestimmungen der **Gewerbeordnung** (z.B. die Vorschriften über Sicherheitsmaßnahmen zum Schutz der Arbeitnehmer) können individualschützenden Charakter haben. **233**

Schutzgesetz kann auch eine **privatrechtliche Norm** sein, die Individualinteressen schützen will. **§ 858** (verbotene Eigenmacht) ist nach Ansicht des BGH als Schutzgesetz i.S. des § 823 Abs. 2 anzusehen[417], jedenfalls sofern der verlorene Vorteil dem Besitzer gebührt. Ebenso ist das Verbot des **§ 909**, dem Nachbargrundstück die Stütze zu entziehen, ein Schutzgesetz. Es richtet sich gegen den Eigentümer des Grundstücks, von dem die Störung ausgeht, sowie gegen jeden, der an der Vertiefung mitwirkt[418]. **234**

Zu den individualschützenden Normen zählen auch zahlreiche **Polizeiverordnungen** sowie **öffentlich-rechtliche Normen**. So hat der BGH etwa einen Drittschutz bejaht bzgl. § 1 Abs. 1 Nds. BauO (Lärmimmissionen, die nicht von technischen Bauteilen ausgehen), § 34 Abs. 1 BBauG a.F. (baurechtliches Gebot der Rücksichtnahme), sowie § 22 Abs. 1 Nr. 1 und 2 BImSchG (Verhinderung oder Beschränkung konkreter schädlicher Umwelteinwirkungen, auch Lärm, § 3 Abs. 1 und 2 BImSchG)[419]. Im Zusammenhang mit Umweltschäden ist fraglich, ob § 5 BImSchG (Pflichten des Betreibers einer genehmigten Industrieanlage) ein Schutzgesetz ist. Dies dürfte abzulehnen sein, sofern das Unternehmen die ihm gemachten Auflagen erfüllt[420]. Individualschützend sind des Weiteren die meisten Regelungen des Produktsicherheitsgesetzes[421]. **235**

---

414 BGHZ 100, 13, 15 ff.; dazu *Kohte*, JURA 1988, 125; *Deutsch*, JZ 1990, 733, 738.

415 *Dütz*, NJW 1970, 1822, 1825; *Kupisch/Krüger*, S. 66 Fn. 14; OLG Frankfurt NJW-RR 1989, 794, 795; a.A. OLG Düsseldorf NJW 2004, 3640 f.; OLG Hamm VersR 2005, 1689 f.

416 Siehe etwa BGH NJW 2005, 2923 ff.; ausführlich PWW/*Schaub*, § 823 Rdnr. 238.

417 BGHZ 79, 232, 237; BGHZ 114, 305, 313 f.; BGHZ 181, 233, 238, Rdnr. 15; *Medicus/Petersen*, BR, Rdnr. 621; siehe auch *Larenz/Canaris*, § 76 II 4 f.

418 BGH NJW 1996, 3205, 3206; BGH NJW-RR 1997, 146; BGH NJW-RR 2008, 969 Rdnr. 8.

419 BGHZ 122, 1, 4 ff.; BGH NJW 1997, 55.

420 *Medicus/Lorenz*, SR II, Rdnr. 1328; a.A. OVG Münster NJW 1976, 2360, 2361.

421 Zu diesem Gesetz *Polly/Lach*, BB 2012, 71 ff.

b) Persönlicher Schutzbereich

236 Dass eine Norm zumindest auch Individualschutz bezweckt, reicht nicht aus. Der Verletzte muss zum **geschützten Personenkreis** gehören. Es genügt nicht, dass die Norm dem Schutz einer besonderen Personengruppen (z.B. der Anlegerschaft) dient.

237 Dass die Frage, ob der Verletzte auch zum geschützten Personenkreis gehört, nicht immer einfach zu beantworten ist, zeigt **Fall 35**[422]: Der Jugendliche A verleiht sein Mokick an den Jugendlichen H, obwohl er weiß, dass dieser keinen Führerschein besitzt. H gibt das Mokick weiter an B, die ebenfalls nicht im Besitz der erforderlichen Fahrerlaubnis ist. Das wissen sowohl er als auch der Halter des Mokicks. B verunglückt mit dem Mokick. Ihre Krankenversicherung nimmt aus übergegangenem Recht (§ 116 SGB X) den Halter des Mokicks, A, aus § 823 Abs. 2 BGB iVm. § 21 Abs. 1 Nr. 2 StVG in Anspruch. Zu Recht?

Die Krankenversicherung könnte gegen A einen Anspruch aus § 116 SGB X iVm. § 823 Abs. 2 iVm. § 21 Abs. 1 Nr. 2 StVG haben. Voraussetzung dafür ist, dass B einen entsprechenden Anspruch gegen A hat. § 21 Abs. 1 Nr. 2 StVG ist zwar Gesetz i.S. des § 823 Abs. 2 und die Norm dient auch dem Individualschutz, die B fällt aber nicht unter den persönlichen Schutzbereich des § 21 Abs. 1 Nr. 2 StVG. Diese Norm will vor Gefahren schützen, die anderen Personen von Verkehrsteilnehmern drohen, welche im Straßenverkehr ohne Fahrerlaubnis ein Kfz führen. § 21 Abs. 1 Nr. 2 StVG will jedoch nicht denjenigen schützen, der **selbst** unter Verstoß gegen diese Bestimmung ein Kfz ohne Fahrerlaubnis führt. Die B hat damit keinen Anspruch aus § 823 Abs. 2 iVm. § 21 Abs. 1 Nr. 2 StVG.

237a Ein weiteres Beispiel für die Bedeutung des persönlichen Schutzbereichs ist **§ 248b StGB** (unbefugter Gebrauch eines Fahrzeugs). Diese Vorschrift ist nur Schutzgesetz zugunsten des (Gebrauchs-)Berechtigten, nicht auch zugunsten von Verkehrsteilnehmern, die durch den Schwarzfahrer körperlich verletzt werden[423]. Dagegen schützt **§ 163 StGB** (fahrlässiger Falscheid) auch den von der falschen Aussage Betroffenen. Dies folgt aus § 163 Abs. 2 StGB, wonach von Strafe abgesehen werden kann, falls der Täter seine Aussage berichtigt, bevor aus ihr einem anderen ein Nachteil entstanden ist. **§ 64 Abs. 1 GmbHG** (Insolvenzantragspflicht) schützt die Gesellschafter und die Gläubiger der insolventen GmbH, nicht aber Dritte, die ahnungslos während der Verzögerung des Insolvenzverfahrens Beteiligungen am Unternehmen erwerben[424].

c) Sachlicher Schutzbereich

238 Neben dem persönlichen ist auch der sachliche Schutzbereich zu berücksichtigen. Das vom Geschädigten geltend gemachte Interesse muss (auch) von der betreffenden Norm geschützt werden. Bei **§ 163 StGB** (fahrlässiger Falscheid) ist beispielsweise auch das Vermögensinteresse des von der Aussage Betroffenen geschützt, da diese Regelung auch vor Vermögensnachteilen bewahren will[425]. Dagegen soll **§ 319 StGB** (Baugefährdung durch Verletzung der Regeln der Technik) nur das Leben und die Gesundheit von Men-

422 BGH NJW 1991, 418.
423 BGHZ 22, 293, 296; Staudinger/*Hager*, § 823 Rdnr. G 24.
424 BGHZ 96, 231, 237 f.; siehe aber BGHZ 126, 181, 190 ff.; zustimmend *Medicus/Petersen*, BR, Rdnr. 622.
425 BGHZ 42, 313, 318.

schen (auch des Bauherrn) vor Gefahren schützen, die durch eine Verletzung der Regeln der Baukunst entstehen, nicht aber das Eigentum oder Vermögen des Bauherrn[426]. Der Bauherr ist damit nicht vor sämtlichen Baumängeln geschützt, sondern nur vor denen, die zu einer Körper- oder Gesundheitsverletzung führen.

d) Verletzung des Schutzgesetzes

Sodann ist zu untersuchen, ob dieses Schutzgesetz auch **tatsächlich verletzt** worden ist. **239**
Ist das Schutzgesetz ein Strafgesetz, sind alle strafrechtlichen Tatbestandsmerkmale im Rahmen des zivilrechtlichen Gutachtens zu prüfen. Unerheblich ist aber, ob ein eventuell erforderlicher Strafantrag vorliegt, denn dieses Erfordernis dient nicht dazu, zivilrechtliche Ersatzansprüche verloren gehen zu lassen[427].

III. Rechtswidrigkeit und Verschulden

Wie bei § 823 Abs. 1 indiziert nach h.M. die Tatbestandsmäßigkeit, d.h. die Verletzung **240**
des Schutzgesetzes, die **Rechtswidrigkeit**[428]. Diese entfällt nur, wenn ein Rechtfertigungsgrund vorliegt.

Die Verletzung des Schutzgesetzes muss schuldhaft erfolgen. Die **Verschuldensfähig-** **241**
keit richtet sich nach dem Zivilrecht, also nach den §§ 276, 827, 828, und nicht nach dem Rechtsgebiet, aus dem die Schutznorm stammt[429]. Relevant ist das vor allem im Hinblick auf die Verletzung strafrechtlicher Schutzgesetze, weil insoweit die Schuldfähigkeit nach den §§ 827, 828 beurteilt wird und die strafrechtlichen Regelungen der §§ 19, 20 oder das JGG keine Anwendung finden[430].

Die Frage, welcher **Verschuldensgrad** (Vorsatz, leichte oder grobe Fahrlässigkeit) für die **242**
Haftung nach § 823 Abs. 2 erforderlich ist, ist dagegen in Übereinstimmung mit dem verletzten Schutzgesetz zu beantworten[431]. So kann ein Schadensersatz wegen Sachbeschädigung über § 823 Abs. 2 iVm. § 303 StGB nur bei vorsätzlicher Beschädigung gewährt werden, weil eine fahrlässige Sachbeschädigung nach § 303 StGB straflos ist. Bei Delikten mit sog. überschießender Innentendenz (z.B. die Bereicherungsabsicht bei § 263 StGB) muss zusätzlich das strafrechtliche subjektive Merkmal gegeben sein, welches keine Entsprechung im objektiven Tatbestand hat. Manche verlangen darüber hinaus auch Fahrlässigkeit i.S. des § 276, denn § 823 Abs. 2 setze zivilrechtliches Verschulden voraus[432]. Andere wollen dies für den Regelfall nicht mehr gesondert prüfen[433]. Diese Frage spielt für das Ergebnis in vielen Fällen keine Rolle, denn wenn Fahrlässigkeit i.S. des Strafrechts bejaht wird, liegt regelmäßig auch Fahrlässigkeit i.S. des Zivilrechts vor. Wenn das Schutzgesetz aber kein Verschulden voraussetzt, muss gemäß § 823 Abs. 2 S. 2 iVm. § 276 Abs. 1 wenigstens ein fahrlässiger Verstoß vorliegen. Allerdings soll das Ver-

426 BGHZ 39, 366, 367 f. zu § 330 StGB a.F.
427 *Medicus/Lorenz*, SR II, Rdnr. 1324.
428 BGHZ 122, 1, 6 f.; BGH NJW 2005, 2923; differenzierend Soergel/*Spickhoff*, § 823 Rdnr. 207.
429 PWW/*Schaub*, § 823 Rdnr. 233; Staudinger/*Hager*, § 823 Rdnr. G 36.
430 MünchKomm/*Wagner*, § 823 Rdnr. 435.
431 *Kupisch/Krüger*, S. 68.
432 Vgl. dazu MünchKomm/*Wagner* § 823 Rdnr. 435.
433 Vgl. PWW/*Schaub*, § 823 Rdnr. 233.

schulden hier widerlegbar vermutet werden, wenn die objektive Verletzung des Schutzgesetzes feststeht[434].

Das Verschulden braucht sich nach h.M. nur auf den **Verstoß gegen das Schutzgesetz** selbst zu beziehen[435], nicht aber auf den Schadenseintritt oder die Folgeschäden. Eine Verletzung oder Schädigung des Betroffenen muss somit vom Verschulden nur umfasst sein, wenn und soweit diese zu den Voraussetzungen des Schutzgesetzes gehört[436]. Das ist etwa bei einer Körperverletzung (§ 223 StGB) oder einer Vermögensschädigung (§ 263 StGB) der Fall. Ob der Täter die Folgen der Gesetzesverletzung vorausgesehen hat oder hätte voraussehen können, ist gleichgültig[437].

IV. Rechtsfolge

243 Sind die Voraussetzungen des § 823 Abs. 2 erfüllt, hat der Schädiger den aus dem Schutzgesetzverstoß entstandenen Schaden zu ersetzen (§§ 249 ff.). Nach § 823 Abs. 2 sind jedoch nur diejenigen Schäden ersatzfähig, die vom Sinn und Zweck des Schutzgesetzes gerade verhindert werden sollten[438]. Es wird damit nur der Schaden ersetzt, den das betreffende Schutzgesetz verhüten will.

§ 11 Vorsätzliche sittenwidrige Schädigung: § 826

244 Nach § 826 ist schadensersatzpflichtig, wer in einer gegen die guten Sitten verstoßenden Weise einem anderen vorsätzlich Schaden zufügt. § 826 BGB ist **selbständig** neben möglichen vertraglichen Ansprüchen oder Ansprüchen aus § 823 Abs. 1 oder § 823 Abs. 2 BGB iVm. einem Schutzgesetz zu prüfen. § 826 BGB dient aber, anders als die beiden anderen Grundtatbestände, nicht dem Schutz bestimmter, individuell benannter Rechtsgüter, sondern stellt eine **Generalklausel** dar, die jede Schädigung eines anderen, unabhängig von der Art des verletzten Rechts oder Rechtsgutes, sanktioniert. Es wird also auch das **Vermögen** geschützt.

Eine Einschränkung erfährt diese Haftungsnorm dadurch, dass die Schadenszufügung **vorsätzlich** und in einer „gegen die guten Sitten verstoßenden Weise" erfolgt sein muss. Da für den Vorsatz und Sittenverstoß des Schädigers der **Geschädigte** darlegungs- und beweispflichtig ist, ist die praktische Bedeutung des § 826 gering und auf eklatantes Fehlverhalten reduziert. Da § 826 ebenso wie § 138 auf Sittenwidrigkeit abhebt, sollte in der **Klausur** beachtet werden, dass aufgrund der vorrangigen Begutachtung der vertraglichen

434 BGHZ 51, 91, 103 ff.; BGH NJW 1968, 1279, 1281; PWW/*Schaub*, § 823 Rdnr. 233.
435 BGH NJW-RR 1987, 1311, 1312; BGHZ 34, 375, 381; MünchKomm/*Wagner*, § 823 Rdnr. 434; anders *Kupisch/Krüger*, S. 68 f.
436 BGH NJW 1982, 1037, 1038; Staudinger/*Hager*, § 823 Rdnr. G 34 f.
437 BGHZ 103, 197, 200.
438 *Kupisch/Krüger*, S. 69.

Ansprüche zunächst § 138 zu prüfen ist. Liegt Nichtigkeit nach § 138 vor, entfällt regelmäßig ein Schaden i.S. des § 826[439].

I. Tatbestand

1. Schadenszufügung

Gegenstand der Ersatzpflicht ist **jeder Schaden**, der vorsätzlich und sittenwidrig zugefügt wird[440]. Bei § 826 gehört der Schaden zum haftungsbegründenden Tatbestand. Der Schaden, um dessen Ersatz es geht, muss nicht, wie bei § 823 Abs. 1, durch die Verletzung bestimmter Rechtsgüter oder Rechte eingetreten sein. Voraussetzung ist auch nicht, dass wie bei § 823 Abs. 2, ein Verstoß gegen ein Schutzgesetz vorliegt. Es kann ein Vermögens- oder ein Nichtvermögensschaden (z.B. Ehrenkränkung durch die Verweigerung der Aufnahme in einen Verein[441]) sein. **245**

2. Zuzurechnendes sittenwidriges Handeln

Der Schaden muss auf einem zurechenbaren und sittenwidrigen Verhalten des Anspruchsgegners beruhen. Es muss also **Kausalität** zwischen der Handlung und dem Schaden bestehen. Da der Schaden bereits zum Tatbestand gehört, ist an sich nicht wie bei § 823 Abs. 1 zwischen haftungsbegründender und -ausfüllender Kausalität zu unterscheiden. Wegen der Beweiserleichterung des § 287 ZPO in Bezug auf die haftungsausfüllende Kausalität ist die Abgrenzung aber für die Praxis relevant. So ist etwa bei der Informationsdeliktshaftung im Kapitalmarktrecht die Kausalität zwischen Falschinformation und Anlageentscheidung von der zwischen Anlageentscheidung und Schaden zu unterscheiden[442]. **245a**

Das Handeln muss sittenwidrig sein. **245b**

➔ **Sittenwidrig** sind Handlungen, die gegen das Anstandsgefühl aller billig und gerecht Denkenden verstoßen und damit moralisch verwerflich sind[443]. Der Begriff der Sittenwidrigkeit in § 826 ist damit gleichbedeutend mit der Sittenwidrigkeit in § 138.

Sittenwidrigkeit kann sich aus dem verfolgten **Zweck** (z.B. Existenzvernichtung, Bereicherung), dem angewandten **Mittel** (z.B. Täuschung einer arglosen Person, Rufmord), der dabei zutage getretenen **Gesinnung** (z.B. rücksichtsloses Gewinnstreben) oder den damit angerichteten **Folgen** (z.B. bleibender Gesundheitsschaden, Ruin) ergeben. Maßgeblich sind die Anschauungen der in Betracht kommenden Kreise (z.B. Kaufleute), wobei ein Durchschnittsmaß von Redlichkeit und Anstand zugrunde zu legen ist. Maßgeblicher Zeitpunkt für die Beurteilung der Sittenwidrigkeit ist die Vornahme der Schädigungshandlung. Damit sind für die Bewertung die zu diesem Zeitpunkt geltenden Moralvorstellungen entscheidend[444].

---

439 PWW/*Schaub*, § 826 Rdnr. 4.
440 Zum subjektiven Tatbestand des § 826 *Sack*, NJW 2006, 945 ff.
441 *Medicus/Lorenz*, SR II, Rdnr. 1331.
442 Zu den Einzelheiten *Buck-Heeb*, Kapitalmarktrecht, 7. Aufl. 2014, Rdnr. 382 ff.
443 BGHZ 10, 228, 232; BGH NJW 2004, 2668, 2670.
444 BGH NJW 1983, 2692.

246 So einfach das klingen mag, so schwierig kann im Einzelfall die Feststellung der Sittenwidrigkeit sein. Unproblematisch ist das nur, wenn eine vorsätzliche Schädigung auch einen Straftatbestand erfüllt. Dann wird man die Schädigung grundsätzlich als sittenwidrig ansehen können, da das Strafrecht ein moralisches Unrechtsurteil enthält und Ausdruck der allgemeinen Sittenordnung ist. In solchen Fällen werden regelmäßig § 823 Abs. 2 iVm. dem Schutzgesetz sowie § 826 nebeneinander vorliegen. Für die anderen Fälle ist es hilfreich, sich einige **Fallgruppen** zu merken, die sich angesichts der nahezu unübersehbaren Kasuistik herausgebildet haben[445]. Nicht ausreichend ist es jedenfalls, dass der Handelnde „nur" vertragliche Pflichten oder das Gesetz verletzt oder bei einem anderen einen Vermögensschaden hervorruft[446]. Hinzukommen muss die soeben dargestellte besondere Verwerflichkeit.

247 Eine erste Fallgruppe ist die der **Verleitung zum Vertragsbruch**. Grundsätzlich braucht sich der Käufer einer Sache nicht darum zu kümmern, ob der Verkäufer die Sache bereits einem Dritten versprochen hat. Selbst wenn der Käufer diesbezüglich positive Kenntnis hat, ist dadurch noch kein Raum für Sittenwidrigkeit eröffnet. Auch das bloße Überbieten des ersten Käufers beim Kaufpreis reicht für § 826 noch nicht aus[447]. Anders verhält es sich, wenn der Käufer den Verkäufer zum Vertragsbruch bestimmt hat und damit aktiv am Vertragsbruch beteiligt ist[448], indem er etwa dem Verkäufer eine Freistellung von Schadensersatzansprüchen gegen den Erstkäufer zusagt[449].

248 Eine zweite **klausurwichtige** Fallgruppe ist die der Erschleichung eines objektiv unrichtigen Urteils bzw. der **Erschleichung von Titeln**. Eine **Urteilserschleichung** liegt vor, wenn eine Partei im Prozess bewusst unwahre Tatsachen vorträgt oder Beweismittel manipuliert und auf diese Weise das Gericht über den wahren Sachverhalt täuscht und infolgedessen ein unrichtiges Urteil ergeht. Die täuschende Partei verstößt gegen die Wahrheitspflicht aus § 138 ZPO. Die Partei, die das Urteil erschlichen hat und die Unrichtigkeit kennt, handelt sittenwidrig. Demgegenüber genügt das bloße Ausnutzen eines als unrichtig erkannten Urteils, ohne dass zuvor auf das Gericht durch Täuschung eingewirkt wurde, nicht, um Sittenwidrigkeit zu begründen. Der BGH verlangt vielmehr, dass über das bloße Ausnutzen hinaus weitere Umstände hinzutreten, nach denen es „in hohem Maße unbillig und geradezu unerträglich wäre, die Ausnutzung des Urteils zuzulassen"[450]. Nach h.M. ist auch die Betreibung der Vollstreckung aus einem zwar nicht erschlichenen, aber sachlich unrichtigen Urteil sittenwidrig, wenn der Titelgläubiger seine formelle Rechtsstellung unter Missachtung der materiellen Rechtslage zu Lasten des Schuldners ausnutzt. Nach der Rechtsprechung kommt eine Durchbrechung der Rechtskraft und die Bejahung eines Anspruchs aus § 826 auf Unterlassung der Zwangsvollstreckung oder Herausgabe des Titels in Betracht[451]. Das wird in der Literatur teilweise aufgrund der entstehenden Rechtsunsicherheit kritisiert. Die materielle Rechtskraft habe

445 *Medicus/Lorenz*, SR II, Rdnr. 1336 ff.; *Brox/Walker*, § 47 Rdnr. 5 ff.
446 BGH NJW 2014, 1380 ff.
447 *Medicus/Petersen*, BR, Rdnr. 625. Der Erstverkäufer hat aber gegen den Verkäufer gem. §§ 280 Abs. 1, 3 iVm. 283 S. 1 und S. 2 iVm. 281 Abs. 1 S. 3, 285 Ansprüche auf Schadensersatz statt der ganzen Leistung sowie auf Herausgabe des Ersatzes bzw. Abtretung des Ersatzanspruchs.
448 BGH NJW 1969, 1293, 1295.
449 BGH NJW 1981, 2184, 2185; BGH NJW 1994, 128, 129.
450 BGH NJW 1986, 1751, 1753.
451 BGH WM 1998, 1950, 1951 m.w.N.

gerade den Zweck, eine sichere, unumstößliche Rechtslage zu gewährleisten. Zudem seien die Rechtsbehelfe der ZPO ausreichend, insbesondere könne auch eine Analogie zu § 580 ZPO Abhilfe schaffen[452].

Daneben findet sich noch die Fallgruppe der Erteilung **wissentlich falscher Auskünfte**, aufgrund derer der Anfragende ein für ihn nachteiliges Rechtsgeschäft abschließt (z.B. falsche Auskunft über die Kreditwürdigkeit des Dritten oder bestimmte Eigenschaften einer Sache; falsches Zeugnis des Arbeitgebers[453]). Allerdings reicht allein die Erstattung eines fehlerhaften Gutachtens nicht für einen Verstoß gegen die guten Sitten aus. Erforderlich ist vielmehr, dass der Gutachter leichtfertig oder gewissenlos gehandelt hat[454]. **249**

Als weitere Fallgruppe kommt der **Missbrauch einer Monopolstellung** (Kontrahierungszwang, Aufnahmezwang von Vereinen und Verbänden) in Betracht. Zwar kann ein Verein grundsätzlich selbst über die Aufnahme von Mitgliedern bestimmen, anders ist dies aber, sofern es sich um Vereine mit Monopolstellung oder erheblicher wirtschaftlicher oder sozialer Machtstellung handelt, wenn die Aufnahmebedingungen erfüllt werden und der Betroffene zur Verfolgung oder Wahrung wesentlicher Interessen auf die Mitgliedschaft angewiesen ist[455] (z.B. grundlose Ablehnung der Wasserlieferung durch das städtische Wasserwerk). Dann kann aus § 826 ein **Anspruch auf Aufnahme** in den Verein folgen. **249a**

Eine andere Fallgruppe ist die **Schädigung anderer Gläubiger** des gemeinsamen Schuldners durch Bestellenlassen übermäßiger Sicherheiten (Übersicherung)[456] oder durch Anstiftung des Schuldners zur Insolvenzverschleppung. Darüber hinaus gibt es die Fallgruppe des vorsätzlichen **Missbrauchs der Vertretungsmacht**. Der Fallgruppe der **arglistigen Täuschung** und **rechtswidrigen Drohung** i.S. des § 123 kommt eigenständige Bedeutung nur dann zu, wenn eine Anfechtung wegen Fristablaufs unzulässig geworden ist. In der **Klausur** ist zunächst die Anfechtung des Vertrags zu prüfen, sodann könnte ein Anspruch aus § 823 Abs. 2 iVm. § 263 StGB in Betracht kommen. Schließlich kann auch ein Anspruch aus § 826 zu prüfen sein. **249b**

II. Rechtswidrigkeit und Verschulden

Verstößt die Schadenszufügung gegen die guten Sitten, wird die Rechtswidrigkeit indiziert. **250**

Im Hinblick auf das Verschulden ist **Vorsatz** erforderlich. Jede Vorsatzform ist ausreichend, auch bedingter Vorsatz, bei dem jemand den Eintritt des Schadens als möglich vo- **251**

452 So *Braun*, ZIP 1987, 687 ff. Einer solchen Erweiterung der gesetzlichen Wiederaufnahmemöglichkeiten hat der BGH jedoch eine Absage erteilt, siehe BGHZ 101, 380, 383; BGH NJW 1987, 3259, 3260.

453 BGH NJW 1970, 2291, 2292.

454 BGH DB 2001, 2090, 2091 (Prüfbericht einer Wirtschaftsprüfungsgesellschaft); BGHZ 127, 378 ff. (Bausachverständigengutachten); BGH NJW 2004, 2668, 2669 ff.

455 BGH NJW 1969, 316, 317; BGHZ 29, 344, 347 ff. (Händlerverein); BGHZ 93, 151, 152 (IG Metall); BGH NJW 1998, 2818, 2819.

456 Bei der Übersicherung wird § 826 jedoch regelmäßig deshalb keine Rolle spielen, weil die Sicherungsgeschäfte bereits nach § 138 nichtig sind, so dass es keinen nach § 826 zu ersetzenden Schaden der übrigen Gläubiger gibt.

raussieht und ihn billigend in Kauf nimmt. Nach ständiger Rechtsprechung soll Vorsatz i.S. des § 826 schon bei (bloß) leichtfertigem Verletzungsverhalten vorliegen[457]. Dabei muss der Handelnde die relevanten Umstände für möglich gehalten und billigend in Kauf genommen haben. Dass sie lediglich objektiv erkennbar waren und sich dem Handelnden hätten aufdrängen müssen, reicht nicht[458]. Trotz dieser Eingrenzung wird hiergegen in der Literatur eingewandt, Leichtfertigkeit i.S. einer groben Fahrlässigkeit könne angesichts des Vorsatzerfordernisses nicht ausreichen, sondern lediglich Indiz für einen bedingten Schädigungsvorsatz sein[459]. Der Vorsatz muss sich nach h.M. auf diejenigen Tatumstände beziehen, die den Sittenverstoß begründen, d.h. aus denen sich die Bewertung der Schädigung als sittenwidrig ergibt[460]. Er braucht aber **nicht die Sittenwidrigkeit** als solche zu umfassen. Der Täter muss die Bewertung als sittenwidrig weder kennen noch laienhaft nachempfinden können. Ihm sollen mögliche laxe Anschauungen nicht zugutekommen können[461]. Nimmt jemand gewissenlos eigene Vorteile wahr, ohne auf die Belange Dritter Rücksicht zu nehmen (z.B. unrichtiges Sachverständigengutachten), kommt eine vorsätzliche sittenwidrige Schädigung in Betracht[462].

Der Vorsatz muss sich, anders als bei § 823 Abs. 1 und 2, auch auf den **Schaden** erstrecken[463]. Ersetzt werden damit nur Schäden, die vom Vorsatz umfasst sind. Der Handelnde muss also wissen, dass ein Schaden oder Folgeschaden[464] eintritt, und er muss diesen wollen. Allerdings braucht der Vorsatz nur einen Schaden von der Art des eingetretenen Schadens zu umfassen. Nicht erforderlich ist, dass der Vorsatz sich auf den Schadensverlauf im Einzelnen und den Umfang des Schadens erstreckt. Es reicht, wenn der Handelnde die relevanten Umstände für möglich gehalten und billigend in Kauf genommen hat[465].

Es genügt beispielsweise bei Ausstellung eines unrichtigen günstigen Zeugnisses die allgemeine Vorstellung, das Zeugnis könne eine Gelegenheit zur Schädigung des neuen Arbeitgebers schaffen[466]. Eine Schädigungsabsicht und das Bewusstsein der Sittenwidrigkeit sind nicht erforderlich. **Umstritten** ist die Bejahung von Vorsatz beim Gebrauchtwagenkauf innerhalb einer **Käuferkette**. Dabei wird in den sog. Zwischenhändlerfällen, bei denen der Verkäufer dem gewerblichen Zwischenhändler einen Schaden am Pkw verschweigt, regelmäßig Vorsatz bejaht. Es sei mit einem Wiederverkauf zu rechnen gewesen. Bei einem Verkauf von privat an privat wird Vorsatz grundsätzlich verneint, außer der Täter hätte mit einem Wiederverkauf typischerweise oder nach den Umständen rechnen müssen[467].

457 BGH NJW 1986, 180, 181; BGH NJW 1992, 3167.
458 BGH NJW 2014, 1380 ff.
459 *Medicus/Lorenz*, SR II, Rdnr. 1332.
460 *Sack*, NJW 2006, 945 ff.
461 *Medicus/Petersen*, BR, Rdnr. 624.
462 BGH NJW 1991, 3282, 3283 (unrichtiges Sachverständigengutachten).
463 BGH NJW-RR 2000, 393.
464 Dagegen umfasst ein Anspruch aus Vertrag oder § 823 Abs. 1 auch alle adäquaten Folgeschäden.
465 Vgl. BGH NJW-RR 2012, 404 f. Rdnr. 10.
466 *Medicus/Lorenz*, SR II, Rdnr. 1332.
467 Zum Meinungsstand OLG Braunschweig NJW 2007, 609, 610.

§ 12 Die Haftung für fehlerhafte Produkte

I. Überblick

Eine Haftung für fehlerhafte Produkte kann vor allem durch zwei Anspruchsgrundlagen erfolgen. Zum einen ist eine Haftung nach dem Produkthaftungsgesetz (**Produkthaftung**), zum anderen eine Haftung nach § 823 Abs. 1 (sog. **Produzentenhaftung**) zu prüfen. Auch wenn die Darstellung des § 823 Abs. 1 schon oben erfolgte, soll hier – unter dem speziellen Aspekt der Produkthaftung – nochmals auf diese Norm eingegangen werden. Denn es gelten, vor allem in Bezug auf die Beweislastverteilung, einige Besonderheiten. Im **Fallaufbau** sollte mit der Prüfung der Haftung nach dem Produkthaftungsgesetz begonnen werden, da dieses eine **verschuldensunabhängige** Haftung des Herstellers von Produkten vorsieht, verbunden mit einer Umkehr der Beweislast für eine Reihe haftungsbegründender Umstände zugunsten des Geschädigten (§ 1 Abs. 4 S. 2 ProdHG). **252**

II. Produkthaftung nach dem Produkthaftungsgesetz[468]

1. Voraussetzungen[469]

a) Kausale Rechtsgutverletzung

Ob die Haftung nach dem Produkthaftungsgesetz eine „echte" Gefährdungshaftung darstellt, ist umstritten[470]. **Anwendbar** ist das Gesetz für Produkte, die nach dem 1.1.1990 in Verkehr gebracht wurden (§ 16 ProdHG). Der persönliche und sachliche Anwendungsbereich des Produkthaftungsgesetzes entspricht nicht dem der deliktischen Produkthaftung. Er ist teils weiter, teils enger. **253**

Vorliegen muss zunächst eine Rechtsgutverletzung i.S. des § 1 Abs. 1 ProdHG. § 1 Abs. 1 S. 1 ProdHG begründet eine Haftung für alle durch ein fehlerhaftes Produkt verursachten **Körper- und Gesundheitsschäden**. **Sachschäden** sind nach § 1 Abs. 1 S. 2 ProdHG ersatzfähig. Allerdings werden nur solche Sachschäden erfasst, die an einer Sache entstehen, welche ihrer Art nach gewöhnlich für den **privaten Ge- oder Verbrauch** bestimmt und hierzu von dem Geschädigten auch tatsächlich verwendet worden ist. Eine Haftung für Schäden an freiberuflich und gewerblich genutzten Sachen ist nur nach den §§ 823 ff. möglich. **254**

Der Sachschaden muss an einer **anderen Sache** als dem gelieferten fehlerhaften Produkt eingetreten sein. Ist das gelieferte Produkt fehlerhaft, so ist lediglich das Äquivalenzinteresse des Endabnehmers betroffen. Er muss sich in diesem Fall mit seinen vertraglichen Gewährleistungsansprüchen begnügen. Entscheidend kommt es darauf an, ob der Sach- **255**

468 **Übungsfall** z.B. bei *Heinemann/Schürholz*, JURA 2002, 693 ff.; *Körber/Effer-Uhe*, JuS 2005, 1003 ff.; *Brüggemeier*, JURA 2007, 536 ff.; *Fischer/Schmehl*, JA 2008, 498 ff.; *Schlinker*, JuS 2010, 224 ff.; *Benrath*, JA 2013, 256, 264 ff.

469 Vgl. die zusammenfassende Darstellung bei *Fuchs/Baumgärtner*, JuS 2011, 1057, 1061 ff.

470 *Kötz*, FS Lorenz, 1991, S. 109 ff.; *Schlechtriem*, VersR 1986, 1033, 1035.

schaden über die „Produkteinheit“ hinaus eine „andere Sache“ betrifft. **Umstritten** ist, wie die **Einheit des Produkts** festzustellen ist, und zwar insbesondere in den Fällen, in denen zunächst nur ein Teil der Sache fehlerhaft ist, sich dieser Fehler aber „weiterfrisst“ und später auf die Gesamtsache auswirkt. Teilweise wird im Schrifttum eine Übertragung der deliktischen Grundsätze des **„weiterfressenden Mangels“** auf § 1 Abs. 1 S. 2 ProdHG vorgeschlagen[471]. Zur Harmonisierung der vertraglichen und außervertraglichen Haftung sei eine Haftung nach dem ProdHG in gleichem Maße zuzulassen wie die deliktische Haftung nach § 823 Abs. 1 neben den vertraglichen Gewährleistungsansprüchen (z.B. §§ 437 ff.) zugelassen werde. Dies stehe zudem in Einklang mit dem Wortlaut des ProdHG: So spreche § 1 Abs. 1 S. 2 ProdHG nur von einem Schaden an einer anderen Sache als dem fehlerhaften Produkt. Unter den Begriff des Produkts falle nach § 2 ProdHG aber auch eine bewegliche Sache, die bloß Bestandteil einer anderen Sache ist. Das fehlerhafte Produkt i.S. des § 1 Abs. 1 S. 2 sei somit nicht zwingend identisch mit dem gelieferten (Gesamt-)Produkt.

Die Übertragung der Grundsätze des „weiterfressenden Mangels“ auf § 1 Abs. 1 S. 2 ProdHG wird von der ganz **h.M.** jedoch **abgelehnt**. Insbesondere die Argumentation mit dem Wortlaut der § 1 Abs. 1 S. 2 und § 2 ProdHG verkomme zur „bloßen begrifflichen Spielerei“[472]. Nach dem ProdHG sei das fehlerhafte Produkt stets das (einheitliche) Endprodukt und nicht die Summe seiner einzelnen Bestandteile[473]. Eine andere Auslegung würde dem § 1 Abs. 1 S. 2 ProdHG zudem nahezu jeden Anwendungsbereich nehmen. Überdies ist § 1 Abs. 1 S. 2 ProdHG im Kontext der europäischen Rechtsangleichung zu sehen, denn die Formulierung „eine andere Sache“ geht auf die Richtlinie zur Vereinheitlichung der Produkthaftung zurück[474]. Die Übertragung der Grundsätze der Weiterfresserschäden mit ihren vagen Abgrenzungskriterien lässt sich insoweit aber nicht mit der Absicht in Einklang bringen, die Haftung für Störungen des Äquivalenzinteresses aus dem harmonisierten Produkthaftungsrecht herauszuhalten. Im Hinblick auf Weiterfresserschäden haftet daher jedenfalls der **Endhersteller** nicht nach dem ProdHG.

256 Hiervon zu trennen ist die **Haftung des Zulieferers**. Grundsätzlich kann er nach § 4 Abs. 1 ProdHG neben dem Hersteller des Endprodukts in Anspruch genommen werden. Unproblematisch ist die Ersatzfähigkeit von Schäden an einer anderen Sache als dem Endprodukt, d.h. der Fall, dass das gelieferte Teilprodukt fehlerhaft ist, dadurch auch das Endprodukt fehlerhaft wird und infolgedessen eine andere Sache beschädigt wird. **Umstritten** ist hingegen, ob der Zulieferer eines fehlerhaften Teilprodukts wegen eines **Schadens am Endprodukt** haftet. Nach einem Teil der Literatur ist der Schaden am fehlerhaft zusammengesetzten Produkt weder vom Endhersteller noch vom Teilhersteller nach § 1 Abs. 1 S. 2 ProdHG zu ersetzen[475]. Andere verneinen die Sperrwirkung von § 1 Abs. 1 S. 2 ProdHG bei der Haftung des Teilherstellers, sofern durch die zugelieferte

---

471 *Katzenmeier*, NJW 1997, 486, 492. Zur Behandlung des sog. „weiterfressenden Mangels“ im Rahmen von § 823 Abs. 1 siehe oben Rdnr. 112 ff.
472 MünchKomm/*Wagner*, § 1 ProdHaftG Rdnr. 11; *Larenz/Canaris*, § 84 VI 1c; *Tiedtke*, NJW 1990, 2961, 2962.
473 Staudinger/*Oechsler*, § 1 ProdHaftG Rdnr. 10.
474 Vgl. Richtlinie v. 25.7.1985 (85/374/EWG).
475 *Honsell*, JuS 1995, 211, 215; MünchKomm/*Wagner*, § 1 ProdHaftG Rdnr. 13; *Tiedtke*, NJW 1990, 2961, 2964.

Teilsache an der Gesamtsache ein Schaden entstanden ist[476]. Diese Ansicht ist jedoch mit der Intention des Gesetzgebers nicht vereinbar[477]. Die Haftung des Zulieferers soll dem Endverbraucher lediglich einen zusätzlichen Schuldner neben dem Endhersteller bereitstellen. Beide haften nach § 5 ProdHG als Gesamtschuldner. Der Umfang der ersatzfähigen Schäden sollte hingegen nicht über die Sachschäden an „anderen Sachen" (§ 1 Abs. 1 S. 2 ProdHG) hinaus erweitert werden. Der BGH hat hierzu noch nicht Stellung genommen[478].

Die Rechtsgutverletzung muss kausal, d.h. durch den Fehler des Produkts verursacht worden sein[479]. Vereinzelt wird im Schrifttum das Kausalitätserfordernis im Rahmen des ProdHG ganz in Frage gestellt oder als unter erleichterten Bedingungen zu bejahen angesehen[480]. **256a**

b) Fehlerhaftes Produkt

Weitere Voraussetzung für eine Haftung nach § 1 Abs. 1 ProdHG ist, dass ein **Produkt i.S. des § 2 ProdHG** vorliegt, also eine bewegliche Sache i.S. des § 90 unabhängig vom Aggregatzustand und von der Verarbeitung (auch: Elektrizität[481]). **257**

Zudem muss ein **Produktfehler i.S. des § 3 ProdHG** vorliegen. Ein solcher ist gegeben, wenn das Produkt im Zeitpunkt seines In-Verkehr-Bringens nicht die Sicherheit bietet, die vor allem unter Berücksichtigung des durchschnittlichen Benutzerkreises, des Preis-Leistungs-Verhältnisses, des Verwendungszwecks, aber auch des über die Zweckbestimmung hinausgehenden, aber nicht völlig fernliegenden Fehlgebrauchs erwartet werden darf[482]. Es geht also um Produktsicherheit, nicht – wie bei § 434 Abs. 1 – um die Gebrauchsfähigkeit des Produkts[483]. Die objektiv zu bestimmenden Sicherheitserwartungen des jeweiligen Benutzers beurteilen sich ebenso wie die Verkehrspflichten des Herstellers nach § 823 Abs. 1[484]. Hierbei ist auf die Kategorien der Fabrikations-, der Konstruktions- und der Instruktionsfehler abzustellen[485]. **258**

Zwei Punkte sind hierbei für die **Klausur** zu beachten: Da es für die Bestimmung des Produktfehlers auf den Zeitpunkt des In-Verkehr-Bringens ankommt, scheidet eine Haftung nach § 1 Abs. 1 ProdHG aus, wenn nach diesem Zeitpunkt die Produktsicherheit aufgrund nachträglicher Erkenntnisse (vgl. § 1 Abs. 2 Nr. 5 ProdHG) verbessert werden könnte. Die Haftung für die Verletzung von **Produktbeobachtungs- und Reaktionspflichten** richtet sich daher allein nach den §§ 823 ff.[486]. Zudem haftet der Hersteller nach

476 *Graf von Westphalen*, JURA 1992, 511, 513.
477 MünchKomm/*Wagner*, § 1 ProdHaftG Rdnr. 14; *Lorenz*, ZHR 151 (1987), 1, 16; *Foerste*, JA 1990, 177, 181 f.; *Deckert*, JA 1995, 282, 283.
478 *Landrock*, JA 2003, 981, 983.
479 PWW/*Schaub*, § 1 ProdHaftG Rdnr. 8; Erman/*Schiemann*, § 1 ProdHaftG Rdnr. 2.
480 Siehe dazu *Fuchs/Baumgärtner*, JuS 2011, 1057, 1062 mit Nachweisen.
481 Siehe BGH NJW 2014, 2106 ff.
482 BGHZ 129, 353 ff. („Mineralwasserflaschen"); BGH NJW 2013, 1302 ff. („Heißwasser-Untertischgerät").
483 *Landrock*, JA 2003, 981, 983.
484 BGH NJW 2009, 2952; BGH NJW 2014, 2106, 2107.
485 BGH NJW 2009, 2952 ff. („Airbag"); BGH NJW 2009, 1669 ff. („Kirschkern"); PWW/*Schaub*, § 3 ProdHaftG Rdnr. 7; siehe auch unten Rdnr. 268 ff.
486 BGH NJW 2009, 2952 ff. („Airbag").

dem ProdHG auch für sog. **Ausreißer**, da es auf die Erkennbarkeit des Fehlers hier, anders als nach § 823 Abs. 1, nicht ankommt[487].

c) Anspruchsgegner

259 Als Haftungsadressat kommt nach § 4 ProdHG der **Hersteller** in Betracht. Das sind der Endprodukthersteller (§ 4 Abs. 1 S. 1 ProdHG), der Zulieferer von Einzelteilen oder Grundstoffen (§ 4 Abs. 1 S. 1 ProdHG), aber nach § 4 Abs. 1 S. 2 ProdHG auch der **Quasi-Hersteller**, d.h. derjenige, der sich durch Anbringen des eigenen Namens oder Warenzeichens als Hersteller dieses Produkts ausgibt, sowie nach § 4 Abs. 2 ProdHG der **Importeur**, der Waren zum Zweck wirtschaftlichen Vertriebs aus einem Nicht-EU-Land in ein Land des Europäischen Wirtschaftsraums einführt. Schließlich haftet nach § 4 Abs. 3 ProdHG auch der **Lieferant**, wenn der Produkthersteller bzw. Importeur (auch wenn der Hersteller bekannt ist) nicht festgestellt werden kann und er nicht innerhalb eines Monats nach entsprechender Aufforderung durch den Geschädigten seinen eigenen Vorlieferanten oder den Hersteller bei EU-Waren bzw. den Importeur bei Nicht-EU-Waren benennt. Der Kreis derer, die als Hersteller i.S. des § 4 ProdHG haften, ist also einerseits umfassender als nach den §§ 823 ff., andererseits aber auch eingeschränkter, da eine Haftung von Organpersonen (z.B. Geschäftsführern) oder Mitarbeitern eines Unternehmens nach dem ProdHG im Gegensatz zur Deliktshaftung von vornherein ausscheidet.

Ein **Haftungsausschluss** kommt nach § 1 Abs. 2 und 3 ProdHG in Betracht. Insbesondere entfällt die Ersatzpflicht, wenn nach den Umständen davon auszugehen ist, dass das Produkt den Fehler, der den Schaden verursacht hat, noch nicht hatte, als der Hersteller es in den Verkehr brachte[488]. Außerdem wird nicht für sog. Entwicklungsrisiken gehaftet (§ 1 Abs. 2 Nr. 5 ProdHG).

d) Beweislast

260 Besonderheiten ergeben sich hinsichtlich der **Beweislastverteilung**. Nach § 1 Abs. 4 S. 1 ProdHG muss der Geschädigte den Produktfehler, den eingetretenen Schaden sowie den Kausalzusammenhang zwischen Fehler und Schaden und – sofern streitig – die Herstellereigenschaft des Anspruchsgegners beweisen[489]. Ist der Tatbestand des § 1 Abs. 1 S. 1 ProdHG gegeben, so kann sich der Hersteller entlasten. Hierfür hat er nach § 1 Abs. 4 S. 2 ProdHG zu beweisen, dass ein Ausschlussgrund des § 1 Abs. 2 und 3 ProdHG besteht. Nach den allgemeinen Beweislastgrundsätzen muss er zudem beweisen, dass der Anspruch gemäß § 13 ProdHG nach Ablauf von 10 Jahren nach dem In-Verkehr-Bringen erloschen oder gemäß § 12 ProdHG verjährt ist.

---

487 So die ganz h.M. in Literatur und Rechtsprechung, vgl. nur etwa PWW/*Schaub*, § 1 ProdHG Rdnr. 17; siehe aber neuerdings anders der BGH in BGH NJW 2009, 1669, wo auf die Frage der berechtigten Sicherheitserwartungen des Kunden abgehoben wird; hierzu zutreffend kritisch *Fuchs/Baumgärtner*, JuS 2011, 1057, 1062.

488 Vgl. OLG München MDR 2011, 540 (Explosion einer Piccolo-Glasflasche).

489 BGH NJW 2005, 2695, 2696.

2. Rechtsfolgen

Auch hinsichtlich der Rechtsfolgen der Haftung aus § 1 Abs. 1 ProdHG ergeben sich Besonderheiten. Ersatzfähig sind nach § 1 Abs. 1 ProdHG lediglich die Vermögensnachteile, die aufgrund von Tod oder Körperverletzung oder Beschädigung bzw. Zerstörung privater Sachen entstanden sind. Es kann also nicht Ersatz reiner **Vermögensschäden** verlangt werden. Diese können allenfalls nach den §§ 823 ff. ersatzfähig sein. **261**

Wird durch ein fehlerhaftes Produkt ein Mensch **getötet** oder **verletzt**, bestimmt sich der Schadensersatz nach §§ 7 und 9 ProdHG bzw. §§ 8 und 9 ProdHG. In § 10 Abs. 1 ProdHG ist die Haftung auf den Höchstbetrag von 85 Mio. Euro beschränkt. Ein über diesen Betrag hinausgehender Schaden kann allein nach den §§ 823 ff. ersetzt verlangt werden. Werden Sachen **beschädigt** oder **zerstört**, hat der Hersteller aufgrund der Selbstbeteiligungsregelung in § 11 ProdHG lediglich den über 500 Euro hinausgehenden Schaden zu ersetzen. Sachschäden, die unter diesem Betrag liegen, können allein nach den §§ 823 ff. ersetzt verlangt werden. **262**

Sind mehrere ersatzpflichtig, haften sie dem Geschädigten als **Gesamtschuldner** (§ 5 S. 1 ProdHG). Der Ausgleich im Innenverhältnis zwischen den Gesamtschuldnern richtet sich nach § 5 S. 2 ProdHG. Liegt ein **Mitverschulden** des Geschädigten vor, ist in Bezug auf den Haftungsumfang des Herstellers § 6 ProdHG zu beachten. **263**

III. Produzentenhaftung nach § 823 Abs. 1[490]

1. Allgemeines

Die deliktische Produkthaftung hat sich als eigenständiger Teilbereich des § 823 Abs. 1 etabliert[491]. Sie stellt eine spezielle Ausprägung der Haftung für die Verletzung einer (hier: herstellerspezifischen) **Verkehrspflicht** dar[492]. Die Verkehrspflicht resultiert aus der Erwägung, dass derjenige, der Produkte herstellt oder in Verkehr bringt, eine potenzielle Gefahrenquelle schafft. Zwar hat der Hersteller keine absolute Sicherheit zu gewährleisten, er hat aber die erforderlichen und zumutbaren Maßnahmen zu ergreifen, um Schäden bei Abnehmern, Verbrauchern oder Benutzern der Produkte zu vermeiden. **264**

Bei der Produzentenhaftung, die auf einer Verkehrspflicht aufbaut, stellt sich, wie bei § 823 Abs. 1 allgemein, die Frage, an welcher Stelle im **Fallaufbau** die Verletzung der Verkehrspflicht zu prüfen ist. Zumeist wird sie bei der Zurechenbarkeit der Handlung und damit im Tatbestand geprüft. Teilweise wird vertreten, sie sei erst im Rahmen der Rechtswidrigkeit zu prüfen[493]. **265**

490 **Übungsfall** z.B. bei *Körber/Effer-Uhe*, JuS 2006, 1003 ff.
491 *Landrock*, JA 2003, 981, 984.
492 Siehe Rdnr. 171.
493 Näher dazu oben Rdnr. 177.

2. Zurechenbare Rechts(gut)verletzung[494]

266 Nach § 823 Abs. 1 ist eine **Rechts- oder Rechtsgutverletzung** und ein dem Antragsgegner zuzurechnendes Handeln erforderlich. Fraglich ist zunächst, wer **Hersteller bzw. Produzent** i.S. der Produzentenhaftung ist. Nach der Rechtsprechung ist der betroffene Personenkreis nicht identisch mit dem Herstellerbegriff des § 4 ProdHG. Der Produzentenhaftung nach § 823 Abs. 1 unterliegen zunächst die sog. industriellen Hersteller[495]. Auch für einen Importeur werden entsprechende Verkehrspflichten bzgl. des Endverbrauchers[496] und des Endverkäufers[497] angenommen. Daneben sollen aus Produzentenhaftung auch **Produktionsleiter** mit herausgehobener und verantwortlicher Stellung haften[498]. Außerdem haften nicht nur Hersteller, die industrielle Massenfabrikation anbieten, sondern auch Inhaber von **Klein- oder Familienbetrieben**[499]. Auch hier hat der Produzent eher Einblick in den Produktionsvorgang als der Verbraucher.

267 Sodann muss der Hersteller eine deliktische Verkehrspflicht verletzt haben. Die Verletzung herstellerspezifischer Verkehrspflichten wird nicht verhaltensbezogen, sondern gegenstandsbezogen bestimmt. Sie liegt stets bei einem **objektiven Mangel** des Produkts, d.h. bei einem Produktfehler, vor. Die Sorgfaltspflichten des Herstellers, die zur Haftung aus Produzentenhaftung führen, werden regelmäßig in die Fallgruppen Fabrikationsfehler, Konstruktionsfehler, Instruktionsfehler sowie Produktbeobachtungsfehler eingeteilt[500].

268 Ein **Konstruktionsfehler** liegt vor, wenn ein Hersteller nicht alle technisch möglichen Sicherheitsvorkehrungen trifft, die gewährleisten, dass „derjenige Sicherheitsgrad erreicht wird, den die im entsprechenden Bereich herrschende Verkehrsauffassung für erforderlich erachtet“[501]. Das geforderte Sicherheitsniveau bestimmt sich nach dem Stand von Wissenschaft und Technik. Fehlfunktionen müssen in den Grenzen des technisch Möglichen sowie des wirtschaftlich Zumutbaren ausgeschaltet werden[502]. Der Produzent haftet dagegen nicht für sog. **Entwicklungsrisiken**, d.h. Fehler im Konstruktionsbereich, die nach dem Stand der Wissenschaft und Technik beim In-Verkehr-Bringen objektiv nicht erkennbar waren. Diesbezüglich kann ihm kein Verschulden zur Last gelegt werden. Der Produzent kann hier aber ggf. wegen Verletzung seiner **Produktbeobachtungspflicht** nach In-Verkehr-Bringen des Produkts haften müssen[503].

269 Von einem **Fabrikationsfehler** spricht man, wenn zwar das Herstellungsverfahren an sich ordnungsgemäß war, aber einzelne Herstellungsexemplare wegen eines Fehlverhaltens eines Arbeiters oder einer Fehlfunktion einer Maschine mangelhaft sind[504]. Der Produzent muss den Fabrikationsprozess so gestalten, dass er den Sicherheitsanforderungen

494 Zu den Anspruchsvoraussetzungen siehe auch zusammenfassend *Fuchs/Baumgärtner*, JuS 2011, 1057 ff.
495 **BGHZ 51, 91, 102 ff. („Hühnerpest“).**
496 BGH NJW 1994, 517, 519.
497 BGH NJW 1998, 2905, 2907 („Feuerwerkskörper“).
498 BGH NJW 1975, 1827, 1828 f. („Spannkupplungen“).
499 BGHZ 116, 104, 108 ff. („Hochzeitsessen“).
500 *Fuchs/Baumgärtner*, JuS 2011, 1057, 1058 f.
501 BGHZ 67, 359, 362 („Schwimmerschalter“).
502 BGH NJW 2009, 1669, 1670; BGH NJW 2009, 2952 ff. („Airbag“); *Klindt/Handorn*, NJW 2010, 1105, 1106 f.
503 Siehe Rdnr. 271.
504 Siehe BGH NJW 1975, 1827, 1828 („Spannkupplungen“); BGHZ 116, 104, 107 ff. („Hochzeitsessen“).

nach dem jeweiligen Stand von Wissenschaft und Technik genügt, so dass kein fehlerhaftes Produkt in Verkehr gebracht wird. Hinsichtlich des Umfangs der Fabrikationspflicht gilt der Grundsatz der Verhältnismäßigkeit: Je größer die potenzielle Gefahr ist, desto höhere Anforderungen sind im Hinblick auf die ordnungsgemäße Erfüllung der Verkehrspflicht zu stellen.

Für einen sog. **Ausreißer** haftet der Produzent dagegen nicht. Hier liegt kein Fabrikationsfehler vor, da der Produzent die erforderlichen Sicherungsmaßnahmen getroffen hat und dennoch infolge eines einmaligen Fehlverhaltens eines Arbeitnehmers bzw. einer Fehlleistung einer Maschine ein Fehler entstanden ist[505]. Hier war der Fehler trotz aller zumutbaren Vorkehrungen unvermeidbar. Allerdings trägt der Produzent dafür die Beweislast, dass ihn keinerlei Organisationsverschulden im Fabrikationsbereich trifft. Das wird ihm nur in Ausnahmefällen gelingen[506]. Gleichwohl kann der Hersteller nach § 1 Abs. 1 S. 1 ProdHG haften, da es dort auf ein Verschulden nicht ankommt.

Ein **Instruktionsfehler** liegt vor, wenn der Hersteller die Verbraucher nicht vor denjeni- **270**
gen Gefahren warnt, die aus der innerhalb der allgemeinen Zweckbestimmung liegenden Verwendung des Produkts entstehen können. Auch bei einem naheliegenden Missbrauch des Produkts wird eine Warnpflicht bestehen. Deren Art und Umfang bestimmt sich danach, inwieweit der voraussichtliche Verbraucherkreis mit der Produktgefahr vertraut ist[507]. Über allgemeines Erfahrungswissen braucht grundsätzlich nicht informiert zu werden. Fehlt es an einem gebotenen Warnhinweis, ist das – an sich fehlerfreie – Produkt mit einem Instruktionsfehler behaftet.

Ein **Produktbeobachtungsfehler** liegt vor, wenn der Produzent seiner Verpflichtung **271**
nicht nachkommt, seine Produkte nach Auslieferung sowohl auf bislang unentdeckte gefährliche Eigenschaften hin zu beobachten als auch sich über deren (möglicherweise unerwartete) Verwendungsarten, die eine Gefahrenlage schaffen, zu informieren. Dazu muss er laufend die Entwicklung von Wissenschaft und Technik verfolgen. Zeigen sich neue Gefahrenquellen, muss er geeignete Maßnahmen ergreifen, damit künftig wieder eine gefahrenlose Nutzung erfolgt. Er kann z.B. mit Änderungen im Konstruktions- oder Fabrikationsprozess reagieren oder Warnhinweise anbringen lassen. Unter Umständen kann er auch zu einer **Rückrufaktion** verpflichtet sein[508]. Jedenfalls muss er grundsätzlich nicht auf seine Kosten das Sicherheitsrisiko der Sache beseitigen, da nicht Bereitstellung einer mangelfreien Sache geschuldet ist. Anders ist das nur, sofern sich die Gefahren für die Rechtsgüter der Nutzer oder Dritter nicht anders abwehren lassen[509].

3. Rechtswidrigkeit und Verschulden

Die Rechtswidrigkeit wird indiziert. Ausgegangen wird zudem davon, dass der Herstel- **272**
lerfehler auf dem Verschulden des Herstellers beruht. Denn der Produzent hat die Pflicht,

505 BGHZ 51, 91, 105 f. („Hühnerpest"); BGH NJW 1975, 1827, 1828 („Spannkupplungen").
506 Siehe aber OLG Koblenz NJW-RR 1999, 1624 („Mineralwasserflaschen").
507 BGHZ 116, 60, 65 f. („Kindertee").
508 BGHZ 80, 199, 202 f. („Apfelschorf"); BGH NJW 1994, 3349, 3350 („Atemüberwachungsgerät"); BGH NJW-RR 1995, 342, 343 („Quasi-Hersteller"); PWW/*Schaub*, § 823 Rdnr. 185.
509 BGH NJW 2009, 1080, 1081 ff. („Pflegebetten"); dazu *Molitoris/Klindt*, NJW 2010, 1569, 1570.

seinen Betrieb so zu organisieren, dass Fabrikations-, Konstruktions-, Instruktions- und Produktbeobachtungsfehler vermieden werden. Er ist zudem dafür beweispflichtig, dass er nicht **schuldhaft** gehandelt hat. Die Verhaltenspflichten des Produzenten werden zwar auch durch das Produktsicherheitsgesetz (ProdSG) präzisiert (vgl. § 3 ProdSG n.F.)[510], die höchstrichterliche Rechtsprechung hatte aber auf die nach dem alten ProdSG oder nach dem das alte ProdSG ablösende Geräte- und Produktsicherheitsgesetz (GPSG) geltenden Regeln nicht zurückgegriffen[511].

4. Beweislast

273 Eine Besonderheit der Produzentenhaftung nach § 823 Abs. 1 besteht im Hinblick auf die Beweislast. Hier muss grundsätzlich der Geschädigte nachweisen, dass zwischen der Rechts(gut)verletzung und der Handlung des Schädigers ein Zurechnungszusammenhang besteht und der Schädiger schuldhaft gehandelt hat. Für die von der Rechtsprechung entwickelte Produzentenhaftung haben sich aufgrund der spezifischen Interessenlage besondere Grundsätze herausgebildet. Zu beweisen hat der **Geschädigte** bei Geltendmachung eines Fabrikations-, Konstruktions- oder Instruktionsfehlers lediglich, dass das Produkt den Herstellerbereich in objektiv fehlerhaftem Zustand verlassen hat und das fehlerhafte Produkt für den Schaden ursächlich geworden ist (generelle Ursächlichkeit des Produktfehlers für den Verletzungserfolg). Teilweise gewährt hier die Rechtsprechung eine Beweiserleichterung in Form einer tatsächlichen Vermutung[512]. Hat ein objektiver Produktmangel zu einer Rechtsgutverletzung geführt, muss der Geschädigte weder die objektive Pflichtwidrigkeit noch ein Verschulden des Herstellers nachweisen.

Macht der Geschädigte jedoch die Verletzung einer **Produktbeobachtungspflicht** geltend, hat er zu beweisen, dass ein Verstoß gegen diese Pflicht vorliegt, d.h. dass der Hersteller die Gefährlichkeit des Produkts nach dem In-Verkehr-Bringen erkennen konnte und deshalb zur Warnung verpflichtet war. Eine Beweislastumkehr gilt hier nicht für das Vorliegen einer objektiven Pflichtverletzung, aber doch für das Verschulden des Herstellers.

274 Die Umkehr der Beweislast verdeutlicht **Fall 36**[513]: A beauftragt den Einrichtungshausinhaber E, einen Raum mit Paneelen und Einbaumöbeln in „Eiche gekalkt" zu versehen. E übermittelt die Wünsche des A an den Lack- und Farbenfabrikanten L. Dieser empfiehlt dem E nach Untersuchung der Probe eine bestimmte Anwendung von im Einzelnen näher bezeichneten Lacken und Pasten aus seiner Herstellung. E fertigt sodann unter Beachtung der Arbeitsanweisung des L mit dessen Lacken die Möbel und liefert diese aus. Nach zwei Jahren zeigen sich Mängel in der Oberflächenerscheinung des Holzes. Ein Sachverständiger stellt fest, dass die Schäden auf einen Fehler in einem der Lacke des L zurückzuführen sind. Andere Ursachen, insbesondere Verarbeitungsfehler, sind ausgeschlossen. E tauscht die Einbaumöbel und Paneelen bei A aus und verlangt von L deliktischen Schadensersatz. Zu Recht?

---

510 Zum neuen Produktsicherheitsgesetz *Polly/Lach*, BB 2012, 71 ff.
511 *Landrock*, JA 2003, 981, 986.
512 BGH NJW 1994, 517, 520; BGH NJW 1999, 2273, 2274; BGHZ 116, 60 ff. („Kindertee").
513 **BGH NJW 1996, 2507 ff.**

E könnte gegen L einen Anspruch aus Produzentenhaftung nach **§ 823 Abs. 1** haben[514]. Eine Rechtsverletzung liegt vor, da das Eigentum des E an den Möbeln durch das Auftragen des fehlerhaften Lacks beeinträchtigt worden ist. Allerdings hat E den Lack unmittelbar selbst aufgetragen, während L den fehlerhaften Lack „nur" in den Verkehr gebracht hat. Die haftungsbegründende Kausalität zwischen der mittelbar schädigenden Handlung des L und der Eigentumsverletzung könnte hier gleichwohl nach den Grundsätzen der Produzentenhaftung aufgrund der Verletzung einer herstellerspezifischen Verkehrspflicht zu bejahen sein. Der personelle Anwendungsbereich ist gegeben. L unterliegt als industrieller Hersteller den besonderen Voraussetzungen der Produzentenhaftung. Es steht auch fest, dass die Lacke des L fehlerhaft waren und damit ein objektiver Mangel des Produkts vorliegt.

Fraglich ist, ob L bei der Herstellung oder dadurch, dass er das Produkt in den Verkehr gebracht hat, eine ihm obliegende Verkehrspflicht verletzt hat. Der Hersteller muss alle Maßnahmen treffen, die zur Vermeidung von Gefahren erforderlich und zumutbar sind. Insoweit kommt ein Verstoß gegen Konstruktions-, Fabrikations-, Instruktions- oder Produktbeobachtungspflichten in Betracht. Eine solche Pflichtwidrigkeit des Herstellers müsste normalerweise der Anspruchsteller beweisen. Das wird ihm in aller Regel nicht möglich sein, da ihm der Einblick in die Organisation der Produktion des L sowie die Spezialkenntnisse hinsichtlich des Stands von Wissenschaft und Technik fehlen. Daher ist der Geschädigte im Bereich der Produzentenhaftung vom Beweis der objektiven Pflichtwidrigkeit des Herstellers entlastet. Er hat lediglich den Mangel des Produkts und dessen Kausalität für die eingetretene Rechtsverletzung darzulegen und zu beweisen. Hinsichtlich der Sorgfaltspflichtverletzung ist die Beweislast umgekehrt, d.h. der Hersteller muss sich entlasten. Ihm fällt es regelmäßig leichter den Sachverhalt aufzuklären, weil er am Produktionsprozess „näher dran" ist. Im vorliegenden Fall steht fest, dass L Lacke hergestellt und in den Verkehr gebracht hat, die Fehler aufweisen und die als Folgeschäden der Eigentumsverletzung geltend gemachten Schäden verursacht haben. Es ist deshalb Sache des L zu beweisen, dass der Schaden nicht auf einer ihm zuzurechnenden Pflichtwidrigkeit beruht. Solange L sich nicht entlasten kann, ist von einer objektiven Pflichtwidrigkeit auszugehen.

Die Rechtswidrigkeit wird mit der Erfüllung des Tatbestands indiziert. In Bezug auf das Verschulden ist zu beachten, dass der Geschädigte bei der Produzentenhaftung nach § 823 Abs. 1 auch vom Beweis hinsichtlich des Produzentenverschuldens entlastet ist. Dessen **Verschulden** wird **vermutet**, solange er nicht sein Nichtverschulden beweist. L tritt im vorliegenden Fall einen solchen Beweis nicht an. Damit liegen die Voraussetzungen des § 823 Abs. 1 vor. L muss E den durch die Eigentumsverletzung entstandenen Schaden nach den §§ 249 ff. ersetzen.

Über die genannten Verkehrspflichten hinaus trifft den Hersteller in bestimmten Fällen **275**
auch eine sog. **Befundsicherungspflicht**. Er hat sich im Hinblick auf typische Herstellungsfehler zu vergewissern, dass seine Produkte fehlerfrei sind. Den Befund hat er entsprechend zu sichern[515]. Kann der Geschädigte nachweisen, dass der Produzent dieser

514 Ein Anspruch aus § 1 Abs. 1 ProdHG scheidet schon deshalb aus, weil es sich im vorliegenden Fall nicht um Sachschäden an einem Produkt handelt, das von E für den privaten Ge- oder Verbrauch bestimmt ist.

515 Kritisch zum Begriff *Looschelders*, Rdnr. 1259.

Befundsicherungspflicht nicht hinreichend nachgekommen ist, muss der Produzent beweisen, dass der Mangel, der sich beim Verbraucher schadensstiftend ausgewirkt hat, nicht dem Herstellungsbereich zuzurechnen ist. In Bezug auf typischerweise dem Herstellerbereich entstammende Mängel findet also ausnahmsweise eine weitere **Beweislastumkehr** zugunsten des Geschädigten statt. Er hat nur noch nachzuweisen, dass ein objektiver Mangel des Produkts vorliegt, aber nicht mehr, dass der Produktfehler im Verantwortungsbereich des Produzenten liegt.

276 Dies verdeutlicht **Fall 37**[516]: Getränkehersteller G stellt kohlensäurehaltige Erfrischungsgetränke her, die er in Standard-Mehrwegflaschen abfüllt und vertreibt. K kauft einen Kasten mit Limonade dieses Herstellers in einem Getränkemarkt und deponiert diesen in seiner Küche. Kurze Zeit darauf nimmt K eine Flasche mit Limonade aus dem Getränkekasten. Beim Herausnehmen zerbricht die Glasflasche und K wird von umherfliegenden Glassplittern im Gesicht getroffen. Dadurch verliert K sein rechtes Auge. Ein Sachverständigengutachten führt das Zerbersten der Flasche auf einen feinen Riss im Glas zurück. Nunmehr verlangt K von G Schadensersatz nach § 823 Abs. 1. G lehnt jede Zahlung mit der Begründung ab, durch die technische Ausstattung sowie die Organisation seiner Produktion sei gewährleistet, dass die Flaschen seinen Betrieb nur in einwandfreiem Zustand verlassen. Allerdings hat G keine Daten über die Mangelfreiheit der Getränkeflaschen gesichert. Hat K einen Anspruch gegen G aus § 823 Abs. 1?

Der Körper und die Gesundheit des K wurden durch die Zersplitterung der Glasflasche verletzt. Eine Rechtsgutverletzung ist mithin zu bejahen. Anknüpfungspunkt für eine Haftung des G ist hier das In-Verkehr-Bringen der Flaschen. Fraglich ist jedoch, ob die haftungsbegründende Kausalität zwischen der Handlung des G und der Verletzung des K gegeben ist. G müsste als Hersteller des Limonadengetränks gegen eine Verkehrspflicht verstoßen haben. Die herstellerspezifischen Verkehrspflichten werden gegenstandsbezogen bestimmt. Im vorliegenden Fall kann nicht aufgeklärt werden, ob der feine Riss im Glas, der für das Zerbersten ursächlich gewesen ist, schon beim Verlassen des Betriebs des G vorhanden war oder erst außerhalb des Einflussbereichs des G entstanden ist.

Diese Beweisnot geht normalerweise zu Lasten des Geschädigten, der zwar nicht die objektive Pflichtverletzung sowie das Verschulden des Herstellers, aber das Vorliegen eines Produktfehlers und dessen Kausalität für die eingetretene Rechtsgutverletzung zu beweisen hat. Ansonsten liefe die Produzentenhaftung auf eine Gefährdungshaftung des Herstellers hinaus. Der Geschädigte K müsste hier also nachweisen, dass die Flasche bereits im Zeitpunkt des In-Verkehr-Bringens fehlerhaft war. Das ist ihm jedoch nur dann möglich, wenn der Hersteller über die von ihm getroffenen Maßnahmen zum Schutz des Verbrauchers Daten erhebt und sichert. Hat der Hersteller (G) über den Befund seiner Kontrollen keine Daten gesichert, so ist dem Geschädigten der Nachweis unmöglich. Dies darf nicht zu Lasten des grundsätzlich beweispflichtigen Geschädigten gehen. Daher erfolgt ausnahmsweise eine **Beweislastumkehr** in dem Umfang, wie der Geschädigte zum Nachweis des Produktfehlers auf Daten des Herstellers angewiesen ist, die dieser unter Verstoß gegen seine Befundsicherungspflicht nicht vorhält. Bis G den Gegenbeweis antritt, kann daher davon ausgegangen werden, dass der Riss in der Glasflasche schon vor

516 **BGHZ 104, 323, 333 („Getränkeflaschen“)**; BGH NJW-RR 1993, 988.

dem In-Verkehr-Bringen der Flasche bestand. Hinsichtlich der Wahrung der Verkehrspflichten ist G beweispflichtig, ebenso für das Fehlen eines Verschuldens. Die Rechtswidrigkeit ist indiziert. Ein Anspruch des K gegen G aus § 823 Abs. 1 ist gegeben.

§ 13 Weitere Anspruchsgrundlagen

I. Kreditgefährdung, § 824[517]

Nach § 824 ist ersatzpflichtig, wer schuldhaft unwahre kreditgefährdende Tatsachen behauptet oder verbreitet. Die Vorschrift schützt die geschäftliche Ehre. Gegenstand der Ersatzpflicht ist der Schaden, der durch die üble Nachrede hervorgerufen wird. **Üble Nachrede** i.S. des § 824 Abs. 1 liegt vor, wenn jemand eine unwahre Tatsache behauptet oder verbreitet, die geeignet ist, unmittelbar den Kredit eines anderen zu gefährden oder sonstige Nachteile für dessen Erwerb oder Fortkommen herbeizuführen[518]. **277**

Zur Erfüllung des Tatbestands muss zunächst ein Behaupten oder Verbreiten **unwahrer Tatsachen** vorliegen. Abzugrenzen sind die Tatsachen von bloßen **Werturteilen**. § 824 Abs. 1 schützt nämlich nicht vor abwertenden Meinungsäußerungen und Werturteilen[519]. **278**

➔ Tatsache ist jede Aussage, deren Wahrheitsgehalt sich mit den Mitteln des Beweises überprüfen lässt.

Eine Tatsachenbehauptung kann deshalb auch schon darin liegen, dass ein Verdacht, eine Vermutung oder eine Frage geäußert wird[520]. Werturteile dagegen lassen sich aufgrund ihres subjektiven Gehalts nicht als wahr oder unwahr beweisen[521]. Der bloße Vorwurf von Unregelmäßigkeiten ohne weitere Angaben wird zumeist nur eine Meinungsäußerung, nicht eine Tatsachenbehauptung darstellen[522]. In Fällen, in denen eine Äußerung sowohl ein Werturteil als auch eine Tatsachenbehauptung enthält, ist aufgrund des Inhalts der Äußerung der Schwerpunkt danach festzustellen, wie die angesprochenen Verkehrskreise diesen unter Berücksichtigung des Gesamtzusammenhangs verstehen[523]. Richtet sich die Äußerung an einen Adressatenkreis mit Spezialwissen, so ist dieser Wissensvorsprung bei der Bestimmung des Aussageinhalts zu berücksichtigen.

Die Tatsache muss **unwahr** sein, d.h. der Wirklichkeit widersprechen. Dies ist aus der Perspektive eines objektiven verständigen Empfängers zu bestimmen. Schwierig sind die Fälle zu beurteilen, in denen zusammenhängende Tatsachen lediglich unvollständig oder **279**

517 **Übungsfall** z.B. bei *Seibt/Wollenschläger*, JuS 2008, 800 ff.
518 Vgl. BGH NJW 1978, 2151, 2152.
519 BGHZ 166, 84 ff. = NJW 2006, 830 ff. („Kirch").
520 BGH NJW 1988, 1589.
521 Siehe BGH NJW 2006, 830, 836 („Kirch"): „Tatsachenbehauptungen sind durch die objektive Beziehung zwischen Äußerung und Wirklichkeit charakterisiert, während für Werturteile und Meinungsäußerungen die subjektive Beziehung des Äußernden zum Inhalt seiner Aussage kennzeichnend ist".
522 So auch laut BGH DB 2011, 837 die Bonitätsbeurteilung eines Unternehmens.
523 BGH NJW 1988, 1589; BGHZ 166, 84 = NJW 2006, 830, 836 („Kirch"); BGH DB 2011, 873 („Bonität").

stark übertrieben dargestellt oder unwahre und wahre Tatsachen vermischt werden. Hier kommt es darauf an, ob die Darstellung im Kern wahr ist und die Tatsachen den Sachverhalt im Wesentlichen zutreffend wiedergeben[524].

280 Zudem muss die Tatsachenbehauptung nach § 824 Abs. 1 geeignet sein, den Kredit eines anderen zu gefährden oder sonstige erhebliche Nachteile für den Erwerb oder das Fortkommen herbeizuführen. Es muss eine **unmittelbare Beeinträchtigung** wirtschaftlicher Interessen eingetreten sein[525]. Entgegen dem Wortlaut des Gesetzes genügt es nicht schon, dass ein Nachteil entstehen kann, sondern die behauptete Tatsache muss unmittelbar den Anspruchsteller selbst betreffen oder zumindest in engem Zusammenhang gerade zur Person des Geschädigten, seinem Betrieb, seinen Geschäftsmethoden oder gewerblichen Erzeugnissen stehen. Es reicht nicht, wenn ein sog. allgemeiner Systemvergleich vorgenommen wird[526].

281 Auch bei § 824 indiziert der Tatbestand die **Rechtswidrigkeit**. Allerdings ist nach teilweise vertretener Ansicht **§ 824 Abs. 2** ein besonderer Rechtfertigungsgrund bei fehlender Kenntnis von der Unwahrheit der Behauptung[527]. Nach dieser Regelung tritt, wenn der Mitteilende oder der Empfänger der Mitteilung an dieser ein berechtigtes Interesse haben, die Ersatzpflicht nur ein, wenn dem Mitteilenden die Unrichtigkeit der Tatsache positiv bekannt war. Nach a.A. ist § 824 Abs. 2 nur ein Entschuldigungsgrund, da ansonsten auch quasinegatorische Ansprüche (z.B. Anspruch auf Widerruf) entfallen würden[528]. Hat der Täter oder der Empfänger der Mitteilung an jener ein berechtigtes Interesse, so entfällt jedenfalls eine Haftung aus § 824. Das ist z.B. der Fall bei Mitteilungen einer Auskunftei an Geschäftsleute[529]. Unabhängig von der dogmatischen Einordnung hat jedenfalls eine Güter- und Interessenabwägung hinsichtlich der einzelnen Interessen zu erfolgen.

282 Verschulden liegt vor, wenn der Täter die Unwahrheit der behaupteten oder verbreiteten Tatsache kennt (Vorsatz) oder kennen muss (Fahrlässigkeit). Es genügt also das fahrlässige Mitteilen unwahrer Tatsachen. **Rechtsfolge** ist der Ersatz des durch die Kreditgefährdung entstandenen Schadens.

283 § 824 ist keine lex specialis, sondern es besteht **Anspruchskonkurrenz** zu den §§ 823 Abs. 1[530], 826 und 823 Abs. 2[531]. Werden unwahre Tatsachen behauptet oder verbreitet, verdrängt § 824 einen Anspruch aus Verletzung des Rechts am eingerichteten und ausgeübten Gewerbebetrieb (Subsidiarität). Da herabsetzende Werturteile über gewerbliche Leistungen, wie „Schwindelfirma"[532] oder „billiger Schmarren"[533] oder die Veröffentli-

---

524 BGH NJW 1987, 1403; MünchKomm/*Wagner*, § 824 Rdnr. 26.
525 BGH NJW 1963, 1871 f.; BGH DB 1989, 921.
526 BGH JZ 1964, 509 f.; BGH JZ 1967, 94 f., jeweils m. Anm. *Deutsch*; BGH WM 1992, 535, 536 f.; Erman/*Schiemann*, § 824 Rdnr. 6.
527 *Wandt*, § 17 Rdnr. 34.
528 *Larenz/Canaris*, § 79 I 4 c; PWW/*Schaub*, § 824 Rdnr. 13.
529 Das ist auch der Hintergrund des Gesetzgebers für diese Bestimmung, siehe Prot. II, S. 638.
530 Etwa in Form der Verletzung des eingerichteten und ausgeübten Gewerbebetriebs oder des Eingriffs in das allgemeine Persönlichkeitsrecht i.S. des § 823 Abs. 1. Letzteres wird regelmäßig nicht durch § 824 verdrängt.
531 Als Schutzgesetz i.S. des § 823 Abs. 2 kommen etwa § 185 StGB (Beleidigung), § 186 StGB (üble Nachrede) und § 187 StGB (vorsätzliche Kreditgefährdung) in Betracht.
532 RGZ 101, 335, 338.
533 BGH NJW 1965, 35, 36.

chung von wahren Tatsachen nicht unter § 824 fallen, können sie unter dem Gesichtspunkt der Verletzung des Rechts am eingerichteten und ausgeübten Gewerbebetrieb nach § 823 Abs. 1 zu einer Schadensersatzpflicht führen[534].

II. Haftung des Aufsichtspflichtigen, § 832[535]

Nach § 832 haften Aufsichtspflichtige für widerrechtliche Handlungen der aufsichtsbedürftigen Personen. Wie bei § 831 handelt es sich um eine Haftung für eigenes vermutetes Verschulden[536]. **Aufsichtspflichtig** können Personen kraft Gesetzes (z.B. Eltern nach §§ 1626, 1631 Abs. 1, Vormund nach §§ 1800, 1793) oder kraft Vertrags (z.B. Krankenwärter, Kindermädchen, § 832 Abs. 2) sein. Ist ein Kind (K 1) bei einem anderen Kind (K 2) zu Besuch, so wird die Aufsichtspflicht der Eltern des Kindes K 1 regelmäßig nicht durch (stillschweigenden) Vertrag auf die Eltern von K 2 übergehen, sondern eine bloße tatsächliche Übernahme der Aufsicht vorliegen, die lediglich eine rechtlich unerhebliche Gefälligkeit darstellt. Nur in Ausnahmefällen wird man einen rechtsgeschäftlichen Bindungswillen (Rechtsbindungswillen) annehmen können[537]. **Aufsichtsbedürftige Personen** sind Minderjährige oder wegen ihres geistigen oder körperlichen Zustands Aufsichtsbedürftige. Gehaftet wird für widerrechtliche, d.h. (tatbestandsmäßige und) rechtswidrige Handlungen dieser Personen. **284**

Das Verhalten des Aufsichtspflichtigen muss **rechtswidrig** sein. Die Rechtswidrigkeit wird durch die Erfüllung des Tatbestands indiziert. Sie entfällt also nur dann, wenn Rechtfertigungsgründe vorliegen. **285**

Das **Verschulden** des Aufsichtspflichtigen wird **vermutet**. Die Haftung tritt nicht ein, wenn er den Entlastungsbeweis führt (§ 832 Abs. 1 S. 2), indem er nachweist, dass er seiner Aufsichtspflicht genügt hat. Die Haftung tritt auch nicht ein, wenn der Aufsichtspflichtige nachweist, dass der Schaden selbst bei gehöriger Aufsichtsführung, d.h. bei genügender Beaufsichtigung, entstanden wäre. Welche Sorgfaltspflichten Aufsichtspflichtige bei der Beaufsichtigung ihrer Aufsichtsbedürftigen haben, hängt vom Alter, Entwicklungsstand, Charakter und den Eigenheiten des Aufsichtsbedürftigen sowie der Gefährlichkeit eines möglicherweise eingesetzten Gegenstands (Spielzeug) ab, aber auch davon, was den Aufsichtspflichtigen in ihren jeweiligen Verhältnissen zumutbar ist[538]. **286**

Beispielsweise sind an die Überwachung von Kindern hinsichtlich des möglichen Umgangs mit Zündmitteln strenge Anforderungen zu stellen, die eine gesteigerte Aufsichtspflicht erfordern[539]. Es gehört daher zur Pflicht der Eltern, Kinder über die Gefährlichkeit des Entzündens von Streichhölzern aufzuklären und sie ggf. auf den unerlaubten Besitz von Zündhölzern zu kontrollieren. Darüber hinaus haben die Eltern die Pflicht, die Mög-

534 Vgl. BGHZ 166, 84 ff. („Kirch“: dort im konkreten Fall verneint).
535 **Übungsfall** z.B. bei *Mäsch/Gotsche*, JURA 2007, 779 ff.; *Heese/Rapp*, JuS 2013, 1110 ff.; *Raue/Schreiber*, JURA 2013, 816 ff.; *Graziano/Landbrecht*, JA 2014, 624 ff.
536 PWW/*Schaub*, § 832 Rdnr. 1.
537 BGH NJW 1968, 1874 f.; a.A. OLG Hamm VersR 2000, 457.
538 BGHZ 111, 282, 285 f.; BGH NJW 1993, 1003; BGH NJW 1996, 1404, 1405; BGH FamRZ 1997, 799, 800; *Rebler*, MDR 2010, 1433, 1435 f.
539 BGH FamRZ 1983, 874, 875; BGH FamRZ 1996, 600; BGH FamRZ 1997, 799, 800; OLG Hamm NJW-RR 1996, 153; OLG Koblenz NJW 2004, 3047.

lichkeit einer Besitzerlangung von Streichhölzern im häuslichen Bereich im Rahmen des Zumutbaren zu unterbinden oder jedenfalls zu erschweren. Dazu gehört vor allem, Streichhölzer so zu verwahren, dass Kinder etwa im Alter von 7 Jahren sie nicht ohne Weiteres erblicken und erreichen können, d.h. dass sie etwa nicht sichtbar auf einem Regal unverschlossen abgelegt sind.

287 **Rechtsfolge** ist, dass der Aufsichtspflichtige zum Ersatz des Schadens verpflichtet ist, den der Aufsichtsbedürftige einem Dritten zufügt. Eltern haften als Gesamtschuldner, § 840.

III. Haftung des Tierhalters/-aufsehers, §§ 833, 834[540]

288 In § 833 wird zwischen Nutz- und Luxustieren unterschieden. Der Halter eines Nutztieres haftet nach § 833 S. 2 für **vermutetes Verschulden** mit der Möglichkeit eines Entlastungsbeweises. Den Halter eines Luxustieres trifft nach § 833 S. 1 eine **Gefährdungshaftung**, d.h. er haftet selbst für unverschuldete Schadensereignisse. § 833 S. 1 ist der einzige Gefährdungshaftungstatbestand im BGB.

1. Tierhalterhaftung für Luxustiere

289 Voraussetzung für eine Haftung nach § 833 S. 1 ist, dass jemand Tierhalter eines sog. Luxustieres ist, dass durch das Tier ein Mensch getötet, der Körper oder die Gesundheit verletzt wurde oder eine Sache beschädigt wurde, dass haftungsbegründende Kausalität („durch ein Tier") und kein Haftungsausschluss vorliegt. Die Haftung tritt **ohne Verschulden** des Tierhalters ein.

290 ➔ **Luxustiere** sind all diejenigen Tiere, die keine Haustiere sind, oder die zwar solche sind, aber nicht dem Beruf, der Erwerbstätigkeit oder dem Unterhalt des Tierhalters zu dienen bestimmt sind (vgl. § 833 S. 2). Darunter fallen etwa Reitpferde, Hunde und Katzen, die lediglich Liebhaberzwecken dienen.

➔ **Tierhalter** ist, wer das Tier im eigenen Interesse, sei es zu wirtschaftlichen, Luxus- oder Sportzwecken, verwendet. Entscheidend ist, wem die Bestimmungsmacht über das Tier zusteht, wer aus eigenem Interesse für die Kosten des Tieres aufkommt und das wirtschaftliche Risiko trägt[541]. **Kein Tierhalter** ist, wer das Tier nur für kurze Zeit in Verwahrung nimmt. Umstritten und wohl nach §§ 827 ff. zu beurteilen ist, ob auch ein nicht Geschäftsfähiger Tierhalter sein kann[542].

291 Die Verletzung muss „durch ein Tier" erfolgt sein, d.h. es muss sich die **typische bzw. spezifische Tiergefahr** verwirklicht haben. Der Grund für die Haftung des Tierhalters liegt in der Unberechenbarkeit tierischen Verhaltens und der dadurch hervorgerufenen

540 Siehe *Röthel*, JURA 2014, 1124 ff.; **Übungsfall** z.B. bei *Lemmerz/Woitge*, JURA 2011, 132 ff.; *von Finckenstein*, JURA 2002, 339 ff.

541 BGH NJW-RR 1988, 655, 656. Siehe auch BGH VersR 1976, 1175, 1176 f. (Stadt, die ein dem Publikum zugängliches eingezäuntes Wildgehege unterhält).

542 Vgl. PWW/*Schaub*, § 833 Rdnr. 7.

Gefährdung von Rechtsgütern Dritter[543]. Der Tierhalter haftet also etwa beim Scheuen, Durchgehen, Ausschlagen oder Beißen des Tieres. Zu haften ist auch, wenn die Rechts(gut)verletzung lediglich mittelbar durch die Tiergefahr herbeigeführt wurde (Ausweichen vor dem Tier, Schreckreaktion)[544].

Keine Haftung tritt dagegen ein, wenn das Tier lediglich Werkzeug in der Hand eines Menschen ist, z.B. wenn jemand eine Katze als Wurfgeschoss verwendet[545] oder seinen Hund auf einen anderen hetzt[546]. Eine Haftung scheidet auch dann aus, wenn das Tier unter unwiderstehlicher Einwirkung einer Gewalt handelt, die auf es einwirkt (Reflexwirkung). Das ist etwa der Fall, wenn ein Pferd unter einen fallenden Baum stürzt und dabei seinerseits einen Menschen verletzt. **292**

Eine Haftung tritt nicht ein, wenn ein **Haftungsausschluss** vereinbart wurde[547]. Dies soll auch stillschweigend erfolgen können, etwa wenn jemand das Beschlagen eines Pferdes übernimmt[548]. Die Rechtsprechung verlangt hierfür aber eine Eigengefährdung ohne triftigen (rechtlichen, beruflichen oder sittlichen) Grund[549]. Wird das Tier mietweise oder gefälligkeitshalber überlassen, kann ein solcher Haftungsausschluss aber nach h.M. nicht unterstellt werden. Hier kann deshalb die Tierhalterhaftung mit der vertraglichen Haftung (Verletzung einer vertraglichen Sorgfaltspflicht) konkurrieren (str.). Die Tierhalterhaftung greift bei Überlassen eines Tieres aus Gefälligkeit zugunsten dessen, dem es überlassen wird (z.B. Reitpferd ausleihen)[550]. Allerdings sind bei Gefälligkeiten, denen ein Rechtsbindungswille fehlt, vertragliche Ansprüche ausgeschlossen. In diesen Fällen kann auch regelmäßig nicht ein **Handeln auf eigene Gefahr** angenommen werden[551]. Anders kann das sein, wenn der Betreffende Risiken übernommen hat, die über das Gewöhnliche hinausgehen, z.B. Zureiten. **293**

2. Eingeschränkte Tierhalterhaftung für Nutztiere

➔ Ein **Nutztier** ist ein Haustier, das dem Beruf, der Erwerbstätigkeit oder dem Unterhalt des Tierhalters zu dienen bestimmt ist. **294**

Nach § 833 S. 2 besteht hier eine Verschuldenshaftung. Vorliegen müssen, wie bei § 833 S. 1, die Tatbestandsvoraussetzungen der Rechts(gut)verletzung, der Tierhaltereigenschaft, der haftungsbegründenden Kausalität und der Rechtswidrigkeit.

Die Verursachung der Rechtsgutverletzung durch das Tier wird vermutet. Der Schädiger kann diese widerlegen. Ebenso wird das Verschulden des Tierhalters vermutet, wenn die-

543 BGHZ 67, 129, 132; BGH NJW 1992, 2474; BGH NJW-RR 2006, 813, 814; vgl. Erman/*Schiemann*, § 833 Rdnr. 4.
544 PWW/*Schaub*, § 833 Rdnr. 5.
545 PWW/*Schaub*, § 833 Rdnr. 4.
546 Hier haftet der „Hetzer“ als Täter nach § 823 Abs. 1 sowie § 823 Abs. 2 iVm. §§ 223 ff. StGB.
547 BGH NJW 1992, 2474 f. (Überlassung eines Reitpferds); BGH NJW 1993, 2611 f.; BGH NJW 1999, 3119 f.
548 *Wandt*, § 18 Rdnr. 30 (Schadensminderung nach § 254 vorzugswürdig).
549 BGH VersR 2009, 693 ff., Rdnr. 9.
550 Fehler des Verletzten sind daher grundsätzlich nur im Rahmen des § 254 (Mitverschulden) zu berücksichtigen, vgl. BGH NJW 1999, 3119.
551 Siehe BGH NJW-RR 2006, 813 („Geländefahrturnier“); PWW/*Schaub*, § 833 Rdnr. 10.

ser keinen Entlastungsbeweis führen kann. Die **Entlastungsmöglichkeit** des § 833 S. 2 kommt einem Tierhalter dann zugute, wenn das mit der Tierhaltung zusammenhängende wirtschaftliche Handeln einen wesentlichen Teil seiner Gesamttätigkeit bildet und eine maßgebliche Grundlage seines Erwerbs darstellt[552]. Die Abgrenzung zu Tieren i.S. des § 833 S. 1 erfolgt nach der allgemeinen Zweckbestimmung, nicht nach der konkreten Verwendung beim Unfall. Beispiele sind etwa vom Landwirt gehaltene Zug-, Schlacht- oder Nutztiere, Dienstpferde der Polizei, das Pferd eines Reitstallbesitzers, Wachhunde, Zirkuselefanten, Blindenhunde[553]. Die Ersatzpflicht des Tierhalters ist ausgeschlossen, wenn er nachweist, dass er bei der Beaufsichtigung des Tieres die im Verkehr erforderliche Sorgfalt beachtet hat (§ 833 S. 2, 1. Alt.) oder wenn er nachweist, dass der Schaden auch bei Anwendung dieser Sorgfalt entstanden wäre (§ 833 S. 2, 2. Alt.).

3. Haftung des Tieraufsehers, § 834[554]

295 Der Tierhüter haftet nach § 834 aufgrund von **vermutetem Verschulden**. Ob es sich bei dem Tier um ein Luxus- oder ein Nutztier handelt, ist unerheblich. Die Übernahme der Aufsichtsführung muss auf Vertrag beruhen, der auch stillschweigend vereinbart werden kann (z.B. Verwahrer, Mieter oder Entleiher eines Reitpferds[555]).

IV. Gebäudehaftung, §§ 836–838

296 Die §§ 836–838 regeln die Haftung für die Tötung oder Körper-/Gesundheitsverletzung eines Menschen bzw. die Haftung für eine Sachbeschädigung. Es handelt sich um eine Haftung aus **vermutetem Verschulden**. Der für das Bauwerk Zuständige muss sich entlasten und nicht der Geschädigte, der die Gründe für den Einsturz regelmäßig nicht kennen wird, den Beweis für das Verschulden führen. Die §§ 836–838 sind Sonderfälle der Verletzung von Verkehrspflichten[556]. Neben einer Haftung nach §§ 836 ff. kommt in Anspruchskonkurrenz eine solche nach § 823 Abs. 1 in Betracht. Hier muss allerdings der Geschädigte den Verschuldensnachweis führen.

297 Voraussetzung für die Haftung nach §§ 836–838 ist, dass ein Schaden an einem **Gebäude** oder einem anderen mit einem Grundstück **„verbundenen Werk"** eingetreten ist. Fest verbunden und damit Gebäudeteil ist eine Sache nicht nur, wenn sie zur Herstellung des Gebäudes eingefügt wurde (Fensterscheiben, Schornsteine, Dachziegel), sondern auch, wenn sie in einem so festen baulichen Zusammenhang mit dem Gebäude steht, dass sich daraus nach der Verkehrsanschauung ihre Zugehörigkeit zum Bauganzen ergibt. So ist z.B. ein Baugerüst ein mit dem Grundstück verbundenes Gebäudeteil, so dass § 836 greifen kann, wenn ein Brett aus einem Gerüst fällt[557]. Fest verbunden und Teil eines Gebäudes sind auch Garagentore, Markisen etc. Blumenkästen dagegen müssen mit dem Bau-

552 OLG Düsseldorf VersR 1998, 1385.
553 *Gursky*, S. 226: „Bei teleologischer Auslegung müssen Blindenhunde auch dann erfasst werden, wenn der Blinde nicht berufstätig ist".
554 **Übungsfall** z.B. bei *Voit/Wolff*, JuS 2002, 44 ff.
555 BGH NJW 1987, 949, 950.
556 PWW/*Schaub*, § 836 Rdnr. 1.
557 **BGH NJW 1997, 1853.**

werk fest und dauerhaft verbunden sein[558]. Nicht fest verbunden sind Dachlawinen oder von der Dachrinne abbrechende Eiszapfen.

Es muss ein **Einsturz** eines Gebäudes oder die Ablösung eines Gebäudeteils eintreten. **298** Eine **Ablösung** ist jede unwillkürliche Aufhebung der Verbindung zum Ganzen[559]. Eine Schaufensterscheibe ist Teil des mit dem Grund und Boden verbundenen Gebäudes. Zerspringt sie, so löst sie sich von dem Gebäude ab[560]. Eine Ablösung von Gebäudeteilen erfolgt auch dann, wenn sich ein Gebäudeteil lediglich teilweise löst, lockert usw. In erweiternder Auslegung soll eine Ablösung auch dann vorliegen, wenn eine Gas- oder Wasserleitung oder ein Heizöltank undicht wird[561].

Der Einsturz oder die Ablösung muss auf **fehlerhafter Errichtung** oder **mangelhafter** **299** **Unterhaltung** des Bauwerks beruhen. Deshalb fallen Schädigungen durch ein Abbruchunternehmen oder durch außergewöhnliche Naturereignisse (Blitz, Sturm) nicht unter die §§ 836 ff. Der Geschädigte hat den ursächlichen Zusammenhang zwischen der fehlerhaften Errichtung bzw. mangelhaften Unterhaltung und dem eingetretenen Schaden zu beweisen[562]. Durch den Einsturz oder die Ablösung muss ein Mensch **getötet** oder **verletzt** oder eine Sache **beschädigt** worden sein.

Die Haftung entfällt, wenn der Besitzer den **Entlastungsbeweis** führen kann, dass er **300** während seiner Besitzzeit zum Zwecke der Abwendung der Gefahr die im Verkehr erforderliche Sorgfalt beobachtet hat. Das kann der Fall sein, wenn er nachweist, dass er sich bei der Errichtung um ordentliche Ausführung bemüht hat, indem er etwa geeignete Dritte beauftragt hat, oder dass er das Bauwerk auf Mängel überprüft und diese beseitigen lassen hat. Was im Einzelfall für den Entlastungsbeweis erforderlich ist, bestimmt sich nach der Verkehrsauffassung[563]. Auch wenn es in § 836 nicht ausdrücklich erwähnt wird, kann sich der Ersatzpflichtige auch durch den Nachweis entlasten, dass der Verletzungserfolg selbst bei Anwendung der erforderlichen Sorgfalt eingetreten wäre[564].

Die Bauwerkshaftung trifft den **Eigenbesitzer** (§ 872) des Grundstücks (§ 836 Abs. 1, 3). **301** Bei Beendigung des haftungsbegründenden Besitzes kann die Haftung nach § 836 Abs. 2 noch ein Jahr lang fortdauern. Der **Gebäudebesitzer**, der auf einem fremden Grundstück in Ausübung eines Rechts ein Gebäude als ihm gehörig besitzt, haftet nach § 837 (Erbbauberechtigter, Dienstbarkeitsberechtigter, Inhaber der Grabstelle bei umgestürztem Grabstein[565]). Nach § 838 haftet auch der **Gebäudeunterhaltungspflichtige**, d.h. derjenige, der die Unterhaltung des Bauwerks übernommen hat oder aufgrund eigenen Nutzungsrechts auszuführen hat (Hausverwalter, Nießbraucher). Diese Haftung tritt regelmäßig neben diejenige aus §§ 836, 837.

---

558 *Medicus/Lorenz*, SR II, Rdnr. 1359.
559 BGH NJW 1997, 1853.
560 OLG Koblenz OLGReport 1998, 4.
561 BGH VersR 1976, 1084, 1085; BGHZ 55, 229, 235.
562 BGHZ 58, 149, 152 ff.
563 BGH NJW 1993, 1782, 1783.
564 *Wandt*, § 18 Rdnr. 38.
565 Ein Grabstein ist nach BGH NJW 1977, 1392, ein mit einem Grundstück verbundenes Werk.

V. Haftung des Kfz-Halters, § 7 StVG[566]

302 Nach § 7 Abs. 1 StVG hat der Halter eines Kraftfahrzeugs oder Anhängers[567] den Schaden zu ersetzen, der dadurch entstanden ist, dass beim Betrieb des Fahrzeugs ein Mensch getötet oder verletzt wurde oder eine Sache beschädigt worden ist. Die Haftung nach § 7 StVG ist eine **Gefährdungshaftung**. Der Halter haftet, weil er durch das Halten des Fahrzeugs die mit dem Betrieb eines Kraftfahrzeugs verbundenen Gefahren veranlasst hat. Verkehrswidriges- bzw. rechtswidriges oder schuldhaftes Verhalten ist nicht erforderlich[568].

303 Weiterreichende Ersatzansprüche bleiben nach § 16 StVG unberührt. Neben der Haftung aus § 7 Abs. 1 StVG kann damit etwa auch eine Haftung nach § 823 Abs. 1 (ohne Beschränkung der Haftungshöhe i.S. der §§ 9 ff. StVG) bestehen. In Betracht kommt auch eine Haftung aus § 823 Abs. 2 iVm. einem Schutzgesetz, das einen Unfall wie den eingetretenen gerade verhindern sollte[569]. Zudem kann eine Haftung nach § 831 hinsichtlich eines Verschuldens bei der Auswahl oder Überwachung des Fahrers eine Rolle spielen, wenn der Unfall durch verkehrswidriges Verhalten des Fahrers herbeigeführt wurde. Wird neben der Gefährdungshaftung aus §§ 7, 8 StVG eine Unrechtshaftung aus § 823 Abs. 1 geprüft, ist in der **Klausur** die Gefährdungshaftung als Erstes zu prüfen, da diese spezialgesetzliche Regelung weder Rechtswidrigkeit noch Verschulden erfordert. Für den Halter tritt gegenüber dem Geschädigten die Kfz-Haftpflichtversicherung ein (§ 115 Abs. 1 Nr. 1 VVG, § 1 PflVG). Danach hat der Geschädigte nicht nur gegen den Schädiger, sondern auch gegen den Haftpflichtversicherer des Schädigers einen unmittelbaren Anspruch. Es liegt ein gesetzlich angeordneter Schuldbeitritt vor. Halter und Versicherer sind Gesamtschuldner.

1. Haltereigenschaft

304 Der Anspruchsgegner muss **Halter** des am Verkehrsunfall beteiligten Kfz[570] oder Anhängers sein. Halter ist, wer das Fahrzeug zur Unfallzeit für eigene Rechnung in Gebrauch hat und diejenige Verfügungsgewalt darüber besitzt, die ein solcher Gebrauch voraussetzt. Eigentum ist nicht entscheidend, sondern es geht um die tatsächliche Verfügungsgewalt[571]. Auch eine fehlende (volle) Geschäftsfähigkeit schadet grundsätzlich nicht. Al-

---

566 Siehe *Röthel*, JURA 2014, 1124 ff.; sehr hilfreich auch der Prüfungsüberblick bei *Weber*, JuS 2014, 987 ff. (obwohl laut Titel zur Klausurprüfung im 2. Staatsexamen); **Übungsfall** z.B. bei *Göller*, JA 2002, 34 ff.; *Mäsch/Gotsche*, JURA 2007, 779 ff.; *Lemmerz/Woitge*, JURA 2011, 132 ff.; *Katzenmeier/Reisewitz*, JuS 2013, 805 ff.; *Schneider*, JURA 2014, 323 ff.; *Gietl/Stenzer*, JA 2014, 898, 904 ff.

567 Der Betreiber eines **Schienenfahrzeugs** haftet (inhaltlich weitgehend parallel zu § 7 StVG) nach **§ 1 HaftPflG**, siehe etwa BGH NJW 2013, 3235 ff.

568 BGH NJW 2012, 1951 ff., Rdnr. 17; siehe auch die Darstellungen bei *Schreiber/Strupp*, JURA 2007, 594 ff.; *Garbe/Hagedorn*, JuS 2003, 287 ff.; *Brögelmann*, JA 2003, 872 ff.; siehe auch *Coester-Waltjen*, JURA 2003, 173 ff.

569 Als Schutzgesetz kommen insbesondere die Normen der StVO sowie der StVZO (hier v.a. hinsichtlich des geforderten Fahrzeugzustands des Kfz) in Betracht, aber auch § 21 Abs. 1 Nr. 2 StVG (Verbot der Überlassung des Fahrzeugs an jemanden ohne Fahrerlaubnis). Zum Schutzgesetzcharakter der Normen des StVG, der StVO sowie der StVZO im Einzelnen: Erman/*Schiemann*, § 823 Rdnr. 163; MünchKomm/*Wagner*, § 823 Rdnr. 424, jeweils m.w.N. zur Rspr.

570 Legaldefinition in § 1 Abs. 2 StVG.

571 BGHZ 13, 351, 354; siehe auch *Garbe/Hagedorn*, JuS 2004, 287, 288.

lerdings kann die Haltereigenschaft des nicht (voll) Geschäftsfähigen in entsprechender Anwendung der §§ 104 ff. nur mit Zustimmung des gesetzlichen Vertreters begründet werden[572].

Beim **Leasingvertrag** ist der Leasingnehmer der alleinige Halter des Kfz, wenn es ihm auf längere Zeit überlassen ist, er die Betriebskosten trägt und über den Einsatz des Kfz befindet[573]. Dies gilt auch für den Entleiher oder Mieter[574]. Wird dagegen das Kfz nur für kurze Zeit bzw. für einen bestimmten Einsatz überlassen (z.B. einige Stunden, eine Woche, für eine Urlaubsreise verleihen oder vermieten)[575], bleibt der Entleiher Halter. Allerdings haftet der Halter (Leasingnehmer) dem Eigentümer gegenüber bzgl. des Kfz nicht aus § 7 StVG. Nach dem Schutzzweck des § 7 Abs. 1 StVG erstreckt sich die Haftung des Halters nicht auf das von ihm gehaltene Fahrzeug selbst. „Sache“ i.S. des § 7 StVG kann nur eine vom Kfz verschiedene Sache sein[576]. **305**

2. Rechtsgutverletzung und Verletzter

Durch ein Kfz muss ein Mensch getötet, der Körper oder die Gesundheit verletzt oder eine Sache beschädigt worden sein. § 7 StVG schützt nicht vor reinen Vermögensschäden (z.B. jemand wird durch einen Stau aufgehalten und versäumt einen Geschäftsabschluss). Nicht ersatzberechtigt ist gemäß § 8 Abs. 2 StVG der beim Betrieb des Fahrzeugs Tätige. Hat also nicht der Halter selbst, sondern ein Dritter den Unfallwagen geführt, haftet der Halter nicht nach § 7 Abs. 1 StVG für Schäden, die der Fahrer des Kfz erleidet. Nach § 8a StVG gilt die Halterhaftung auch gegenüber Mitfahrern und Fahrgästen. Bei entgeltlicher, geschäftsmäßiger Personenbeförderung kann sie nicht durch Vertrag ausgeschlossen oder beschränkt werden. **306**

3. Verletzung „bei dem Betrieb“

Erforderlich ist, dass das Kfz im Zeitpunkt des schädigenden Ereignisses in Betrieb war und dieser Betrieb für das Schadensereignis kausal gewesen ist („bei“). Der Betriebsbegriff ist dabei weit zu fassen. Nach der früher herrschenden sog. maschinentechnischen Auffassung setzte der „Betrieb“ eines Kfz das Laufen des Motors voraus. Dagegen liegt nach der heute herrschenden sog. **verkehrstechnischen Auffassung** ein „Betrieb“ des Kfz vor, wenn es sich im öffentlichen Verkehrsraum bewegt oder verkehrsbedingt (kurz) anhält. Selbst ein längeres Ruhen wird noch vom Betriebsbegriff umfasst, wenn das stehende Kfz weiterhin den öffentlichen Verkehr beeinflusst, z.B. wenn ein Kfz wegen einer Panne am Fahrbahnrand liegen bleibt oder auf der Straße geparkt wird[577]. Zur Begründung wird auf die erheblichen Gefahren, die mit stehenden Fahrzeugen insbesondere für den fließenden Verkehr einhergehen, verwiesen. Anders verhält es sich, wenn das Fahr- **307**

572 A.A. § 828 Abs. 3 entsprechend anwenden; a.A. es kommt weder auf Verschuldens- noch Geschäftsfähigkeit an; siehe *v. Caemmerer*, FS Flume, 1978, Bd. 1, S. 359, 362 ff.
573 BGHZ 87, 133, 135; BGH NJW 1997, 660.
574 *Medicus/Lorenz*, SR II, Rdnr. 1371.
575 Vgl. BGHZ 32, 331, 333 f.; BGHZ 116, 200.
576 BGH NJW 2011, 996 ff., Rdnr. 9 ff.
577 BGHZ 29, 163, 169; BGH VersR 1967, 562; siehe auch BGHZ 58, 162, 165 („Grünstreifen“).

zeug außerhalb des öffentlichen Verkehrsraums ordnungsgemäß auf ausschließlich dafür bestimmtem öffentlichem oder privatem Grund abgestellt ist.

308 Weiter muss sich die betriebsspezifische Gefahr des Kfz verwirklicht haben, d.h. der Unfall muss mit der besonderen Gefährlichkeit des Kfz zusammenhängen. Da die Haftung lediglich davon abhängt, dass sich die von dem Verantwortlichen beherrschte **spezifische Gefahr** verwirklicht hat, ist keine Kausalität i.S. der Adäquanztheorie erforderlich. Es reicht vielmehr ein Kausalzusammenhang i.S. der Äquivalenztheorie. Es genügt, dass das Schadensgeschehen durch das Kfz mitgeprägt worden ist. Als ausreichend wird angesehen, dass sich eine vom Pkw ausgehende Gefahr ausgewirkt hat[578]. Allerdings muss ein Zusammenhang mit der Bestimmung des Fahrzeugs als Fortbewegungs- oder Transportmittel bestehen. Wird das Fahrzeug ausschließlich als Arbeitsmaschine eingesetzt, entfällt die Haftung nach § 7 StVG[579]. Der BGH bejaht den Zusammenhang der Fortbewegungs- bzw. Transportfunktion auch, wenn eine Maschine ihre Arbeit gerade während der Fahrt verrichtet[580].

Ein Unfall kann sich selbst dann „bei dem Betrieb" eines Kfz ereignen, wenn es zu **keiner körperlichen Berührung** zwischen dem Fahrzeug und dem Verletzten gekommen ist[581]. Erforderlich ist nur, dass die Verletzung in einem nahen **zeitlichen und örtlichen Zusammenhang** mit dem Betrieb eines Kfz steht, so dass sie sich noch als spezifische Auswirkung der Betriebsgefahr eines Fahrzeugs darstellt. Läuft eine Person aus Angst, von einem herannahenden Kfz erfasst zu werden, weg und stürzt auf seiner Flucht, dann sind mögliche Verletzungen zwar nicht auf eine unmittelbare Berührung mit dem Kfz zurückzuführen. Die Verletzungen sind dennoch bei Betrieb eines Kfz entstanden, weil die Flucht durch das in Betrieb befindliche Fahrzeug ausgelöst wurde. Dabei spielt es keine Rolle, ob das Weglaufen als Reaktion objektiv erforderlich war, solange die Fahrweise des Kfz zu dem Unfall beigetragen hat[582]. Ein zeitlicher und örtlicher Zusammenhang mit dem Betrieb eines Kfz ist auch dann zu bejahen, wenn der von einem Fahrzeug ausgehende Lärm zur Panikreaktion eines normal empfindlichen Tieres führt[583].

Der Schutzbereich der Gefährdungshaftung nach § 7 Abs. 1 StVG ist aber überschritten, wenn sich ein anderes Risiko außerhalb der betriebsspezifischen Gefahren eines Kfz verwirklicht[584]. Dies ist etwa der Fall, wenn die Reaktion des Tieres auf die besondere Form der Tierhaltung, welche besonders schreckhafte Reaktionen und aggressives Verhalten

578 BGH NJW 2005, 2081 f.; vgl. auch BGH NJW 2012, 1951, Rdnr. 18 (Auffahren, um Fluchtfahrzeug zu stoppen).

579 Zusammenhang mit Fortbewegungs- und Transportfunktion **verneint**: BGH NJW 1993, 2740 (Motor des Kfz dient beim Anliefern von Heizöl lediglich als Antriebskraft der Pumpvorrichtung); OLG Hamm MDR 1996, 149 (Schäden durch das Ausbringen von Dünger auf einen Acker durch einen Unimog).

580 Zusammenhang mit Fortbewegungs- und Transportfunktion **bejaht**: BGHZ 105, 65, 67 (Schäden durch das Auswerfen von Streugut im öffentlichen Straßenraum aus einem Streukraftfahrzeug); BGHZ 113, 164, 165 (Unfall mit einem langsam fahrenden Kfz, das eine Absperrtafel zieht, um Grasmäharbeiten auf dem Mittelstreifen einer Autobahn abzusichern).

581 Vgl. BGH NJW 1973, 44, 45 (Fußgänger weicht einem Auto aus und stürzt).

582 BGH VersR 2005, 992 (voreilige Ausweich- und Abwehrreaktion); BGH NJW 2010, 3713 f., Rdnr. 6 (bzgl. der Nichterforderlichkeit einer subjektiven Einschätzung als erforderlich); BGH NJW 2013, 1679, Rdnr. 15 f. (bzgl. Ausrutschens nach Auffahrunfall).

583 LG Köln MDR 1997, 935.

584 BGHZ 79, 259, 263; BGH VersR 1991, 111, 112 f.; BGHZ 115, 84, 87; siehe auch *Roth*, JuS 1993, 716 ff.

der Tiere begünstigt, zurückzuführen ist[585]. Insofern realisiere sich nämlich nicht die spezifische Betriebsgefahr eines Fahrzeugs, sondern eine eigenständige Gefahr, deren Quelle der Tierhalter selbst geschaffen habe. Die mit ihr zusammenhängenden Risiken habe er entsprechend allein zu tragen[586]. Ein Zurechnungszusammenhang zwischen Betriebsgefahr und eingetretenem Schaden ist danach zu verneinen.

Zur Frage, ob eine Verletzung „bei dem Betrieb" vorliegt, **Fall 38**[587]: A hat durch Verletzung der Vorfahrt des G einen Verkehrsunfall verschuldet (§ 8 StVO). Vor der Polizei versucht er den schuldlosen Geschädigten G als den wahren Schuldigen hinzustellen. Dabei erregt sich der an Bluthochdruck leidende G so sehr, dass er unmittelbar nach dem Unfall einen Schlaganfall erleidet, so dass er fortan arbeitsunfähig ist. G verlangt von A Schadensersatz aus §§ 7, 18 StVG. Zu Recht? **309**

G könnte von A Schadensersatz nach § 7 Abs. 1 StVG verlangen. Danach haftet A für sämtliche Schäden, die mit dem Betrieb des Kfz ursächlich zusammenhängen. Der Begriff „bei dem Betrieb" ist weit auszulegen. Ausreichend ist hierfür bereits ein naher örtlicher und zeitlicher Zusammenhang mit einem bestimmten betrieblichen Vorgang oder mit bestimmten Betriebseinrichtungen. Im Ergebnis werden daher sämtliche durch den Fahrzeugverkehr beeinflussten Schadensabläufe erfasst. Diese Voraussetzung ist hier an sich erfüllt, denn G erleidet den Schlaganfall im unmittelbaren zeitlichen und örtlichen Zusammenhang mit dem Zusammenstoß der beiden Fahrzeuge.

Es fragt sich jedoch, ob der eingetretene Schaden (hier: der Schlaganfall) vom Schutzbereich des § 7 Abs. 1 StVG umfasst ist. Die Vorschrift schützt nur vor dem Eintritt solcher Schäden, in denen sich gerade die typische Betriebsgefahr eines Kfz realisiert hat. Hierunter fallen die unmittelbar durch den Unfall verursachten Schäden. Demgegenüber ist der Schlaganfall des G Folge der verbalen Auseinandersetzung mit A. Die allgemeine Betriebsgefahr des Kfz hat das allgemeine Lebensrisiko, bei Bluthochdruck einen Schlaganfall zu erleiden, nicht erhöht. Beides steht in keinem inneren Zusammenhang. A haftet dem G daher nicht aus § 7 Abs. 1 StVG auf Schadensersatz. Auch eine Haftung des A aus § 18 StVG[588] aus vermutetem Verschulden scheitert am fehlenden Schutzzweckzusammenhang.

4. Haftungsausschluss nach § 7 Abs. 2 StVG

Die Haftung ist nach § 7 Abs. 2 StVG ausgeschlossen, wenn der Unfall durch **höhere Gewalt** verursacht wurde[589]. Kommt es zu einem Schaden, trägt der Halter selbst dann das volle Risiko, wenn er alle Sorgfaltsregeln beim Betrieb seines Kfz eingehalten hat. Eine Entlastung ist nur möglich, wenn der Unfall auf einem betriebsfremden, von außen durch elementare Naturkräfte oder durch Handlungen dritter Personen herbeigeführten Ereignis **310**

---

585 **BGHZ 115, 84 ff.**, wo infolge eines durch einen Verkehrsunfall ausgelösten Knalls in einem 50 m entfernt liegenden Stall Schweine, die in Massentierhaltung aufgezogen wurden, in Panik gerieten und sich verletzten oder starben (siehe hierzu auch den Fall samt Lösung bei *Petersen*, Examens-Repetitorium Allgemeines Schuldrecht, 7. Aufl. 2015, Rdnr. 543 ff.).

586 BGHZ 115, 84, 88.

587 **BGHZ 107, 359 ff.**, Fortsetzung der Prüfung von **Fall 25**, wo zunächst lediglich ein Anspruch nach § 823 Abs. 1 geprüft worden war, siehe oben Rdnr. 165.

588 Zum Verhältnis der beiden Ansprüche siehe unten Rdnr. 316.

589 Der Begriff der „höheren Gewalt" ist der gleiche wie in § 1 Abs. 2 S. 1 HaftPflG.

beruht, das nach menschlicher Einsicht und Erfahrung unvorhersehbar war, mit wirtschaftlich erträglichen Mitteln auch durch äußerste Sorgfalt nicht verhütet oder unschädlich gemacht werden konnte und auch nicht wegen seiner Häufigkeit in Kauf zu nehmen ist[590]. Damit die Haftung entfällt, müssen diese Voraussetzungen **kumulativ** vorliegen. Das wird nur in seltenen Konstellationen der Fall sein. Eine Haftung scheidet etwa dann aus, wenn der Unfall auf einem externen Eingriff in den Straßenverkehr (z.B. Sabotageakt Dritter) oder auf einem Naturereignis (z.B. Lawine, Überflutung, Erdrutsch) beruht.

311 Verkehrswidriges Verhalten von Kindern, Hilfsbedürftigen und älteren Menschen begründet regelmäßig keine höhere Gewalt. Selbst der „optimale Fahrer", der alles Menschenmögliche unternimmt, um Schäden für Dritte zu verhüten, trägt das volle Risiko dafür, dass sich andere Verkehrsteilnehmer grob verkehrswidrig verhalten.

312 Der Halter haftet darüber hinaus dafür, dass das Fahrzeug voll funktionstüchtig und der Fahrer fahrtüchtig ist[591]. Er kann sich mithin nicht darauf berufen, dass ein Fehler in der Beschaffenheit des Fahrzeugs oder ein Versagen seiner Vorrichtungen als betriebsinterne Form der „höheren Gewalt" den Unfall verursacht hat. Auch **betriebsfremde Ursachen**, d.h. das Verhalten des Verletzten, eines Dritten oder eines Tieres, schließen die Haftung des Halters regelmäßig nicht aus, selbst wenn der Fahrer jede nach den Umständen gebotene Sorgfalt beachtet hat[592]. Nach dem BGH ist der Halter sogar dann haftbar, wenn der Fahrer vorsätzlich eine andere Person überfährt[593].

5. Weitere Haftungsausschlüsse

313 Auf ein „unabwendbares Ereignis" stellt der Haftungsausschlussgrund des **§ 17 Abs. 3 StVG** ab. Unabwendbarkeit liegt vor, wenn das Ereignis auch bei äußerst möglicher Sorgfalt nicht abgewendet werden kann. Dies ist für den Fall zu berücksichtigen, dass an einem Unfall **mehrere Kraftfahrzeuge** beteiligt sind (Maßstab des Idealfahrers). Die Haftung im Verhältnis mehrerer Kraftfahrzeughalter untereinander sowie der Innenausgleich nach Entschädigung externer Dritter bemisst sich damit primär nach den Verursachungs- und Verschuldensanteilen. Dabei wird grundsätzlich auch eine mitwirkende Betriebsgefahr berücksichtigt, wenn nicht ein unabwendbares Ereignis vorliegt. Haben sich beide Autofahrer ideal verhalten, liegt also beiderseits Unabwendbarkeit vor, entfällt der Ausgleich ganz und jeder trägt seinen Schaden selbst.

314 Wurde das Fahrzeug ohne Wissen und Willen des Halters von einem anderen benutzt (**Schwarzfahrt**), haftet anstelle des Halters der Benutzer (§ 7 Abs. 3 S. 1, 1. HS StVG), es sei denn, der „Schwarzfahrer" ist vom Halter für den Betrieb des Fahrzeugs angestellt (§ 7 Abs. 3 S. 2 StVG). Halter und „Schwarzfahrer" haften nebeneinander, wenn der Halter die Schwarzfahrt durch sein Verschulden ermöglicht hat (§ 7 Abs. 3 S. 1, 1. HS StVG), also sein Kfz nicht verschlossen oder den Fahrzeugschlüssel nicht sicher verwahrt hat.

---

590 Vgl. BGHZ 7, 338, 339; BGH NJW 1986, 2312, 2313; BGH NJW 1990, 1167, 1168; OLG Celle MDR 2005, 1345 f.; *Heß/Burmann*, NJW 2012, 1042, 1043.
591 Vgl. BGHZ 23, 90, 93 (plötzliche Ohnmacht infolge Gehirnblutung).
592 BGH VersR 1987, 158 f.
593 BGHZ 37, 311, 312 ff.

Weitere Haftungsausschlüsse finden sich in **§ 8 Nr. 1–3 StVG**. Die Halterhaftung betrifft gemäß § 8 Nr. 1 StVG nur Fahrzeuge, die mehr als 20 km/h an Geschwindigkeit aufweisen. Nach § 8 Nr. 2 StVG ist die Haftung des Halters ausgeschlossen, wenn der Verletzte zur Zeit des Unfalls bei dem Betrieb des Fahrzeugs tätig war. Die vom Verletzten ausgeübte Tätigkeit muss dabei in innerem Zusammenhang mit dem Betrieb des Kfz stehen. Hiervon umfasst ist vor allem der Fahrer selbst, aber z.B. auch Schaffner oder Fahrschüler. Der Halter haftet nach § 8 Nr. 3 StVG ferner nicht, wenn die beschädigte Sache durch das Fahrzeug befördert wurde und dabei nicht von einer beförderten Person an sich getragen oder mitgeführt wurde. Nach **§ 8a StVG** kann die Haftung gegenüber **Autoinsassen** bei unentgeltlicher oder nicht geschäftsmäßiger Beförderung ausgeschlossen oder beschränkt werden[594].

6. Rechtsfolge

Grundlage der Schadensberechnung sind auch bei der Haftung nach dem StVG die allgemeinen Vorschriften der §§ 249 ff., modifiziert durch spezielle Regelungen des StVG. So sieht § 12 StVG **Haftungshöchstbeträge** als Korrelat zur verschuldensunabhängigen Gefährdungshaftung vor. § 12a StVG enthält für die Beförderung gefährlicher Güter höhere Haftungsgrenzen, sofern der Schaden auf der Gefährlichkeit dieser Güter beruht. Werden die Höchstbeträge im Schadensfall überschritten, kann der darüber hinaus entstandene Schaden über die §§ 823 ff. geltend gemacht werden. Der Umfang der Ersatzpflicht bei Körperverletzung richtet sich nach § 11 StVG, wobei insbesondere ein Anspruch auf Schmerzensgeld gewährt wird (§§ 253 Abs. 2 BGB, 11 S. 2 StVG). **315**

Ein Mitverschulden des Verletzten bewirkt eine **Haftungskürzung** nach §§ 9 StVG iVm. 254 BGB sowie § 17 Abs. 2 iVm. Abs. 1 StVG. Bei der Abwägung der beiden Verursachungsbeiträge ist auch eine mitwirkende **Betriebsgefahr** des Geschädigten zu berücksichtigen (§ 17 Abs. 1 S. 2 StVG). Sind bei einem Unfall zwei Fahrzeuge involviert, wobei auf beiden Seiten weder Verschulden noch höhere Gewalt vorliegt (z.B. unvorhersehbar vereiste Fahrbahn)[595], hat jeder der beiden Halter Ersatzansprüche nach § 7 StVG. Im Rahmen der Schadensberechnung wirkt sich bei jedem Halter die Betriebsgefahr seines Kfz mindernd aus (§ 17 Abs. 1 S. 2 StVG). Ist ein Motorrad an dem Unfall beteiligt, so fällt die Haftungskürzung regelmäßig höher aus als bei einem Kfz, weil die anzurechnende Betriebsgefahr, die sich beim Unfall – zumindest teilweise – verwirklicht hat, entsprechend höher einzustufen ist als die eines Kfz. Die Kontrolle über ein Zweirad geht schneller verloren und zudem bietet ein Zweirad dem Fahrer nahezu keinen Schutz vor den drohenden Gefahren eines Unfalls, d.h. die Verletzungsgefahr ist wesentlich höher. Die Haftung des Halters kann im Rahmen der Haftungsverteilung nach § 9 StVG iVm. § 254 BGB auf Null reduziert werden, wenn das schuldhafte Verhalten des Verletzten die typische Betriebsgefahr des Kfz deutlich überwiegt[596].

594 Zum vertraglichen Haftungsausschluss *Garbe/Hagedorn*, JuS 2004, 287, 290.
595 *Medicus/Lorenz*, SR II, Rdnr. 1378.
596 BGH NJW 2004, 1375, 1376.

VI. Haftung des Kfz-Fahrers, § 18 StVG

316 Die Haftung des **Kfz-Fahrers** nach § 18 StVG beruht nicht auf der Gefährlichkeit des Kfz, ist also keine Gefährdungshaftung. Haftungsgrund ist das **vermutete Verschulden** des Fahrers. Im Tatbestand ist zunächst dasselbe zu prüfen wie bei § 7 StVG, nur dass nicht die Eigenschaft als Halter, sondern die als Kfz-Führer relevant ist. Daneben sind die Rechtswidrigkeit und das Verschulden zu berücksichtigen. Das Verschulden des Fahrzeugführers wird vermutet, wenn kein Entlastungsbeweis möglich ist (§ 18 Abs. 1 S. 2 StVG).

Rechtsfolge ist der Ersatz des entstandenen Schadens gemäß §§ 249 ff., modifiziert nach §§ 8 ff. StVG. Die Haftung aus § 18 StVG kann neben der aus § 7 StVG bestehen, wenn Halter und Fahrer identisch sind[597]. Allerdings wird diese Haftung neben der aus § 7 StVG regelmäßig praktisch ohne Relevanz sein[598]. Sie erstreckt sich jedoch nicht auf die Beschädigung des betriebenen Kfz selbst[599]. Mit § 18 StVG wird nämlich lediglich die Halterhaftung auf den Fahrer ausgedehnt. Das macht die Verweisung auf § 7 StVG deutlich[600].

Daneben kann eine Haftung aus § 823 Abs. 1 oder aus § 823 Abs. 2 iVm. Schutzgesetz (z.B. § 3 Abs. 1 S. 2, Abs. 3 Nr. 1 StVO, §§ 2 Abs. 1, 21 Abs. 1 Nr. 1 StVG). Wie beim Fahrzeughalter tritt auch beim Fahrer nach § 115 Abs. 1 S. 2 Nr. 1 VVG iVm. § 1 PflVG gegenüber dem Geschädigten die Kfz-Haftpflichtversicherung zusätzlich in die Haftung ein.

VII. Haftung für Verrichtungsgehilfen, § 831

317 § 831 ist, anders als § 278, nicht eine Zurechnungsnorm für fremdes Verschulden, sondern eine **selbstständige Anspruchsgrundlage**[601]. Nach § 831 haftet der Geschäftsherr für Schäden, die sein Verrichtungsgehilfe herbeigeführt hat. Die eigentliche Ursache des Schadens wird in einem Sorgfaltsverstoß des Geschäftsherrn gesehen. Es wird **vermutet**[602], dass der Geschäftsherr bei der Auswahl und Überwachung schuldhaft gehandelt hat, und dass der Schaden bei sorgfältigem Verhalten nicht entstanden wäre. Widerlegt der Geschäftsherr diese Verschuldensvermutung nicht, haftet er für **eigenes** Verschulden. Neben dem Anspruch aus § 831 ist auch ein Anspruch aus § 823 Abs. 1 zu prüfen. Beide Ansprüche basieren auf verschiedenen Voraussetzungen[603]. Die praktische Bedeutung des § 831 liegt allein darin, die Beweislast für die Verletzung der in Abs. 1 S. 2 genannten Auswahl- und Anleitungspflichten umzukehren und den Geschädigten dadurch zu privilegieren[604]. Erfüllt der Gehilfe selbst die Voraussetzungen einer unerlaubten Handlung, haftet er nach § 823 Abs. 1, und zwar unabhängig von der Haftung des Geschäftsherrn nach § 831.

597 Anders *Hentschel/König/Dauer*, StVG, 42. Aufl., 2013, § 18 Rdnr. 1.
598 So wohl auch *Schreiber/Strupp*, JURA 2007, 594, 598; *Wandt*, § 21 Rdnr. 42.
599 In Betracht kommt hier ein Anspruch aus § 280 Abs. 1 und/oder aus §§ 823 ff.
600 *Wandt*, § 21 Rdnr. 43.
601 Siehe auch *Petersen*, Examens-Repetitorium Allgemeines Schuldrecht, 7. Aufl. 2015, Rdnr. 246 f.
602 Zur dogmatischen Einordnung PWW/*Schaub*, § 831 Rdnr. 2.
603 BGHZ 17, 214, 217 ff.; *Deutsch/Ahrens*, Rdnr. 459.
604 MünchKomm/*Wagner*, § 831 Rdnr. 11; Staudinger/*Belling*, § 831 Rdnr. 23, wonach eine Haftung aus § 823 Abs. 1 praktisch nicht zum Zuge kommt, sofern sich das Organisationsverschulden auf eine der in § 831 normierten Verkehrspflichten bezieht.

1. Verrichtungsgehilfe

Verrichtungsgehilfe ist, wer mit Wissen und Wollen des Geschäftsherrn in dessen Interesse tätig wird und von dessen Weisungen abhängig ist. Das Weisungsrecht braucht nicht bis ins letzte Detail zu gehen. Ausreichend ist, dass der Geschäftsherr die Tätigkeit des Handelnden jederzeit beschränken, entziehen oder nach Zeit und Umfang bestimmen kann[605]. Weisungsabhängig ist etwa ein Arbeitnehmer, dagegen ist ein Subunternehmer, ein Spediteur etc. grundsätzlich weisungsfrei und damit kein Verrichtungsgehilfe. **318**

2. Tatbestandsmäßige und rechtswidrige unerlaubte Handlung des Gehilfen

Der Gehilfe muss eine unerlaubte Handlung tatbestandsmäßig und rechtswidrig begangen haben, wobei es gleichgültig ist, ob es sich um eine unerlaubte Handlung handelt, die im BGB geregelt ist (§§ 823 ff.) oder außerhalb des BGB (z.B. im UWG). Ein Verschulden des Verrichtungsgehilfen wird von § 831 nicht gefordert. Allerdings ist ein Verschulden (i.S. von Vorsatz) dann erforderlich, wenn der Deliktstatbestand lediglich vorsätzlich begangen werden kann, wie dies bei § 826 und § 823 Abs. 2 iVm. einer Vorsatzstraftat der Fall ist. Die Rechtswidrigkeit ist indiziert, wenn der Gehilfe den objektiven Tatbestand einer unerlaubten Handlung erfüllt hat. Keine Rechtswidrigkeit liegt vor, wenn der Gehilfe einen Rechtfertigungsgrund hat. **319**

3. In Ausübung der Verrichtung

Der Verrichtungsgehilfe darf **nicht nur „bei Gelegenheit"**, sondern er muss „in Ausübung der Verrichtung" gehandelt haben. Es muss ein innerer Zusammenhang zwischen aufgetragener Verrichtung und Schadenszufügung bestehen[606]. Stiehlt also ein Handwerksangestellter bei Reparaturarbeiten beim Kunden eine Geldbörse des Kunden, ist dies eine Tätigkeit, die mit der übertragenen Aufgabe (Reparatur) nur noch in einem äußeren, nicht mehr in einem inneren Zusammenhang steht. Diese schädigende Handlung fällt damit nicht mehr in den Kreis der Tätigkeiten, die zu den aufgetragenen Verrichtungen gehört. Die „in Ausübung der Verrichtung" begangene Handlung, die zum Schaden geführt hat, muss dem Verrichtungsgehilfen nicht aufgetragen worden sein, sondern es reicht, wenn sie in den Kreis der Tätigkeiten fällt, die üblicherweise zu den aufgetragenen Verrichtungen gehören. Auch wenn der Verrichtungsgehilfe die Arbeiten weisungswidrig ausführt, haftet der Geschäftsherr für dabei entstandene Schäden[607]. Ausschlaggebend ist allein der innere Zusammenhang mit dem erteilten Arbeitsauftrag. **320**

4. Rechtswidrigkeit

Der Geschäftsherr muss rechtswidrig gehandelt haben[608], denn § 831 begründet nicht eine Haftung für das (rechtswidrige) Handeln des Gehilfen, sondern einen selbständigen An- **321**

605 BGHZ 45, 311, 313.
606 BGH NJW 1971, 31, 32.
607 BGH NJW 1971, 31, 32.
608 Davon abzugrenzen ist das soeben genannte Erfordernis, dass der Verrichtungsgehilfe tatbestandsmäßig und rechtswidrig gehandelt haben muss.

spruch gegen den Geschäftsherrn. Es handelt sich um eine Haftung für vermutetes eigenes Verschulden und Verschulden setzt Rechtswidrigkeit voraus. Die Rechtswidrigkeit wird auch hier durch Erfüllung der Tatbestandsvoraussetzungen indiziert, sofern keine Rechtfertigungsgründe vorliegen.

5. Exkulpation bzgl. Kausalität und Verschulden

322 § 831 geht von einem vermuteten Verschulden des Geschäftsherrn aus[609]. Zudem wird die Kausalität vermutet, da auch hier dem Geschädigten die Erbringung des Beweises der in die Sphäre des Geschäftsherrn fallenden Tatsachen nicht zugemutet werden kann. Vermutet wird daher zum einen, dass der Geschäftsherr den Verrichtungsgehilfen nicht hinreichend ausgewählt, angewiesen, beaufsichtigt oder mit den erforderlichen Vorrichtungen oder Gerätschaften versehen hat **(Verschuldensvermutung)** und zum anderen, dass die Verletzung dieser Pflichten für die Schädigung ursächlich geworden ist **(Kausalitätsvermutung)**[610]. Der Geschäftsherr muss den Entlastungsbeweis (Exkulpation) führen, dass er den Verrichtungsgehilfen sorgsam ausgewählt, angeleitet und überwacht hat (§ 831 Abs. 1 S. 2, 1. Alt.), oder dass der Schaden selbst bei gebotener Sorgfalt bei der Auswahl, Anleitung oder Überwachung entstanden wäre (§ 831 Abs. 1 S. 2, 2. Alt.).

Da es dem Geschäftsherrn bei größeren Betrieben nicht möglich oder zumutbar ist, alle Mitarbeiter selbst auszuwählen und zu überwachen, kann laut Rechtsprechung ein sog. **dezentralisierter Entlastungsbeweis** erfolgen. Der Geschäftsherr genügt danach seiner Auswahl- und Überwachungspflicht, wenn er geeignete Zwischenpersonen wie Abteilungsleiter, Meister usw. auswählt und überwacht. In der Literatur wird teilweise im dezentralen Entlastungsbeweis eine ungerechtfertigte Bevorzugung von Großunternehmen gesehen[611]. Der höhere Angestellte müsse seinerseits bei Auswahl und Überwachung von Verrichtungsgehilfen sorgfältig gehandelt haben. Einer ungerechtfertigten Haftungsfreistellung des Geschäftsherrn wird aber dadurch entgegengewirkt, dass einerseits die Zwischenpersonen nach § 831 Abs. 2 ihrerseits ersatzpflichtig sein können[612] und andererseits der Geschäftsherr daneben aus einer Verletzung seiner Organisationspflicht nach § 823 Abs. 1 haftbar sein kann.

6. Exkurs: Abgrenzung zwischen § 831 und § 31

323 Nach § 31 haften juristische Personen für einen Schaden, den eines ihrer Organe einem Dritten zugefügt hat, als es in Ausführung der ihm zustehenden Verrichtung gehandelt hatte[613]. § 31 ist – wie § 278 – keine selbständige Anspruchsgrundlage, sondern eine **Zurechnungsnorm**. Sie setzt eine zum Schadensersatz verpflichtende Handlung (§§ 280 ff., 823 ff.) eines verfassungsmäßig berufenen Vertreters (Organs) voraus (§§ 280 ff. iVm. § 31, §§ 823 ff. iVm. § 31). Neben der Haftung der juristischen Person kann auch eine

609 Zum **Mitverschulden** siehe BGH NJW 2013, 3235 ff.
610 BGH NJW 2003, 288 ff.
611 Vgl. *Larenz/Canaris*, § 79 III 3 b.
612 Vgl. nur BGHZ 4, 1, 2 ff.
613 Zur Haftung für Organe nach § 31 siehe *Pieper*, JuS 2011, 490 ff.

persönliche Haftung des Organmitglieds bestehen. Die juristische Person und das Organmitglied haften dann nach § 840 als Gesamtschuldner nebeneinander.

Zu den Organen zählen nach § 31 auch die sog. verfassungsmäßig berufenen Vertreter (z.B. Geschäftsführer einer GmbH). Dieser Begriff wird auf diejenigen ausgedehnt, denen bedeutsame und hervorgehobene Aufgaben zur selbständigen oder eigenverantwortlichen Erledigung übertragen worden sind (z.B. Abteilungs-, Filial-, Altenheimleiter). Ausschlaggebend für die Eigenschaft „verfassungsmäßig berufener Vertreter" ist, dass nach außen ein bestimmter Aufgabenbereich eigenverantwortlich in der Weise erledigt wird, dass die juristische Person repräsentiert wird (**Repräsentantenhaftung**). § 31 findet nicht nur auf juristische Personen, sondern analog auch auf andere rechtsfähige Gesellschaften Anwendung (z.B. OHG). Inzwischen hat der BGH auch eine Haftung für unerlaubte Handlungen der BGB-Gesellschafter nach § 823 iVm. § 31 analog anerkannt[614]. **324**

VIII. Haftung aus Organisationsverschulden

§ 831 kann lex specialis gegenüber 823 Abs. 1 sein, wenn die Verletzungshandlung des Geschäftsherrn in der mangelnden Auswahl oder Überwachung des Verrichtungsgehilfen liegt. Allerdings bestehen § 831 und § 823 Abs. 1 nebeneinander, wenn der Geschäftsherr seine (Betriebs-)Organisationspflichten verletzt. Ihn trifft nämlich die allgemeine **Verkehrspflicht**, seinen Betrieb so zu organisieren, dass für Dritte keine Gefahren entstehen. Verletzt er diese, kann er wegen sog. Organisationsverschuldens aus § 823 Abs. 1 haften. **325**

Im **Tatbestand** muss die Rechts(gut)verletzung durch ein dem Schädiger zurechenbares Handeln geschehen. Der Unternehmer kann es z.B. **unterlassen** haben, für notwendige Sicherheitsvorkehrungen durch klare Anweisungen an seine Mitarbeiter zu sorgen. Voraussetzung einer Haftung aufgrund Unterlassens ist eine Pflicht zum Handeln i.S. einer Erfolgsabwendungspflicht. Diese muss dem Verletzten gegenüber bestehen und die betreffende Verkehrspflicht muss verletzt sein[615]. **326**

Wie eine Haftung aus Organisationsverschulden geprüft wird, soll anhand von **Fall 39**[616] gezeigt werden: Tiefbauunternehmer U wird von der Gemeinde beauftragt, eine Ausschachtung zur Verlegung einer Lichtleitung vorzunehmen. Bei den Arbeiten beschädigt der von Arbeiter A gesteuerte Bagger ein zum Haus des Eigentümers E führendes Anschlussrohr der Gasversorgung. Dadurch strömt Gas in den Keller des Hauses, das nach 10 Minuten zu einer Explosion führt. Das Haus des E muss aufgrund der entstandenen Schäden abgerissen werden. E will von U Schadensersatz. U wendet zutreffend ein, er habe den Tiefbauingenieur D mit der Bauleitung an der Baustelle beauftragt, der nicht nur die erforderliche Qualifikation besitzt, technische Aufgaben in eigener Verantwortung durchzuführen, sondern auch als Bauführer und Bauleiter bei größeren Bauvorhaben mit besonderer Umsicht tätig gewesen und mit allen Bauarbeiten und Bausicherungsmaßnahmen vertraut ist. D hat viele Bauarbeiten in eigener Verantwortung gewissenhaft durchgeführt und in keinem Fall zu Beanstandungen Veranlassung gegeben. Eine klare Anweisung, wann und wie er sich über Lage und Verlauf der Versorgungsleitung zu vergewissern **327**

614 BGHZ 154, 88 ff.
615 Siehe oben Rdnr. 169 ff.
616 Nach **BGH NJW 1971, 1313 ff.**

hat, hat U dem D jedoch nicht gegeben. Da A befürchtet, dass ein Anspruch aus § 831 nach Lage des Falles ausscheidet, will er Schadensersatz wegen Organisationsverschuldens und fragt, ob dies möglich ist[617].

E könnte gegen U einen Anspruch aus **§ 823 Abs. 1** wegen Organisationsverschuldens haben. Eine Rechtsverletzung liegt vor, da das Eigentum des E verletzt worden ist. Die Eigentumsverletzung müsste dem U zugerechnet werden können. Hier könnte U es unterlassen haben, die erforderlichen Maßnahmen für die Sicherheit der Tiefbauarbeiten zu ergreifen. Den U trifft eine Sorgfaltspflicht im Sinne einer allgemeinen Verkehrspflicht aus der tatsächlichen Verfügungsgewalt über ein gefahrbringendes Unternehmen (hier: Tiefbauunternehmen). Er muss dafür sorgen, dass aus seinen Unternehmungen keine Gefahren für Dritte entstehen. Diese Verkehrspflicht besteht auch dem Verletzten E gegenüber, da dieser bei Tiefbauarbeiten in seiner unmittelbaren Nachbarschaft besonders gefährdet ist. Fraglich ist, ob U diese Verkehrspflicht verletzt hat. Zwar hat U selbst keine Maßnahmen ergriffen, er könnte aber D in die Erfüllung seiner Verkehrspflichten eingeschaltet haben und so von seinen Pflichten befreit worden sein. Allgemeine Verkehrspflichten können auf einen Dritten mit der Folge voller Entlastung des primär Verantwortlichen nur übertragen werden, soweit dies durch Rechtsnorm zugelassen wird. Im Übrigen kann ein Verkehrspflichtiger sich der Pflicht nicht durch Einschaltung eines Dritten entledigen. Vielmehr bleibt stets eine Organisationspflicht als „Rest" der allgemeinen Verkehrspflicht zurück. Der primär Verantwortliche muss fortan dafür sorgen, dass der Dritte der Verkehrspflicht in gehöriger Weise nachkommt[618].

Bei großen Unternehmen ist selbstverständlich, dass der Geschäftsherr nicht alle bestehenden Verkehrspflichten selbst erfüllen kann, sondern sie zumindest teilweise (vertikal) delegiert. Dann hat der Geschäftsherr seinen Betrieb aber so einzurichten, dass ein effektiver vertikaler Informations- und Kontrollzusammenhang gewährleistet ist. Insoweit muss er stets die erforderlichen Richtlinien erlassen, Anweisungen erteilen und deren Befolgung kontrollieren. Für eine Verletzung dieser Organisationspflicht haftet der Geschäftsherr nach § 823 Abs. 1. Der Umfang der Instruktions- und Überwachungspflichten ist umso kleiner, je geringer der drohende Schaden bei einer möglichen Verletzung der delegierten Verkehrspflicht und je klarer die Absprache hinsichtlich der übernommenen Sicherungspflichten ist. Hier hat U dem D als weisungsabhängigen Gehilfen keine klare Anweisung erteilt, sich über Lage und Verlauf der Versorgungsleitungen zu informieren. In Anbetracht des drohenden (und schließlich auch eingetretenen) enormen Schadens war die allgemeine Übertragung der Gesamtverantwortung für die Tiefbauarbeiten auf D für U nicht genügend, um seine Instruktions- und Überwachungspflichten im vollen Umfang zu erfüllen[619].

---

617 Sofern man einen dezentralisierten Entlastungsbeweis zulässt, scheidet im vorliegenden Fall ein Anspruch gegen U aus § 831 aus, da U den Bauleiter D (als Mittelsperson) sorgfältig ausgesucht und überwacht hat. Eine Exkulpation für den Verrichtungsgehilfen (hier: A) ist dann laut Rechtsprechung nicht erforderlich.

618 BGH NJW 1990, 1361, 1363.

619 Der BGH (NJW 1971, 1313, 1315) führt ausdrücklich aus: „Mit Rücksicht auf die besonders große Gefährdung Dritter bei Beschädigung von Gas-, Wasser- und Starkstromleitungen muß die Anweisung den verpflichtenden Hinweis enthalten, sich nicht mit allgemeinen … mündlichen Auskünften zu begnügen, die erkennbar nicht anhand von Plänen erteilt werden".

Fraglich ist, ob das Unterlassen der notwendigen Anweisung des D für die Explosion des Hauses des A **kausal** war. Ein Unterlassen ist für den Verletzungserfolg kausal, wenn pflichtgemäßes Handeln den Eintritt des schädigenden Erfolgs mit an Sicherheit grenzender Wahrscheinlichkeit verhindert hätte. Hier ist mit an Sicherheit grenzender Wahrscheinlichkeit anzunehmen, dass eine Explosion verhindert worden wäre, wenn D sich infolge einer Anweisung durch U die notwendigen Informationen über die Lage und den Verlauf der Versorgungsleitungen beschafft hätte. Die Eigentumsverletzung bei E stellt sich als typische Folge des Unterlassens der Sicherungsvorkehrungen dar.

Die Erfüllung des Tatbestands indiziert die Rechtswidrigkeit. U hat die im Verkehr erforderliche Sorgfalt nicht beachtet. Gemäß § 823 Abs. 1 iVm. § 249 Abs. 2 hat U dem E für die Zerstörung des Hauses Schadensersatz in Geld zu leisten.

§ 14 Die Haftung mehrerer Personen

I. Mittäter, Anstifter, Gehilfen, Beteiligte, § 830[620]

§ 830 enthält aufgrund der Beweisnot des Geschädigten eine Ausnahme vom Verursacherprinzip. Danach entfällt die Feststellung der haftungsbegründenden Kausalität zwischen der Handlung eines Mittäters/Teilnehmers und der Rechts- bzw. Rechtsgutverletzung. § 830 ist in seinen einzelnen Varianten jeweils eine selbstständige **Anspruchsgrundlage**. **328**

1. Mittäter, § 830 Abs. 1 S. 1; Anstifter, Gehilfen, § 830 Abs. 2

Zur Verwirklichung des **§ 830 Abs. 1 S. 1** müssen mehrere als Mittäter i.S. des Strafrechts (§ 25 Abs. 2 StGB) einen Schaden verursacht haben. Entsprechend den strafrechtlichen Gegebenheiten ist bewusstes und gewolltes (= vorsätzliches) Zusammenwirken erforderlich. Bloße Gleichzeitigkeit reicht nicht aus, die Beteiligten müssen gemeinsam zusammengewirkt haben. Es wird dann der Tatbeitrag des einen dem anderen als eigene Verletzungshandlung zugerechnet. **§ 830 Abs. 2** setzt voraus, dass mehrere als Anstifter oder Gehilfen (§§ 26, 27 StGB) einen Schaden verursacht haben. Auch hier wird der Tatbeitrag des einen dem anderen als eigene Verletzungshandlung zugerechnet. Zudem ist die Rechtswidrigkeit für jeden Tatbeteiligten, der nach § 830 Abs. 1 S. 1 oder Abs. 2 in Anspruch genommen wird, eigenständig festzustellen. Auch das Verschulden ist für jeden Tatbeteiligten unabhängig zu prüfen. Hinsichtlich des Verschuldensgrads ist im Rahmen von § 830 Abs. 1 S. 1, Abs. 2 Vorsatz (mindestens dolus eventualis) erforderlich. **329**

Ist ein gemeinsamer Wille zum Handeln da, haftet der einzelne Mittäter für alle (adäquaten) Schadensfolgen. Gleichgültig ist, ob er den konkreten Schaden eigenhändig (mit-) verursacht und wie viel er selbst dazu beigetragen hat. Maßgebend ist, dass er sich an der schadensstiftenden Handlung mit dem Willen beteiligt hat, sie als eigene Tat gemeinschaftlich mit anderen zu verwirklichen. Damit ist etwa die bloße Teilnahme an einer De- **330**

620 **Übungsfall** z.B. bei *Bernhard*, JURA 2010, 62 ff.; *Deinert*, JURA 2003, 337 ff.

monstration, bei der es zu Gewalttätigkeiten kommt, noch nicht ausreichend für eine Haftung nach § 830 Abs. 1 S. 1 oder Abs. 2, sondern es muss ein auf die Rechtsgutverletzung gerichteter Wille des Demonstrationsteilnehmers hinzukommen[621]. Dabei muss dieser die schadensstiftenden Ausschreitungen zumindest billigend in Kauf genommen haben. Es reicht aus, dass eine Solidarisierung mit gewalttätigen Demonstranten bei der Demonstration erfolgt, wenn hierdurch deren Gewalttaten zumindest psychisch gefördert werden, indem die gewalttätigen Demonstranten in ihren Entschlüssen und Taten bestärkt werden (psychische/intellektuelle Mittäterschaft)[622].

2. Beteiligung mehrerer an einer unerlaubten Handlung, § 830 Abs. 1 S. 2[623]

331 § 830 Abs. 1 S. 2 stellt nach heute h.M. eine **eigene Anspruchsgrundlage** dar[624]. Die früher h.M. sah in § 830 Abs. 1 S. 2 lediglich eine besondere Beweislastregel, die den Geschädigten vom Nachweis der haftungsbegründenden Kausalität befreite, wenn die unerlaubte Handlung mehrerer Beteiligter zu einer Verletzung des Geschädigten führte, dieser aber nicht beweisen konnte, welche der Handlungen kausal war. Im Unterschied zur früheren h.M., wo ausgehend von § 823 Abs. 1 im Rahmen der Kausalität § 830 Abs. 1 S. 2 zu prüfen war, ist heute § 830 Abs. 1 S. 2 als Anspruchsgrundlage der Ausgangspunkt der Fallprüfung.

332 **Voraussetzung** des § 830 Abs. 1 S. 2 ist zunächst eine Beteiligung, d.h. es darf weder Mittäterschaft noch Anstiftung oder Gehilfenschaft vorliegen. Ausgeschieden werden soll damit eine Gemeinschaftlichkeit des Handelns. Es darf aber auch keine **Nebentäterschaft** vorliegen. Das wäre der Fall, wenn mehrere Personen durch selbständige Einzelhandlungen ohne bewusstes Zusammenwirken einen Schaden verursacht haben. Hier steht nämlich die Ursächlichkeit des Verhaltens aller Nebentäter fest (z.B. mehrere Verursacher eines Verkehrsunfalls). Die Schädiger haften hier für ihren jeweiligen Haftungsbeitrag ggf. nach § 840 als Gesamtschuldner[625].

333 § 830 Abs. 1 S. 2 wird nicht dadurch ausgeschlossen, dass ein Dritter eine **andere** Schadensbedingung gesetzt hat. Fällt also z.B. der Verletzte, von zwei Personen gestoßen, infolge des einen (welchen?) der Stöße in einen Kanalschacht, dessen Abdeckung ein Dritter pflichtwidrig versäumt hat, so haftet der Dritte aus § 823 Abs. 1 wegen Verletzung seiner Verkehrspflicht. Daneben haften die beiden Stoßenden nach § 830 Abs. 1 S. 2. Da der Dritte in keinem Zusammenhang mit diesen beiden steht, scheidet der Dritte aus dem Kreis der Beteiligten aus[626].

333a Wie § 830 Abs. 1 S. 2 zu prüfen ist, verdeutlicht **Fall 40**[627]: A stellt sich an den Straßenrand einer Landstraße, um per Anhalter zu fahren. Da es dunkel ist, wird er vom Pkw des C angefahren und auf die Straße geschleudert. Dort bleibt er liegen und wird eine Stunde später vom zu schnell

621 BGH NJW 1998, 377, 382; OLG Celle VersR 1982, 598, 600.
622 BGHZ 89, 383, 395; OLG Hamm VersR 1985, 505.
623 **Übungsfall** z.B. bei *Röpke/Pasch*, JuS 2014, 520 ff.
624 BGHZ 72, 355, 358; BGH NJW 1979, 544; anders *Brox/Walker*, § 51 Rdnr. 5; *Larenz/Canaris*, § 82 II 1d.
625 PWW/*Schaub*, § 830 Rdnr. 1.
626 BGHZ 67, 14, 20.
627 BGHZ 33, 286 ff.; **BGHZ 72, 355 ff.**

fahrenden Pkw des B überfahren. Dieser fährt weiter. A erleidet schwere Verletzungen. Allerdings lässt sich nicht feststellen, ob B dem A diesen Schaden zugefügt hat oder bereits C, der den A niedergerissen hatte. Die Identität des B kann ermittelt werden, während C unbekannt bleibt. Wie ist die Rechtslage?

1. A könnte gegen B einen Anspruch auf Schadensersatz aus **§ 823 Abs. 1** haben. B könnte den Körper und die Gesundheit des A verletzt haben. Zwar hat A Verletzungen erlitten, allerdings steht die haftungsbegründende Kausalität nicht sicher fest. Es ist offen, ob die Handlung des B (Überfahren) für die Schädigung des A (Taterfolg) ursächlich war. Ein Anspruch aus § 823 Abs. 1 kommt damit nicht in Betracht.

2. A könnte gegen B einen Anspruch aus **§ 830 Abs. 1 S. 2** haben. Bei jedem Beteiligten müsste – bei unterstellter Kausalität – ein **anspruchsbegründendes Verhalten** vorliegen. Das ist bei B der Fall, da er zumindest fahrlässig den A angefahren und damit seinen Körper verletzt hat. Unklar ist, ob der erste Fahrer auch fahrlässig den Körper des A verletzt hat. Selbst wenn er nicht schuldhaft gehandelt hätte, käme jedenfalls eine Gefährdungshaftung (§ 7 StVG) bzw. eine solche aus § 18 StVG in Betracht. Nach h.M. ist § 830 Abs. 1 S. 2 auch bei einer Gefährdungshaftung anwendbar[628], denn hier hat der Geschädigte die gleiche Beweisnot.

Voraussetzung des § 830 Abs. 1 S. 2 ist des Weiteren eine **selbständige Beteiligung** des B. Es darf zwischen den Beteiligten (hier: B und C) **keine Teilnahme** i.S. des § 830 Abs. 1 S. 1 oder Abs. 2 vorliegen. Früher wurde zum Teil eine subjektive Gemeinschaft zwischen den Beteiligten gefordert. Diese sollte nur vorliegen, wenn die Beteiligten bei Vornahme ihrer Handlungen die Handlung des jeweils anderen kennen. Richtigerweise wird das heute nicht mehr vertreten[629]. Weder der Wortlaut noch der Sinn und Zweck des § 830 geben Anlass, eine wissentliche gemeinsame Gefährdung vorauszusetzen oder nach sonstigen (subjektiven) Gemeinsamkeiten der Beteiligten zu suchen. Die Rspr. und die h.M. verlangen lediglich die Beteiligung an einem sachlich, räumlich und zeitlich **einheitlichen Vorgang**. Es braucht keine Gleichzeitigkeit der Handlungen vorzuliegen. Die Gefährdungshandlungen müssen nur einen einheitlichen Vorgang bilden, so dass die erforderliche Einheitlichkeit auch bei zeitlich aufeinander folgenden Handlungen, wie sie hier beim mehrfachen Überfahren des A gegeben sind, vorliegen kann[630].

Weitere Tatbestandsvoraussetzung ist, dass die Rechtsgutverletzung mit Sicherheit durch **einen der Beteiligten**, möglicherweise auch durch alle verursacht wurde. § 830 Abs. 1 S. 2 findet daher keine Anwendung, wenn der Geschädigte seinen Schaden selbst verursacht haben könnte[631]. Dies ist hier jedoch nicht der Fall, da C sowie B den A rechtswidrig und schuldhaft verletzt haben, wobei offen ist, wer die Schäden des A konkret verursacht hat.

628 *Medicus/Petersen*, BR, Rdnr. 790.
629 BGHZ 33, 286, 289.
630 BGHZ 72, 355, 359.
631 Dies ist etwa der Fall, wenn der Fahrer eines Pkw ohne Einwirkung Dritter die Gewalt über seinen Pkw verliert, auf die Fahrbahn geschleudert, von einem anderen Pkw überrollt wird und unaufklärbar ist, ob der Tod nicht schon durch das Schleudern auf die Fahrbahn verursacht wurde.

Voraussetzung ist zudem, dass der **Verursacher** der Rechtsgutverletzung **nicht feststellbar** ist. § 830 Abs. 1 S. 2 findet nach der Rechtsprechung keine Anwendung, wenn einer der für die Beteiligung in Frage kommenden Personen die Verletzungshandlung der anderen adäquat kausal verursacht hat[632]. Im vorliegenden Fall steht fest, dass C den Schaden des A adäquat kausal verursacht hat, denn durch ihn wurde A auf die Straße geschleudert. Es ist nach dieser Ansicht unerheblich, ob der andere – hier B – daneben möglicherweise als Verursacher in Betracht kommen kann. Die Verletzungen des A sind jedenfalls eine adäquate Folge der Kollision mit dem ersten Pkw, nämlich der durch sie bewirkten hilflosen Lage des A. Die Rechtsgutverletzung ist daher zumindest dem C zuzurechnen. Eine Haftung des B kommt nach Ansicht des **BGH** nur in Betracht, wenn die Verletzungen des A nachweislich auf den zweiten Unfall zurückzuführen sind (dann allerdings ist nicht § 830 Abs. 1 S. 2, sondern § 823 Abs. 1 sowie § 823 Abs. 2 iVm. Schutzgesetz Anspruchsgrundlage).

In der **Literatur** wird die Ansicht des BGH mit dem Hinweis auf den Sinn und Zweck des § 830 Abs. 1 S. 2 kritisiert. Bei Zugrundelegung der Rechtsprechungsansicht brauche man diese Regelung nicht, da die Haftung des (ersten) Verursachers schon auf § 823 Abs. 1 beruhe[633].

Fraglich ist, ob § 830 Abs. 1 S. 2 anwendbar ist, wenn zwar die Kausalität der Erstursache für den Eintritt des Verletzungserfolgs feststeht, der Erstverursacher aber nicht ermittelt werden kann. Es wird darauf hingewiesen, dass der Sinn des § 830 Abs. 1 S. 2 darin liege, zu verhindern, dass eine Beweisnot des Verletzten aufgrund unklarer Kausalität zweier (oder mehrerer) Handlungen für den Verletzungserfolg den in Betracht kommenden Verletzern zugutekommt. Insoweit enthält § 830 Abs. 1 S. 2 die allgemeine Wertung, dass es angemessener ist, den Schaden den Verletzern aufzubürden als dem Geschädigten[634]. Anderenfalls würde der Verletzte leer ausgehen.

So liegen die Dinge auch hier. Es wird als besser angesehen, dem rechtswidrig und schuldhaft handelnden B den Schaden aufzubürden als dem Opfer A. Bedenken könnten sich aber aus der Überlegung ergeben, dass es das Risiko jedes Geschädigten ist, dass der Schädiger nicht ermittelt werden kann. Dieses Risiko, so ließe sich argumentieren, darf nicht auf einen Verletzer abgewälzt werden, dessen Ursächlichkeit für den Schaden nicht feststellbar ist. Das überzeugt jedoch nicht, wenn man die vorliegende Lage mit dem Fall vergleicht, dass der Schaden nur von einem verursacht sein kann, aber nicht feststeht, wer ihn verursacht hat. In letzterem Fall, von dem das Gesetz ja ausgeht, trifft ebenfalls das Risiko der Unauffindbarkeit oder Insolvenz eines möglichen Schädigers nicht den Geschädigten. Es besteht kein Grund, von dieser gesetzlichen Wertung abzugehen, wenn die Ursächlichkeit für den Schaden bei einem Verletzer feststeht, beim anderen Verletzer aber offen bleibt. Auch hier muss § 830 Abs. 1 S. 2 anwendbar sein[635]. Folgt man dieser Auffassung, so ist zu prüfen:

632 **BGHZ 72, 355, 358 ff.**; anders noch die frühere Rechtsprechung, vgl. BGHZ 55, 86, 89 ff.
633 Kritisch *Medicus/Petersen*, BR, Rdnr. 792 a.
634 *Larenz/Canaris*, § 82 II 2 f.
635 *Esser/Weyers*, § 60 I 1c; *Larenz/Canaris*, § 82 II 2 f.

Bei unterstellter Kausalität des Handelns muss jeder Beteiligte **rechtswidrig** gehandelt haben. Die Haftung aller scheidet aus, wenn die Handlung eines von ihnen durch einen Rechtfertigungsgrund gedeckt ist. Im vorliegenden Fall ist nicht ersichtlich, dass C oder B gerechtfertigt gewesen wären. Ebenso muss auch das **Verschulden** bei allen Beteiligten, und damit auch bei B, vorliegen. Es scheidet die Haftung aller aus, wenn die Handlung einen von ihnen wegen fehlenden Verschuldens nicht ersatzpflichtig macht. Damit haftet B dem A auf Schadensersatz nach § 830 Abs. 1 S. 2.

3. A könnte des Weiteren einen Anspruch aus **§ 7 Abs. 1 StVG** gegen B als Fahrzeughalter haben. B ist zwar Halter des Pkw und A hat auch einen Personenschaden erlitten. A müsste die Verletzung aber bei Betrieb des Kfz erlangt haben. Das lässt sich nicht zweifelsfrei feststellen. Eine Haftung aus § 7 StVG scheidet damit aus. Eine Haftung des B aus § 18 StVG[636] kommt aus den gleichen Gründen nicht in Betracht.

II. Gesamtschuldnerschaft, § 840

1. Außenverhältnis

Täter einer unerlaubten Handlung, die nebeneinander verantwortlich sind, haften im Außenverhältnis dem Geschädigten nach § 840 Abs. 1 als Gesamtschuldner[637]. § 840 Abs. 1 ist damit keine Anspruchsgrundlage, sondern regelt eine **Rechtsfolge**. Der Geschädigte kann grundsätzlich nach seinem Belieben von jedem der Verantwortlichen ganz oder teilweise – insgesamt aber nur einmal – Schadensersatz verlangen, § 421. Das Risiko, dass ein Schädiger zahlungsunfähig ist, liegt damit bei den Mitschädigern. Das Nebeneinander von zwei Schädigern kann sich aus einem der Fälle des § 830, aus dem Verhältnis zwischen Geschäftsherrn und Verrichtungsgehilfen, dem Verhältnis zwischen Fahrer und Halter eines Fahrzeugs usw. ergeben. Der Begriff der unerlaubten Handlung in § 840 Abs. 1 ist weit. Er erfasst grundsätzlich auch die Tatbestände der **Gefährdungshaftung**, egal, ob sie im BGB oder in anderen Gesetzen geregelt sind. 334

Voraussetzung der gesamtschuldnerischen Haftung ist Identität des Haftungsgrunds, d.h. die Schädiger müssen für denselben Schaden haften. An einer Haftungsidentität fehlt es, wenn jeder (Neben)Täter nur einen abgrenzbaren Verletzungserfolg verursacht hat[638]. Eine Gesamtschuld entsteht unabhängig davon, in welchem Umfang der jeweilige Schädiger haftet. Ist die Haftung eines Schädigers summenmäßig begrenzt, steht das der Entstehung einer Gesamtschuld nicht entgegen. Dann ist die gesamtschuldnerische Haftung lediglich auf denjenigen Schadensbetrag begrenzt, den alle auf jeden Fall zu tragen hätten[639].

2. Innenverhältnis

Die Gesamtschuldner sind im Innenverhältnis nach **§ 426** zum Ausgleich verpflichtet[640]. 335
Die Gesamtschuld soll dem Gläubiger nur mehrere Schuldner zur Verfügung stellen und

636 Vgl. oben Rdnr. 316.
637 BGH NJW 2011, 292 ff. (volle Außenhaftung).
638 Bamberger/Roth/*Spindler*, § 840 Rdnr. 3.
639 BGHZ 85, 375, 387.
640 **Übungsfall** z.B. bei *Heese/Rapp/Thönissen*, JA 2014, 251 ff.

ihm dadurch das Insolvenzrisiko nehmen. Damit soll aber keine Aussage darüber getroffen werden, wer die Schuld letztlich zu tragen hat. Untereinander sind die Gesamtschuldner zu gleichen Anteilen verpflichtet, soweit nicht ein anderes bestimmt ist. Eine anderweitige Bestimmung i.S. des § 426 Abs. 1 S. 1 ist insbesondere § 254. Danach wird der Schaden im Innenverhältnis nach den Verursachungs- und Verschuldensanteilen der Deliktstäter verteilt. **Anspruchsgrundlage** ist § 426 Abs. 1. Sie basiert auf dem Grundsatz, dass im Innenverhältnis der unmittelbare Schadensverursacher den Schaden tragen soll und nicht derjenige, der, wie beispielsweise der nach § 831 haftende Geschäftsherr, den Schaden lediglich mittelbar ermöglicht hat.

Abweichende Regelungen finden sich in **§ 840 Abs. 2, 3** und **§ 841**. Danach haftet der unmittelbare Schadensverursacher dem mittelbaren gegenüber ganz. So haftet nach § 840 Abs. 2 etwa der Erstschädiger dem Geschäftsherrn gegenüber voll. Eine Ausnahme hiervon ergibt sich aus den arbeitsrechtlichen Sonderregeln bei betrieblich veranlasster Tätigkeit **(innerbetrieblicher Schadensausgleich)**[641]. Die auch vom BAG vertretene beschränkte Arbeitnehmerhaftung leitet sich aus § 254 ab. Der Arbeitnehmer haftet in Bezug auf Ansprüche des Arbeitgebers gegen ihn, d.h. im Innenverhältnis, für vorsätzliches oder grob fahrlässiges Verhalten voll. Bei mittlerer Fahrlässigkeit (mittlere Schuld) ist der Schaden quotal zwischen Arbeitnehmer und Arbeitgeber zu teilen, bei leichter Fahrlässigkeit (geringe Schuld) scheidet intern eine (Mit-)Haftung des Arbeitnehmers aus. Diese Regeln gelten nicht in Bezug auf die Ansprüche Dritter gegenüber dem Arbeitnehmer[642].

641 Vgl. BAG NJW 1995, 210, 211 f.; früher galt der Grundsatz der „schadensgeneigten Arbeit".
642 PWW/*Lingemann*, § 611 Rdnr. 92.

Vierter Teil

Bereicherungsrecht

§ 15 Einführung

Das Bereicherungsrecht wird zu Recht als eine der schwierigsten Materien des BGB angesehen[1]. Es regelt, wie eine aufgrund der Unwirksamkeit des Verpflichtungsgeschäfts rechtsgrundlose Vermögensmehrung rückgängig zu machen ist. Es dient dem Ausgleich ungerechtfertigter Vermögensverschiebungen, die häufig als Folge des Abstraktionsprinzips eintreten. Die §§ 812, 813, 816, 817 S. 1 und 822[2] enthalten **Anspruchsgrundlagen**. In den §§ 814, 815, 817 S. 2 sind besondere Ausschlussgründe (Einwendungen) geregelt und in § 821 die sog. Bereicherungseinrede[3]. Der Inhalt und der Umfang der bereicherungsrechtlichen Ansprüche sind in den §§ 818, 819 und 820 geregelt. **336**

Manche Normen des BGB enthalten auch eine Verweisung auf das Bereicherungsrecht. **337**
Bei einer solchen Verweisung kann es sich zum einen um eine **Rechtsgrundverweisung** handeln, d.h. es sind die Tatbestandsmerkmale der §§ 812 ff. zu prüfen. Beispiel dafür ist etwa § 951 Abs. 1 (Entschädigung für Rechtsverlust). Bei einer Verweisung wird es sich aber in der Regel um eine bloße **Rechtsfolgenverweisung** handeln, weil dem Gesetzgeber nicht unterstellt werden darf, die jeweilige Regelung gebe nicht die vollständigen Voraussetzungen wieder[4]. Es ist dann lediglich der Haftungsumfang der §§ 818 ff. maßgeblich. Beispiel dafür sind etwa § 988 (Nutzungen des unentgeltlichen Besitzers)[5], § 993 Abs. 1 (Haftung des redlichen Besitzers) oder § 852 S. 1 (Herausgabeanspruch nach Eintritt der Verjährung)[6].

Bei einigen Normen ist in Rechtsprechung und Lehre **umstritten**, ob eine Rechtsfolgen- oder eine Rechtsgrundverweisung vorliegt. Das ist etwa bei § 682 (fehlende Geschäftsfähigkeit des Geschäftsführers)[7] oder bei § 684 S. 1 (unberechtigte GoA)[8] der Fall. Der

---

1 *Looschelders*, Rdnr. 1011.
2 Str., siehe Rdnr. 404 ff.
3 Die v.a. bei abstrakten Verpflichtungen (Schuldanerkenntnis i.S. des § 780; Schuldversprechen i.S. des § 781) relevante Einrede soll nach h.M. trotz des Wortlauts des § 821 unabhängig vom Eintritt der Verjährung gelten, vgl. PWW/*Prütting*, § 821 Rdnr. 2; abl. *Wilhelm*, JZ 1995, 573, 574 (das ergebe sich schon aus § 242); vgl. auch *Wandt*, § 12 Rdnr. 63; *Looschelders*, Rdnr. 1140.
4 Bamberger/Roth/*Wendehorst*, § 812 Rdnr. 33.
5 Staudinger/*Gursky*, § 988 Rdnr. 11.
6 Siehe Rdnr. 91.
7 Für Rechtsfolgenverweisung etwa Staudinger/*Wittmann*, 13. Bearb. 1995, § 682 Rdnr. 2; differenzierend nun aber Staudinger/*Bergmann*, § 680 Rdnr. 3; für Rechtsgrundverweisung etwa *Hassold*, JR 1989, 358, 361 f.; Palandt/*Sprau*, § 682 Rdnr. 2; Bamberger/Roth/*Gehrlein*, § 682 Rdnr. 1. Für Letzteres spricht, dass wegen des Minderjährigenschutzes die §§ 677 ff. – vor allem die Schadensersatzpflicht nach § 678 – ausgeschlossen sein sollen. Gehaftet wird lediglich nach den §§ 823 ff. auf Schadensersatz und nach den §§ 812 ff. auf Herausgabe des Erlangten. Siehe Erman/*Dornis*, § 682 Rdnr. 4 (zur geringen praktischen Bedeutung).
8 Siehe Rdnr. 73.

BGH geht bei § 684 S. 1 von einer Rechtsfolgenverweisung aus[9]. Teile der Literatur sehen in § 684 S. 1 eine Rechtsgrundverweisung[10], weil ansonsten die §§ 815 und 817 nicht anwendbar seien, was unangemessen und von Gesetzgeber nicht gewollt sei. Die Unterscheidung zwischen Rechtsfolgen- und Rechtsgrundverweisung ist insofern praktisch wichtig, als bei einer Rechtsfolgenverweisung der Tatbestand des § 812 nicht erfüllt zu sein braucht, so dass dem Bereicherungsgläubiger ohne Weiteres ein Anspruch im Umfang der §§ 818 ff. zusteht. Außerdem greifen, wie dargestellt, die Kondiktionssperren der §§ 814, 815, 817 S. 2 nicht[11].

338 Nach § 812 Abs. 1 S. 1 kann „etwas", dessen Herausgabe verlangt wird, vom Bereicherungsgläubiger „durch Leistung" oder „in sonstiger Weise auf dessen Kosten" erlangt worden sein. Obwohl das Bereicherungsrecht in Leistungs- und Nichtleistungskondiktionen[12] aufgeteilt ist[13], ging der Gesetzgeber noch davon aus, dass § 812 Abs. 1 S. 1 einen einheitlichen Bereicherungsanspruch enthält, der zwei Ausprägungen aufweist. Diese Einheitstheorie, die in der Lehre inzwischen wieder vermehrt vertreten wird[14], bezieht das Tatbestandsmerkmal „auf Kosten" sowohl auf den rechtsgrundlosen Erwerb „durch Leistung" als auch auf den Erwerb „in sonstiger Weise". Nach der von der **h.M.** vertretenen **Trennungstheorie** werden die Leistungskondiktion auf der einen und die Nichtleistungskondiktion auf der anderen Seite als Grundtatbestand gesehen[15]. Danach bezieht sich das Tatbestandsmerkmal „auf Kosten" lediglich auf die Bereicherung „in sonstiger Weise" und ist, da bereits durch den Leistungsbegriff verwirklicht, bei der Leistungskondiktion entbehrlich[16].

§ 16 Die Anwendbarkeit der §§ 812 ff.

I. Verhältnis zur GoA

339 Wenn jemand aufgrund eines **nichtigen Vertrags** (unwirksamer Dienst-, Werk- oder Geschäftsbesorgungsvertrag) für einen anderen tätig geworden ist, ist fraglich, ob die Regelungen der GoA (§§ 677 ff.) oder die Grundsätze der Leistungskondiktion nach § 812 anwendbar sind[17]. Hier will der Anspruchsteller mit dem Tätigwerden einerseits seiner vermeintlichen vertraglichen Verpflichtung nachkommen, andererseits erledigt er damit auch Aufgaben des Anspruchsgegners. In solchen Fällen ist zunächst ein Aufwendungsersatzanspruch aus GoA zu prüfen, denn die **berechtigte GoA** stellt einen **Rechtsgrund**

---

9 BGH WM 1976, 1056, 1060.
10 MünchKomm/*Seiler*, § 684 Rdnr. 4; *Coester-Waltjen*, JURA 1990, 608, 610.
11 Bamberger/Roth/*Wendehorst*, § 812 Rdnr. 33.
12 Die bereicherungsrechtlichen Ansprüche nennt man auch Kondiktion, vgl. *Reuter/Martinek*, § 1 I 1b.
13 *Lorzen/Cziupka*, JuS 2012, 777 ff.
14 Vgl. MünchKomm/*Schwab*, § 812 Rdnr. 38.
15 *Larenz/Canaris*, § 67 I 2.
16 *Larenz/Canaris*, § 67 II 1; PWW/*Prütting*, § 812 Rdnr. 31; *Looschelders*, Rdnr. 1029; Erman/*Buck-Heeb*, Vor § 812 Rdnr. 5.
17 Siehe Rdnr. 26.

i.S. des § 812 Abs. 1 dar. Sobald also die Voraussetzungen der §§ 677, 683 S. 1, 670 vorliegen, kommen Ansprüche aus den §§ 812 ff. nicht in Betracht.

Nach der Rechtsprechung und einem Teil der Literatur gelten die §§ 677 ff. grundsätzlich auch für die Rückabwicklung **nichtiger Verträge**, so dass bei Bejahung eines Aufwendungsersatzanspruchs die Anwendbarkeit der **§§ 812 ff. ausgeschlossen** ist[18]. Begründet wird dies damit, dass die GoA-Regelungen immer dann anwendbar sind, wenn der Geschäftsführer berechtigterweise im Geschäftsbereich eines anderen mit Fremdgeschäftsführungswillen tätig geworden ist, so dass es nicht darauf ankommt, ob die Tätigkeit aufgrund eines unwirksamen Vertrags oder aus einem anderen Grund vorgenommen worden ist[19]. Dagegen sind nach einer in der Literatur vertretenen Ansicht nichtige Verträge ausschließlich nach den Regeln der Leistungskondiktion abzuwickeln. Grund dafür ist, dass bei Anwendung der GoA-Regelungen die §§ 814, 815, 817 als bereicherungsrechtliche Ausschlussvorschriften nicht angewendet werden können. Es lasse sich aber nicht rechtfertigen, weshalb der Geschäftsführer, der aufgrund eines nichtigen Vertrags Tätigkeiten erbracht habe, derart bevorzugt werde[20]. Die Rechtsprechung argumentiert umgekehrt. Für ihre Auffassung spricht, dass jemand, der aufgrund eines nichtigen Vertrags für einen anderen berechtigterweise tätig wird, nicht schlechter gestellt sein darf, als jemand, der ohne Vereinbarung im Geschäftsbereich eines anderen tätig geworden ist. **340**

Beruht dagegen die Nichtigkeit des Vertrags auf einem Gesetzesverstoß oder der Sittenwidrigkeit, ist kein Anspruch des Geschäftsführers aus GoA gegeben, weil er seine Aufwendungen nicht für erforderlich i.S. des § 670 halten durfte[21]. Dann kann der Geschäftsführer einen Anspruch aus den §§ 812 ff. geltend machen. **341**

Die Abgrenzung zwischen GoA und Bereicherungsrecht wird auch an einem bereits bei der GoA behandelten Fall deutlich, dessen Lösung hier mit **Fall 41** fortgesetzt wird[22]: Steuerberater S macht für G Rückübertragungsansprüche nach dem Vermögensgesetz geltend. Dabei handelt es sich, was S fahrlässig nicht weiß, um die unerlaubte Besorgung einer fremden Rechtsangelegenheit i.S. des § 3 RDG. S verlangt von G die Zahlung des vereinbarten Entgelts für seine Leistungen aus § 812 Abs. 1 S. 1, 1. Alt. Zu Recht? **342**

S könnte gegen G einen Anspruch aus **§ 812 Abs. 1 S. 1, 1. Alt.** auf Zahlung des Honorars haben[23]. G hat als „Etwas" die Tätigkeit des S erlangt. S müsste diese dem G zugewandt, d.h. geleistet haben. Das ist hier der Fall, da er eine – vermeintliche – Verbindlichkeit aus dem Geschäftsbesorgungsvertrag erfüllen wollte. Das Ganze geschah ohne

---

18 Diese Frage stellte sich etwa in der sog. **„Flugreise"-Entscheidung (BGHZ 55, 128 ff. [gekürzte Fassung] = NJW 1971, 609 ff.)**. Dazu ausführlich **Fall 10** Rdnr. 57.

19 BGHZ 37, 258, 262 f.; BGHZ 39, 87, 90; BGHZ 101, 393, 399; BGH NJW-RR 1993, 200; BGH NJW 1997, 47, 48; *Berg*, JuS 1972, 193, 195; *Benöhr*, NJW 1975, 1970, 1971.

20 MünchKomm/*Seiler*, § 677 Rdnr. 48; *Lorenz*, NJW 1996, 883, 884; *Eidenmüller*, JZ 1996, 889, 893; Erman/*Buck-Heeb*, Vor § 812 Rdnr. 10b mwN; differenzierend Palandt/*Sprau*, § 677 Rdnr. 11.

21 Siehe Rdnr. 46, 60.

22 **BGH NJW 2000, 1560.**

23 Ein vertraglicher Anspruch scheidet hier aus. Auch ein Anspruch aus GoA ist abzulehnen, entweder mit dem in der Literatur vertretenen Argument, die GoA sei nicht anwendbar, jedenfalls aber fehle der Fremdgeschäftsführungswille, oder mit der vor allem in der Rechtsprechung vertretenen Ansicht, die GoA sei zwar anwendbar und es werde auch mit Fremdgeschäftsführungswillen gehandelt, aber S durfte seine Aufwendungen nicht für erforderlich halten; siehe oben **Fall 6** Rdnr. 46.

Rechtsgrund, da der Vertrag nichtig war und auch keine berechtigte GoA vorlag. Ein Bereicherungsanspruch ist allerdings nach § 817 S. 2 ausgeschlossen, wenn sich S bewusst war, dass er gegen das gesetzliche Verbot verstieß[24]. Da im vorliegenden Fall hierfür keine Anhaltspunkte bestehen, ist ein Anspruch aus § 812 Abs. 1 S. 1, 1. Alt. gegeben.

Da die nach § 818 Abs. 1 von G herauszugebenden Dienste nicht zurückgewährt werden können, hat S gemäß § 818 Abs. 2 einen Anspruch auf Wertersatz, der sich nach der Höhe der üblichen bzw. der angemessenen, vom Vertragspartner ersparten Vergütung richtet. Die Leistung des S ist auch nicht wegen des nichtigen Vertrags wertlos, da G sonst einen anderen beauftragt hätte und diesem eine entsprechende Vergütung hätte zahlen müssen. Durch die Anwendung der §§ 812 ff. soll nicht § 134 umgangen werden, indem im Ergebnis zwar nicht aus dem gesetzeswidrigen Vertrag, aber aus Bereicherungsrecht doch ein Vergütungsanspruch gewährt wird. Die Anwendung soll vielmehr bewirken, dass dem Empfänger der Leistungen kein ungerechtfertigter Vorteil verbleibt.

II. Verhältnis zum Eigentümer-Besitzer-Verhältnis

343 Eine **Nichtleistungskondiktion** wird nach ganz h.M. bei Vorliegen eines Eigentümer-Besitzer-Verhältnisses durch die §§ 987 ff. als Sondervorschriften ausgeschlossen. Dagegen sollen bereicherungsrechtliche Ansprüche wegen Veräußerung, Verbrauch und Verarbeitung der Sache nicht ausgeschlossen sein, da diese nicht in den §§ 987 ff. geregelt sind[25]. **Veräußert** daher ein unrechtmäßiger Besitzer die Sache, kann der Eigentümer neben den Ansprüchen aus §§ 987 ff. auch einen Anspruch aus § 816 Abs. 1 (Verfügung eines Nichtberechtigten) hinsichtlich der Veräußerung geltend machen. Wurde die Sache **verbraucht**, kann Wertersatz nach §§ 812 Abs. 1 S. 1, 2. Alt., 818 Abs. 2 verlangt werden. Wird die Sache **verarbeitet**, kann nach §§ 951, 812 vorgegangen werden[26].

344 Das Verhältnis zwischen der **Leistungskondiktion** und den §§ 987 ff. ist dagegen **umstritten**. Nach der **Rechtsprechung** und einem **Teil der Literatur** schließen die §§ 987 ff. als Sonderregeln nicht nur eine Nichtleistungs-, sondern auch eine Leistungskondiktion aus. In Bezug auf die Herausgabe von Nutzungen ist daher ausschließlich § 993 Abs. 1 S. 2 heranzuziehen[27]. Bei Verwendungen des unrechtmäßigen Besitzers sind die §§ 994 ff. abschließend[28]. Eine Ausnahme macht die Rechtsprechung allerdings hinsichtlich Ansprüchen nach der Beendigung von **Gebrauchsüberlassungsverträgen**[29] und dann, wenn der Besitzer den Besitz rechtsgrundlos erlangt hat[30]. Hier sollen die §§ 812 ff. neben den §§ 987 ff. anwendbar sein. Die **überwiegende Literatur** wendet

24 In BGHZ 37, 258, 264 offen gelassen.
25 Vgl. *Habersack*, Examens-Repetitorium Sachenrecht, 7. Aufl. 2012, Rdnr. 122 ff.
26 Näher dazu in Bezug auf ein Mehrpersonenverhältnis unten Rdnr. 490 ff.
27 Näher dazu unten Rdnr. 410 ff.
28 Nach ganz h.M. sind die §§ 987 ff., 994 ff. auf § 894 (Anspruch auf Berichtigung des Grundbuchs) entsprechend anwendbar, so dass jedenfalls § 812 Abs. 1 S. 1, 2. Alt. (Verwendungskondiktion) durch die §§ 994 ff. verdrängt wird, vgl. *Habersack*, Examens-Repetitorium Sachenrecht, 7. Aufl. 2012, Rdnr. 329 (mit einem Fall).
29 BGH NJW 1995, 2627, 2628.
30 Vgl. dazu *Habersack*, Examens-Repetitorium Sachenrecht, 7. Aufl. 2012, Rdnr. 119 ff., insbes. 120 m.w.N.

die §§ 812 ff. bei der Leistungskondiktion neben den §§ 987 ff. an[31]. Ein **Teil der Literatur** will bei der Abwicklung nichtiger Verträge die Vorschriften über die Leistungskondiktion als vorrangige Sondervorschriften sehen, so dass die §§ 987 ff. hier unanwendbar sein sollen[32].

§ 17 Die Leistungskondiktion im Zwei-Personen-Verhältnis[33]

I. Grundtatbestand: § 812 Abs. 1 S. 1, 1. Alt.[34]

§ 812 Abs. 1 S. 1, 1. Alt. (sog. condictio indebiti) betrifft den Fall, dass jemand eine Leistung zum Zwecke der Erfüllung einer **Verbindlichkeit** erbracht hat und dieser Zweck **von Anfang an** verfehlt wird. **345**

1. Voraussetzungen

a) Etwas erlangt

Der Anspruchsgegner muss etwas erlangt haben. Etwas i.S. des § 812 Abs. 1 ist jeder Vermögensvorteil, wie etwa Eigentum, Besitz, beschränkt dingliche Rechte, immaterielle Rechte, Forderungen, Gebrauchs- oder Nutzungsmöglichkeiten an Sachen oder Rechten oder die Tätigkeit für einen anderen. Auch die Befreiung von einer Verbindlichkeit kann „Etwas" i.S. des § 812 Abs. 1 S. 1 sein, da der Befreite dadurch einen vermögenswerten Vorteil erlangt. Aber auch eine nicht vermögenswerte Position kann i.S. des § 812 Abs. 1 S. 1, 1. Alt. erlangt sein[35]. **346**

Häufig wird eine Rechtsposition erworben sein, z.B. Eigentum und/oder Besitz an einer Sache. Dies ist in der **Klausur** auch so zu benennen (nicht: „die Sache erlangt"). Geht es um die Rückabwicklung eines nichtigen Verpflichtungsgeschäfts ist das „Etwas" regelmäßig identisch mit dem zur Erfüllung der Verbindlichkeit Übertragenen. Schwierig kann die Bestimmung des erlangten „Etwas" in den sog. **Nutzungsfällen** sein, d.h. wenn rechtsgrundlos eine immaterielle Werk-, Dienst- oder Arbeitsleistung erbracht wird. Das

31 MünchKomm/*Baldus*, § 988 Rdnr. 9; *Medicus/Petersen*, BR, Rdnr. 600; *Kindl*, JA 1996, 115, 120; *Roth*, JuS 1997, 897, 899.

32 Vgl. *Reuter/Martinek*, § 20 I 2 c cc.

33 Siehe *Peters*, JR 2014, 319 ff. (zur These einer Entbehrlichkeit der Leistungskondiktion); MünchKomm/*Schwab*, § 812 Rdnr. 45 f. (zum „Abschied vom Leistungsbegriff"); siehe auch den **Übungsfall** z.B. bei *Coester/Servatius*, JURA 2006, 296 ff.; *Verse/Gaschler*, JURA 2009, 213 ff.

34 **Übungsfall** z.B. bei *Lübke*, JuS 2013, 914 ff.; *Spies*, JA 2012, 333 ff.; *Paal/Hennemann*, JuS 2011, 246 ff.; *Majer*, JA 2009, 855 ff.; *Auer*, JuS 2007, 1122 ff.; *Kraus*, JuS 2008, 697 ff.; *Ham/Müller*, JA 2005, 102 ff.; *von Finckenstein*, JURA 2002, 48 ff.; *Gebauer*, JURA 2002, 482 ff.; *Hilbig*, JURA 2009, 856 ff.; *Schimmel/Buhlmann*, JURA 2001, 600.

35 Erst bei § 818 Abs. 2, wenn also ein Wertersatzanspruch bei Unmöglichkeit der Herausgabe besteht, spielt der Vermögenswert eine Rolle, vgl. Erman/*Buck-Heeb*, § 812 Rdnr. 6.

ist beispielsweise der Fall bei der Nutzung eines Mietwagens aufgrund eines unwirksamen Mietvertrags oder bei einer erschlichenen Flugreise[36]. Umstritten ist, worin das Erlangte hier besteht[37].

b) Durch Leistung

347 Das Erlangte muss durch eine Leistung des Anspruchstellers zugewandt worden sein.

➔ **Leistung** i.S. der §§ 812 ff. ist die bewusste und zweckgerichtete Vermehrung fremden Vermögens. Bewusst bedeutet mit Wissen und Wollen des Anspruchstellers.

Es liegt also keine Leistung vor, wenn das fremde Vermögen unbewusst vermehrt wird. In diesem Fall kommt lediglich eine Nichtleistungskondiktion in Betracht[38]. Leistungszweck bei § 812 Abs. 1 S. 1, 1. Alt. ist die Erfüllung einer Verbindlichkeit gegenüber dem Leistungsempfänger. Die Bestimmung von Leistendem und Leistungsempfänger bereitet beim Zwei-Personen-Verhältnis regelmäßig keine Schwierigkeiten. Anders kann das bei einem Mehrpersonenverhältnis sein, wo dann auf den objektiven Empfängerhorizont abzustellen ist[39].

348 Beim **Leistungszweck** ist **umstritten**, ob die Zweckbestimmung rechtsgeschäftlicher oder rein tatsächlicher Art ist[40]. Erheblich ist das für die Frage, ob eine nicht oder nur **beschränkt geschäftsfähige Person** eine Leistung i.S. des § 812 erbringen kann. Dieser Punkt spielt im Zwei-Personen-Verhältnis keine Rolle, denn wenn der nicht (voll) Geschäftsfähige keine Leistung erbringt, bleibt ein Anspruch aus Nichtleistungskondiktion (§ 812 Abs. 1 S. 1, 2. Alt.). Entscheidend ist er jedoch bei Mehrpersonenverhältnissen. Sieht man die Zweckerklärung als rechtsgeschäftlich oder zumindest rechtsgeschäftsähnlich an, folgt daraus, dass beschränkt Geschäftsfähige und Geschäftsunfähige keine Verbindlichkeiten erfüllen können, da sie den Zweck der Zuwendung nicht bestimmen können[41]. Folglich können sie ohne Zustimmung ihres gesetzlichen Vertreters nicht leisten.

349 **Überschneidungen** zwischen Leistungs- und Nichtleistungskondiktion liegen z.B. vor, wenn ein Minderjähriger die U-Bahn ohne Ticket benutzt. Für eine Leistung gegenüber dem Minderjährigen und nicht einen Eingriff spricht, dass die U-Bahn-Gesellschaft an einen unbestimmten Personenkreis (ad incertas personas) leisten will. Auch bei der Beförderung eines „blinden Passagiers" im Flugzeug kann entweder eine Leistung an diesen oder ein Eingriff seinerseits vorliegen[42].

c) Ohne Rechtsgrund

350 Die Vermögensverschiebung muss ohne Rechtsgrund, d.h. ohne Grund für das Behaltendürfen der Leistung, erfolgt sein. Dies gilt nicht nur für die Leistungs-, sondern auch für

36 Siehe unten **Fall 42** Rdnr. 353.
37 Dazu Rdnr. 353.
38 Siehe Rdnr. 377 ff.
39 Siehe unten Rdnr. 467.
40 Vgl. Erman/*Buck-Heeb*, § 812 Rdnr. 13.
41 Vgl. BGHZ 106, 163, 166; BGHZ 111, 382 ff.
42 Vgl. **Fall 42** Rdnr. 353; siehe auch Erman/*Buck-Heeb*, § 812 Rdnr. 1; zum Grenzfall bzgl. Leistung und Eingriff auch *Medicus/Petersen*, BR, Rdnr. 665.

die Nichtleistungskondiktion[43]. Bei der Leistungskondiktion ist ein Rechtsgrund zu verneinen, wenn der Leistende den mit der Leistung verfolgten Zweck – bei § 812 Abs. 1 S. 1, 1. Alt. etwa die Erfüllung der Verbindlichkeit – nicht erreicht hat[44]. Drei Fälle sind denkbar:

- Die Verbindlichkeit bestand wegen Nichtigkeit des Vertrags von Anfang an nicht (z.B. bei Anfechtung (str.)[45], Geschäftsunfähigkeit, Dissens, Sitten- oder Gesetzeswidrigkeit) oder
- die Verbindlichkeit war im Zeitpunkt der Leistung bereits erloschen oder
- die Leistung konnte keine Erfüllungswirkung haben (z.B. Schuldner hat an den falschen Gläubiger gezahlt).

Zu beachten ist **§ 813 Abs. 1 S. 1** (Erfüllung trotz Einrede) als ergänzende Sondervorschrift für den Anspruch aus § 812 Abs. 1 S. 1, 1. Alt.[46]. Die §§ 813 Abs. 1 S. 1, 812 Abs. 1 S. 1, 1. Alt. sind eine eigenständige **Anspruchsgrundlage**[47]. Das Geleistete kann nach § 812 Abs. 1 S. 1, 1. Alt. trotz Vorliegens eines Rechtsgrunds zurückgefordert werden, sofern dem Anspruch eine dauernde (peremptorische) Einrede entgegensteht. In den Anwendungsbereich des § 813 fallen nur Einreden. Einwendungen haben zur Folge, dass der Rechtsgrund von vornherein nicht bestanden hat oder später weggefallen ist. Nur **dauernde Einreden** können die Durchsetzung des Anspruchs verhindern. Das sind etwa § 242 (Einwand der unzulässigen Rechtsausübung), § 821 (Einrede der Bereicherung), § 853 (Arglisteinrede), §§ 2083, 2345 (anfechtbare letztwillige Verfügung nach Ablauf der Anfechtungsfrist)[48]. Eine Einschränkung gilt in Bezug auf die dauernde Einrede der **Verjährung**. Erfolgt nämlich eine Leistung auf eine verjährte Forderung, kann das Geleistete aufgrund der eindeutigen Festlegung in den §§ 813 Abs. 1 S. 2, 214 Abs. 2 nicht zurückgefordert werden[49]. **351**

Der Erwerb einer Sache kraft Gesetzes gemäß **§ 937** (Ersitzung) stellt grundsätzlich einen Rechtsgrund dar. Die Rechtslage soll nicht nur sachenrechtlich, sondern auch schuldrechtlich endgültig bereinigt werden. Anderenfalls wäre der von § 937 bezweckte Verkehrsschutz unvollständig. Wer das Eigentum gemäß § 937 erwirbt, darf es auch in Zukunft behalten[50]. Nach a.A. wird zwar die Eingriffskondiktion nicht zugelassen, wohl aber die Leistungskondiktion. Das sei erforderlich, um Wertungswidersprüche zu vermeiden, die entstünden, wenn jemand aufgrund unwirksamen Verpflichtungs- und Verfügungsgeschäfts nur Besitz und nicht Eigentum an einer Sache erlangt und nach Ablauf der „Ersitzungsfrist" nicht (mehr) zur Herausgabe verpflichtet ist, während derjenige, der von Beginn an (aufgrund Wirksamkeit nur des Verfügungsgeschäfts) Eigentümer geworden sei, weiterhin zur Herausgabe des Eigentums nach § 812 Abs. 1 S. 1, 1. Alt. verpflichtet bleibt. Daher müsse bei der Abwicklung fehlgeschlagener Leistungen die Leistungs- **352**

---

43 Zum – praktisch irrelevanten – Streit um eine objektive oder subjektive Rechtsgrundtheorie, *Looschelders*, Rdnr. 1030 f.
44 *Reuter/Martinek*, § 5 I; *Medicus/Lorenz*, SR II, Rdnr. 1128; a.A. *Kupisch*, NJW 1985, 2370, 2371 ff.
45 Siehe unten Rdnr. 362.
46 § 813 gilt in Bezug auf die anderen Arten der Leistungskondiktion nicht.
47 Bamberger/Roth/*Wendehorst*, § 813 Rdnr. 2; Erman/*Buck-Heeb*, § 813 Rdnr. 1; vgl. BGH WM 2008, 244.
48 Erman/*Buck-Heeb*, § 813 Rdnr. 2 (mit weiteren Normen als Beispiel).
49 BGH NJW-RR 2006, 1277, 1280.
50 RGRK/*Heimann-Trosien*, vor § 812 Rdnr. 30; RGRK/*Pikart*, § 937 Rdnr. 20.

kondiktion auch bei zwischenzeitlicher Ersitzung angewendet werden[51]. Richtigerweise sollte, um den Gleichlauf der Fälle zunächst fehlgeschlagenen Eigentumserwerbs mit anschließender Ersitzung und der Fälle wirksamen Eigentumserwerbs zu erreichen, auch in den zuletzt genannten Fällen § 937 berücksichtigt werden. Mit anderen Worten: Selbst wenn der Eigentümer sein Eigentum nicht erst durch Ersitzung, sondern schon von Beginn an erworben hat, ist er nach Ablauf der „Ersitzungsfrist" so zu behandeln, als ob er ersessen hätte, so dass im Ergebnis die §§ 812 ff. auch hier nicht greifen.

353 Die Problematik des **erlangten Etwas** sowie die **Abgrenzung zwischen Leistungs- und Nichtleistungskondiktion** sollen am bereits in anderem Zusammenhang behandelten „Flugreisefall", hier unser **Fall 42**[52], deutlich gemacht werden: Der 17jährige M fliegt mit der Fluggesellschaft F ohne gültigen Flugschein von Hamburg nach X. Dort wird ihm die Einreise mangels Visum verweigert. Kann die F von M Zahlung des Hinflugs unter dem Gesichtspunkt der ungerechtfertigten Bereicherung dem Grunde nach verlangen?

1. Die F könnte einen Anspruch aus **§ 812 Abs. 1 S. 1, 1. Alt.** auf Zahlung der Beförderungskosten haben. Erforderlich ist hierfür, dass M etwas erlangt hat. Was dieses **Etwas** ist, ist **umstritten**. Das können die ersparten Aufwendungen für den Flug sein oder aber die Beförderung im Flugzeug. Die **Rechtsprechung**[53] schließt sich der ersten Ansicht an und sieht als „Erlangtes" die **Ersparnis** des Bereicherungsschuldners, weil er die nichtkörperliche Leistung ohne Pflicht zur Gegenleistung verbrauchte. Das sind im vorliegenden Fall die von M ersparten Aufwendungen für den Flug. Auch der mögliche Einwand des Minderjährigen, er habe keine eigenen Aufwendungen erspart und damit nichts erlangt, weil er niemals gegen Entgelt geflogen wäre, vermag hieran nichts zu ändern. Kennt der Kondiktionsschuldner den Mangel des rechtlichen Grunds beim Empfang, kann er sich aufgrund der §§ 819 Abs. 1, 818 Abs. 4 nicht darauf berufen, dass die Bereicherung später weggefallen ist. Erst Recht – so der BGH – kann der Bösgläubige nicht schon die Entstehung einer Bereicherung leugnen, indem er sich darauf beruft, dass er wegen Luxusaufwendungen, die er sonst nicht getätigt hätte, keine Aufwendungen erspart habe, weil auch er den Mangel des rechtlichen Grunds gekannt hat.

Die **h.L.**[54] dagegen sieht das „erlangte Etwas" im **unmittelbaren Vorteil** (Gebrauch, Beförderung, Arbeitsleistung usw.), sofern dieser einen Vermögenswert hat. Im vorliegenden Fall ist die Beförderung selbst das „erlangte Etwas". Es wird dabei klar zwischen dem „erlangten Etwas" (auf der Tatbestandsseite) und der Entreicherung (auf der Rechtsfolgenseite) getrennt: Es ist etwas erlangt, wenn mit der Inanspruchnahme einer Leistung bei wirtschaftlicher Betrachtungsweise eine vermögensrechtliche Besserstellung einhergeht. Es geht der h.L. also darum, dass ein konkreter Vermögensgegenstand i.S. des § 812 Abs. 1 S. 1 erlangt wurde. Ob eine Kostenersparnis bzw. ob überhaupt noch

51 Erman/*Ebbing*, § 937 Rdnr. 10, *Larenz/Canaris*, § 67 IV 2b.
52 **BGHZ 55, 128 ff. (gekürzte Fassung) = NJW 1971, 609 ff. („Flugreise")**; siehe auch den **Übungsfall** z.B. bei *Bayer/Ritter/Weiß*, JuS 2013, 996 ff.
53 BGHZ 55, 128, 131; grundlegend *Hombacher*, JURA 2004, 250 ff.
54 *Esser/Weyers*, § 51 I 3 b; Staudinger/*Lorenz*, § 812 Rdnr. 65 ff.; *Koppensteiner/Kramer*, § 13 I 1 b dd; *Reuter/Martinek*, § 15 I 2 b; *Gursky*, JR 1972, 279, 281 ff.; *Canaris*, JZ 1971, 560, 561; *Teichmann*, JuS 1972, 247, 249; *Brox/Walker*, § 40 Rdnr. 5; *Looschelders*, Rdnr. 1020; Erman/*Buck-Heeb*, § 812 Rdnr. 9; PWW/*Prütting*, § 812 Rdnr. 28.

eine Bereicherung vorliegt, spielt erst bei der Frage der Entreicherung (§ 818 Abs. 3) eine Rolle. Erst hier geht es darum, ob der Bereicherungsschuldner durch die immaterielle Leistung (hier: die Beförderung) eigene Aufwendungen erspart hat. Ist das der Fall, dann ist eine Vermögensmehrung zu bejahen, so dass der Vermögensvorteil nach §§ 812 ff. abgeschöpft werden kann. Hat der Anspruchsgegner dagegen keine Aufwendungen erspart, weil es sich um Luxusaufwendungen gehandelt hat, die der Bereicherungsschuldner gegen eine übliche Gegenleistung nicht getätigt hätte[55], ist er insoweit entreichert.

Für die von der h.L. vorgenommene getrennte Prüfung spricht, dass sie es erlaubt, im Rahmen des § 818 Abs. 3 eine eventuelle Bösgläubigkeit des Kondiktionsschuldners zu berücksichtigen. War der Bereicherungsschuldner bösgläubig, haftet er nach § 819 verschärft und kann sich nicht auf den Wegfall der Bereicherung berufen, auch wenn er nichts erspart hat. Für diese Ansicht spricht auch, dass hierbei nicht Tatbestand (§ 812 Abs. 1 S. 1) und Rechtsfolge (§ 818) miteinander vermischt werden.

Demgegenüber müsste der BGH in den Fällen, in denen der Kondiktionsschuldner keine Aufwendungen erspart hat, den Bereicherungsanspruch bereits dem Grunde nach ablehnen, und zwar weil das Tatbestandsmerkmal „erlangtes Etwas" nicht vorliegt. Eine verschärfte Haftung wegen Bösgläubigkeit (§§ 818 Abs. 4, 819) spielt auf Tatbestandsebene eigentlich keine Rolle. Wie oben gezeigt, berücksichtigt der BGH – dogmatisch inkonsequent – die Bösgläubigkeit des Beklagten schon bei der Frage, ob ein Vermögensvorteil trotz Luxusaufwendungen erlangt ist. Im Ergebnis stimmen also beide Ansichten überein.

2. Da hier nach beiden Ansichten von M etwas erlangt wurde, ist als weitere Voraussetzung des § 812 Abs. 1 S. 1 zu prüfen, ob dies **durch Leistung** der F, d.h. deren bewusste und zweckgerichtete Mehrung des Vermögens des M, geschah oder ob die Bereicherung „in sonstiger Weise" erfolgte. Das ist in Rechtsprechung und Literatur **umstritten**. Der **BGH** geht im vorliegenden Fall ohne Weiteres von einer Leistungskondiktion aus[56]. Dafür spricht, dass die Flugzeugbesatzung bei ihren Serviceleistungen an M davon ausging, dass dieser aufgrund eines Beförderungsvertrags mit der F dazu berechtigt war. Das nahm das Personal vor allem in Anbetracht der vorherigen (von M umgangenen) Bordkontrolle an. M wurde damit zur Erfüllung des Vertrags wie ein regulärer Passagier behandelt. Dieses Bewusstsein der Besatzung wird der F nach §§ 164 Abs. 1, 166 zugerechnet. Damit hat M die erlangten Vorteile durch Leistung der F und, obwohl er sich unberechtigt Zutritt verschafft hat, nicht durch eigenes Handeln[57] erlangt[58]. Es liegt hier ein, den M einschließender, genereller Leistungswille der F vor.

55 Siehe Rdnr. 427.

56 BGHZ 55, 128, 130, 135; so auch *Knütel*, JR 1971, 293; *Larenz/Canaris*, § 67 IV 2 a.

57 Anders wäre das nach dieser Ansicht, wenn M unentdeckt (sog. blinder Passagier) gewesen wäre, da er als solcher von F nicht willentlich befördert worden wäre. M hätte sich in diesem Fall ohne oder gegen den Willen der F die Leistung verschafft. Damit hätte er in den „Zuweisungsgehalt" der rechtlich geschützten Position der F eingegriffen und damit die Beförderung in sonstiger Weise auf Kosten der F erlangt.

58 Siehe BGHZ 55, 128, 130, 135; *Knütel*, JR 1971, 293; *Larenz/Canaris*, § 67 IV 2 a; *Beuthien/Weber*, S. 54, 58 f.; *Giesen*, JURA 1995, 169, 172.

In der **Literatur** wird dagegen teilweise eine Bereicherung „in sonstiger Weise" auf Kosten der F (§ 812 Abs. 1 S. 1, 2. Alt.) angenommen[59]. Die Beförderung des M sei ohne Wissen und Willen der F erfolgt, so dass keine Leistung erbracht worden sei. M habe sich ohne bzw. gegen den Willen der F die Beförderung verschafft und damit in den Zuweisungsgehalt der rechtlich geschützten Position der F eingegriffen. M erhalte zudem das erlangte Etwas nicht über einen Dritten, sondern unmittelbar von F. Da die Vermögensverschiebung also auf ein und demselben Vorgang beruhe, sei Unmittelbarkeit des Vermögenserwerbs gegeben.

3. Unabhängig davon, ob man der einen oder der anderen Meinung folgt, muss ein **Rechtsgrund fehlen**. Hält man § 812 Abs. 1 S. 1, 2. Alt. für anwendbar, so ist die Bereicherung ohne rechtlichen Grund erlangt, da der erlangte Vorteil nach der Rechtsordnung einem anderen gebührt, weil kein Recht zum Eingriff vorliegt. Geht man mit dem BGH von § 812 Abs. 1 S. 1, 1. Alt. als Anspruchsgrundlage aus, so wurde die Leistung ohne Rechtsgrund erbracht, da der mit der Zuwendung verfolgte Zweck nicht erreicht wurde. Zwischen F und M ist kein Vertrag zustande gekommen, das Personal hat aber seine Leistung zur Erfüllung eines solchen vermeintlichen Vertrags erbracht. Damit besteht ein Bereicherungsanspruch dem Grunde nach, sei es mit der Rechtsprechung und einem Teil der Literatur nach § 812 Abs. 1. S. 1, 1. Alt., sei es mit der a.A. nach § 812 Abs. 1 S. 1, 2. Alt.

2. Ausschluss des Bereicherungsanspruchs

354 Liegen die Voraussetzungen des § 812 Abs. 1 S. 1, 1. Alt. bzw. des § 813 Abs. 1 vor, so ist zu prüfen, ob nicht **Einwendungen** gegen den Anspruch bestehen: zum einen nach § 814, zum anderen nach § 817 S. 2. Nach **§ 814** (Kenntnis der Nichtschuld) kann das zum Zwecke der Erfüllung einer Verbindlichkeit Geleistete nicht zurückgefordert werden, wenn der Leistende gewusst hat, dass er zur Leistung nicht verpflichtet war, oder wenn die Leistung einer sittlichen Pflicht oder einer auf den Anstand zu nehmenden Rücksicht entsprach. Der Ausschluss nach § 814 gilt **ausschließlich für § 812 Abs. 1 S. 1, 1. Alt.**, nicht für die anderen Arten der Leistungskondiktion. Erforderlich ist die positive Kenntnis des Leistenden von der Nichtschuld. Nicht ausreichend ist die bloße Kenntnis der Umstände, aus denen sich die Unwirksamkeit der Verpflichtung ergibt[60]. Vielmehr muss der Leistende eine entsprechende rechtliche Wertung i.S. einer „Parallelwertung in der Laiensphäre" vorgenommen haben[61]. Vermeiden kann der Leistende den Ausschluss des Bereicherungsanspruchs durch Leistung „unter Vorbehalt"[62].

355 Nach **§ 817 S. 2** ist die Leistungskondiktion ausgeschlossen, wenn auch der Leistende gegen ein gesetzliches Verbot oder gegen die guten Sitten verstoßen hat. Die ganz **h.M.** will den Ausschlussgrund des § 817 S. 2 nicht allein für Ansprüche aus § 817 S. 1 anwenden, sondern sieht hierin eine allgemeine Regel für alle Tatbestände der Leistungskondik-

59 *Teichmann*, JuS 1972, 249; Staudinger/*Lorenz*, § 812 Rdnr. 3; *Reuter/Martinek*, § 4 II 1b; *Koppensteiner/Kramer*, § 4 I 3 Fn. 4.
60 BGHZ 113, 62, 70; BGH NJW 2002, 2871, 2872.
61 BGHZ 155, 380, 389; BGH NJW-RR 2008, 824, 825; Erman/*Buck-Heeb*, § 814 Rdnr. 7; MünchKomm/*Schwab*, § 814 Rdnr. 12.
62 Staudinger/*Lorenz*, § 814 Rdnr. 7.

tion[63]. Schon der Wortlaut des § 817 S. 2 verbietet es, diese Vorschrift auf die Tatbestände der Nichtleistungskondiktion anzuwenden[64]. Eine Anwendung des § 817 S. 2 außerhalb des Bereicherungsrechts, etwa auf Ansprüche aus dem Eigentümer-Besitzer-Verhältnis, wird überwiegend mit dem Hinweis auf deren Ausnahmecharakter abgelehnt[65]. Teilweise wird im Schrifttum dagegen vertreten, in § 817 S. 2 sei ein allgemeiner Grundsatz der Rechtsschutzversagung niedergelegt, der auch außerhalb des Bereicherungsrechts gelte[66].

Objektiv muss der Betreffende sittenwidrig gehandelt haben. Der subjektive Tatbestand **356** setzt voraus, dass der Leistende die Tatsachen- und Rechtsfolgenkenntnis hatte. Doch genügt es für die Kenntnis der Rechtsfolgen, dass der Leistende sich in grob fahrlässiger Weise der Kenntnisnahme verschlossen hat[67].

Rechtsfolge ist, dass die erbrachte Leistung nach § 817 S. 2 nicht zurückgefordert wer- **357** den kann[68]. Unter Leistung i.S. des § 817 S. 2 ist nur das zu verstehen, was **endgültig** im Vermögen des Leistungsempfängers verbleiben sollte. Wird ein Gegenstand nur für eine bestimmte Zeit zur Nutzung überlassen, etwa die Darlehensvaluta in Fällen des Wucherdarlehens, so ist die Kondiktion nur für diesen (vertraglich vereinbarten) Zeitraum der Überlassung ausgeschlossen. Im Fall eines sittenwidrigen und daher nichtigen **Wucherdarlehensvertrags** ist der Rückzahlungsanspruch hinsichtlich der Darlehensvaluta aus § 812 Abs. 1 S. 1, 1. Alt. durch § 817 S. 2 also nicht generell ausgeschlossen, sondern nur für die vertraglich vereinbarte Zeit der Darlehensgewährung. Da der Darlehensbetrag nicht endgültig dem Empfänger überlassen werden soll, greift insoweit § 817 S. 2 nicht ein. Leistung i.S. des § 817 S. 2 ist hier nicht die Übereignung des Geldes auf Dauer, sondern die Kapitalüberlassung auf Zeit. Daher kann ein Darlehen auch nicht vor Ablauf der vereinbarten Laufzeit nach Bereicherungsrecht zurückgefordert werden. Endgültig im Vermögen des Leistungsempfängers bleiben sollte hier die verzinste Nutzungsmöglichkeit des Kapitals. Diese Nutzungsmöglichkeit verbleibt dem Darlehensnehmer, wobei er für die Zeit, in der der Rückzahlungsanspruch ausgeschlossen ist, weder den (sittenwidrigen) vereinbarten noch den verkehrsüblichen Zins verlangen kann. Insofern greift der Ausschluss nach § 817 S. 2 ein[69].

§ 817 S. 2 wurde immer wieder als rechtspolitisch verfehlt kritisiert. Es sei unbefriedigend, dass **358** bei beiderseitigem Verstoß nur der Leistende, nicht aber der Empfänger benachteiligt werde. Eine **Korrektur des § 817 S. 2** wird vor allem im Fall der **Schwarzarbeit** diskutiert[70]. Hierzu

---

63 BGHZ 44, 1, 6; BGHZ 50, 90, 91; BGH NJW-RR 1993, 1457, 1458; Palandt/*Sprau*, § 817 Rdnr. 1; MünchKomm/*Schwab*, § 817 Rdnr. 10; a.A. *Wazlawik*, ZGS 2007, 336, 339.

64 So auch MünchKomm/*Schwab*, § 817 Rdnr. 10.

65 BGH NJW 1992, 310, 311.

66 *Medicus/Petersen*, BR, Rdnr. 697. Zur analogen Anwendung des § 817 S. 2 außerhalb des Bereicherungsrechts MünchKomm/*Schwab*, § 817 Rdnr. 14 ff. m.w.N.

67 BGH NJW 1989, 3217; BGH NJW 1992, 310, 311.

68 BGH NJW 1983, 1420, 1422; Palandt/*Sprau*, § 817 Rdnr. 19; Erman/*Buck-Heeb*, § 817 Rdnr. 10 ff.

69 Palandt/*Sprau*, § 817 Rdnr. 21; *Medicus/Petersen*, BR, Rdnr. 700 will dagegen einen angemessenen Zinssatz gewähren. Dagegen spricht, dass dann die Vereinbarung eines Wucherzinses für den Darlehensgeber risikolos wäre, da jedenfalls der marktübliche Zins zu leisten ist.

70 Siehe aber auch **BGH NJW 2006, 45 f. („Schneeballsystem")**, wo ebenfalls der Grund und Schutzzweck der Nichtigkeitssanktion (hier: § 138 Abs. 1) ausnahmsweise gegen eine Kondiktionssperre nach § 817 S. 2 sprach.

Fall 43[71]: S führt für den A, ohne in der Handwerksrolle eingetragen zu sein und ohne einen Gewerbebetrieb angemeldet zu haben, Handwerksarbeiten durch. Dies stellt einen Verstoß gegen ein gesetzliches Gebot (§ 1 Abs. 1, 2 Abs. 2 SchwarzArbG) dar. A weiß, dass S „schwarz" arbeitet. A leistet dem S eine Anzahlung. S führt von dieser weder Steuern noch Sozialversiche rungsbeiträge ab. Nach ordnungsgemäß verrichteter Arbeit verlangt S den Restwerklohn. A verweigert jegliche weitere Zahlung. S will nun Zahlung des Restlohns aus § 812 Abs. 1 S. 1, 1. Alt. Zu Recht?

S könnte einen Anspruch aus **§ 812 Abs. 1 S. 1, 1. Alt.** gegen A auf Zahlung des Lohns haben[72]. A hat die Arbeiten durch Leistung des S ohne Rechtsgrund erlangt, da ein Anspruch aus § 631 Abs. 1 nicht besteht. Beide Parteien haben gegen § 1 Abs. 2 SchwarzArbG verstoßen, so dass ein Werkvertrag nach § 134 nichtig ist[73]. Die Voraussetzungen eines Bereicherungsanspruchs liegen danach zwar grundsätzlich vor, fraglich ist aber, ob der Anspruch nicht ausgeschlossen ist. S wusste zwar, dass er mit der Schwarzarbeit gegen ein gesetzliches Verbot verstieß. Eine positive Rechtskenntnis des S von der Nichtschuld lässt sich dem Sachverhalt aber nicht entnehmen. Der Ausschlussgrund des § 814, 1. Alt. liegt daher nicht vor[74].

Es könnte aber ein Ausschluss nach **§ 817 S. 2** in Betracht kommen. Der leistende S hat gegen ein gesetzliches Verbot (SchwarzArbG) verstoßen. Er war sich dieses Verstoßes bewusst und hat ihn gewollt. Damit sind die Voraussetzungen des § 817 S. 2 erfüllt. Allerdings stehen die Bereicherungsansprüche in besonderem Maße unter dem Grundsatz von Treu und Glauben (§ 242), da sie dem Billigkeitsrecht angehören[75]. Das Rückforderungsverbot des § 817 S. 2 trifft den Gläubiger hart. Deshalb ist zu berücksichtigen, welchen Zweck das in Frage stehende Verbotsgesetz verfolgt[76]. Es könnte daher eine einschränkende Auslegung der (umstrittenen) Regelung des § 817 S. 2 geboten sein. Bei beiderseitigem Verstoß hatte der BGH eine Berufung auf § 817 S. 2 bei Schwarzarbeit als gemäß § 242 ausgeschlossen angesehen[77]. Der BGH argumentierte dabei generalpräventiv. Zwar soll sich Schwarzarbeit nicht lohnen, gleichzeitig sei es jedoch unbillig, dem Besteller den ungerechtfertigten Vorteil aus der Vorleistung des Schwarzarbeiters unentgeltlich zu belassen.

Damit hat A an sich Wertersatz nach § 818 Abs. 2 zu leisten. Höchstgrenze ist jedoch auf alle Fälle der übliche Werklohn, wobei wegen der Schwarzarbeit bei der Bestimmung des Wertersatzes erhebliche Abschläge zu machen sind, da dem Auftraggeber aufgrund der

71 **BGHZ 111, 308 ff.** (**„Schwarzarbeit"**) mit überwiegender Ablehnung in der Literatur, siehe nur etwa Staudinger/*Lorenz*, § 817 Rdnr. 10; MünchKomm/*Schwab*, § 817 Rdnr. 24; kritisch auch Erman/*Buck-Heeb*, § 817 Rdnr. 15 f.

72 Daneben kann auch ein Anspruch aus § 817 S. 1 bestehen.

73 BGHZ 198, 141 ff.

74 Sofern man den Ausschlussgrund des § 814, 1. Alt. bejaht, kommt ein Anspruch des S gegen A aus § 817 S. 1 in Betracht, so dass ebenfalls § 817 S. 2 als Bereicherungsausschluss zu prüfen ist. Nach a.A. ist § 817 S. 2 im Fall eines Gesetzes- oder Sittenverstoßes lex specialis zu § 814, 1. Alt.; vgl. MünchKomm/*Schwab*, § 817 Rdnr. 8 m.w.N.

75 BGHZ 111, 308, 312.

76 Siehe Erman/*Buck-Heeb*, § 817 Rdnr. 10 ff., insbes. Rdnr. 15.

77 BGHZ 111, 308, 312 f.; dazu *K. Schmidt*, JuS 1991, 73.

Nichtigkeit des Vertrags keine Gewährleistungsansprüche zustehen. Mängel an der Werkleistung sollen im Rahmen der Saldierung in Abzug gebracht werden können[78].

Demgegenüber wurde in der Literatur eine Einschränkung des § 817 S. 2 durch § 242 teilweise abgelehnt[79]. Eben die Gefahr, trotz (vor-)geleisteter Arbeit leer auszugehen, sei die Abschreckungswirkung des SchwarzArbG. Ein effektiver Kampf gegen die Schwarzarbeit könne nur mit Hilfe drohender Unbilligkeiten für die Beteiligten geführt werden[80]. Dieser Ansicht hat sich der BGH jetzt angeschlossen. Er verweist auf die Intention des Gesetzgebers, dass derjenige, der bewusst gegen das SchwarzArbG verstößt, schutzlos bleiben und veranlasst werden soll, das verbotene Geschäft nicht abzuschließen[81]. Allein wenn auch der Arbeitende der Gefahr ausgesetzt ist, für seine im Wege der Vorausleistung erbrachte Arbeit keine „Vergütung" zu erhalten, könne dieses Ziel erreicht werden. **359**

In seinen sog. Schenkkreis-Entscheidungen (Schneeballsysteme)[82] hat der BGH angesichts eines Rückforderungsanspruchs ebenfalls auf **generalpräventive** Erwägungen abgestellt. Es solle einem „sozialschädlichen Treiben" entgegen gewirkt werden[83]. Die Kondiktionssperre des § 817 S. 2 wird mit der Begründung abgelehnt, dass ansonsten die Nichtigkeit der Verträge nach § 138 Abs. 1 konterkariert würde. Die Initiatoren dieser Spiele sollten die mit sittenwidrigen Methoden erlangten Gelder nicht aufgrund des § 817 S. 2 behalten dürfen. Daher habe der Schenker einen Anspruch gegen den Beschenkten aus § 812 Abs. 1 S. 1, 1. Alt.[84]. Darüber hinaus soll die Kondiktionssperre des § 817 S. 2 auch allgemein bei allen Zuwendungen im Rahmen derartiger Kreise, d.h. für die Mitspieler auf allen Stufen des Schenkkreises, entfallen, ohne dass es auf eine einzelfallbezogene Prüfung der Geschäftsgewandtheit und Erfahrenheit des betroffenen Gebers oder Empfängers ankommt[85]. **359a**

II. Bereicherungsanspruch wegen späteren Wegfalls des rechtlichen Grunds, § 812 Abs. 1 S. 2, 1. Alt.

1. Anwendbarkeit

§ 812 Abs. 1 S. 2, 1. Alt. (condictio ob causam finitam) ist nur dann anwendbar, wenn keine gesetzliche Spezialregelung besteht. Ist die Rückabwicklung einer Vermögensverschiebung im Gesetz mit einem Verweis auf das Rücktrittsrecht (§§ 346 ff.) versehen, hat dies Vorrang, § 812 Abs. 1 S. 2, 1. Alt. findet keine Anwendung. Enthält eine Norm eine bloße Rechtsfolgenverweisung auf das Bereicherungsrecht, ist die jeweilige Spezialnorm Anspruchsgrundlage, nicht § 812 Abs. 1 S. 2, 1. Alt[86]. **360**

78 BGHZ 111, 308, 314 m.w.N.
79 Vgl. *Armgardt*, NJW 2006, 2070; MünchKomm/*Schwab*, § 817 Rdnr. 13; *Lorenz*, NJW 2013, 3132 ff.
80 Vgl. *Spickhoff/Franke*, JZ 2014, 465, 467.
81 BGHZ 198, 141 ff.; *Stadler*, JA 2014, 65 ff.; *dies.*, JA 2014, 623 ff.
82 BGH NJW 2006, 45 ff.; BGH NJW 2008, 1942; BGH NJW-RR 2009, 345; zur Verjährung BGH NJW 2009, 984 f.; vgl. auch *Peifer*, § 9 Rdnr. 20.
83 BGH NJW-RR 2009, 345.
84 BGH NJW 2006, 45 ff.
85 BGH NJW 2008, 1943; BGH NJW-RR 2009, 345.
86 Das ist z.B. bei den §§ 527 Abs. 1 (Nichtvollziehung der Auflage), 528 Abs. 1 S. 1 (Rückforderung wegen Verarmung des Schenkers), 531 Abs. 2 (Geschenkherausgabe bei Widerruf), bei § 547 Abs. 1 S. 2 (Rückgabe des im Voraus entrichteten Mietzinses) oder § 628 Abs. 1 S. 3 (Vorauszahlung im Dienstverhältnis) der Fall.

2. Voraussetzungen

361 Auch bei der Leistungskondiktion nach § 812 Abs. 1 S. 2, 1. Alt. muss der Anspruchsgegner etwas durch Leistung ohne Rechtsgrund erlangt haben[87]. Nach heute **h.M.** muss der Leistungszweck in der Erfüllung einer Verbindlichkeit aus einem Schuldverhältnis bestehen[88], da § 812 Abs. 1 S. 2, 1. Alt. (wie auch § 812 Abs. 1 S. 1, 1. Alt.) auf das Fehlen eines Rechtsgrunds abhebt. Die zu erfüllende Verbindlichkeit bestand zunächst, fiel aber nach der Leistung weg.

Wegfallen kann der Rechtsgrund nachträglich aus verschiedenen Gründen. So, wenn die Parteien eine auflösende Bedingung (§ 158 Abs. 2) oder Befristung (Endtermin) vereinbart haben[89]. Das Geleistete ist in solchen Fällen nach Bereicherungsrecht zurückzugewähren, sofern die Parteien nicht eine schärfere Haftung aufgrund der Geltung der Rücktrittsregeln (§§ 346 ff.) vereinbart haben. Ein Rechtsgrund kann zum anderen aber auch weggefallen sein, weil der Vertrag einverständlich rückwirkend aufgehoben (§§ 305, 241), weil ein Dauerschuldverhältnis wirksam gekündigt wurde und der Schuldner bereits Vorleistungen erbracht hat[90], weil eine Kündigung aus wichtigem Grund ausgesprochen oder eine Schenkung widerrufen wurde (§§ 530, 531 Abs. 2).

362 **Streitig** ist, ob nach einer **Anfechtung** § 812 Abs. 1 S. 1, 1. Alt. oder § 812 Abs. 1 S. 2, 1. Alt. (späterer Wegfall des rechtlichen Grunds) herangezogen werden kann. Wegen ihrer Rückwirkung (ex tunc-Wirkung nach § 142 Abs. 1) wird die Vernichtung des Rechtsgrunds überwiegend als ein Fall des § 812 Abs. 1 S. 1, 1. Alt. gesehen[91]. Dagegen spricht, dass im Zeitpunkt der Leistung der Rechtsgrund noch bestand. Dieser Streit hat aber allenfalls dann Auswirkungen auf das Ergebnis, wenn der Leistende **Kenntnis** von der Anfechtbarkeit des Rechtsgeschäfts hatte. Will man § 812 Abs. 1 S. 1, 1. Alt. heranziehen, wäre in diesem Fall eine Rückforderung des Geleisteten aufgrund von § 814 (Kenntnis der Nichtschuld) ausgeschlossen (siehe § 142 Abs. 2). Hält man dagegen § 812 Abs. 1 S. 2, 1. Alt. für die zutreffende Anspruchsgrundlage, gilt der Ausschluss des § 814 nicht[92].

3. Ausschluss des Bereicherungsanspruchs

363 Der **Ausschlussgrund** des § 814 gilt nach h.M. für die Leistungskondiktion des § 812 Abs. 1 S. 2, 1. Alt. nicht[93]. Dass der Leistende die Möglichkeit kannte, seine Verpflichtung werde später wegfallen, ändert nichts an seiner ursprünglichen Leistungspflicht. Das gleiche gilt für den Rückforderungsausschluss des § 815 (Nichteintritt des Erfolgs). Ein Ausschluss der Kondiktion nach **§ 817 S. 2** (Sittenwidrigkeit der Leistung) als allgemeinem Ausschlussgrund ist dagegen möglich.

87 Vgl. oben Rdnr. 345 ff.
88 OLG Düsseldorf NJW-RR 1998, 1517.
89 Staudinger/*Lorenz*, § 812 Rdnr. 84, 94; Palandt/*Sprau*, § 812 Rdnr. 76.
90 RGRK/*Heimann-Trosien*, § 812 Rdnr. 82; Erman/*Buck-Heeb*, § 812 Rdnr. 48; MünchKomm/*Schwab*, § 812 Rdnr. 352.
91 *Larenz/Canaris*, § 68 I 1; a.A. Jauernig/*Stadler*, § 812 Rdnr. 14; Palandt/*Sprau*, § 812 Rdnr. 26.
92 Siehe Rdnr. 363; Palandt/*Sprau*, § 814 Rdnr. 2.
93 *Looschelders*, Rdnr. 1040.

III. Bereicherungsanspruch bei Nichteintritt des bezweckten Erfolgs, § 812 Abs. 1 S. 2, 2. Alt.[94]

§ 812 Abs. 1 S. 2, 2. Alt. ist nicht anwendbar, wenn vertragliche Ansprüche bestehen und damit ein Rechtsgrund vorliegt. Dann nämlich bestimmen sich die Ansprüche ausschließlich nach den speziellen Vorschriften bzw. nach den §§ 320 ff. Vor allem die Ansprüche aus der Störung der Geschäftsgrundlage (§ 313) sind vorrangig **(klausurrelevantes Problem!)**. **364**

1. Leistung und Leistungszweck

Auch bei einem Bereicherungsanspruch aus § 812 Abs. 1 S. 2, 2. Alt. (condictio ob rem oder condictio causa data causa non secuta) muss etwas durch Leistung erlangt worden sein, d.h. es muss eine bewusste und zweckgerichtete Mehrung fremden Vermögens vorliegen[95]. Allerdings muss der Zweck der Vermögensmehrung die Herbeiführung eines **besonderen Erfolgs** und nicht lediglich die Erfüllung einer Verbindlichkeit sein (dann § 812 Abs. 1 S. 1, 1. Alt.)[96]. **365**

Erforderlich ist eine besondere **Zweckvereinbarung**. Die Zuwendung muss etwa erfolgt sein, um den Empfänger zu einem bestimmten Verhalten zu veranlassen. Da § 812 Abs. 1 S. 2, 2. Alt. auf den „nach dem Inhalt des Rechtsgeschäfts bezweckten Erfolg" abhebt, muss über den bezweckten Erfolg die tatsächliche **Willensübereinstimmung** zwischen den Parteien bestehen, dass die Zuwendung von der Zweckerreichung abhängig ist[97]. Diese Zweckvereinbarung stellt den Grund für das Behaltendürfen der Zuwendung dar. Wird der vereinbarte Zweck verfehlt, gibt es für die Zuwendung keinen rechtfertigenden Grund, so dass eine Rückabwicklung nach § 812 Abs. 1 S. 2, 2. Alt. erfolgen muss. Es reicht nicht, wenn der Zweck lediglich einseitiges Motiv des Leistenden ist. Dieser muss dem Empfänger bekannt sein und er muss ihn auch (jedenfalls konkludent) billigen, so dass eine begründete Erwartung bestehen kann[98]. Die bloße Äußerung, dass mit der Vertragsleistung ein bestimmter Zweck erreicht werden soll, ist lediglich ein unbeachtliches Motiv. Wird allerdings der Erfolg nach dem Willen der Parteien als auflösende Bedingung gesehen, so dass bei dessen Nichteintritt das Rechtsgeschäft nicht wirksam sein soll, greift § 812 Abs. 1 S. 2, 1. Alt. ein. **366**

Denkbar sind **zwei Fallgruppen**: Der Zuwendende verfolgt ausschließlich einen anderen Zweck als die Erfüllung einer Verbindlichkeit oder der Zuwendende verfolgt neben der Erfüllung einer Verbindlichkeit noch einen anderen Zweck. **367**

Soll mit der Leistung auch eine **Verbindlichkeit** erfüllt werden, ist **umstritten**, ob § 812 Abs. 1 S. 2, 2. Alt. anwendbar ist, wenn ein über die Erfüllung der Verbindlichkeit hinausgehender Zweck verfolgt wird. **Teile des Schrifttums** lehnen das ab, da § 812 Abs. 1 **368**

94 Siehe *Röthel*, JURA 2013, 1246 ff.; **Übungsfall** z.B. bei *Beater/Alexander*, JURA 2001, 462 ff.; *Spies*, JA 2012, 333 ff.; *Kastrup*, JURA 2014, 219, 226 f.

95 Zum Leistungsbegriff oben Rdnr. 347 ff.

96 *Medicus/Petersen*, BR, Rdnr. 691; *Brox/Walker*, § 40 Rdnr. 32.

97 BGHZ 44, 321, 323; BGH NJW 1973, 612, 613; BGH NJW 1979, 646; BGH NJW 1992, 2690; Erman/*Buck-Heeb*, § 812 Rdnr. 51.

98 BGH NJW 2013, 3364, Rdnr. 6.

S. 2, 2. Alt. nur dann anwendbar sein könne, wenn die Leistung auf keine Verpflichtung hin erfolgt[99]. § 812 Abs. 1 S. 2, 2. Alt. gelte nicht, wenn die zurückgeforderte Zuwendung zur Erfüllung einer Verbindlichkeit erfolgt ist. Werde der mit einem Verpflichtungsvertrag verfolgte weitere Zweck verfehlt, sollen nur die Regeln der Leistungsstörung bzw. die Regeln über die Störung der Geschäftsgrundlage (§ 313) anwendbar sein[100]. Die **überwiegende Meinung** dagegen sieht zutreffend § 812 Abs. 1 S. 2, 2. Alt. auch dann als anwendbar an, wenn mit der Zuwendung nicht nur eine Verbindlichkeit erfüllt wird, sondern noch weitere Zwecke verfolgt werden[101]. Allerdings muss der Zweck der Zuwendung **Inhalt des Rechtsgeschäfts** geworden und somit eine Einigung über den verfolgten Zweck erzielt worden sein[102].

369 Soll mit der Leistung **keine Verbindlichkeit erfüllt** werden, kann Zweck der Vermögensmehrung die Begründung eines Rechtsverhältnisses sein. Zweck der Vermögensmehrung kann aber auch die Erlangung eines nicht geschuldeten Gegenstands bzw. des Verhaltens des Leistungsempfängers sein. Das ist der Fall, wenn der Zuwendende den Empfänger zum Abschluss eines Vertrags veranlassen will oder wenn als bezweckter Erfolg eine spätere Erbeinsetzung vereinbart wird[103]. Es kann aber auch ein Fall vorliegen, in dem sich beide Parteien der Formnichtigkeit eines Vertrags bewusst sind und der Zuwendende die Leistung erbringt, um die Heilung herbeizuführen. Dann erfolgt die Leistung nicht zum Zwecke der Erfüllung einer Verbindlichkeit, sondern zur Herbeiführung der Heilung.

Keine Verbindlichkeit erfüllt werden soll auch dann, wenn jemand ein Schuldanerkenntnis unterschreibt, um eine Strafanzeige (etwa wegen Diebstahls) abzuwenden. Erfolgt später durch den anderen dennoch eine Strafanzeige, wurde der Zweck der Abwendung einer Anzeige, sofern über diesen Einigung bestand, verfehlt und dem Unterschreibenden steht ein Anspruch aus § 812 Abs. 1 S. 2, 2. Alt. zu[104]. Selbst der Ausgleich bei Beendigung einer nichtehelichen Lebensgemeinschaft ist nach neuer Rechtsprechung des BGH auch über § 812 Abs. 1 S. 2, 2. Alt. denkbar[105]. Voraussetzung ist aber, dass es sich um Leistungen handelt, die deutlich über das hinausgehen, was das tägliche Zusammenleben erst ermöglicht (besonderer Zweck und dessen Vereinbarung)[106]. Eine konkrete Zweckabrede kann hier darin bestehen, dass der eine das Vermögen in der Erwartung vermehrt hat, an dem Erworbenen langfristig partizipieren zu können.

370 Der Kondiktionsanspruch besteht erst, wenn feststeht, dass der bezweckte Erfolg nicht eintritt, also z.B. der Leistende doch nicht als Erbe eingesetzt wird.

---

99 *Medicus/Petersen*, BR, Rdnr. 691.

100 BGH NJW 1992, 2690; Staudinger/*Lorenz*, § 812 Rdnr. 105; *Reuter/Martinek*, § 5 III 2; *Medicus/Petersen*, BR, Rdnr. 692; *Medicus/Lorenz*, SR II, Rdnr. 1143.

101 Erman/*Buck-Heeb*, § 812 Rdnr. 51; *Joost*, JZ 1985, 10, 13.

102 BGHZ 44, 321, 322 f.

103 Siehe BGHZ 44, 321, 324.

104 So BGH NJW-RR 1990, 827.

105 Ein Anspruch aus §§ 730 ff. kommt nach neuer Rechtsprechung des BGH nicht mehr allein aufgrund faktischer Willensübereinstimmung, sondern nur noch bei stillschweigendem Abschluss eines Gesellschaftsvertrags in Betracht. Ein Anspruch aus § 812 Abs. 1 S. 1, 1. Alt. scheidet regelmäßig wegen § 814 aus. Ein Anspruch auf Vertragsanpassung nach § 313 Abs. 2 iVm. Abs. 1 (Störung der Geschäftsgrundlage) ist möglich.

106 BGHZ 177, 193 ff., Rdnr. 35; BGHZ 183, 242 ff., Rdnr. 34; vgl. auch BGH NJW-RR 2009, 1142 f., Rdnr. 13 ff.

Zum Prüfungsaufbau bei § 812 Abs. 1 S. 2, 2. Alt. nun **Fall 44**[107]: K hat von seiner Tante T ein Grundstück für 30 Jahre gepachtet. Auf diesem Grundstück betreibt K eine Gaststätte und errichtet einen Anbau, weil die T ihm in ihrem Testament das Grundstück vermacht. Kurz vor ihrem Tod ändert sie jedoch das Testament und setzt B als Erben ein. K verlangt nun vom Grundstückserben B Ersatz für die durch den Anbau erfolgte Wertsteigerung des Grundstücks. K argumentiert, aufgrund des Versprechens der T hinsichtlich des Grundstücks habe er den Pachtvertrag geschlossen und den Anbau errichtet. K will von B Zahlung der Anbaukosten aus Bereicherungsrecht Zug um Zug gegen Herausgabe des Grundstücks. Zu Recht? **371**

K könnte gegen B einen Anspruch auf Zahlung aus **§ 812 Abs. 1 S. 2, 2. Alt.** haben. B hat etwas, nämlich den Anbau, durch Leistung des K erlangt. Fraglich ist, ob eine **besondere Zweckvereinbarung** vorliegt. K verweist darauf, er habe den Bau ausgeführt, da T versprochen habe, ihm das Grundstück zu vererben. Durch die Zuwendung des Grundstücks an B sei der mit der Leistung bezweckte Erfolg nicht eingetreten. Für § 812 Abs. 1 S. 2, 2. Alt. ist ausreichend, aber auch erforderlich, dass zwischen dem Empfänger (hier T) und dem Leistenden (hier K) eine **tatsächliche Willenseinigung** über den verfolgten Zweck erzielt wird. Die einseitige Erwartung des Leistenden genügt nicht. Andererseits muss aber auch keine vertragliche Bindung vorliegen (dann würde sich die Rückabwicklung nach Vertragsrecht richten). Eine tatsächliche Willenseinigung kann ausdrücklich oder konkludent erfolgen. Ob sie gegeben ist, hängt von den Umständen des Falles ab.

Ob im vorliegenden Fall eine ausdrückliche Einigung vorliegt, lässt sich aufgrund des Sachverhalts nicht feststellen. Eine **konkludente Einigung** besteht vor allem dann, wenn die eine Partei mit der Leistung einen bestimmten Erfolg bezweckt, die andere Partei dies erkennt und durch die Annahme der Leistung zu verstehen gibt, dass die Zweckbestimmung gebilligt wird[108]. Will der Empfänger die Leistung nicht unter den ihm deutlich gewordenen Voraussetzungen annehmen, muss er das kundtun. Tut er dies nicht, wird sein Verhalten nach Treu und Glauben als Einverständnis gewertet. Hiernach steht dem K ein Bereicherungsanspruch gegen B zu[109].

2. Ausschluss des Bereicherungsanspruchs

Die Leistungskondiktion nach § 812 Abs. 1 S. 2, 2. Alt. kann nach **§ 815** (Nichteintritt des Erfolgs) ausgeschlossen sein, wenn der Eintritt des bezweckten Erfolgs von vornherein unmöglich war und der Leistende dies gewusst hat oder wenn der Leistende den Eintritt des Erfolgs wider Treu und Glauben verhindert hat. Für **andere Kondiktionsarten gilt § 815 nicht**. Ferner ist ein **Ausschluss nach § 817 S. 2** (Sittenwidrigkeit der Leistung) möglich. § 814 (Kenntnis der Nichtschuld) ist dagegen unanwendbar, weil Leistungszweck hier nicht die Erfüllung einer Verbindlichkeit ist. **372**

107 **BGHZ 44, 321 ff.**; BGHZ 108, 256, 261; BGH NJW 2001, 3118; ähnlich BGH NJW 2013, 3364 ff. (begründete Erwartung künftigen Eigentumserwerbs durch Klausel im Pachtvertrag.

108 BGHZ 44, 321, 323.

109 A.A. *Medicus/Petersen*, BR, Rdnr. 693, der darauf verweist, dass die bereits versprochene Erbeinsetzung nicht mehr als „bezweckter Erfolg“ angesehen werden kann.

373 Zum Ausschluss des Bereicherungsanspruchs nach § 815 nun **Fall 45**[110]: K kauft von V ein Grundstück mittels notariellen Kaufvertrags. Allerdings wird der Kaufpreis niedriger beurkundet als gewollt. Sowohl K als auch V wissen von der Formnichtigkeit des Vertrags, sie beabsichtigen jedoch, durch Übereignung des Grundstücks Heilung nach § 311b Abs. 1 S. 2 herbeizuführen. K zahlt zu diesem Zweck 150 000 Euro an V. Noch vor der Auflassung stellt sich heraus, dass die von K erwartete Bebaubarkeit des Grundstücks nicht gegeben ist. Daher weigert er sich nun, an der Auflassung mitzuwirken und verlangt die bereits gezahlten 150 000 Euro zurück.

V könnte einen Anspruch aus **§ 812 Abs. 1 S. 2, 2. Alt.** haben. Die Voraussetzungen des § 812 Abs. 1 S. 2, 2. Alt. sind gegeben, wenn eine besondere Zweckvereinbarung und eine tatsächliche Willenseinigung zwischen V und K vorliegen. K hat dem V 150 000 Euro zugewandt, damit dieser ihm das Grundstück übereignet und hierdurch eine Heilung des Vertrags erfolgen kann. Die Heilung kann nun aber nicht mehr eintreten, da K jetzt seine Mitwirkung an der Auflassung verweigert und die 150 000 Euro zurückfordert. Damit kann der mit der Leistung (= Zahlung der 150 000 Euro) verfolgte Zweck nicht mehr erreicht werden.

Der Bereicherungsanspruch könnte jedoch nach **§ 815, 2. Alt. ausgeschlossen** sein, wenn K den Eintritt des Erfolgs wider Treu und Glauben verhindert hat. Zunächst hatte K die 150 000 Euro an V gezahlt, damit dieser das Grundstück an ihn übereignet. Nun weigert er sich, an der Auflassung mitzuwirken, d.h. er will den Eintritt des bezweckten Erfolgs (Heilung des Kaufvertrags) verhindern. Diese nachträgliche Weigerung könnte gegen Treu und Glauben verstoßen. Im Hinblick auf § 311b Abs. 1 S. 2 sind jedoch an einen Verstoß gegen Treu und Glauben i.S. des § 815, 2. Alt. hohe Anforderungen zu stellen. Es kann sich damit jede Partei auf die Formnichtigkeit eines Rechtsgeschäfts berufen. Allein die Weigerung, an der Zweckerreichung (= Heilung) mitzuwirken, ist grundsätzlich nicht treuwidrig, sofern der Betreffende nicht noch einen beachtlichen anderen Grund zur Lösung vom Vertrag hatte[111].

IV. Bereicherungsanspruch nach § 817 S. 1

374 Ein Anspruch aus § 817 S. 1 (condictio ob turpem vel iniustam causam) entsteht, wenn durch die Annahme einer Leistung gegen ein Gesetz oder die guten Sitten verstoßen wird. Diese Kondiktion spielt in der Klausur wie in der Praxis **kaum eine Rolle** und ist damit überflüssig[112]. In den davon erfassten Fällen ist das Verpflichtungsgeschäft regelmäßig nach §§ 134, 138 nichtig, so dass eine Rückabwicklung der erbrachten Leistungen bereits über § 812 Abs. 1 S. 1, 1. Alt. erfolgt[113]. Der **Anwendungsbereich** des § 817 S. 1 beschränkt sich damit auf **zwei Fälle**: Erstens bei einem Verstoß allein des Empfängers gegen ein Gesetz oder die guten Sitten[114] (das Verpflichtungsgeschäft ist dann idR. nicht

110 **BGH NJW 1999, 2892 f.**

111 BGH NJW 1999, 2892, 2893; BGH NJW 1980, 451; Palandt/*Sprau*, § 815 Rdnr. 3; Erman/*Buck-Heeb*, § 815 Rdnr. 3; a.A. *Singer*, WM 1983, 254, 256.

112 So ausdrücklich PWW/*Prütting*, § 817 Rdnr. 4; Erman/*Buck-Heeb*, § 817 Rdnr. 6.

113 A.A. *Looschelders*, Rdnr. 1049 (nebeneinander anwendbar).

114 Ein Anspruch aus § 817 S. 1 scheidet dagegen aus, wenn **lediglich der Leistende sittenwidrig** handelt oder gegen ein Gesetz verstößt. Dies ergibt sich aus dem Sinn des § 817 S. 2.

nach §§ 134, 138 nichtig[115]). Zweitens bei einem Ausschluss der Kondiktion nach § 812 Abs. 1 S. 1, 1. Alt. durch § 814 (Kenntnis der Nichtschuld)[116].

Leistung ist auch bei § 817 S. 1 jede bewusste, zweckgerichtete Mehrung fremden Vermögens. Hier muss der Hauptzweck der erbrachten Leistung gegen ein gesetzliches Verbot oder die guten Sitten verstoßen. Nach der **Rechtsprechung** ist beim Empfänger positive Kenntnis von dem Gesetzesverstoß bzw. das Bewusstsein erforderlich, dass er sittenwidrig handelt[117]. Die **h.L.** lässt dagegen einen objektiven Verstoß gegen das Gesetz oder die guten Sitten ausreichen[118], so dass keine Kenntnis des Empfängers über die Gesetzes- oder Sittenwidrigkeit vorzuliegen braucht. Dies überzeugt schon deshalb, weil der Empfänger nach § 817 S. 1 nicht bestraft, sondern allein die materiell richtige Güterordnung wiederhergestellt werden soll. 375

Der Bereicherungsanspruch aus § 817 S. 1 ist nach § 817 S. 2 **ausgeschlossen**, wenn dem **Leistenden** gleichfalls ein Verstoß gegen das Gesetz oder die guten Sitten zur Last fällt[119]. Voraussetzung ist neben einem objektiven Verstoß, dass sich der Leistende der Gesetzes- oder Sittenwidrigkeit bewusst gewesen ist bzw. sich dieser Kenntnis leichtfertig verschlossen hat[120]. § 814 (Kenntnis der Nichtschuld) ist nicht anwendbar, da dieser nur auf § 812 Abs. 1 S. 1, 1. Alt. bezogen ist. 376

§ 18 Die Nichtleistungskondiktion

Bei den Nichtleistungskondiktionen bestehen zwischen den Parteien des Bereicherungsausgleichs keine Leistungsbeziehungen. Zwar wird nachfolgend der Grundtatbestand der Nichtleistungskondiktion (§ 812 Abs. 1 S. 1, 2. Alt.) in seinen Fallvarianten zum besseren Verständnis der Nichtleistungskondiktionen zuerst dargestellt, da jedoch **§ 816** sowie **§ 822** (als die weiteren Nichtleistungskondiktionen) Spezialregelungen sind, müssen diese in der **Fallprüfung** als erstes untersucht werden[121].

---

115 Palandt/*Sprau*, § 817 Rdnr. 7.

116 Das ist z.B. bei erpressten Leistungen, Schutzgeldern oder Lösegeldern der Fall; siehe PWW/*Prütting*, § 817 Rdnr. 5. Verlangt ein Erpressungsopfer das gezahlte Lösegeld zurück, scheidet wegen des Haftungsausschlusses nach § 814 ein Anspruch aus § 812 Abs. 1 S. 1, 1. Alt. aus. Es besteht aber ggf. ein Anspruch aus § 817 S. 1, dem **nicht** § 814 mit dem Argument entgegensteht, das Opfer habe bei Leistung schließlich von der Nichtschuld gewusst.

117 BGH NJW 1980, 452; Palandt/*Sprau*, § 817 Rdnr. 8; Erman/*Buck-Heeb*, § 817 Rdnr. 8; Jauernig/*Stadler*, § 817 Rdnr. 6.

118 MünchKomm/*Schwab*, § 817 Rdnr. 67 m.w.N.; *Looschelders*, Rdnr. 1050.

119 Dazu z.B. BGH NJW 1994, 187 (Honorarkonsul – Sittenwidrigkeit eines Titelverschaffungsvertrags).

120 BGHZ 50, 90, 92; BGHZ 75, 299, 302; MünchKomm/*Schwab*, § 817 Rdnr. 68 f.

121 **Übungsfall** z.B. bei *Krackhardt/Sparmann*, JURA 2006, 531 ff.; *Müller/Ham*, JA 2006, 602 ff.; *Anton*, JA 2010, 14 ff.; *Kastrup*, JURA 2014, 219, 227 f.

I. Grundtatbestand: § 812 Abs. 1 S. 1, 2. Alt. („in sonstiger Weise“)

377 Die Kondiktion nach § 812 Abs. 1 S. 1, 2. Alt. kommt in Betracht, wenn etwas „in sonstiger Weise“, d.h. nicht durch Leistung, erlangt worden ist[122]. Das ist denkbar im Rahmen einer Eingriffskondiktion, einer Rückgriffskondiktion oder einer Verwendungskondiktion (auch Aufwendungskondiktion genannt). Der Hauptfall ist die Eingriffskondiktion. Die Rückgriffs- und die Verwendungskondiktion spielen nur eine geringe Rolle. Als Spezialtatbestände der Eingriffskondiktion werden im Anschluss an den Grundfall des § 812 Abs. 1 S. 1, 2. Alt. die §§ 816 Abs. 1 S. 1, 816 Abs. 1 S. 2, § 816 Abs. 2 sowie § 822 behandelt[123]. Es gibt auch Kondiktionen „in sonstiger Weise“, die sich nicht unter die Begriffe Eingriff, Rückgriff und Verwendung einordnen lassen. Ihnen kommt lediglich eine untergeordnete Bedeutung zu.

1. Eingriffskondiktion[124]

a) Allgemeine Voraussetzungen

378 Bei der Eingriffskondiktion greift regelmäßig eine Person in die Rechtsposition einer anderen ein. Derjenige, dessen Rechtsgut ohne Erlaubnis **gebraucht, benutzt, verbraucht** usw. wurde, soll vom anderen einen Ausgleich dafür verlangen können[125]. **Voraussetzung** für die Eingriffskondiktion ist, dass ein Vermögensvorteil in sonstiger Weise erlangt wurde, und zwar auf Kosten eines anderen und ohne Rechtsgrund. Im Hinblick auf das Tatbestandsmerkmal **„etwas erlangt“** kann auf die Ausführungen zur Leistungskondiktion verwiesen werden[126]. Es gilt aber, eine Besonderheit zu kennen: Wurde als Vermögensvorteil lediglich der **Besitz** erlangt, so scheidet nach h.M. eine Eingriffskondiktion aus, da die Spezialregelungen der §§ 858 ff. (v.a. § 861, verbotene Eigenmacht) vorgehen[127].

379 Die Bereicherung muss **in sonstiger Weise** entstanden sein und damit nicht durch eine Leistung[128]. Sodann muss das Etwas **auf Kosten eines anderen** erlangt worden sein[129]. Dies ist dann der Fall, wenn der Vorteil unmittelbar ist, d.h. durch ein und denselben Vorgang aus der Verwertung einer fremden Rechtsposition hervorgeht. Es muss beim anderen nicht notwendig eine Vermögensminderung eingetreten sein. Das Merkmal „auf Kosten“ bezeichnet also die dem betroffenen Rechtsinhaber zugewiesene Befugnis, deren unberechtigte Nutzung den Bereicherungsanspruch auslösen kann.

380 Außerdem muss ein Eingriff in eine fremde Rechtsposition vorliegen. Dieser muss zu einer Vermögensverschiebung führen, die in Widerspruch zur rechtlichen Güterzuord-

122 Der Ausschlusstatbestand des § 817 S. 2 ist nicht, auch nicht entsprechend, auf die Nichtleistungskondiktion anwendbar, vgl. BGHZ 152, 307, 315.
123 Siehe unten Rdnr. 392 ff.
124 **Übungsfall** z.B. bei *Krackhardt/Sparmann*, JURA 2006, 531 ff.; *Anton*, JA 2010, 14 ff.; *Müller/Ham*, JA 2006, 602 ff.
125 *Reuter/Martinek*, § 7 I 1.
126 Siehe oben Rdnr. 346.
127 Palandt/*Basseng*, § 861 Rdnr. 2.
128 Zu der teilweise schwierigen Abgrenzung zwischen Leistungs- und Nichtleistungs-, bzw. Eingriffskondiktion siehe oben Rdnr. 345 ff.
129 Bei der Eingriffskondiktion ist dies stets zu prüfen. Bei der Leistungskondiktion ist die Prüfung dieses Merkmals nach h.M. entbehrlich; siehe oben Rdnr. 338.

nung steht. **Eingriffsobjekt** können alle Rechtspositionen sein, deren wirtschaftliche Verwertung nach der Rechtsordnung dem Gläubiger zugewiesen ist. Ein Eingriff liegt nach der heute herrschenden **Zuweisungstheorie** dann vor, wenn der Zuweisungsgehalt des Rechts verletzt ist[130]. Das verletzte Recht muss ausschließlich dem Anspruchsteller „zugewiesen" sein, d.h. der durch das Ausnutzen des Eingriffsobjekts erzielte Vermögensvorteil muss nach der gesetzlichen Güterzuordnung dem Rechtsinhaber zustehen[131]. Er darf nicht etwa die Vorteile des Eingriffsobjekts schon willentlich weitergegeben haben.

Inwieweit eine entsprechende Zuweisung vorliegt, ist jeweils für den einzelnen Fall zu entscheiden. Das Eigentumsrecht dient hierbei als Modell. Ist das betreffende Recht vergleichbar ausgestaltet wie das Eigentum (§§ 903 ff., 987 ff.), ist es naheliegend, dass das Recht nur dem Rechtsinhaber zugewiesen ist[132]. Daher wird häufig auch zwischen einem Eingriff in den Zuweisungsgehalt des **Eigentums** und einem solchen in den Zuweisungsgehalt eines **sonstigen Rechts** oder Vermögenswerts (Inanspruchnahme einer Leistung, Eingriff in das Persönlichkeitsrecht oder den Gewerbebetrieb) unterschieden[133]. Lediglich **schuldrechtlich** begründete Ansprüche haben keinen bereicherungsrechtlich relevanten Zuweisungsgehalt. Daher kann eine Nicht- oder Schlechterfüllung kein Eingriff in eine Rechtsposition mit Zuweisungsgehalt sein[134].

Da all dies recht abstrakt ist, haben sich in der Praxis **Fallgruppen** herausgebildet, bei denen ein solcher Eingriff in den Zuweisungsgehalt vorliegen soll. Ein Eingriff liegt vor allem dann vor, wenn der **Bereicherte** fremdes Eigentum in Anspruch nimmt und sich wie ein Eigentümer verhält. Der Eingriff kann aber auch durch eine andere Handlung des Bereicherten erfolgen, wenn er etwa Besitz wegnimmt oder durch eine bestimmte Handlung in das Recht eines anderen eingreift und sein Vermögen dadurch mehrt (Verbrauch von Sachen, unerlaubter Gebrauch von Namen- und Firmenzeichen, unbefugte Stromentnahme, Werbung mit fremdem Bild ohne Einwilligung usw.). Der Eingriff kann zudem durch eine Handlung des **Entreicherten** geschehen, etwa bei irrtümlicher Verwendung eigener Sachen für fremde Zwecke. Der Eingriff kann des Weiteren durch einen **Dritten** erfolgen, etwa bei Verarbeitung einer fremden Sache durch diesen Dritten. Ein Eingriff ist auch denkbar aufgrund eines **Naturereignisses,** wie etwa das Grasen von Kühen auf fremder Wiese. Außerdem kann der Eingriff auf **fehlerhaften Hoheitsakten** beruhen[135], wie etwa bei Zwangsvollstreckung ohne einen wirksamen Titel oder Pfändung und Versteigerung von nicht dem Schuldner gehörenden Sachen[136]. Schließlich kann der Eingriff auch auf einer **gesetzlichen Regelung** wie etwa den §§ 946 ff. (Verbindung, Vermi- **381**

130 Früher wurde die sog. Widerrechtlichkeits- oder Rechtswidrigkeitstheorie vertreten, nach der es ausreichte, dass die Bereicherung durch eine widerrechtliche Handlung erlangt wurde. Zu den Theorien *Medicus/Petersen*, BR, Rdnr. 704 ff.; BGHZ 82, 299, 306; Staudinger/*Lorenz*, § 812 Rdnr. 23.

131 BGHZ 82, 299, 306; BGHZ 107, 117, 129 f.

132 MünchKomm/*Schwab*, § 812 Rdnr. 244 ff.

133 Siehe auch nachfolgend b) und c).

134 BGH NJW 2013, 781 ff.

135 Neben einem Anspruch aus Eingriffskondiktion liegt hier evtl. auch ein Anspruch aus § 839 (Amtshaftung) vor.

136 Hier erwirbt derjenige, der den Zuschlag erhält, Eigentum an der Sache. Aufgrund dinglicher Surrogation nach § 1247 S. 2 analog ist der frühere Eigentümer der Sache Eigentümer des Versteigerungserlöses geworden. Wurde der Erlös schon an den Vollstreckungsgläubiger ausgezahlt, kann der frühere Eigentümer diesen nach § 812 Abs. 1 S. 1, 2. Alt. herausverlangen.

schung, Verarbeitung) beruhen[137]. Darunter fallen auch der Erwerb von Erzeugnissen und sonstigen Bestandteilen der Sache (§§ 953 ff.), die Ersitzung (§§ 937 ff.) und der Fund (§§ 965 ff.).

382 **Ohne rechtlichen Grund** ist die Bereicherung erlangt, wenn der erlangte Vorteil nach der Rechtsordnung einem anderen gebührt. Es darf kein Recht zum Eingriff vorliegen, sei es durch Gesetz (z.B. §§ 932 ff., 816 Abs. 1), sei es durch Einwilligung des Berechtigten. Dagegen begründet § 937 (Ersitzung) nach h.M. keinen Behaltensgrund[138]. **Unerheblich** ist, ob der Eingriff **rechtswidrig** ist[139] oder ob beim Rechtsträger des fremden Guts ein entsprechender Nachteil oder **Schaden** eingetreten ist.

b) Eingriff in den Zuweisungsgehalt des Eigentums

383 Durch das **Eigentumsrecht** ist das Recht der Nutzung und des Verbrauchs einer Sache ausschließlich dem Eigentümer zugewiesen. Hierzu **Fall 46**[140]: Mieter M hat vom Vermieter V eine Wohnung gemietet. M untervermietet einen Teil daran an U. Als V davon erfährt, verlangt er von M den Untermieterlös heraus. Zu Recht?

V könnte einen Anspruch aus § 812 Abs. 1 S. 1, 2. Alt. (Eingriffskondiktion) haben[141]. Voraussetzung ist, dass M etwas in sonstiger Weise auf Kosten eines anderen ohne rechtlichen Grund erlangt, d.h. in den Zuweisungsgehalt eines fremden Rechts eingegriffen hat. Ein **Teil der Literatur** bejaht dies, da V das Untervermietungsrecht zustand und damit ihm als Eigentümer zugewiesen war[142]. Danach liegt ein Eingriff in ein geschütztes Rechtsgut vor. Die **Rechtsprechung** und ein anderer **Teil der Literatur** verneinen das[143]. Dem M ist es zwar untersagt, die Mietsache ohne Weiteres einem anderen zu überlassen (vgl. § 553), allerdings wurde nicht in den Zuweisungsgehalt des Eigentums des V eingegriffen. Die Nutzung der Wohnung ist aufgrund des Mietvertrags ausschließlich dem M zugewiesen. V selbst könnte die Wohnung gar nicht mehr einem Dritten überlassen, da er

---

137 Allerdings darf dem Entreicherten kein Anspruch aus Leistungskondiktion zustehen. Zum Bereicherungsausgleich nach §§ 951, 812 bei Zuwendung durch Dritte siehe unten Rdnr. 490 ff.

138 Dazu MünchKomm/*Baldus*, § 937 Rdnr. 48 m.w.N. auch zur a.A.; siehe auch Staudinger/*Lorenz*, Vorbem. zu §§ 812 ff. Rdnr. 38 m.w.N. Allerdings hat sich die in Bezug auf bereicherungsrechtliche Ansprüche heftig umstrittene Frage, inwieweit das durch § 937 erlangte Eigentum aufgrund schuldrechtlicher Normen wieder herausverlangt werden kann, durch die Herabsetzung der Verjährungsfrist (§§ 195, 199 – drei bis zehn Jahre) weitgehend erübrigt.

139 *Medicus/Petersen*, BR, Rdnr. 711.

140 **BGH NJW 1996, 838 = BGHZ 131, 297 ff. („unberechtigte Untervermietung").**

141 Ein Anspruch aus **§§ 535, 280 Abs. 1** besteht nicht. Die unberechtigte Untervermietung ist zwar eine Pflichtverletzung des M (vgl. § 540 Abs. 1), aber V hat dadurch keinen Schaden erlitten. Die reale Lage (Untervermietung) weicht nicht von der hypothetischen Lage (keine Untervermietung) ab (Differenzhypothese). Eine Abweichung und damit ein Schaden liegt nur dann vor, wenn die Untervermietung zu einer erhöhten Wohnungsabnutzung geführt hätte. Ein Anspruch aus dem Eigentümer-Besitzer-Verhältnis **(§§ 987 ff.)** scheidet ebenfalls aus, denn M ist durch den Mietvertrag zum Besitz berechtigt. Auch ein Anspruch aus **§§ 687 Abs. 2 S. 1, 681 S. 2, 667** ist mangels Fremdheit des Geschäfts abzulehnen. Ein Anspruch aus **§ 816 Abs. 1 S. 1** kommt nicht in Betracht, da keine Verfügung i.S. des § 816 vorliegt (dazu unten **Fall 49** Rdnr. 398). Einen Anspruch aus § 823 Abs. 1 kann man zwar bejahen (Eigentumsverletzung, da Beeinträchtigung der dem Eigentümer vorbehaltenen Sachherrschaft), Schaden kann jedoch nur der Mehrbenutzungsschaden sein.

142 Erman/*Buck-Heeb*, § 812 Rdnr. 71; Palandt/*Sprau*, § 812 Rdnr. 34.

143 BGHZ 131, 297, 306; BGH NJW 2002, 60, 61; siehe auch MünchKomm/*Schwab*, § 812 Rdnr. 255; Staudinger/*Lorenz*, § 816 Rdnr. 7; *Medicus/Petersen*, BR, Rdnr. 707.

sich seiner Verwertungs- bzw. Gebrauchsmöglichkeiten bereits durch den Mietvertrag mit M begeben hat. Da M nach dieser Ansicht durch die Untervermietung nicht in den Zuweisungsgehalt des Rechts des V eingreift, kann V keine Herausgabe der Untermiete nach § 812 Abs. 1 S. 1, 2. Alt. verlangen[144].

c) Eingriff in den Zuweisungsgehalt eines sonstigen Rechts oder Vermögenswerts

Sonstige Rechte oder Vermögenswerte sind etwa Patent- und Urheberrechte sowie Wa- **384**
renzeichen-, Gebrauchs- und Geschmacksmuster (Design)[145]. Deren Gebrauch ist allein dem Rechtsinhaber zugewiesen[146]. Auch Rechte aus einem Schuldverhältnis können einer Person zugewiesen sein. So ist etwa einem Mieter der Gebrauch der Mietsache zugewiesen. Greift ein Dritter hierin ein, steht dem Mieter ein Anspruch aus Eingriffskondiktion zu. **Keinen** Eingriff in ein sonstiges Recht oder in Vermögenswerte i.S. des § 812 Abs. 1 S. 1, 2. Alt. stellt es dar, wenn lediglich eine **Verwertungs- oder Gewinnchance** beeinträchtigt wird. Auch ein Eingriff in den **Gewerbebetrieb** soll nach h.M. noch nicht ein Eingriff in ein ausschließlich zugewiesenes Recht sein[147]. Dem Gewerbebetrieb kommt kein Zuweisungsgehalt zu.

Die wirtschaftliche Nutzung des Ansehens einer Person (z.B. in der Werbung) ist durch das **all-** **385**
gemeine Persönlichkeitsrecht allein der Person selbst zugewiesen. Dies verdeutlicht **Fall 47**[148]: Journalist J interviewt den bekannten Schauspieler D und macht dabei einige Fotos. Unter anderem setzt sich D für ein Bild auf den Motorroller des J. Dieses Bild verkauft J an die Motorrollerfirma M zum Zwecke der Reklame. J betont wider besseres Wissen gegenüber der M das Einverständnis des D mit einer Veröffentlichung. Die M wirbt daraufhin in mehreren Zeitschriften mit dem Foto für ihre Motorroller. Dabei wird auch der Name des D erwähnt. D will wissen, ob er bereicherungsrechtliche Ansprüche gegen J hat.

D könnte gegen J einen Anspruch aus **§ 812 Abs. 1 S. 1, 2. Alt.** (Eingriffskondiktion) haben. Dafür müsste der Bereicherungsschuldner zunächst etwas erlangt haben. Darunter ist jeder Vermögensvorteil zu verstehen. Im vorliegenden Fall hat J durch die Veräußerung des Fotos das Recht des D am eigenen Bild kommerziell verwertet. Im Schrifttum wird teilweise angenommen, J habe dadurch die Nutzung des Bildes selbst als vermögenswertes Etwas i.S. des § 812 Abs. 1 S. 1 erlangt[149]. Der BGH und ein anderer Teil der Literatur

144 Er könnte allenfalls Unterlassung verlangen, § 541, oder kündigen, § 543 Abs. 2 S. 1 Nr. 2. Zur Kündigung durch den Vermieter vgl. BGH NJW 2011, 1065 ff.

145 BGHZ 82, 299, 305 ff., 310; Staudinger/*Lorenz*, Vorbem. zu §§ 812 ff. Rdnr. 60; MünchKomm/*Schwab*, § 812 Rdnr. 263 ff.; Erman/*Buck-Heeb*, § 812 Rdnr. 69.

146 BGH NJW 1995, 1556 = **BGHZ 129, 66 ff.**: Die Kläger haben in der Zeit von 1985 bis 1988 Teile der Berliner Mauer großflächig bemalt. Als Ende 1989 die innerdeutsche Grenze fiel, wurde die Mauer abgebaut. Dabei wurden die von den Kl. bemalten Betonflächen in Segmente getrennt und entfernt. Der Bekl. versteigerte die Teile 1990. Die Kl. verlangen vom Bekl. eine angemessene Beteiligung am Versteigerungserlös. Der BGH bejaht ein Urheberrecht der Kl. an den Mauerteilen und folglich einen Anspruch aus § 812 Abs. 1 S. 1, 2. Alt.

147 BGHZ 71, 86, 97 f.; BGHZ 107, 117, 121; Erman/*Buck-Heeb*, § 812 Rdnr. 70; MünchKomm/*Schwab*, § 812 Rdnr. 269; Staudinger/*Lorenz*, Vorbem. zu §§ 812 ff. Rdnr. 72; a.A. RGRK/*Heimann-Trosien*, vor § 812 Rdnr. 34; *Kleinheyer*, JZ 1970, 471, 476.

148 **BGHZ 20, 345 ff. („Paul Dahlke")**, Weiterführung der Lösung unter deliktsrechtlichen Gesichtspunkten oben **Fall 17** Rdnr. 128 bzw. GoA-Gesichtspunkten oben **Fall 12** Rdnr. 81. Siehe auch BGH NJW 1992, 2084 („Fuchsberger"); Bamberger/Roth/*Wendehorst*, § 812 Rdnr. 123 ff., 1308.

149 Staudinger/*Lorenz*, § 812 Rdnr. 72; *Esser/Weyers*, § 51 I 3 b.

hingegen stellen auf den von der M als Entgelt gezahlten Betrag bzw. den Wert des D gegenüber ersparten Honorars als „Etwas" i.S. des § 812 Abs. 1 S. 1 ab[150].

Das Etwas muss auch **„in sonstiger Weise"** erlangt sein. Das könnte ausgeschlossen sein, wenn D dem J die Befugnis zur Nutzung des Fotos bewusst zugewandt hätte. Dies ist hier gerade nicht der Fall, so dass keine Leistung des D und damit auch keine – vorrangige – Leistungskondiktion i.S. des § 812 Abs. 1 S. 1, 1. Alt. vorliegt. Der auf Kosten des Gläubigers erlangte Vermögensvorteil muss im Widerspruch zum Zuweisungsgehalt eines fremden Rechts gewonnen worden sein[151]. Nach § 22 KunstUrhG ist das Recht, über die Verbreitung eines Bildes zu entscheiden, allein dem Abgebildeten, hier also dem D zugewiesen. In dieses Recht am eigenen Bild hat J eingegriffen, indem er die Fotos ohne Einwilligung des abgebildeten D zu Werbezwecken verkaufte. Dabei ist unerheblich, ob der Gläubiger bereit und in der Lage gewesen wäre, sein Persönlichkeitsrecht entgeltlich zu vermarkten[152]. Somit hat J in den Zuweisungsgehalt eines vermögenswerten Persönlichkeitsrechts (Recht am eigenen Bild) des D eingegriffen und dadurch auch „auf dessen Kosten" einen Vermögensvorteil erlangt.

J müsste den Vorteil **ohne Rechtsgrund** erlangt haben. Dies ist der Fall, wenn für den Eingriff in den Zuweisungsgehalt eines fremden Rechts kein besonderer Behaltensgrund besteht. Ein solcher kann sich aus Vertrag oder Gesetz ergeben. Hier hat J in den Zuweisungsgehalt des Rechts am eigenen Bild des D eingegriffen. Es bestand zwischen J und D keine vertragliche Abrede, nach der das Foto zu Werbezwecken verwendet werden darf. Auch ein gesetzlicher Behaltensgrund ist nicht ersichtlich. Insbesondere ist das am Foto bestehende Urheber- bzw. Leistungsschutzrecht (§ 2 Abs. 1 Nr. 5 bzw. § 72 UrhG) kein Behaltensgrund, da keine kommerzielle Verwertung von Bildnissen Dritter ohne deren Zustimmung gestattet ist. Es besteht damit ein Anspruch des D auf Herausgabe des Erlangten nach § 812 Abs. 1 S. 1, 2. Alt.

In Bezug auf den Umfang des Bereicherungsanspruchs hat der Schuldner Wertersatz i.S. des § 818 Abs. 2 zu leisten. Im Rahmen der bereicherungsrechtlichen Lizenzanalogie ist der Vermögensvorteil herauszugeben, den der Verletzer erlangt hat.

2. Rückgriffskondiktion

386 Erbringt jemand eine Leistung, die neben dem Leistungsempfänger auch einem Dritten zugutekommt, kann der Leistende vom Dritten einen bereicherungsrechtlichen Ausgleich verlangen, wenn die Voraussetzungen des § 812 Abs. 1 S. 1, 2. Alt. vorliegen (Rückgriff). Ausgeschlossen ist dies, wenn gesetzliche Sonderregeln eingreifen (**Subsidiarität** der Rückgriffskondiktion).

Das ist etwa der Fall, wenn ein Abtretungsanspruch vorliegt[153]. Ist kraft Gesetzes ein Anspruch gegen den Empfänger auf Abtretung seiner Ansprüche gegen den Dritten vorhan-

150 BGHZ 20, 345, 355; zum Begriff des Erlangten siehe auch Rdnr. 353.
151 *Medicus/Petersen*, BR, Rdnr. 709 ff.
152 BGH NJW 2007, 689, 690; *Balthasar*, NJW 2007, 664, 666; Palandt/*Sprau*, § 812 Rdnr. 94; a.A. MünchKomm/*Schwab*, § 812 Rdnr. 274.
153 Vgl. Rdnr. 482 f.

den (z.B. §§ 255, 285), entsteht kein Bereicherungsanspruch gegen den Dritten. Außerdem greifen Sonderregelungen, wenn ein Ausgleichsanspruch im Innenverhältnis existiert. Erhält nämlich der Zuwendende kraft Gesetzes einen eigenen, neuen Anspruch (z.B. bei § 426 Abs. 1, Gesamtschuld, oder bei §§ 677, 683 S. 1, 670, berechtigte GoA), so besteht kein Bedarf für einen Anspruch aus Bereicherungsrecht[154]. Die Rückgriffskondiktion ist auch dann subsidiär, wenn ein gesetzlicher Forderungsübergang (cessio legis) vorliegt. Hier erhält der Zuwendende für seine Zuwendung ja schon durch den gesetzlichen Übergang der Forderung einen Ausgleich. Der Schuldner erlangt keine Schuldbefreiung, da lediglich der Gläubiger wechselt[155].

Die Rückgriffskondiktion kommt auch in Betracht, wenn ein Dritter ohne Pflicht schuldbefreiend an den Gläubiger zur **Tilgung einer Schuld** leistet (§ 267) und nun vom Schuldner Regress verlangt[156]. Das „erlangte Etwas" des Schuldners ist die Befreiung von seiner Verbindlichkeit. Diese Schuldbefreiung wird dem Schuldner nicht vom Dritten geleistet, sondern er erhält sie „auf sonstige Weise". Eine Leistungsbeziehung besteht nur zwischen Drittem und Gläubiger, wobei der Geldbetrag der Leistungsgegenstand ist (anderer Bereicherungsgegenstand als die Schuldbefreiung). Regelmäßig wird für die dem Schuldner zugewendete Schuldbefreiung ein erklärter Leistungszweck des Dritten fehlen. Deshalb greift hier auch nicht der Vorrang der Leistungskondiktion. **387**

3. Verwendungskondiktion

a) Anwendbarkeit

Erbringt jemand ein Vermögensopfer, das der Sache eines anderen zugutekommt (Instandsetzung, Verbesserung, Umgestaltung usw.), muss der Eigentümer der Sache den dadurch erlangten Vermögensvorteil grundsätzlich nach § 812 Abs. 1 S. 1, 2. Alt. ausgleichen. Die Anwendbarkeit von § 812 Abs. 1 S. 1, 2. Alt. scheidet aus, wenn eine Sonderregelung eingreift **(Subsidiarität)**. Hat jemand etwa als **unrechtmäßiger Besitzer** Verwendungen auf eine Sache gemacht, kann er diese nach der Rechtsprechung und h.M. allein nach der abschließenden Sonderregelungen der **§§ 994 ff.** ersetzt verlangen[157]. Nur ein Teil der Literatur will § 812 neben den §§ 994 ff. anwenden. Begründet wird dies damit, dass bei Nichtanwendbarkeit der Verwendungskondiktion der besitzende Verwender schlechter gestellt wäre als der nicht-besitzende Verwender, da Letzterer ja aus § 812 Abs. 1 S. 1, 2. Alt. vorgehen könne. Hierin wird eine nicht zu rechtfertigende Ungleichbehandlung gesehen[158]. **388**

Auch bei Vorliegen einer berechtigten **GoA** ist kein Raum für eine Verwendungskondiktion. Macht jemand als **rechtmäßiger Besitzer** für den Eigentümer Aufwendungen auf **389**

---

154 *Brox/Walker*, § 42 Rdnr. 8.

155 Z.B. § 774 Abs. 1 S. 1 (Bürge), § 426 Abs. 2 S. 1 (Gesamtschuldner), § 268 Abs. 3 S. 1 (Ablösungsberechtigter), §§ 1143 Abs. 1, 1150 (Hypothek), §§ 1225, 1249 (Pfandrecht), §§ 1607 Abs. 2 S. 2, 1608 S. 3 (Unterhaltszahlungen).

156 Vgl. Rdnr. 484.

157 BGHZ 41, 157, 158 f.; BGH NJW 1996, 52 m.w.N.; Palandt/*Bassenge*, Vorb v § 994 Rdnr. 15; *Peifer*, § 10 Rdnr. 22 f.

158 Erman/*Buck-Heeb*, Vor § 812 Rdnr. 14; *Medicus/Petersen*, BR, Rdnr. 897; *Larenz/Canaris*, § 74 I 3; *Brox/Walker*, § 42 Rdnr. 14.

eine Sache, kann er nach §§ 677, 683 S. 1, 670 (berechtigte GoA) Ersatz verlangen, sofern die Geschäftsführung dem Interesse und (mutmaßlichen) Willen des Geschäftsherrn entsprach. Liegt dagegen eine unberechtigte GoA vor, finden gemäß § 684 S. 1 die Vorschriften über die Herausgabe einer ungerechtfertigten Bereicherung Anwendung[159]. Sonderregelungen gibt es auch im **Vertragsrecht**. Sofern keine abweichenden Vereinbarungen vorliegen, sind hier die jeweiligen dispositiven vertraglichen Regelungen maßgeblich. Im Miet- und Pachtrecht gilt z.B. § 547 (Mieterstattung). Ein Ausgleich nach § 812 Abs. 1 S. 1, 2. Alt. scheidet auch aus, wenn der Vermögensvorteil bewusst und zweckgerichtet zugewandt wurde (Leistung). Denn dann gelten die (vorrangigen) Regeln der Leistungskondiktion (§ 812 Abs. 1 S. 1, 1. Alt.)[160]. Ein solcher Leistungs- bzw. Zuwendungswille fehlt aber, wenn der Betreffende das fremde Vermögen irrtümlich mehrt.

b) Voraussetzungen

390 Sodann sind die Voraussetzungen zu prüfen. Der Betreffende muss etwas durch Nichtleistung (nämlich durch eine Verwendung) auf Kosten des Bereicherungsgläubigers erlangt haben und es muss ein rechtlicher Grund fehlen. Dies ist regelmäßig gegeben, wenn ein Vertrag für eine bestimmte Zeit geschlossen wird, er aber vorzeitig rückabzuwickeln ist. Verwendungen werden in solchen Fällen nämlich mit Blick auf die gesamte Vertragslaufzeit getätigt, so dass sie der Verwender bei frühzeitiger Rückabwicklung zumeist herausverlangen wird.

c) Rechtsfolge

391 Bei der Rechtsfolge ist das Problem der sog. **aufgedrängten Bereicherung** zu beachten. Es geht um die Fälle, in denen der Bereicherte geltend macht, er hätte das Erlangte nie selbst in sein Vermögen übernommen, aufgrund des Bereicherungsvorgangs sei ihm die Bereicherung vielmehr aufgedrängt worden. Hierbei ist zu differenzieren:

Wurden Verwendungen auf eine Sache gemacht, kann der Eigentümer der Sache, für den die Verwendungen keinen Wert haben, dem Herausgabeverlangen des Verwenders eine Einrede entgegenhalten, wenn dem Verwendungsvorgang ein rechtswidriges (schuldhaftes) Verhalten des Verwenders zugrunde liegt. Hier hat der Eigentümer nämlich (Gegen-) Ansprüche auf Beseitigung des Verwendungserfolgs aus § 1004 bzw. §§ 823, 249 Abs. 1, die er einredeweise entgegenhalten kann. Der Bereicherungsanspruch des Verwenders ist infolgedessen dauernd gehemmt und kann nicht durchgesetzt werden. Dem Verwender bleibt einzig die Wegnahme[161]. Der BGH gelangt zum gleichen Ergebnis, indem er § 1001 S. 2 analog heranzieht: Der Bereicherte kann den Bereicherungsanspruch dadurch abwehren, dass er dem Entreicherten die Wegnahme gestattet[162]. Alle diese Lösungen setzen jedoch Sachaufwendungen auf fremdes Eigentum voraus. Sie versagen, wenn andere Verwendungen getätigt worden sind. Ferner liegt nicht bei allen auf eine Sache gemachten Verwendungen eine Eigentumsverletzung vor. Man denke etwa an die Ausbesserung von Roststellen an einem Pkw[163].

159 *Looschelders*, Rdnr. 1097.
160 *Medicus/Petersen*, BR, Rdnr. 892 ff.
161 *Medicus/Petersen*, BR, Rdnr. 899.
162 BGHZ 23, 61, 65; BGH WM 1972, 389, 390 f.
163 *Medicus/Petersen*, BR, Rdnr. 899.

Die überwiegende Auffassung im Schrifttum sucht daher die Lösung des Problems der sog. aufgedrängten Bereicherung im Bereicherungsrecht selbst. So sei der Wertbegriff des § 818 Abs. 2 ausnahmsweise subjektiv, d.h. aus der Sicht des Eigentümers zu verstehen[164]. Einige stellen – mit demselben Ergebnis – auf die Wertung des § 818 Abs. 3 ab und bemessen den Wert der herauszugebenden Bereicherung von vornherein nur nach dem subjektiven Ertragswert des Bereicherungsgegenstands für den Empfänger, d.h. danach, inwieweit sich der Empfänger den Verwendungserfolg wirklich zunutze macht[165]. Wieder andere verweisen auf die Wertung des § 814 (Leistung in Kenntnis der Nichtschuld) und wollen § 814 analog anwenden[166].

II. Bereicherungsanspruch wegen Verfügung eines Nichtberechtigten, § 816 Abs. 1[167]

§ 816 Abs. 1 stellt einen Spezialfall der Eingriffskondiktion dar. Er ist als gesetzlich geregelter Fall eines bereicherungsrechtlichen Dreipersonenverhältnisses zu sehen. In der **Klausur** werden die einzelnen Fallgruppen des § 816 **stets vor** § 812 Abs. 1 S. 1, 2. Alt., der subsidiär ist, geprüft. Für § 816 gilt, anders als für § 812 Abs. 1 S. 1, 2. Alt., der Grundsatz der Subsidiarität der Eingriffskondiktion und damit der **Vorrang der Leistungskondiktion nicht**[168]. Es sind zwei Fallvarianten zu unterscheiden: Zum einen, dass ein Nichtberechtigter eine entgeltliche Verfügung vornimmt, zum anderen, dass er eine unentgeltliche Verfügung vornimmt. **392**

1. Entgeltliche Verfügung, § 816 Abs. 1 S. 1

➔ **Verfügung** ist ein Rechtsgeschäft, durch das ein Recht übertragen, aufgehoben, belastet oder inhaltlich geändert wird. Darunter fällt etwa die Übertragung von Eigentum (§§ 929 ff.), die Belastung einer Sache mit einem Pfandrecht (§§ 1204 ff.) oder die Abtretung einer Forderung (§§ 398 ff.). Diese Verfügung muss von einem Nichtberechtigten vorgenommen worden sein[169]. **393**

➔ **Nichtberechtigter** ist, wer weder Rechtsinhaber, noch zur Verfügung über das Recht Ermächtigter ist. Ist also der Kausalvertrag (Kauf, Schenkung) unwirksam, so wird in den meisten Fällen dennoch wirksam das Eigentum übertragen worden sein. Die Unwirksamkeit des Kausalgeschäfts führt regelmäßig nicht zur Unwirksamkeit der Übereignung.

---

164 Vgl. Rdnr. 421.

165 *Medicus/Petersen*, BR, Rdnr. 899; Erman/*Buck-Heeb*, § 818 Rdnr. 20a ff.; MünchKomm/*Schwab*, § 818 Rdnr. 202; *Looschelders*, Rdnr. 1113.

166 Staudinger/*Lorenz*, Vor § 812 Rdnr. 46. **Abzulehnen** ist diese Ansicht schon deshalb, weil § 814 auf die Leistungskondiktion zugeschnitten ist und nicht auf Verwendungen passt, die ja nicht zur Erfüllung einer Verbindlichkeit gemacht wurden.

167 **Übungsfall** z.B. bei *Schubmehl/Rabbe*, JURA 2008, 853 ff.; *Kaubisch/Menzel*, JURA 2013, 1272 ff.; *Thomale*, JuS 2013, 42, 46 ff.; *Koch/Wallimann*, JuS 2014, 912 ff.

168 Daneben kommen vertragliche Ansprüche, Ansprüche aus berechtigter/unberechtigter GoA (insbesondere § 687 Abs. 2) und Delikt in Betracht.

169 Vgl. *Habersack*, Examens-Repetitorium Sachenrecht, 7. Aufl. 2012, Rdnr. 254 mit einem Fall zu einer Verfügung über ein Anwartschaftsrecht.

394 Die vorgenommene Verfügung muss **gegenüber dem Berechtigten wirksam** sein. Dies ist entweder der Fall, wenn der Erwerber gutgläubig ist (§§ 932 ff., 891 ff., 1207 f., § 366 HGB), oder wenn eine Verfügung vom Berechtigten nachträglich (ausdrücklich oder konkludent) genehmigt und damit wirksam wird (§ 185 Abs. 2 S. 1, 1. Alt.), etwa wenn der Berechtigte vom Nichtberechtigten den Verkaufserlös herausverlangt[170]. Durch die **Genehmigung**, die ja Rückwirkung hat (§ 184), wird der Nichtberechtigte aber **nicht zum Berechtigten** (i.S. des § 816 Abs. 1 S. 1), sondern bleibt Nichtberechtigter[171]. Die Verfügung muss des Weiteren **entgeltlich** sein[172]. Bei Unentgeltlichkeit der Verfügung findet § 816 Abs. 1 S. 2 Anwendung.

395 Fraglich ist, ob § 816 Abs. 1 S. 1 bei einem **Eigentumserwerb kraft Gesetzes** (§§ 946 ff.) **analog** angewendet werden kann. Baut der Nichtberechtigte eine Sache in das Grundstück eines Dritten ein, erwirbt dieser das Eigentum an den eingebauten Sachen kraft Gesetzes (§§ 946 ff.). Die Frage ist, ob der Nichtberechtigte nach § 816 Abs. 1 S. 1 zur Herausgabe des Erlangten, also des Erlöses für den Einbau (etwa des erhaltenen Werklohns), verpflichtet ist. Eine direkte Anwendung des § 816 Abs. 1 S. 1 kommt nicht in Betracht, weil diese Regelung eine Verfügung voraussetzen würde, also einen rechtsgeschäftlichen Übergang des Eigentums, hier aber das Eigentum kraft Gesetzes übergeht. Würde der § 816 Abs. 1 S. 1 aus diesem Grunde abgelehnt werden, dann würde dessen Anwendungsbereich allein von der Zufälligkeit des äußeren Geschehensablaufs bestimmt. Das macht folgende geringe Abwandlung im Ablauf deutlich: Hätte der Nichtberechtigte die Sache vor dem Einbau (rechtsgeschäftlich) an den gutgläubigen Dritten etwa nach §§ 929, 932 übereignet, dann könnte eine Verfügung i.S. des § 816 Abs. 1 S. 1, die dem Berechtigten gegenüber wirksam ist, unproblematisch bejaht werden. Es kann aber wertungsmäßig keinen Unterschied machen, ob die Sache sofort beim Dritten eingebaut wird, so dass das Eigentum kraft Gesetz nach §§ 946 ff. übergeht, oder ob zuvor (zufällig) ein rechtsgeschäftlicher Eigentumsübergang nach §§ 929 ff. stattfindet. Die Interessenlage ist in beiden Fällen vergleichbar. Deshalb ist hier eine analoge Anwendung des § 816 Abs. 1 S. 1 gerechtfertigt, wenn die Voraussetzungen vorliegen, unter denen ein rechtsgeschäftlicher Erwerb trotz fehlender Berechtigung des Verfügenden wegen des guten Glaubens des Erwerbers möglich gewesen wäre[173].

396 **Rechtsfolge** ist ein Anspruch des Berechtigten gegen den Nichtberechtigten auf Herausgabe des Erlangten. Es entspricht der einhelligen Meinung, dass der Berechtigte das Risiko eines schlechten Geschäfts des Nichtberechtigten trägt. Wird also die Sache unter Wert verkauft, dann muss der Nichtberechtigte auch nur das geringere Entgelt herausgeben, nur das hat er erlangt. **Umstritten** ist, wem die Vorteile eines guten Geschäfts gebühren. Erzielt der Nichtberechtigte ein über dem objektiven Wert der Sache liegendes Entgelt, so fragt sich, ob er dieses **höhere Entgelt** (sog. Gewinnhaftung) oder aber nur den

---

170 Hat der Eigentümer einer Sache das Eigentum nicht verloren (z.B. wegen § 932 Abs. 2 oder § 935), kann er wählen, ob er einen Anspruch aus § 985 (Herausgabeanspruch bzgl. Eigentum) geltend macht oder ob er nach den §§ 816 Abs. 1 S. 1, 185 Abs. 2 S. 1, 1. Alt. den Veräußerungserlös verlangen will.

171 Auch entzieht sich der Berechtigte durch Genehmigung nicht die an sich bestehenden Ansprüche aus §§ 989, 990 und 823 Abs. 1 etwa deshalb, weil er infolge der Rückwirkung der Genehmigung seine Eigentümerstellung verlieren würde, vgl. BGH JZ 1961, 24.

172 Erman/*Buck-Heeb*, § 816 Rdnr. 4; Bamberger/Roth/*Wendehorst*, § 816 Rdnr. 8.

173 *Wandt*, § 11 Rdnr. 37.

dem Wert der Sache entsprechenden Anteil (sog. Werthaftung) herausgeben muss. Erheblich ist dieser Streit, wenn der Erlös über den objektiven Wert der veräußerten Sache hinausgeht.

Die **Rechtsprechung und h.L.** stellt auf den Wortlaut der Bestimmung ab, der dafür spricht, dass auch das höhere Entgelt herauszugeben ist[174]. Anders sieht das ein **Teil der Literatur**, wonach die Befreiung von einer Verbindlichkeit erlangt worden sei. Mangels Herausgabemöglichkeit sei daher nach § 818 Abs. 2 Wertersatz zu leisten, der sich nach dem objektiven Wert der Sache richte[175]. Hierbei soll der vom Nichtberechtigten gezahlte Kaufpreis für die Sache nicht (im Rahmen des § 818 Abs. 3) bereicherungsmindernd berücksichtigt werden[176]. Die Interessenbetrachtung spricht gegen diese Ansicht. § 818 Abs. 3 bietet dem Bereicherungsschuldner ausreichend Schutz. Mit Rücksicht darauf, dass § 816 Abs. 1 S. 1 als Rechtsfortwirkungsanspruch Ersatz für die Vereitelung einer dinglichen Rechtsposition (vgl. § 985) darstellt, sowie die Bestimmungen der § 285 (stellvertretendes commodum) und § 993 Abs. 1 (Herausgabe von Übermaßfrüchten) sind Rechtsprechung und h.L. überzeugender.

Die Wirksamkeit der Verfügung und die Möglichkeit der Genehmigung zeigt der **Fall 48**[177]: S erwirbt von jemandem Waren, die dem G gestohlen worden sind. Nachdem S sie gutgläubig (ohne die tatsächliche Herkunft zu kennen oder kennen zu müssen) an Kunden weiterveräußert hat und diese die Waren verarbeitet haben, genehmigt G die Weiterveräußerungen des S an die Kunden und will von S Ersatz aus Bereicherungsrecht. Zu Recht? **397**

G könnte gegen S einen Anspruch auf Herausgabe des Veräußerungserlöses nach **§ 816 Abs. 1 S. 1** haben[178]. G war im Zeitpunkt der Weiterveräußerung durch S Berechtigter und S Nichtberechtigter. Die Verfügung (§ 929) ist dem G gegenüber zunächst unwirksam, weil ihm die Waren abhandengekommen sind (§ 935 Abs. 1 S. 1). Jedoch **genehmigt** G sie nachträglich (§ 185 Abs. 2 S. 1, 1. Alt.). Fraglich ist, ob G die unwirksame Verfügung rechtzeitig genehmigt hat, weil er im Zeitpunkt der Genehmigung wegen der Verarbeitung durch die Kunden des S sein Eigentum an den Waren nach § 950 verloren hat. G war im Zeitpunkt der Genehmigung also nicht (mehr) verfügungsbefugter Rechtsinhaber. Nach Ansicht des BGH soll bei der Frage der Berechtigung im Rahmen des § 816 Abs. 1 S. 1 der Zeitpunkt der Verfügung über den Gegenstand maßgeblich sein. Der Eigentümer einer gestohlenen Sache kann die Verfügung eines Nichtberechtigten auch dann noch genehmigen und den Veräußerungserlös nach § 816 Abs. 1 S. 1 herausverlangen, wenn der „Erwerber" nicht durch die Genehmigung, sondern durch die Verarbeitung

174 BGHZ 29, 157, 159 f.; BGHZ 75, 203, 206; *Larenz/Canaris*, § 72 I 2; zur Kritik am Wortlautargument *Medicus/Petersen*, BR, Rdnr. 723.

175 *Medicus/Petersen*, BR, Rdnr. 723; Staudinger/*Lorenz*, § 816 Rdnr. 23, 25; MünchKomm/*Schwab*, § 816 Rdnr. 42 ff.

176 BGHZ 14, 7.

177 **BGHZ 56, 131 ff.**

178 Ein Anspruch aus §§ 989, 990 Abs. 1 kommt nicht in Betracht. Zwar besteht im Zeitpunkt der Verfügung des S an die Kunden ein Eigentümer-Besitzer-Verhältnis (vgl. § 935 Abs. 1 S. 1), allerdings trifft den S kein Verschulden hinsichtlich der Unmöglichkeit der Herausgabe der Waren (§ 989). Des Weiteren ist S nicht bösgläubig i.S. des § 990 Abs. 1. Auch ein Anspruch aus §§ 687 Abs. 2 S. 1, 681 S. 2, 667 muss ausscheiden, da keine vorsätzliche Eigengeschäftsführung vorliegt. Ein Anspruch aus berechtigter GoA (§§ 677, 681 S. 2, 667) scheidet ebenfalls aus, da der Fremdgeschäftsführungswille fehlt.

nach § 950 Eigentum an den gestohlenen Sachen erworben hat. Nicht erforderlich ist somit, dass der die (zunächst) unwirksame Verfügung genehmigende Eigentümer noch im Zeitpunkt der Abgabe der Genehmigung die tatsächliche oder rechtliche Verfügungsmacht innehat[179].

Zur Begründung wird angeführt, dass die Möglichkeit der Genehmigung im Rahmen des § 816 Abs. 1 S. 1 den Eigentümer schützen soll. Dem Eigentümer, der die tatsächliche Verfügungsmacht über einen Gegenstand verloren hat (z.B. „Erwerber" ist unbekannt), soll § 816 Abs. 1 S. 1 als Rechtsfortwirkungsanspruch zur Verfügung stehen. Den Eigentümer stets auf § 985 zu verweisen, ist unbillig. Die Interessenlage ist mit der bei Verlust der rechtlichen Verfügungsmacht (wie im Fall) vergleichbar. Zwar kommt ein Anspruch des ehemaligen Eigentümers wegen des Rechtsverlusts gegen den Rechtserwerber aus § 951 Abs. 1 S. 1 in Betracht. Dennoch wird dem ehemaligen Eigentümer auch im Falle des Verlusts der rechtlichen Verfügungsgewalt ein Wahlrecht eingeräumt: Entweder kann er gegen den Rechtserwerber (hier die Kunden des S) aus § 951 Abs. 1 S. 1 vorgehen oder er genehmigt die Verfügung und macht den Anspruch aus § 816 Abs. 1 S. 1 gegen den Veräußerer (hier S) geltend. Auf diese Weise kann § 816 Abs. 1 S. 1 seinen Schutz voll entfalten. Wenn S den Abnehmern selbst Eigentum verschafft hätte, würde sich die gleiche Rechtslage ergeben. Damit kann G von S Herausgabe des Erlangten (Verkaufserlös) verlangen.

398 Ob die Voraussetzungen des § 816 Abs. 1 S. 1 bei **unberechtigter Nutzungsüberlassung** vorliegen, ist **umstritten**. Das soll an **Fall 49**[180] gezeigt werden: Mieter M hat vom Vermieter V eine Wohnung gemietet. M untervermietet einen Teil daran an U. Als V davon erfährt, verlangt er von M den Untermieterlös nach § 816 Abs. 1 S. 1 heraus. Zu Recht?

V könnte gegen M einen Anspruch aus **§ 816 Abs. 1 S. 1** haben, wenn mit der Untervermietung durch M eine dem Berechtigten V gegenüber wirksame entgeltliche Verfügung eines Nichtberechtigten vorliegt[181]. Fraglich ist, ob in der Weitervermietung eine Verfügung gesehen werden kann. Eine Meinung bejaht einen Anspruch auf Herausgabe des Mietzinses als erlangtes Etwas und stützt sich darauf, dass der Nichtberechtigte zwar nicht über die Sache, aber jedenfalls über die Nutzungsmöglichkeit verfügt habe. Außerdem bestehe ein Bedürfnis für einen Anspruch aus § 816 Abs. 1 S. 1 (analog), weil der Untermieter regelmäßig gutgläubig sei und daher nicht aus einem Eigentümer-Besitzer-Verhältnis zum Nutzungsersatz verpflichtet ist (vgl. § 993 Abs. 1, 2. HS)[182].

Richtigerweise lehnt die h.M. eine direkte oder analoge Anwendung des § 816 Abs. 1 S. 1 ab. Eine Verfügung im Rechtssinne liegt nur vor, wenn die Rechtslage unmittelbar durch ein Rechtgeschäft verändert wird, indem ein Recht übertragen, belastet, inhaltlich geändert oder aufgehoben wird. Dies ist bei Abschluss eines Mietvertrags als bloßes schuldrechtliches Geschäft bzw. bei einer Besitzüberlassung als bloße tatsächliche Handlung nicht der Fall[183]. Auch eine Verfügung über die Nutzungsmöglichkeit liegt nicht vor.

179 BGHZ 56, 131, 133 m.w.N.
180 **BGH NJW 1996, 838 = BGHZ 131, 297 ff. („unberechtigte Untervermietung").**
181 Zu weiteren möglichen Anspruchsgrundlagen siehe oben bei **Fall 46** Rdnr. 383 (siehe dort auch Fn. 136).
182 Vgl. *Esser/Weyers*, § 50 II 2a.
183 Staudinger/*Lorenz*, § 816 Rdnr. 6 f.

Im Gegensatz zur typischen Konstellation des § 816 Abs. 1 S. 1, in der das Recht, über das wirksam verfügt wurde, dauerhaft für den ehemaligen Rechtsinhaber „verloren" ist, kann der Eigentümer im vorliegenden Fall jederzeit vom Dritten Herausgabe verlangen (§ 985).

Eine analoge Anwendung des § 816 Abs. 1 S. 1 in Fällen der Besitzüberlassung ist damit schon wegen Fehlens einer vergleichbaren Interessenlage abzulehnen. Ferner erzielt der Mieter den Untermietzins nicht anstelle des Eigentümers. Zwar kann der Eigentümer die Untervermietung unter bestimmten Voraussetzungen verbieten, die vermietete Sache aber nicht selbst an einen Dritten untervermieten[184]. Insoweit stellen die §§ 987 ff. (vorrangige Sonder-)Regelungen dar: Ist der Dritte gutgläubig, so haftet zwar nicht er selbst, es kommt aber eine Haftung des Nichtberechtigten als mittelbarer Besitzer in Betracht (vgl. § 991 Abs. 2)[185].

2. Unentgeltliche Verfügung, § 816 Abs. 1 S. 2[186]

Auch bei einem Anspruch nach § 816 Abs. 1 S. 2 hat eine Verfügung eines Nichtberechtigten vorzuliegen und die Verfügung muss wirksam gegenüber dem Berechtigten sein. Die Verfügung hat aber **unentgeltlich** zu erfolgen (Schenkung, Vermächtnis). Unentgeltlichkeit liegt nicht vor, wenn der Erwerber eine Gegenleistung erbringen soll oder erbracht hat, die einen Ausgleich für den Erwerb darstellt[187]. Dies gilt auch dann, wenn die Gegenleistung gegenüber einem Dritten erbracht werden soll. Zwei **klausurrelevante Fragestellungen** sind mit dem Erfordernis der Unentgeltlichkeit verbunden. Erstens die Frage nach der Behandlung der entgeltlichen, aber rechtsgrundlosen Verfügung; eine mögliche Analogie zu § 816 Abs. 1 S. 2 wird im folgenden Fall thematisiert. 399

Umstritten ist zweitens, ob bei einer **gemischten Schenkung** (z.B. Verkauf zum Freundschaftspreis) Unentgeltlichkeit i.S. des § 816 Abs. 1 S. 2 vorliegt. Der **BGH**[188] entscheidet nach dem Schwerpunkt des gemischten Geschäfts und bejaht die Unentgeltlichkeit, wenn der unentgeltliche Charakter überwiegt. Andernfalls scheidet § 816 Abs. 1 S. 2 aus („Alles oder Nichts"-Lösung, Schwerpunkttheorie). Demgegenüber wollen Teile der **Literatur** das gemischte Geschäft in einen entgeltlichen und einen unentgeltlichen Teil aufspalten (Teilungslösung)[189]. Hinsichtlich des entgeltlichen Teils kann der frühere Berechtigte den Nichtberechtigten in Anspruch nehmen (§ 816 Abs. 1 S. 1), hinsichtlich des unentgeltlichen Teils haftet der Erwerber auf Wertersatz (§§ 816 Abs. 1 S. 2, 818 Abs. 2), weil er den (unentgeltlichen) Teil (bei Unteilbarkeit des Gegenstands) nicht herausgeben kann[190]. Die differenzierende Lösung der Literatur verdient gegenüber der „Alles oder Nichts"-Lösung der Rechtsprechung den Vorzug, da allein sie – insbesondere auch im

184 BGHZ 131, 297, 306; *Reuter/Martinek*, § 8 I 3 a; a.A. *Koppensteiner/Kramer*, § 9 III 2 d bb.
185 Vgl. zum Ganzen auch *Larenz/Canaris*, § 69 II 1d.
186 Siehe die **Übersicht** bei *Jülch*, JA 2012, 326 ff.
187 Erman/*Buck-Heeb*, § 816 Rdnr. 12.
188 BGH WM 1964, 614, 616; PWW/*Prütting*, § 816 Rdnr. 15.
189 *Larenz/Canaris*, § 69 II 2 c.
190 Diesen Anspruch kann der Erwerber abwenden, indem er die erlangte Sache an den „Berechtigten" herausgibt, und zwar Zug um Zug gegen Abtretung des Anspruchs des Berechtigten gegen den nichtberechtigten Verfügenden aus § 816 Abs. 1 S. 1 (vgl. *Larenz/Canaris*, § 69 II 2 c).

Grenzfall eines zur Hälfte entgeltlich bzw. unentgeltlichen Geschäfts – eine interessengerechte Lösung ermöglicht.

400 Liegen die Voraussetzungen „Verfügung eines Nichtberechtigten" und „Unentgeltlichkeit" vor, scheidet § 812 Abs. 1 S. 1, 2. Alt. (Eingriffskondiktion) gegen den Dritten aus, da er den Gegenstand durch Leistung des Nichtberechtigten erlangt hat (Subsidiarität der Eingriffskondiktion). § 812 Abs. 1 S. 1 und § 816 Abs. 1 S. 1 scheiden ebenfalls aus, da der Nichtberechtigte durch die Verfügung vom Erwerber nichts „erlangt" hat, was er herausgeben könnte. Der Dritte hat kein Vermögensopfer erlitten, so dass es zumutbar ist, von ihm den erlangten Gegenstand an den Berechtigten herauszuverlangen. Deshalb gestattet § 816 Abs. 1 S. 2 ausnahmsweise einen sog. **Durchgriff kraft Gesetzes** entgegen den Leistungsbeziehungen. Der unentgeltliche gutgläubige Erwerb aufgrund einer Leistung eines anderen hat keinen Bestand gegenüber dem ursprünglichen Eigentümer (Berechtigten). Zwar ist der Beschenkte Eigentümer der Sache geworden, er ist aber nach der Wertung des Gesetzes weniger schutzwürdig als der vorherige Eigentümer. Anspruchsgegner ist bei § 816 Abs. 1 S. 2 also nicht der verfügende Nichtberechtigte wie bei § 816 Abs. 1 S. 1, sondern derjenige, der unmittelbar durch die Verfügung etwas erlangt.

401 **Klausurrelevant** ist die Frage, ob § 816 Abs. 1 S. 2 analog anwendbar ist, wenn der Nichtberechtigte **entgeltlich, aber rechtsgrundlos** verfügt (z.B. der zugrunde liegende Vertrag ist nichtig). Hierzu unser **Fall 50**[191]: A leiht dem B einen Gegenstand. B veräußert diesen an den minderjährigen C. Die Eltern des C verweigern die Genehmigung des Geschäfts. A will nun von C den Gegenstand heraus verlangen. Zu Recht?

1. A könnte gegen C einen Anspruch aus **§ 816 Abs. 1 S. 2 (analog)** haben. Zwar hat B als Nichtberechtigter wirksam an den C verfügt, da der Eigentumserwerb für C lediglich rechtlich vorteilhaft ist (§ 107). Die Verfügung war aber nicht unentgeltlich. Eine Ansicht geht davon aus, dass § 816 Abs. 1 S. 2 hier analog angewendet werden kann, denn der Kaufvertrag zwischen B und C ist nichtig (aufgrund der Zahlungspflicht greift § 107 nicht), so dass C nichts zahlen muss. Danach könnte der Berechtigte direkt beim Erwerber kondizieren. Nach dieser Auffassung wird die unentgeltliche der rechtsgrundlosen Verfügung gleichgestellt.

Die **h.M.**[192] lehnt eine Analogie ab, da sie den Minderjährigenschutz unterläuft. Dies wird deutlich, wenn C den Kaufpreis bereits an B gezahlt hat. Wird § 816 Abs. 1 S. 2 analog („rechtsgrundlos gleich unentgeltlich") angewendet, so werden dem Minderjährigen C die Einwendungen gegen seinen Geschäftspartner B abgeschnitten. Im Fall der Direktkondiktion stünde dem C gegen A kein Zurückbehaltungsrecht wegen des zurückzuzahlenden Kaufpreises zu. Dieses Ergebnis widerspricht jedoch dem Zweck der Durchgriffskondiktion des § 816 Abs. 1 S. 2. Die „Schwäche" des unentgeltlichen Erwerbs liegt nämlich insbesondere darin, dass wegen der Unentgeltlichkeit kein Rückholrisiko hin-

191 **Übungsfall** z.B. bei *Schirmer*, JURA 2013, 719, 724 ff.

192 *Medicus/Petersen*, BR, Rdnr. 390a; *Schwarz/Wandt*, § 11 Rdnr. 45; Palandt/*Sprau*, § 816 Rdnr. 16 ff.; *Brox/Walker*, § 42 Rdnr. 27; MünchKomm/*Schwab*, § 816 Rdnr. 59; Staudinger/*Lorenz*, § 816 Rdnr. 16 ff. Eine ausdrückliche Entscheidung des BGH fehlt bislang. Zu einem besonders gelagerten Sachverhalt siehe BGHZ 37, 363 ff., wo angedeutet wird, dass der rechtsgrundlose Besitzer dem unentgeltlichen nur dann gleichgestellt werden kann, wenn der Erwerb ohne Vermögensopfer erfolgt ist.

sichtlich der Gegenleistung besteht. Im vorliegenden Fall ist der C dem Rückholrisiko aber sehr wohl ausgesetzt. Auf der Grundlage der h.M. hat A keinen Anspruch gegen C aus § 816 Abs. 1 S. 2.

2. A könnte aber gegen B einen Anspruch aus **§ 816 Abs. 1 S. 1** auf Herausgabe des Erlangten haben. B hat entgeltlich, aber wirksam verfügt und hat einen Bereicherungsanspruch gegen C aus § 812 Abs. 1 S. 1, 1. Alt. erlangt. Dieses Erlangte (den Anspruch) muss B an A abtreten (§ 398). Es findet hier ausnahmsweise eine Kondiktion der Kondiktion statt[193]. Das beruht auf der Sonderstellung des § 816 Abs. 1 S. 1, der eine bereicherungsrechtliche Verlängerung des sachenrechtlichen Herausgabeanspruchs des Eigentümers gegen den Besitzer nach § 985 ist. Das vom Erwerber (hier B) Erlangte tritt an die Stelle der Sache des Berechtigten (hier A), welche er sonst über § 985 herausverlangen könnte[194]. Sollte C den Kaufpreis bereits entrichtet haben, könnte er nach § 404 auch dem A gegenüber ein Zurückbehaltungsrecht geltend machen[195].

III. Leistung an einen Nichtberechtigten, § 816 Abs. 2

§ 816 Abs. 2 bezieht sich auf Fälle, in denen ein Schuldner an einen Nichtberechtigten, **402**
z.B. den falschen Gläubiger, leistet. Der Anspruch des Gläubigers erlischt grundsätzlich nicht, wenn an einen anderen (= Nichtberechtigten) geleistet wird (§ 362 Abs. 1). Lediglich in bestimmten, gesetzlich geregelten Ausnahmefällen[196] hat der Schuldner trotz Leistung an einen Nichtberechtigten wirksam erfüllt, d.h. seine Schuld ist erloschen. Dann kann der Gläubiger die Leistung nicht mehr vom Schuldner fordern. Der neue Gläubiger kann nur die erbrachte Leistung nach § 816 Abs. 2 vom alten Gläubiger (= Nichtberechtigten) verlangen[197]. Eine wirksame Leistung des Schuldners an den Nichtberechtigten liegt auch dann vor, wenn diese (zunächst unwirksame) Leistung später vom Berechtigten (= Gläubiger) genehmigt wird (§ 362 Abs. 2 iVm. § 185 Abs. 2 S. 1, 1. Alt.).

Dazu **Fall 51**[198]: S hat von B einen Kredit erhalten. Zur Sicherheit tritt er einige Kundenforde- **403**
rungen an B ab und informiert die betreffenden Kunden. Später zahlt S den Kredit an B zurück. B überträgt die Kundenforderungen an S zurück. Eine Anzeige an die Kunden unterbleibt. Diese zahlen an B. Hat S einen Anspruch gegen B auf Herausgabe oder gegen die Kunden auf Zahlung?

S könnte gegen B einen Anspruch aus **§ 816 Abs. 2** auf Herausgabe des Geleisteten haben. Die Kunden zahlen nach der Rückübertragung der Forderungen an S (= nun wieder Gläubiger) weiterhin an B und damit an einen Nichtberechtigten. Zwar können diese

193 Vgl. Rdnr. 469.
194 PWW/*Prütting*, § 816 Rdnr. 3; Staudinger/*Lorenz*, § 816 Rdnr. 1 f.
195 *Medicus/Petersen*, BR, Rdnr. 390a.
196 § 370 (Leistung an den Überbringer der Quittung); § 407 Abs. 1 (Zahlung an Zedenten): § 408 (mehrfache Abtretung); § 851 (Ersatzleistung an Nichtberechtigten); § 893 (Zahlung an Hypothekengläubiger); § 2367 (Leistung an Erbscheinserben).
197 *Jülch*, JA 2013, 324 ff.; vgl. auch *Habersack*, Examens-Repetitorium Sachenrecht, 7. Aufl. 2012, Rdnr. 267 ff. mit einem Fall zu § 816 Abs. 2 bei Kollision zwischen verlängertem Eigentumsvorbehalt und Globalzession.
198 Nach *Medicus*, Gesetzliche Schuldverhältnisse, 5. Aufl. 2007, S. 132.

Zahlungen mangels befreiender Wirkung grundsätzlich nicht zum Erlöschen der Verbindlichkeiten führen (vgl. § 362 Abs. 1). Allerdings greift hier die Ausnahme des § 407 Abs. 1, der das Vertrauen der Kunden auf die bislang bestehende Gläubigerstellung des B schützt. Aufgrund von § 407 Abs. 1 sind die Kundenverbindlichkeiten durch die Zahlungen der Kunden erloschen. Mit der h.M. ist es aber – aufgrund des Schutzzwecks des § 407 – dem Schuldner (hier den Kunden) zu überlassen, ob er den Schutz des § 407 in Anspruch nehmen will (**Wahlrecht**). Es bestehen daher zwei Möglichkeiten: Die Kunden können von einer Berufung auf die Erfüllung nach § 407 absehen, so dass die Leistung nicht wirksam i.S. des § 407 Abs. 1 ist und die Kunden weiterhin zur Leistung an den Zessionar verpflichtet sind. Das an den Zedenten Geleistete können sie von diesem nach § 812 Abs. 1 S. 1, 1. Alt. kondizieren. Es fehlt ein Rechtsgrund, so dass ein Anspruch aus § 812 Abs. 1 S. 1, 1. Alt. gegeben ist[199]. Ein Anspruch aus § 816 Abs. 2 gegen B würde damit ausscheiden.

Berufen sich die Kunden aber auf § 407 Abs. 1, erfolgte die Leistung zwar an einen Nichtberechtigten (B), aber die Leistung ist dem Berechtigten (S) gegenüber wirksam (§§ 407 Abs. 1, 362 Abs. 1). B muss dann diese (dem S gegenüber wirksame) Leistung an S als Berechtigtem nach § 816 Abs. 2 herausgeben.

IV. Subsidiäre Bereicherungshaftung bei unentgeltlicher Verfügung eines Berechtigten, § 822

404 Die Konstellation des § 822 (Durchgriffskondiktion[200]) basiert auf einem **Dreipersonenverhältnis**. Auch hier hat ein Dritter, der einen Gegenstand unentgeltlich erlangt hat, aufgrund eines Bereicherungsanspruchs die erlangte Sache herauszugeben, da er als unentgeltlicher Erwerber als wenig schutzwürdig angesehen wird. Der Unterschied zu § 816 Abs. 1 S. 2 liegt darin, dass dort ein Nichtberechtigter verfügt hat, während bei § 822 ein **Berechtigter** verfügt hat[201]. **Umstritten** ist, ob § 822 eine Anspruchsgrundlage ist[202] oder ob es sich hierbei lediglich um eine Regelung zu den Rechtsfolgen der Bereicherung handelt[203]. Sieht man § 822 als **Anspruchsgrundlage**, so bedeutet das, dass sobald das Gesetz eine Rechtsfolgenverweisung enthält (z.B. § 528 Abs. 1 S. 1), § 822 hiervon nicht umfasst wird[204]. Diese Ansicht verkennt, dass § 822 vom Wortlaut her bereits das Bestehen eines Kondiktionsanspruchs voraussetzt und diesen, der gegen den ursprünglichen

199 Der Zessionar hat aber ebenso ein „Wahlrecht", indem er nach §§ 363 Abs. 2, 185 Abs. 2 S. 1, 1. Alt. die Leistung an den Zedenten als Dritten genehmigen, dadurch die Schuld zum Erlöschen bringen und nach § 816 Abs. 2 gegen den Zedenten vorgehen kann, wenn der Schuldner sich nicht vorher auf (den tatbestandlich einschlägigen) § 407 Abs. 1 beruft.

200 *Looschelders*, Rdnr. 1090 ff.

201 § 822 spielt also vor allem dann eine Rolle, wenn (lediglich) das Kausalgeschäft zwischen Bereicherungsgläubiger und erstem Erwerber nichtig, das Verfügungsgeschäft aber wirksam ist: Dann verfügt nämlich (Abstraktionsprinzip!) der erste Erwerber (der die Sache verschenkt) als (dinglich) Berechtigter und Verfügungsbefugter, so dass ein Anspruch des Bereicherungsgläubigers gegen ihn aus § 816 Abs. 1 S. 2 ausscheidet.

202 *Reuter/Martinek*, Rdnr. 637, 684; zum Streitstand ausführlich Staudinger/*Lorenz*, § 822 Rdnr. 2; sowie *Bockholdt*, JZ 2004, 796, 797.

203 *Knütel*, NJW 1989, 2504, 2505; Bamberger/Roth/*Wendehorst*, § 822 Rdnr. 1; Erman/*Buck-Heeb*, § 822 Rdnr. 1; so auch BGHZ 106, 354, 357; BGHZ 142, 300, 302.

204 Siehe dazu *Kopp*, JR 2012, 491 ff.

Bereicherten gerichtet ist, nur auf den unentgeltlich erlangenden Rechtsnachfolger erstreckt. Gegen eine Einordnung des § 822 als Anspruchsgrundlage spricht zudem die systematische Stellung der Norm nach den §§ 818 ff.[205].

Für den **Fallaufbau** in der **Klausur** bedeutet das Folgendes: Wer § 822 als **Anspruchsgrundlage** sieht, prüft nach Darstellung des Meinungsstands die Voraussetzungen des § 822. **405**

Voraussetzung des § 822 ist dann,

1. dass der Bereicherungsgläubiger dem ersten Erwerber etwas ohne Rechtsgrund zugewendet hat und ihm aus diesem Grund ein Bereicherungsanspruch gegen diesen zusteht (z.B. nach § 812 Abs. 1 S. 1, 1. Alt., § 812 Abs. 1 S. 1, 2. Alt.),
2. dass der erste Erwerber den Bereicherungsgegenstand dem Dritten unentgeltlich zugewendet hat (Schenkung, Vermächtnis) und,
3. dass der erste Erwerber aufgrund der Verfügung an den Dritten entreichert ist (§ 818 Abs. 3). Bei einer Schenkung an den Dritten kann der Bereicherungsgegenstand ersatzlos weggefallen sein.

Wer § 822 als **Rechtsfolgenanordnung** sieht, hat zunächst eine Anspruchsgrundlage zu benennen. Diese ergibt sich aus dem Bereicherungsanspruch des Gläubigers gegen den ersten Erwerber und wird zumeist entweder § 812 Abs. 1 S. 1, 1. Alt. oder 2. Alt. sein (vgl. soeben 1.). Rechtsfolge ist ein Herausgabeanspruch (§ 818 Abs. 1), der unter den Voraussetzungen des § 822 (vgl. soeben 2. und 3.) auf den Dritten erstreckt wird.

In den meisten Fällen wird es vom Ergebnis her nicht darauf ankommen, ob der einen oder der anderen Ansicht gefolgt wird. Unterschiede können sich – wie schon angedeutet – nur ergeben, wenn eine andere Norm (z.B. § 528[206]) eine **Rechtsfolgenverweisung** enthält[207]. **406**

Haftet der erste Erwerber **verschärft**, weil er etwa bei einer Schenkung an den Dritten den Mangel des Rechtsgrunds (Nichtigkeit des Kaufvertrags zwischen Bereicherungsgläubiger und erstem Erwerber) kannte (§§ 818 Abs. 4, 819) und kann er sich daher auf § 818 Abs. 3 nicht berufen, so kommt § 822 **nicht zur Anwendung**. Es fehlt an der Voraussetzung der Entreicherung. Der Dritte haftet dann dem Bereicherungsgläubiger gegenüber nicht auf Herausgabe. Allerdings muss der bösgläubige Erstempfänger dem Bereicherungsgläubiger auf Schadensersatz haften (§§ 818 Abs. 4, 292, 989). Ist der erste Erwerber dagegen gutgläubig, so haftet der Dritte dem Bereicherungsgläubiger aus § 822, denn hier kann sich der erste Erwerber auf § 818 Abs. 3 berufen. Im Ergebnis bedeutet das Folgendes: Erwirbt der Dritte von einem bösgläubigen Ersterwerber, steht er – mangels Herausgabepflicht aus § 822 – besser als der von einem gutgläubigen Ersterwerber erwerbende Dritte (hier besteht nämlich eine Herausgabepflicht aus § 822)[208].

---

205 *Knütel*, NJW 1989, 2504, 2505.

206 Die h.M. wendet hier § 822 an, siehe BGHZ 106, 354, 356 ff.; BGHZ 134, 136 ff.; BGH NJW 2004, 1314.

207 *Tommaso/Weinbrenner*, JURA 2004, 649, 650.

208 *Giesen*, JURA 1995, 234, 245 m.w.N.

§ 19 Der Umfang des Bereicherungsausgleichs

407 Die Rechtsfolgen der bereicherungsrechtlichen Ansprüche sind in den §§ 818–820 geregelt. Danach hat der Bereicherte den früheren Rechtszustand wiederherzustellen und das durch die Bereicherung Erlangte herauszugeben. In den §§ 818 ff. ist auch geregelt, wie zu verfahren ist, wenn der Bereicherungsgegenstand weiterveräußert oder beschädigt wurde bzw. untergegangen ist und deshalb nicht mehr oder nicht in dem erlangten Zustand herausgegeben werden kann.

I. Anspruch auf Herausgabe

408 Liegen die Voraussetzungen eines Bereicherungsanspruchs vor, hat der Bereicherte eine Herausgabepflicht bezüglich des Erlangten. Diese kann sich auf alles beziehen, was geleistet werden kann (Gegenstände, Dienstleistungen, Gebrauchsvorteile usw.). Die Herausgabepflicht erstreckt sich auf das Erlangte, die gezogenen Nutzungen sowie erlangte Surrogate.

1. Das Erlangte

409 Das Erlangte ist grundsätzlich **in natura** herauszugeben. Wurde vom Bereicherten Eigentum an einer Sache erlangt, besteht ein Anspruch auf Rückübereignung. Wurde der Besitz erlangt, besteht ein Anspruch auf Wiedereinräumung der tatsächlichen Sachherrschaft. Wurde eine Forderung erlangt, besteht ein Anspruch auf Rückabtretung. Eine Ausnahme vom Grundsatz der bereicherungsrechtlichen Naturalrestitution ist § 951 Abs. 1 S. 1 (mit Rechtsgrundverweisung auf § 812), der lediglich eine Vergütung in Geld vorsieht. Kann das Erlangte aufgrund seiner Nichtfassbarkeit nicht in natura herausgegeben werden, wie das etwa bei Dienstleistungen der Fall ist, ist Wertersatz nach § 818 Abs. 2 zu leisten[209].

2. Nutzungen

410 Nach § 818 Abs. 1 müssen auch die tatsächlich gezogenen[210] Nutzungen herausgegeben werden[211].

➔ **Nutzungen** sind die Sach- und Rechtsfrüchte sowie Gebrauchsvorteile einer Sache oder eines Rechts (§ 100 iVm. § 99).

Gebrauchsvorteile können ersparte Mietaufwendungen, Zinserträge aus einer kapitalvermehrenden Anlage, ersparte Darlehenszinsen usw. sein. Auch die bloße Benutzung einer Sache stellt einen Gebrauchsvorteil dar[212]. Für die Nutzungen gilt ebenfalls, dass wenn sie nicht in natura herausgegeben werden können, Wertersatz nach § 818 Abs. 2 zu leisten ist[213].

---

209 Siehe Rdnr. 417 ff.; zur Besonderheit bzgl. des Besitzes **BGHZ 198, 381 ff.**
210 So auch BGHZ 35, 356, 360.
211 Dazu *Röthel*, JURA 2013, 1110 ff.
212 BGHZ 102, 41, 47.
213 Siehe Rdnr. 417 ff.

Nutzungen sind auch die **Zinserträge** aus der Anlage des erlangten Gelds[214]. Dies gilt selbst dann, wenn der Berechtigte das Geld nicht angelegt hätte, denn der Bereicherungsschuldner muss auch diejenigen Nutzungen herausgeben, die jener nicht gezogen hätte[215]. Hat aber der Bereicherungsschuldner das Geld nicht verzinslich auf seinem Konto angelegt, muss er es dem Berechtigten gegenüber auch nicht verzinsen[216]. Der Bereicherungsschuldner, der gutgläubig ist und nicht verschärft nach §§ 819, 820, 818 Abs. 4 haftet, braucht nämlich schuldhaft nicht gezogene Nutzungen nicht zu ersetzen. **411**

Hat der Bereicherungsschuldner das ohne Rechtsgrund erlangte Geld zur Tilgung eigener Schulden verwendet, hat er sich die Zahlung von Sollzinsen erspart. **Ersparte Darlehenszinsen** sind nach h.M. ebenfalls als gezogene Nutzungen i.S. des § 818 Abs. 1 zu sehen. Begründet wird das damit, dass es bei wirtschaftlicher Betrachtungsweise unerheblich ist, ob der Bereicherungsschuldner das erlangte Geld verzinslich anlegt und damit sein Vermögen mehrt oder eine Vermögensminderung dadurch vermeidet, dass er eine eigene verzinsliche Schuld ablöst[217].

Umstritten ist, ob ein Nutzungsersatz nach Bereicherungsrecht besteht, wenn ein **Eigentümer-Besitzer-Verhältnis** vorliegt. Rechtsprechung und h.L. vertreten hierzu unterschiedliche Auffassungen, kommen aber regelmäßig zum selben Ergebnis. Die **Rechtsprechung** lehnt einen Nutzungsersatz nach § 818 Abs. 1 ab, da die §§ 987 ff. als Sonderregelungen vorgehen, so dass die §§ 812 ff. nicht anwendbar sind[218]. Damit greifen hierfür die §§ 990 Abs. 1, 987 Abs. 1. Dies hat folgende Konsequenz: Ist nur das schuldrechtliche Verpflichtungsgeschäft unwirksam, die Übereignung dagegen wirksam, kann der Veräußerer Herausgabe aller Nutzungen nach §§ 812 Abs. 1, 818 Abs. 1, 2 verlangen. Eine Vindikationslage liegt in diesem Fall nicht vor, weil der ursprüngliche Eigentümer sein Eigentum verloren hat. Sind jedoch sowohl Verpflichtungs- als auch Verfügungsgeschäft nichtig, ist eine Vindikationslage gegeben, so dass die Regelungen des Eigentümer-Besitzer-Verhältnisses einschlägig sind. Dann kann der ursprüngliche Eigentümer, der sein Eigentum nicht verloren hat, von dem redlichen und unverklagten Besitzer nach § 993 Abs. 1 nur die Übermaßfrüchte verlangen. Im Übrigen ist die Nutzungsherausgabe nach § 993 Abs. 1, 2. HS gesperrt. Bliebe es bei diesem Ergebnis, so stünde der ursprüngliche Eigentümer im Fall der Doppelnichtigkeit, wenn er also Eigentümer bleibt, schlechter, als wenn er sein Eigentum verloren hätte. Um diesen Wertungswiderspruch zu vermeiden, behandelt die Rechtsprechung im Rahmen des § 988 den rechtsgrundlosen wie den unentgeltlichen Besitz (§ 988 analog)[219] und wendet Bereicherungsrecht an. **412**

Die **h.L.** will dagegen die §§ 812 ff. jedenfalls bei der Leistungskondiktion neben den §§ 987 ff. anwenden. Hat also der Eigentümer dem Besitzer den Besitz geleistet, hat er nach dieser Ansicht einen Anspruch auf Ersatz der Nutzungen nach §§ 812 Abs. 1 S. 1, 1. Alt., 818 Abs. 1, 2. Lediglich im Fall der Eingriffskondiktion soll ein Bereicherungsan-

214 Palandt/*Sprau*, § 818 Rdnr. 10.
215 *Esser/Weyers*, § 51 I 3 e; *Koppensteiner/Kramer*, § 13 II 1.
216 BGH WM 1991, 1983.
217 BGHZ 138, 160, 164; Staudinger/*Lorenz*, § 818 Rdnr. 11; *Schön*, NJW 1993, 3289, 3292; a.A. *Gretter*, DB 1995, 516.
218 Siehe auch oben Rdnr. 343 ff.
219 BGHZ 32, 76, 94 ff.; BGH NJW 1983, 164, 165.

spruch aus § 818 Abs. 1 durch die §§ 987 ff. ausgeschlossen sein[220]. Die Sperrwirkung des § 993 Abs. 1, 2. HS reiche nämlich nur so weit, wie der Regelungsbereich des Eigentümer-Besitzer-Verhältnisses reicht. Die Herausgabe von Nutzungen bei der Rückabwicklung unwirksamer Leistungsverhältnisse werde von den §§ 987 ff. aber nicht geregelt, so dass die Leistungskondiktion angewendet werden könne. Hat der Besitzer die Sache vom Eigentümer selbst und nicht von einem Dritten erlangt, passt der Schutzzweck des § 993 Abs. 1, 2. HS nicht. Hieraus folgt: Der **bösgläubige** Besitzer muss nach §§ 990 Abs. 1, 987 Abs. 1 die gezogenen Nutzungen ebenso herausgeben wie nach §§ 812 Abs. 1, 818 Abs. 1, 2. Trotz Vorliegens eines Eigentümer-Besitzer-Verhältnisses können Nutzungen nach h.L. vom **redlichen** Besitzer gemäß §§ 812 Abs. 1, 818 Abs. 1, 2 herausverlangt werden, wenn der Eigentümer dem Besitzer den Besitz **geleistet** hat. Die Rechtsprechung kommt – wie oben gezeigt – im Zweipersonenverhältnis über § 988 analog zum gleichen Ergebnis.

3. Surrogate

413 Auch die für einen Gegenstand erlangten Surrogate sind herauszugeben (§ 818 Abs. 1). Zum einen sind damit Surrogate aus dem Erlangten selbst gemeint („auf Grund eines erlangten Rechtes"), wie etwa bei einem Lotterielos, auf das ein Gewinn fällt. Zum anderen ist als Surrogat das herauszugeben, was „als Ersatz für die Zerstörung, Beschädigung oder Entziehung des erlangten Gegenstands" (§ 818 Abs. 1, letzter HS) erlangt wurde. Dies können beispielsweise Versicherungssummen oder Ansprüche aus unerlaubter Handlung sein (sog. commodum ex re). **Umstritten** ist, ob auch der **Veräußerungserlös** bei Verkauf des Erlangten Surrogat i.S. des § 818 Abs. 1 ist (sog. commodum ex negotiatione) oder ob nur ein Anspruch auf Wertersatz nach § 818 Abs. 2 besteht.

414 Nach **h.M.** fällt das, was durch ein vom Bereicherungsschuldner über den herauszugebenden Gegenstand abgeschlossenes **Rechtsgeschäft erlangt** wurde (einschließlich eines etwaigen Gewinns) **nicht** unter die Surrogate i.S. des § 818 Abs. 1[221]. Hierfür spricht dessen Wortlaut. Der Veräußerungserlös wird nicht bei der bestimmungsgemäßen Ausübung des Eigentumsrechts erlangt, sondern durch ein selbständiges Rechtsgeschäft mit dem Dritten (Erwerber)[222]. Wurde also das Erlangte rechtsgeschäftlich verwertet, ist – da das Erlangte nicht mehr herausgegeben werden kann – Wertersatz gemäß § 818 Abs. 2 zu leisten[223].

415 Nach **a.A.** umfasst die Herausgabepflicht nach § 818 Abs. 1 auch den Veräußerungserlös (nebst einem etwaigen **Gewinn**)[224]. Für diese Ansicht spricht, dass das Ausgleichsprinzip

---

220 *Esser/Weyers*, § 52 I 4; *Koppensteiner/Kramer*, § 20 III 2 b; *Larenz/Canaris*, § 74 I 1a; *Medicus/Petersen*, BR, Rdnr. 600; mit Einschränkungen Erman/*Ebbing*, Vor §§ 987–993 Rdnr. 82 f.

221 BGHZ 24, 106, 110; BGHZ 75, 203, 206; *Reuter/Martinek*, § 16 I 2; Staudinger/*Lorenz*, § 818 Rdnr. 17, 27; MünchKomm/*Schwab*, § 818 Rdnr. 42; Erman/*Buck-Heeb*, § 818 Rdnr. 14.

222 Sog. rechtsgeschäftliche Surrogate sind bereicherungsrechtlich lediglich nach § 816 Abs. 1 S. 1 (Verfügung eines Nichtberechtigten) sowie §§ 818 Abs. 4, 285 (verschärfte Bereicherungshaftung) zu ersetzen, vgl. *Wandt*, § 12 Rdnr. 8.

223 Nach der h.M. ist der objektive Wert zu ersetzen (objektiver Wertbegriff), so dass ein erzielter Gewinn beim Bereicherungsschuldner (der die Sache veräußert hat) verbleibt. Anders kann dies nach dem subjektiven Wertbegriff sein. Dazu unten Rdnr. 421.

224 *Esser/Weyers*, § 51 I 3 d.

des Bereicherungsrechts verlangt, dass die noch vorhandene Vermögensvermehrung beim Bereicherungsschuldner vollständig abgeschöpft wird. Konsequenterweise muss daher auch der Gewinn herausgegeben werden, weil dem Bereicherungsschuldner andernfalls mit dem über den objektiven Wert der Sache hinausgehenden Veräußerungserlös eine Bereicherung verbliebe.

Die Frage nach der Herausgabe des Veräußerungserlöses nach § 818 Abs. 1 stellt sich allerdings lediglich beim gutgläubigen Bereicherungsschuldner. Der **bösgläubige** Bereicherungsschuldner haftet nach h.M. ohnehin auf Gewinnherausgabe nach §§ 818 Abs. 4, 819 iVm. § 285[225] oder nach §§ 687 Abs. 2, 681, 667. **416**

II. Wertersatz

1. Grundsatz

Ist eine Herausgabe des Erlangten, der Nutzungen oder der Surrogate nicht möglich, besteht nach § 818 Abs. 2 eine Verpflichtung zum Wertersatz. Das ist etwa der Fall bei Dienstleistungen oder Gebrauchsvorteilen (z.B. unberechtigte Nutzung eines Pkw, einer Wohnung, unbefugte Stromentnahme[226]), da diese nicht in natura herausgegeben werden können. **417**

Fraglich ist, ob eine Wertersatzpflicht nach § 818 Abs. 2 besteht, wenn eine aufgrund eines Bereicherungsanspruchs herauszugebende Sache inzwischen **zerstört** oder **beschädigt** wurde[227]. Die **h.M.** geht davon aus, dass sich die bereicherungsrechtliche Naturalrestitution in der Herausgabe der Sache in dem Zustand, in dem sie sich befindet, erschöpft. Ist eine Sache zerstört oder beschädigt worden, wird nicht deren Wiederherstellung bzw. die Beseitigung der zwischenzeitlichen Veränderung geschuldet, sondern neben der Herausgabe des Bereicherungsgegenstands im konkreten Zustand Wertersatz nach § 818 Abs. 2 (**Teilunmöglichkeit**)[228]. Eine **a.A.** verneint die Möglichkeit der Heranziehung von § 818 Abs. 2, da der Bereicherungsschuldner ausschließlich zur Herausgabe des Erlangten in der Lage sei[229]. Diese Auffassung ist jedoch abzulehnen. Eine normative Auslegung des § 818 Abs. 2, 3 führt zu einer Anwendbarkeit von § 818 Abs. 2 auch in den Fällen der Teilunmöglichkeit. Anderenfalls wäre der Bereicherungsschuldner bei einer Beschädigung der Sache besser gestellt als bei deren Zerstörung. **418**

2. Belastung mit Grundschuld

Umstritten ist, was hinsichtlich der Wertersatzpflicht bei einer Belastung des Bereicherungsgegenstands mit einer Grundschuld gilt[230]. Die **h.M.** geht von einer Herausgabe des Bereicherungsgegenstands im konkreten – d.h. belasteten – Zustand aus. Da bei einer **419**

225 Siehe unten Rdnr. 458.
226 BGH NJW 1992, 1383 f.
227 Siehe dazu auch unten **Fall 52** Rdnr. 431.
228 MünchKomm/*Schwab*, § 818 Rdnr. 47; Erman/*Buck-Heeb*, § 818 Rdnr. 15; PWW/*Prütting*, § 818 Rdnr. 10; *Larenz/Canaris*, § 72 III 1a (§ 818 Abs. 2 analog).
229 RGRK/*Heimann-Trosien*, § 818 Rdnr. 16.
230 Hierzu auch **Fall 53** Rdnr. 433.

Zerstörung oder Beschädigung der Sache eine Wertersatzpflicht nach § 818 Abs. 2 (und nicht Wiederherstellung) besteht, muss dasselbe auch für den Fall gelten, dass eine Sache mit einer Grundschuld belastet ist[231]. Für diese Ansicht spricht, dass der gutgläubige Bereicherungsschuldner nicht für eine Verschlechterung des Bereicherungsgegenstands haften soll und die Pflicht zur Beseitigung der Grundschuld der Sache nach nichts anderes als eine in Form der Naturalrestitution erbrachte Schadensersatzleistung wäre[232].

Nach einer **a.A.** muss der Bereicherungsschuldner die Grundschuldbelastung beseitigen[233]. Das Verständnis der Herausgabe in natura ist hier ein anderes. Bei einem unbelastet erlangten Grundstück soll das die Herausgabe des unbelasteten Grundstücks bedeuten[234]. Die von der h.M. gezogene Parallele zur Zerstörung oder Beschädigung eines Gegenstands sei nicht überzeugend. In diesen Fällen könne die Sache endgültig nicht mehr im erlangten Zustand herausgegeben werden, wohingegen die Grundschuldbelastung einer Sache lediglich eine vorübergehende Veränderung darstelle, die eine (unbelastete) Herausgabe noch nicht unmöglich macht. Diese Ansicht verneint also eine Wertersatzpflicht nach § 818 Abs. 2[235]. Allerdings wird das für die h.M. sprechende Argument der Schadensersatzleistung nicht entkräftet.

3. Zeitpunkt der Berechnung des Wertersatzes

420 **Umstritten** ist auch der maßgebliche Zeitpunkt für die Berechnung des Wertersatzes nach § 818 Abs. 2. Nach der Rechtsprechung und der h.M. ist auf die Entstehung des Bereicherungsanspruchs abzustellen (z.B. Zeitpunkt der rechtsgrundlosen Leistung, § 812 Abs. 1 S. 1, 1. Alt.; Zeitpunkt des Eingriffs, § 812 Abs. 1 S. 1, 2. Alt.; Zeitpunkt des Wegfalls des rechtlichen Grunds, § 812 Abs. 1 S. 2, 1. Alt.)[236], nach a.A. auf den Zeitpunkt der Entstehung des Wertersatzanspruchs[237]. Folgt man der h.M., kommen **Wertsteigerungen**, die nach dem Entstehen des Bereicherungsanspruchs erfolgen, dem Bereicherungsschuldner zugute[238].

4. Berechnung des Wertersatzes

421 **Umstritten** ist zudem, wie die Berechnung des Wertersatzes nach § 818 Abs. 2 vorzunehmen ist. Nach **h.M.** gilt ein **objektiver Wertbegriff**. Danach muss der objektive Wert des durch den Eingriff Erlangten ersetzt werden. Es kommt nicht darauf an, was das Erlangte dem jeweiligen Bereicherungsschuldner wert ist. Abgestellt wird hier nicht auf einen erlangten Verkaufserlös (wie bei § 816 Abs. 1 S. 1), sondern auf den objektiven **Verkehrswert** des Erlangten[239]. Damit ist der Betrag zu ersetzen, den der Bereicherte üblicher-

231 BGH NJW 1991, 917, 918; insoweit zustimmend *Canaris*, NJW 1991, 2513, 2519; vgl. auch *Kohler*, NJW 1991, 1999, 2001; *Gursky*, JR 1992, 95, 97.
232 *Gursky*, JR 1992, 95.
233 *Reuter*, JZ 1991, 872, 874 (Anmerkung).
234 *Kohler*, NJW 1991, 1999, 2000.
235 Vgl. auch Erman/*Buck-Heeb*, § 818 Rdnr. 6; *Canaris*, NJW 1991, 2513, 2514.
236 Siehe BGHZ 168, 220 ff. mit Anm. *Buck-Heeb*, BGHReport 2006, 1213 f.
237 *Larenz/Canaris*, § 72 III 5 (außer bei Aufwendungskondiktion); *Wandt*, § 12 Rdnr. 13; differenzierend MünchKomm/*Schwab*, § 818 Rdnr. 102 ff.
238 BGHZ 82, 310, 322; BGH NJW 1995, 53, 55; Staudinger/*Gursky*, § 951 Rdnr. 31.
239 BGHZ 82, 299, 307 f.; BGHZ 99, 244, 248; BGHZ 132, 198, 207; *Larenz/Canaris*, § 72 III 2 b.

weise am Markt dafür bezahlen müsste[240]. Höchstens ist die vereinbarte Vergütung zu zahlen[241]. Aufgrund des Verbots des widersprüchlichen Verhaltens (venire contra factum proprium), wird der Schuldner nicht mit dem Einwand gehört, er hätte bei Kenntnis der Rechtsgrundlosigkeit das Erlangte nicht genutzt, sondern günstigere Alternativen in Anspruch genommen[242]. Insofern zeigt sich die Funktion des § 818 Abs. 2, die darin besteht, das Erlangte eher rechtstechnisch in einen Wertfolgeanspruch umzuwandeln[243].

Eine **a.A.** vertritt einen **subjektiven Wertbegriff**. Dieser berücksichtigt die persönlichen Verhältnisse des Bereicherungsschuldners und fragt danach, was dem Kondiktionsschuldner das Erlangte in seiner konkreten Situation wert war. Als Maßstab für den subjektiven Wert dienen insbesondere die infolge der Bereicherung tatsächlich ersparten Aufwendungen des Schuldners. Diese Auffassung betont die Abschöpffunktion des Bereicherungsrechts. Noch vorhandene Vermögensmehrungen sollen beim Bereicherungsschuldner abgeschöpft werden, wobei § 818 Abs. 3 (Entreicherung) als zentrale Wertung des Bereicherungsrechts bereits bei § 818 Abs. 2 zu berücksichtigen ist[244].

Für die h.M. spricht die Praktikabilität des objektiven Wertbegriffs, da sich der Verkehrswert leichter ermitteln lässt als der subjektive Wert, der sich auf die persönlichen Verhältnisse des Bereicherungsschuldners stützt. Außerdem vermeidet der objektive Wertbegriff, dass der Wert mit dem „erlangten Etwas" vermischt wird. Die Verpflichtung zum Wertersatz ist nach dem Gesetzeswortlaut am ursprünglich Erlangten orientiert, dagegen ist die subjektive Bereicherung erst bei § 818 Abs. 3 zu berücksichtigen. Für die a.A. spricht, dass die h.M. bei der aufgedrängten Bereicherung[245] eine Ausnahme vom Grundsatz der Maßgeblichkeit des objektiven Verkehrswerts machen muss. Hier stellt auch sie auf den subjektiven Wertbegriff ab.

5. Gewinnherausgabe

Umstritten ist, ob nach § 818 Abs. 2 mit dem Wertersatz auch ein möglicher Gewinn herauszugeben ist. 422 Die **h.M.** lehnt bei § 818 Abs. 2, anders als bei § 816 Abs. 1 S. 1[246], eine Gewinnherausgabe ab[247]. Für diese Ansicht spricht der Gesetzeswortlaut, denn mit „Wert" ist der Verkehrswert und nicht die auf den rechtsgrundlosen Erwerb zurückgehende Vermögensmehrung beim Bereicherten gemeint. Außerdem richtet sich der Wert i.S. des § 818 Abs. 2 nach dem Erlangten, die Auswirkungen im Empfängervermögen werden erst bei § 818 Abs. 3 berücksichtigt. Ferner spielen bei einer Gewinnerzielung

240 BGHZ 10, 171, 180; BGHZ 17, 236, 239; BGH NJW 2006, 2847, 2852; *Larenz/Canaris*, § 72 III 2 b; Palandt/*Sprau*, § 818 Rdnr. 19; a.A. *Koppensteiner*, NJW 1971, 1769; Erman/*Buck-Heeb*, § 818 Rdnr. 17 (nur Ersatz des subjektiven Werts, d.h. des Werts, den das Erlangte individuell hat).

241 BGH NJW 1987, 2869, 2872; Staudinger/*Lorenz*, § 812 Rdnr. 72.

242 BGHZ 20, 345, 355; BGH NJW 1979, 2205, 2206; *Larenz/Canaris*, § 73 I 5 i.

243 BGHZ 112, 288, 295; BGH NJW 1991, 917, 918; MünchKomm/*Schwab*, § 818 Rdnr. 75 f.; *Reuter/Martinek*, § 16 III 3.

244 Erman/*Buck-Heeb*, § 818 Rdnr. 17; *Esser/Weyers*, § 51 I 4 c; *Koppensteiner/Kramer*, § 16 II 4; ablehnend *Looschelders*, Rdnr. 1109.

245 Vgl. Rdnr. 391.

246 Siehe Rdnr. 396.

247 BGHZ 82, 299, 308; BGHZ 112, 288, 294 f.

Umstände eine Rolle, die außerhalb des Bereicherungsgegenstands liegen, etwa die Geschäftstüchtigkeit des Bereicherungsschuldners.

Eine **a.A.** geht davon aus, dass nach § 818 Abs. 2 auch ein etwaiger Gewinn herauszugeben ist[248]. Eine Herausgabepflicht soll nur für denjenigen Gewinn ausscheiden, der auf der Tüchtigkeit und dem eigenen Kapital des Bereicherungsschuldners beruht[249]. Für diese Ansicht wird ins Feld geführt, dass es keinen Grund gibt, die Gewinnherausgabe bei § 818 Abs. 2 und bei § 816 Abs. 1 S. 1 unterschiedlich zu behandeln. Außerdem trage der Bereicherungsgläubiger das Risiko eines Veräußerungsverlusts (Veräußerung unter dem Verkehrswert), so dass er im Gegenzug auch die Chance auf den Veräußerungsgewinn erhalten solle. Hinzu kommt, dass der Gewinn schließlich aus der Sache gezogen wurde, die dem Bereicherungsgläubiger zusteht.

Hierfür spricht auch der Regelungszweck des § 818 Abs. 2. In § 818 Abs. 2 soll jeweils die Obergrenze der Haftung des gutgläubigen bzw. bösgläubigen Bereicherungsschuldners festgelegt werden. Die Wertungen des Gesetzes, die in der abgestuften Haftung zum Ausdruck kommen, sollen nicht unterlaufen werden, so dass der Wert i.S. des § 818 Abs. 2 objektiv bestimmt und eine Pflicht zur Gewinnherausgabe abgelehnt werden sollte. Haftet der gutgläubige Bereicherungsschuldner nur bis zum objektiven Wert des Bereicherungsgegenstands, so haftet der bösgläubige verschärft nach den allgemeinen Vorschriften (z.B. nach § 285 auf das sog. commodum ex negotiatione, also auch den Veräußerungserlös).

III. Wegfall der Bereicherung

423 Ausgeschlossen ist ein Anspruch auf Herausgabe oder Wertersatz nach den §§ 812 ff., wenn der Bereicherungsschuldner nicht mehr bereichert ist. § 818 Abs. 3 dient dem Schutz des gutgläubig Bereicherten, der das, was er rechtsgrundlos empfangen hat, im Vertrauen auf das Fortbestehen des rechtlichen Grunds verbraucht hat. Er soll nicht über den Betrag der bestehen gebliebenen Bereicherung hinaus zur Herausgabe oder zum Wertersatz verpflichtet sein[250]. Durch § 818 Abs. 3 wird der **gutgläubige** Bereicherungsschuldner im Verhältnis zu anderen Schuldnern **begünstigt**, da er auf die Rechtsbeständigkeit des Erwerbs vertrauen können soll. Nur hinsichtlich der noch bestehenden Bereicherung ist er zur Herausgabe oder zum Wertersatz verpflichtet[251]. Ist der Bereicherte dagegen nicht gutgläubig, indem er z.B. weiß, dass er rechtsgrundlos erworben hat, haftet er verschärft nach § 818 Abs. 4[252].

424 Eingeschränkt wird § 818 Abs. 3 vor allem durch die **Saldotheorie**, die nach der Rechtsprechung und h.M. bei gegenseitigen Verträgen mit synallagmatischen Leistungspflichten Anwendung findet[253].

---

248 Erman/*Buck-Heeb*, § 818 Rdnr. 18.
249 *Koppensteiner/Kramer*, § 16 II 1c; *Reuter/Martinek*, § 15 II 3 b.
250 BGH NJW 2000, 740.
251 BGH NJW 1971, 609, 611.
252 Siehe unten Rdnr. 450 ff.
253 Siehe unten Rdnr. 438 ff.

1. Entreicherung i.S. des § 818 Abs. 3

Um nach § 818 Abs. 3 entreichert zu sein, darf der Schuldner nicht mehr bereichert und er muss hinsichtlich des Bereicherungswegfalls schutzwürdig sein. **Schutzwürdig** ist er, wenn er nicht verschärft nach § 818 Abs. 4 iVm. § 819 bzw. § 820 haftet. Der Bereicherungsschuldner darf also vor allem den Mangel des rechtlichen Grunds nicht gekannt haben (§ 819 Abs. 1) und der Bereicherungsanspruch darf auch nicht schon rechtshängig sein (§ 818 Abs. 4). Nach Eintritt der verschärften Haftung kann § 818 Abs. 3 nicht mehr geltend gemacht werden (h.M.)[254], da der Bereicherte weiß, dass er den Bereicherungsgegenstand möglicherweise nicht behalten darf. **425**

Hinsichtlich der Frage, wann eine **Bereicherung entfallen** ist, hebt § 818 Abs. 3 lediglich darauf ab, dass der Empfänger nicht mehr bereichert sein darf. Zum einen kann das ursprünglich Erlangte ersatzlos weggefallen sein, zum anderen kann zwar das ursprünglich Erlangte noch vorhanden, aber eine Entreicherung dadurch eingetreten sein, dass der Bereicherte sonstige Vermögensnachteile erlitten hat (bereicherungsmindernde Vermögensnachteile). Das Erlangte ist grundsätzlich dann weggefallen, wenn es etwa **zerstört, verbraucht, verschenkt** oder **gestohlen** wurde. Das soll auch gelten, wenn von Anfang an eine Bereicherung fehlt[255]. Hat der Empfänger (Bereicherungsschuldner) aber anstelle der erlangten Sache einen anderweitigen wirtschaftlichen Vorteil erlangt, liegt kein Wegfall der Bereicherung vor (Ersparnis von Aufwendungen, Erhalt des Veräußerungserlöses). **426**

a) Ersparte Aufwendungen

Hat der Bereicherungsschuldner durch die Verwendung des Bereicherungsgegenstands eigene Aufwendungen erspart, ist er nicht entreichert i.S. des § 818 Abs. 3. Die Ersparnis von Aufwendungen ist ein wirtschaftlicher Vorteil des Empfängers, weil er etwa noch vorhandene Anschaffungen getätigt oder eigene Schulden getilgt hat. Allerdings sind die Aufwendungen nur dann erspart, wenn der Betreffende sie sonst auch gemacht hätte. Hat also jemand mit rechtsgrundlos erlangtem Geld eine **Luxusaufwendung** getroffen, ist er entreichert[256], da keine Aufwendungen erspart wurden. **427**

In diesem Zusammenhang wird auch der **Verbrauch** der zurückzugewährenden Sache diskutiert. Eine Berufung auf Entreicherung soll ausscheiden, wenn sich der Empfänger mit dem Verbrauch Vermögensvorteile geschaffen hat, die bei ihm noch vorhanden sind. Insoweit besteht nämlich eine Bereicherung (trotz Verbrauchs der Sache selbst) noch fort. Eine Rolle spielen die ersparten Aufwendungen bzw. der Verbrauch einer Sache vor allem bei **überzahltem Unterhalt** oder einer **Gehaltsüberzahlung**. Hier liegt keine Entreicherung i.S. des § 818 Abs. 3 vor, wenn anderweitig vorhandene Vermögenswerte wegen der vermehrten Unterhaltszahlungen nicht eingesetzt wurden, so dass diese erhalten geblieben sind[257]. Eine Entreicherung ist auch zu verneinen, wenn Anschaffungen getätigt oder **428**

254 BGHZ 57, 137, 150; BGHZ 72, 252, 254 f.; Staudinger/*Lorenz*, § 818 Rdnr. 52; a.A. *Medicus*, JuS 1993, 705, 707; zweifelnd *Lieb*, NJW 1971, 1289, 1290.
255 *Medicus/Lorenz*, SR II, Rdnr. 1173.
256 BGHZ 55, 128, 132.
257 Abgelehnt etwa bei Begleichung von Arzt- und Krankenhauskosten, siehe BGH NJW 2003, 3271 f.

eigene Schulden getilgt worden sind. Umgekehrt ist eine Entreicherung zu bejahen, wenn der überzahlte Unterhalt für die laufenden Lebensbedürfnisse verbraucht worden ist[258].

b) Veräußerungserlös

429 Hat der Bereicherungsschuldner den Bereicherungsgegenstand veräußert, ist er grundsätzlich nicht entreichert. Der Wert des Bereicherungsgegenstands befindet sich als **Veräußerungserlös** noch in seinem Vermögen, so dass er nach § 818 Abs. 2 Wertersatz zu leisten hat[259]. Ist der Veräußerungserlös jedoch geringer als der objektive Wert der Sache, braucht der Bereicherungsschuldner lediglich den Erlös herauszugeben. Um die Differenz zum objektiven Wert ist er entreichert[260]. Erlangt der Bereicherungsschuldner durch die Weitergabe des Erlangten einen Anspruch gegen einen Dritten, tritt ebenfalls keine Entreicherung ein.

c) Keine Gegenleistung geschuldet

430 Die Wertersatzpflicht scheidet aufgrund einer Entreicherung nach § 818 Abs. 3 aus, wenn jemand als gutgläubiger Empfänger, der keine Gegenleistung schuldet (z.B. bei Schenkung), die Sache beschädigt. Dies gilt unabhängig davon, ob er die Sache schuldhaft verschlechtert hat oder nicht[261]. Entgegen der Regel (vgl. § 446) trägt hier der Leistende das Risiko der Verschlechterung und des Untergangs der Sache, obwohl er keine Sachgewalt ausübt. Der Empfänger soll von diesem Risiko freigestellt werden, weil er ursprünglich für den Erwerb der Sache keine Gegenleistung erbringen wollte. Die Unentgeltlichkeit des Geschäfts soll dem Erwerber, solange ihm die Rechtsgrundlosigkeit seines Erwerbs unbekannt ist, nicht im Nachhinein durch eine Haftung auf den objektiven Wert der Sache wieder streitig gemacht werden können. Ein gutgläubiger Empfänger haftet damit **nicht für die Beschädigung** der Sache, da er insoweit nicht bereichert ist[262].

431 Dies verdeutlicht – auch im Zusammenhang mit der Frage der Teilunmöglichkeit in Bezug auf § 818 Abs. 2 – unser **Fall 52**: E bekommt von L einen Gegenstand geschenkt. Aufgrund Unachtsamkeit des E wird der Gegenstand schwer beschädigt. Eine Reparatur lässt E nicht vornehmen, weil er gerade kein Geld dafür hat. Es stellt sich heraus, dass der Schenkungsvertrag zwischen E und L nichtig ist. L verlangt Herausgabe des Gegenstands bzw. Wertersatz für die Beschädigung. Zu Recht?

L könnte gegen E einen Anspruch aus § 812 Abs. 1 S. 1, 1. Alt. haben[263]. L hat den Gegenstand gemäß § 929 S. 1 an E übertragen. E hat mithin etwas erlangt, nämlich Eigentum und Besitz am Gegenstand. Dies ist durch Leistung des L geschehen, weil L mit der Eigentumsübertragung eine Verpflichtung aus dem Schenkungsvertrag erfüllen wollte. Schließlich fehlt auch der Rechtsgrund, weil der mit der Übereignung des Gegenstands verfolgte Zweck, den Schenkungsvertrag zu erfüllen, nicht erreicht wurde.

---

258 BGH NJW 1992, 2415, 2416 (überzahlter Unterhalt); BAG NJW 1996, 411, 412 (Gehaltsüberzahlung).
259 Der Veräußerungserlös stellt nach h.M. kein Surrogat i.S. des § 818 Abs. 1 dar, siehe oben Rdnr. 414.
260 RGZ 101, 389, 391.
261 Staudinger/*Lorenz*, § 818 Rdnr. 34; *Reuter/Martinek*, § 17 II 2; MünchKomm/*Schwab*, § 818 Rdnr. 46.
262 Anders, wenn der Empfänger seine Nichtberechtigung kennt, siehe unten Rdnr. 462.
263 Ein Herausgabeanspruch aus § 985 kommt aufgrund wirksamer Übereignung nicht in Betracht.

Rechtsfolge ist, dass E das „erlangte Etwas" herausgeben muss. Von der Herausgabepflicht ist jedenfalls der beschädigte Gegenstand umfasst. Allerdings hatte E diesen ursprünglich in einwandfreiem Zustand erlangt. Fraglich ist, ob E wegen der Beschädigung Wertersatz gemäß § 818 Abs. 2 verlangen kann. Die Beschädigung ist als **Teilunmöglichkeit** anzusehen. Umstritten ist, ob § 818 Abs. 2 auch auf die Fälle der Teilunmöglichkeit angewendet werden kann[264]. Zum Teil wird die Auffassung vertreten, dass § 818 Abs. 2 nicht anwendbar sei, weil der Empfänger ja zur Herausgabe des Erlangten (in seinem derzeitigen Zustand) in der Lage sei[265]. Bei normativer Auslegung von § 818 Abs. 2 und Abs. 3 ergibt sich aber, dass § 818 Abs. 2 auch auf die Fälle der Teilunmöglichkeit anwendbar sein muss, weil anderenfalls der Empfänger bei teilweiser Beschädigung besser gestellt sein kann als bei vollständiger Zerstörung[266]. E muss daher nach § 818 Abs. 2 grundsätzlich für die Beschädigung Wertersatz leisten.

E könnte aber entreichert sein (§ 818 Abs. 3). Der gutgläubige, keine Gegenleistung schuldende Empfänger trägt nicht das Risiko der Verschlechterung oder des Untergangs der Sache, so dass er im Falle der ersatzlosen Beschädigung nicht zum Wertersatz verpflichtet ist. Dies gilt unabhängig davon, ob er die Sache schuldhaft verschlechtert hat oder nicht[267]. E muss daher nur den beschädigten Gegenstand herausgeben. Er wollte von vornherein kein Vermögensopfer erbringen, um den Gegenstand zu erwerben. Ein solches soll ihm auch nicht später durch „die Hintertür" der bereicherungsrechtlichen Wertersatzpflicht auferlegt werden. Damit scheitert ein Anspruch des L auf Wertersatz an § 818 Abs. 3.

d) Belastung mit Grundpfandrecht

Umstritten ist, ob eine Entreicherung i.S. des § 818 Abs. 3 vorliegt, wenn die herauszugebende Sache mit einem Grundpfandrecht **belastet** worden ist. Das wird in der Rechtsprechung und der Literatur unterschiedlich gesehen[268]. 432

Hierzu **Fall 53**[269]: A hat dem B ein Grundstück verkauft und übereignet. B belastet das Grundstück zur Sicherung einer Darlehensverbindlichkeit gegenüber D in Höhe von 100 000 Euro zu dessen Gunsten mit einer Grundschuld. Sodann stellt sich heraus, dass der Grundstückskaufvertrag zwischen A und B unwirksam ist. A verlangt von B das (unbelastete) Grundstück heraus. Zu Recht? 433

A könnte einen Anspruch gegen B aus **§ 812 Abs. 1 S. 1, 1. Alt.** haben. B hat etwas, nämlich Eigentum und Besitz am Grundstück, erlangt. Das geschah zum Zweck der Erfüllung einer vertraglichen Pflicht und damit durch Leistung. E hat das Grundstück zudem ohne Rechtsgrund erlangt, da die Vertragspflicht nicht bestand. Als **Rechtsfolge** muss B das Erlangte herausgeben. Das sind im vorliegenden Fall Eigentum und Besitz am unbelasteten Grundstück. Er ist aber aufgrund der von ihm vorgenommenen Grundstücksbelastung

264 Siehe oben Rdnr. 418.
265 RGRK/*Heimann-Trosien*, § 818 Rdnr. 16.
266 MünchKomm/*Schwab*, § 818 Rdnr. 47; *Larenz/Canaris*, § 72 III 1 a (§ 818 Abs. 2 analog).
267 Staudinger/*Lorenz*, § 818 Rdnr. 34; *Reuter/Martinek*, § 17 II 2; MünchKomm/*Schwab*, § 818 Rdnr. 46.
268 Diese Überlegungen stehen in Zusammenhang mit den Überlegungen zur Wertersatzpflicht nach § 818 Abs. 2, vgl. oben Rdnr. 419.
269 **BGH NJW 1991, 917.**

zu einer solchen Herausgabe nicht in der Lage. Nach der Rechtsprechung des **BGH**[270] kann A nur Herausgabe der rechtgrundlosen Bereicherung, d.h. Herausgabe des belasteten Grundstücks verlangen. Da B das Grundstück nicht unbelastet rückübertragen kann, ist er zum Wertersatz verpflichtet (§ 818 Abs. 2)[271]. Der Wert der Belastung entspricht dem Nominalwert der Grundschuld. B muss also das (belastete) Grundstück an A herausgeben und Wertersatz leisten.

B hat das Grundstück zur Sicherung seiner Darlehensverbindlichkeit gegenüber D im Vertrauen auf den Bestand seines Erwerbs belastet. Im Hinblick auf diese Verbindlichkeit ist B entreichert (**§ 818 Abs. 3**). Mit der Verpflichtung des B zur Herausgabe des belasteten Grundstücks gemäß § 812 Abs. 1 und zum Wertersatz gemäß § 818 Abs. 2 korrespondiert eine Verpflichtung des A, ihn von seiner Verbindlichkeit gegenüber D zu befreien. Folgt man der Rechtsprechung, kann A von B das belastete Grundstück und 100 000 Euro verlangen, jedoch nur Zug um Zug gegen Befreiung des B von der Verbindlichkeit gegenüber D.

In der **Literatur**[272] wird diese Entscheidung nicht nur aufgrund mangelnder (Teil-)Unmöglichkeit als dogmatisch verfehlt kritisiert, sondern auch als unpraktisch angesehen. Im Regelfall verfüge der Bereicherungsschuldner nicht über die finanziellen Mittel, um Wertersatz zu leisten, damit der Bereicherungsgläubiger die Grundschuld ablöst. Andere[273] bejahen nur eine Pflicht zur Rückübertragung des belasteten Grundstücks und ziehen eine Parallele zwischen der Belastung und der Nutzung eines Grundstücks. Die Belastung sei als gezogene Nutzung i.S. des § 818 Abs. 1 anzusehen. Da diese „Nutzung" nicht herausgegeben werden kann, sei entsprechend Wertersatz gemäß § 818 Abs. 2 zu leisten. Dabei bestehe der Wert der Belastung darin, dass ein durch eine Grundschuld besichertes Darlehen regelmäßig zinsgünstiger sei, als ein unbesichertes Darlehen. Diesen Vorteil müsse der Bereicherungsschuldner neben dem belasteten Grundstück herausgeben bzw. dessen Wert ersetzen. Bei den abstrakten Sicherheiten müsse der Bereicherungsschuldner zudem seinen Rückübertragungsanspruch gegen den Sicherungsnehmer abtreten.

e) Entreichernde Vermögensnachteile

434 Zu einer Entreicherung können auch **sonstige vermögensmindernde Nachteile** führen, unabhängig davon, ob das „erlangte Etwas" unversehrt vorhanden ist oder nicht. Der Bereicherungsschuldner kann sie vom herauszugebenden Wertersatz abziehen, ohne dass besondere Anspruchsvoraussetzungen in Bezug auf Schadensersatz oder Aufwendungsersatz erfüllt sein müssen. Die Vermögensnachteile brauchen nur im Zusammenhang mit dem Erwerb des Bereicherungsgegenstands stehen. Welche Anforderungen an diesen Zusammenhang zu stellen sind, ist **umstritten**[274]. Die **Rechtsprechung** hatte ursprünglich auf eine reine Kausalitätsbetrachtung abgestellt. Hiernach waren alle Vermögensnachteile als Entreicherung abzugsfähig, die mit dem Erwerb in adäquat kausalem Zusammenhang

270 BGH NJW 1991, 917, 918; vgl. aber *Kohler*, NJW 1991, 1999, 2000.
271 Zur Frage der Wertersatzpflicht nach § 818 Abs. 2 siehe oben Rdnr. 419.
272 *Kohler*, NJW 1991, 1999, 2000.
273 *Canaris*, NJW 1991, 2513 ff.; *ders.*, JA 1992, 272 ff.
274 Ausführlich zum Streitstand MünchKomm/*Schwab*, § 818 Rdnr. 111 ff. m.w.N.

stehen[275]. Die **neuere Rechtsprechung** stellt eine wertende Betrachtung an, um zu einer angemessenen Risikoverteilung zu gelangen[276]. Damit können die Besonderheiten des Einzelfalls berücksichtigen werden. Die (wohl herrschende) Meinung in der **Literatur** will den Zusammenhang zwischen Vermögensnachteil und Bereicherung unter dem Gesichtspunkt des Vertrauensschutzes bestimmen. Berücksichtigt werden danach nur solche Vermögensnachteile, die dem Bereicherten gerade wegen seines Vertrauens auf die Endgültigkeit des Erwerbs entstanden sind[277].

Liegen entreichernde Vermögensnachteile vor, führen diese zur Minderung des zu ersetzenden Werts (§ 818 Abs. 2) aufgrund einer Verrechnung der Aufwendungen/Schäden mit dem geschuldeten Wertersatz. Ist die Sache in Natur herauszugeben, erfolgt die Herausgabe des Erlangten nur Zug um Zug gegen Aufwendungs- bzw. Schadensersatz. Hierbei muss ein Aufwendungs- oder Schadensersatzanspruch nicht gesondert geprüft werden.

aa) Erlangte Nachteile (Vertragskosten, Verwendungen)

Fraglich ist, wer die Vertragskosten (z.B. Transport-, Versicherungs-, Notarkosten) zu tragen hat und ob der Empfänger diejenigen Verwendungen ersetzt erhält, die er für die Instandhaltung oder Verbesserung der Sache gemacht hat. § 818 Abs. 3 hebt lediglich auf ein Nicht-mehr-bereichert-sein ab, regelt aber nicht, wer die sonstigen mit dem Bereicherungsvorgang zusammenhängenden Nachteile tragen muss. Es besteht somit eine Regelungslücke, die unter Berücksichtigung der Interessen der Parteien zu schließen ist. Ziel ist es, das Risiko, dass sich Aufwendungen im Zusammenhang mit dem Erwerb oder der Instandhaltung des Bereicherungsgegenstands später als nutzlos erweisen, angemessen zu verteilen. **435**

Die neuere **Rechtsprechung** nimmt bei der Berücksichtigung bereicherungsmindernder Aufwendungen eine Einzelfallprüfung vor, um eine angemessene **Risikoverteilung** zu gewährleisten und den Anwendungsbereich des § 818 Abs. 3 einzugrenzen[278]. Es ist zu fragen, welcher Partei im Einzelfall hinsichtlich der Vertragskosten oder Verwendungen das jeweilige **Entreicherungsrisiko** i.S. des § 818 Abs. 3 nach dem Parteiwillen oder den gesetzlichen Regelungen zu dem fehlgeschlagenen Geschäft zugewiesen ist[279]. Dagegen will die **h.L.** nur solche Aufwendungen als bereicherungsmindernd berücksichtigen, die dem Bereicherten gerade wegen seines **Vertrauens** auf die Endgültigkeit des Erwerbs entstanden sind[280]. Das ist regelmäßig hinsichtlich der Vertragskosten der Fall, wenn sie sich wegen der Rechtsgrundlosigkeit des Erwerbs nachträglich als nutzlos erweisen. **436**

275 BGHZ 1, 75, 81; BGH NJW 1981, 277, 278 m.w.N.
276 BGHZ 109, 139, 145; BGHZ 116, 251, 256 m.w.N.
277 *Larenz/Canaris*, § 73 I 2 a.
278 Nach der **älteren Rechtsprechung** waren alle Vermögensnachteile abzugsfähig, die mit dem Erwerb in adäquat ursächlichem Zusammenhang stehen. Dazu oben Rdnr. 434.
279 BGH NJW 1992, 1037, 1038; BGH NJW 1995, 3315, 3317; siehe auch BGHZ 116, 251, 256 f. hinsichtlich der Einzelfallprüfung der Entreicherung; hier wird auch darauf abgestellt, dass der Wille der Parteien des fehlgeschlagenen Vertrags hinsichtlich der Kostentragungspflicht zu berücksichtigen ist (vgl. dazu *Canaris*, JZ 1992, 1114 ff.).
280 Soergel/*Mühl*, § 818 Rdnr. 57.

437 Jedenfalls kann der Bereicherungsschuldner die Nachteile **nicht** als selbständigen Anspruch geltend machen. § 818 Abs. 3 stellt keine Anspruchsgrundlage dar, sondern soll lediglich den Bereicherungsanspruch auf dasjenige beschränken, was beim Anspruchsgegner als Bereicherung (noch) vorhanden ist. § 818 Abs. 3 wirkt also dem Herausgabeanspruch gegenüber als rechtsvernichtende **Einwendung**. Ist die Sache noch beim Bereicherungsschuldner vorhanden, gibt § 818 Abs. 3 ein **Leistungsverweigerungsrecht**. Herausgabe der Sache kann danach nur Zug um Zug gegen Ersatz der entstandenen Vermögensnachteile verlangt werden.

bb) Erwerbspreis und Vermögensfolgeschäden

437a Überwiegend wird der **Erwerbspreis**, den der Erwerber (= Bereicherungsschuldner) der Sache gezahlt hat, nicht als berücksichtigungsfähig angesehen[281]. **Schäden**, die im Zusammenhang mit der Bereicherung stehen, können als Abzugsposten des Bereicherungsschuldners im Rahmen des § 818 Abs. 3 in Betracht kommen. Die Literatur will hier darauf abstellen, ob es sich um Kosten handelt, die jemandem entstanden sind, weil er auf die Endgültigkeit des Erwerbs vertraut. Die Rechtsprechung hingegen stellt allein darauf ab, ob die Schäden in einem ursächlichen Zusammenhang mit dem Erwerb stehen. Ist das der Fall, können sie als Entreicherung berücksichtigt werden[282].

2. Bereicherungsausgleich beim gegenseitigen Vertrag

a) Die Theorien

438 Ist ein gegenseitiger Vertrag nichtig und sind die Leistungen durch beide Parteien bereits erbracht, passt der in den §§ 812, 818 geregelte Anspruchsinhalt nicht. Die §§ 812 ff. stellen nämlich darauf ab, dass jemand dem Empfänger einseitig einen Vermögenswert ohne Rechtsgrund zugewandt hat. Wie der Bereicherungsausgleich bei Vorliegen von Leistung und Gegenleistung zu erfolgen hat, ist **umstritten**. Es geht vor allem um die Frage, ob die empfangene Gegenleistung bei der Rückabwicklung der Leistung zu berücksichtigen ist oder nicht.

Es stehen sich hier die Zweikondiktionentheorie, die – vor allem von der Rechtsprechung vertretene – Saldotheorie und die – zunehmend in der Literatur vertretene – modifizierte Zweikondiktionentheorie gegenüber. In der **Klausur** bietet es sich an, auf die Zweikondiktionentheorie nur knapp einzugehen und auf deren Unbilligkeit abzuheben. Sodann wird die Lösung nach der herrschenden Saldotheorie sowie der modifizierten Zweikondiktionentheorie dargestellt. Eine Entscheidung zwischen den Theorien ist nur erforderlich, wenn unterschiedliche Ergebnisse erzielt werden.

439 Teile der Literatur haben früher die Ansicht vertreten, dass bei Unwirksamkeit eines bereits vollzogenen Austauschvertrags zwei Bereicherungsansprüche entstehen. Jede Partei soll die von ihr erbrachte Leistung **selbstständig** zurückfordern können (**Zweikondiktionentheorie**)[283]. Diese Theorie führt jedoch vor allem dann zu unbilligen Ergebnissen,

281 Dazu ausführlich *Wandt*, § 12 Rdnr. 24 ff. m.w.N.
282 *Wandt*, § 12 Rdnr. 23; Erman/*Buck-Heeb*, § 818 Rdnr. 37.
283 *Medicus/Lorenz*, SR II, Rdnr. 1184.

wenn eine Partei nach § 818 Abs. 3 entreichert ist und die andere ihren Bereicherungsanspruch geltend machen kann.

Dieses unbillige Ergebnis will die von der Rechtsprechung und einem anderen Teil der Literatur entwickelte **Saldotheorie** vermeiden[284]. Die Saldotheorie bewahrt die synallagmatische Verknüpfung eines Austauschvertrags auch noch bei der Rückabwicklung. Danach entsteht bei Unwirksamkeit eines Austauschvertrags nur ein einheitlicher Bereicherungsanspruch, der im Wege der **Verrechnung** (Saldierung) zu ermitteln ist. Hat also der bereicherte Schuldner für die empfangene Leistung eine Gegenleistung erbracht, müssen nach h.M. Leistung und Gegenleistung Zug um Zug zurückgewährt und die Vor- und Nachteile miteinander verrechnet werden. Stehen sich zwei **gleichartige** Bereicherungsansprüche gegenüber, werden sie ohne Aufrechnungserklärung automatisch saldiert. Bei der Saldierung sind auch Nutzungen sowie Aufwendungen des Bereicherungsschuldners zu berücksichtigen. Bei **ungleichartigen** Ansprüchen ist das Erlangte nur Zug um Zug herauszugeben. Im Gegensatz zur Zweikondiktionentheorie muss hier beim Klageantrag des Bereicherungsgläubigers die ungleichartige Gegenleistung benannt und eine Rückgewähr des Erlangten Zug um Zug begehrt werden. Der Bereicherungsschuldner braucht nicht die Einrede des Zurückbehaltungsrechts zu erheben[285]. **440**

Ist eine Partei entreichert (§ 818 Abs. 3) und deshalb von ihrer Leistungspflicht befreit, wird nach der Saldotheorie der Wert der Entreicherung zum Abzugsposten vom **eigenen** Bereicherungsanspruch des Entreicherten. Damit vermindert sich der Bereicherungsanspruch um den Betrag der eigenen Entreicherung[286]. Durch die Saldotheorie wird also kein selbstständiger Anspruch begründet, sondern es geht um die Frage der **Abzugsposten**. Der Bereicherungsanspruch kann von demjenigen geltend gemacht werden, auf dessen Seite sich ein positiver Saldo ergibt. Die Saldotheorie ist wie eine Einwendung **von Amts wegen** zu berücksichtigen. Sie kürzt den Bereicherungsanspruch bei unwirksamen, aber vollzogenen gegenseitigen Verträgen unmittelbar, indem sie das Gefahrtragungsrisiko so verteilt wie bei Wirksamkeit des Vertrags. Regelmäßig trägt das Risiko der Verschlechterung bzw. des Untergangs einer Sache der Inhaber der Sachgewalt (vgl. § 446), d.h. hier der (eigentlich entreicherte) Bereicherungsschuldner, dem der Bereicherungsgegenstand übergeben wurde. Hierdurch wird das Privileg des § 818 Abs. 3 erheblich eingeschränkt. **441**

Umstritten ist die Lösung der Fälle, in denen eine Vertragspartei auf der Grundlage eines nichtigen Vertrags eine **Vorleistung** erbracht hat und der Gegenstand sodann untergegangen ist. Nach h.M. gilt die Saldotheorie nur für die Abwicklung von **beiderseitig bereits erbrachten** Leistungen[287]. Der Leistende kann damit dann, wenn die vorgeleistete Sache untergegangen ist, wegen § 818 Abs. 3 nicht seine eigene Leistung bzw. Wertersatz zurückverlangen. Wenn erst **eine** der Leistungen erbracht wurde, muss eine Saldierung ausscheiden. Begründet wird dies damit, dass es bei Vorleistungen keine synallagmatische Verknüpfung von Leistung und Gegenleistung gibt. Außerdem hat der vorleistende Ver- **442**

---

284 BGH NJW 1995, 454, 455; BGH NJW 1998, 1951, 1952; BGHZ 145, 52, 54 ff.; BGHZ 146, 298, 306 ff.
285 BGH NJW 1988, 3011; BGH NJW 1995, 454, 455; Staudinger/*Lorenz*, § 818 Rdnr. 47.
286 BGH NJW 1988, 3011; BGH NJW 1995, 454, 455; *Medicus/Petersen*, BR, Rdnr. 225.
287 MünchKomm/*Schwab*, § 818 Rdnr. 230; Palandt/*Sprau*, § 818 Rdnr. 46, 48; vgl. auch *Koppensteiner/Kramer*, § 16 V 4.

äußerer den Verlust zu tragen, weil er mit der Vorleistung das Risiko übernommen hat, dass er durch den Untergang der Sache nichts vom Erwerber erhält.

Hiergegen wird eingewandt[288], dass der Vorleistende lediglich die Insolvenzgefahr, nicht die Sachgefahr des Erwerbers übernehme wolle. Überdies passe die Privilegierung des Bereicherungsschuldners nach § 818 Abs. 3 in den Vorleistungsfällen nicht. Der Regelungszweck bestehe nämlich darin, den gutgläubigen Bereicherungsschuldner, der die Rechtsgrundlosigkeit seines Erwerbs nicht kennt und entsprechend mit keiner Rückgewährpflicht rechnet, von den nachteiligen Konsequenzen der Rückforderung freizustellen. Bei den Vorleistungsfällen wisse der Erwerber hingegen, dass er den Gegenstand nur behalten darf, wenn er die geschuldete Gegenleistung erbringt. Vor diesem Hintergrund müsse der synallagmatische Charakter des gegenseitigen Vertrags auch in den Vorleistungsfällen weiter berücksichtigt werden. Zwischen den Parteien bleibt es bei der Risikoverteilung, die bei ordnungsgemäßer Erfüllung bestanden hätte. Deshalb behandelt die Gegenansicht die nur zugesagte Gegenleistung wie eine bereits erbrachte Gegenleistung. Sie nimmt an, dass sich der Erwerber auch bei einer Vorleistung des Veräußerers nicht auf § 818 Abs. 3 berufen kann, sondern den Wert der untergegangenen Sache ersetzen muss.

443 In einigen Fällen nimmt die h.M. aus Wertungsgesichtspunkten eine **Einschränkung der Saldotheorie** vor[289]. Die Risikozuweisung der Saldotheorie wird dann nicht als sachgerecht angesehen, wenn eine Partei minderjährig ist, wenn jemand (gutgläubiger) Partner eines verschärft Haftenden ist (z.B. bei Täuschung) wenn jemand Empfänger einer mangelhaften Sache ist oder wenn Insolvenz eingetreten ist[290]. Einschränkung bedeutet, dass die Saldotheorie keine Anwendung findet und die Rückabwicklungsansprüche isoliert gewährt werden. Damit wird in solchen Fällen letztendlich auf die Zweikondiktionentheorie abgehoben.

444 Aufgrund der genannten – und sogleich näher ausgeführten[291] – Einschränkungen der Saldotheorie mehren sich in der Literatur die Stimmen, die die Saldotheorie zugunsten einer **modifizierten Zweikondiktionentheorie** aufgeben wollen[292]. Nach dieser Theorie sind die Rückabwicklungsregeln des Bereicherungsrechts an diejenigen des Rücktrittsrechts anzupassen, indem die Wertungen der §§ 350, 351 a.F. berücksichtigt werden. Ziel ist es, Wertungswidersprüche zwischen den §§ 812 ff. und §§ 346 ff. zu vermeiden[293]. Nach den Wertungen der §§ 346 ff. a.F. bestand das Rücktrittsrecht auch bei zufälligem, d.h. von keiner Seite zu vertretenden, Untergang weiter fort. Im Zuge der Schuldrechtsmodernisierung sind die §§ 350, 351 a.F. zwar weggefallen. Hierdurch sind die beschriebenen Wertungswidersprüche aber keineswegs hinfällig geworden. Vielmehr gilt nach § 346 Abs. 3 Nr. 3 auch im neuen Recht, dass der Rücktrittsberechtigte im Fall des unverschuldeten

288 MünchKomm/*Schwab*, § 818 Rdnr. 230; *Larenz/Canaris*, § 73 III 2 d; *Reuter/Martinek*, § 17 III 3 b; *Flume*, AcP 194 (1994), 427, 449.
289 Näher Rdnr. 445 ff.
290 BGHZ 161, 241 ff. mit Anm. *Buck-Heeb*, DZWiR 2004, 289 f.
291 Siehe Rdnr. 445 ff.
292 MünchKomm/*Schwab*, § 818 Rdnr. 230; *Larenz/Canaris*, § 73 III 7 (Gegenleistungskondiktion); *Medicus/Lorenz*, SR II, Rdnr. 1188; *Medicus/Petersen*, BR, Rdnr. 227–229.
293 Erman/*Buck-Heeb*, § 818 Rdnr. 44; MünchKomm/*Schwab*, § 818 Rdnr. 248 ff.; *Bockholdt*, AcP 206 (2006), 769 ff.

Untergangs bzw. der Verschlechterung der empfangenen Leistung keinen Wertersatz zu leisten hat. Das Risiko des zufälligen Untergangs trägt bei Rücktritt demnach wie zuvor der Rücktrittsgegner.

Damit bleibt auch die Rückforderung der eigenen Leistung (ohne eine Saldierung) weiter möglich. Das Risiko einer zufälligen Verschlechterung oder des zufälligen Untergangs des zurück zu gewährenden Gegenstands trägt demnach der Leistende und nicht – wie bei Anwendung der Saldotheorie – der Leistungsempfänger. Um den Einklang herzustellen, muss bei Untergang oder Verschlechterung der Sache § 818 Abs. 3 durch die Wertung im Rücktrittsrecht eingeschränkt werden. Der Entreicherte darf sich auf § 818 Abs. 3 berufen und seine erbrachte Leistung voll zurückfordern, wenn er die Entreicherung nicht zu vertreten hat. Bei gleichartigen Bereicherungsansprüchen kommt eine Aufrechnung (§§ 387 ff.) in Betracht, bei ungleichartigen Bereicherungsansprüchen ein Zurückbehaltungsrecht (§ 273).

Für die modifizierte Zweikondiktionentheorie spricht, dass sie den Wertungswidersprüchen zum Rücktrittsrecht, die bei Anwendung der Saldotheorie begegnet. Gegen sie wird teilweise angeführt, dass die gesetzgeberische Wertung des § 350 a.F. rechtspolitisch verfehlt sei. Der Rücktrittsgegner müsse nämlich die empfangene Leistung zurückgeben, ohne dass er für die eigene Leistung einen Ausgleich erhält. Zudem sei die Interessenlage bei der Rückabwicklung wirksamer Verträge mit derjenigen bei Rückabwicklung unwirksamer Verträge nicht zu vergleichen, weil der Rückgewährschuldner beim vertraglichen Rücktrittsrecht – anders als der Bereicherungsschuldner – mit der Rückgabe rechnen muss. Dies ist jedoch wenig überzeugend.

b) Einschränkungen der Saldotheorie

aa) Minderjährige und Geschäftsunfähige

Würde die Saldotheorie auch zu Lasten Minderjähriger und Geschäftsunfähiger angewendet, würden diese faktisch an einem Vertrag festgehalten werden, der aufgrund des Minderjährigenrechts gar nicht zustande kam[294]. Darin liegt ein Wertungswiderspruch zu den §§ 104 ff., die nicht (voll) Geschäftsfähige vor den Folgen ihres rechtsgeschäftlichen Handelns schützen wollen. Nach der Wertung der §§ 104 ff. muss der Verkäufer die Risiken tragen, die aus der Unwirksamkeit des Geschäfts resultieren. Das bedeutet, dass einem nicht (voll) Geschäftsfähigen der Untergang bzw. die Zerstörung der Sache nicht zuzurechnen ist. Diese vom Gesetz getroffene Risikoverteilung darf durch die Saldotheorie nicht unterlaufen werden[295]. Damit muss hier die Zweikondiktionentheorie herangezogen werden. **445**

Das hat **drei Folgen**: Erstens kann der nicht (voll) Geschäftsfähige die von ihm erbrachte Leistung uneingeschränkt zurück verlangen, d.h. auch dann, wenn sich der Bereicherungsgegenstand noch in seinem Vermögen befindet. Eine Zug-um-Zug-Verpflichtung besteht nur, wenn sich der Vertragspartner auf ein Zurückbehaltungsrecht nach §§ 273 f. **446**

---

294 MünchKomm/*Schwab*, § 818 Rdnr. 216.

295 BGHZ 126, 105, 107; BGH NJW 1995, 3315, 3317; Staudinger/*Lorenz*, § 818 Rdnr. 42; *Brox/Walker*, § 43 Rdnr. 14; *Koppensteiner/Kramer*, § 16 V 5; *Medicus/Lorenz*, SR II, Rdnr. 1187; Jauernig/*Stadler*, § 818 Rdnr. 43.

beruft. Zweitens muss der Geschäftsunfähige/beschränkt Geschäftsfähige nicht das Entreicherungsrisiko (§ 818 Abs. 3) tragen und schuldet im Falle des Untergangs oder der Verschlechterung keinen Wertersatz (§ 818 Abs. 2). Und drittens erhält der Minderjährige/Geschäftsunfähige alle Vertragskosten und Verwendungen ersetzt.

bb) Lieferung einer mangelhaften Sache

447 Die Saldotheorie ist zudem **nicht zugunsten des Veräußerers** anwendbar, wenn dieser eine mangelhafte Sache liefert und durch den Mangel eine Verschlechterung bzw. der Untergang des Bereicherungsgegenstands eintritt. Da bei Gültigkeit des Vertrags der Veräußerer für den Mangel einstehen müsste, soll die kaufrechtliche Risikoverteilung auch bei der bereicherungsrechtlichen Rückabwicklung gelten. Damit trägt der Leistende das Risiko der Verschlechterung oder des Untergangs. Es finden damit die Grundsätze der Zweikondiktionentheorie Anwendung. Dies führt dazu, dass der Erwerber bei einem Untergang des Bereicherungsgegenstands, der auf einem Sachmangel beruht, den Kaufpreis in voller Höhe zurückverlangen kann[296].

cc) Weitere Fälle

448 Die Saldotheorie findet nach h.M. auch **keine Anwendung** zugunsten des **verschärft Haftenden**. Der verschärft haftende Veräußerer trägt das Risiko, dass die Sache durch Verschulden des Erwerbers untergeht[297]. Auch in der **Insolvenz** des Schuldners ist die Saldotheorie eingeschränkt, da Bereicherungsansprüche in der Insolvenz nicht stärker wirken sollen als Ansprüche aus einem wirksamen Vertrag[298]. Dies gilt auch bei **Wucher** bzw. einem wucherähnlichen Geschäft[299]. Ob bei einer **Täuschung** oder **widerrechtlichen Drohung** in Bezug auf den Vertragsschluss die Saldotheorie unanwendbar ist, richtet sich danach, ob der Bereicherungsgegenstand mit oder ohne Verschulden des Erwerbers unterging.

449 Zur arglistigen Täuschung durch den Verkäufer nun **Fall 54**[300]: K kauft von V einen gebrauchten Pkw für 10 000 Euro, wobei V arglistig über den Kilometerstand täuscht. K erleidet schuldhaft mit dem Pkw einen Unfall (Wertverlust: 4 000 Euro). Sodann erfährt K von der Täuschung und ficht den Kaufvertrag erfolgreich nach § 123 BGB an. K verlangt nun von V den Kaufpreis aus ungerechtfertigter Bereicherung zurück. V will Rückgabe des Pkw sowie Wertersatz für dessen (schuldhafte) Beschädigung. Hat K einen Anspruch auf Rückzahlung des gesamten Kaufpreises?

K könnte gegen V einen Anspruch aus **§ 812 Abs. 1 S. 1, 1. Alt.** auf Rückzahlung des Kaufpreises haben. V hat Eigentum und Besitz am Entgelt durch Leistung des K erlangt.

---

296 BGHZ 78, 216, 222.

297 BGHZ 57, 137, 147 ff.; BGHZ 78, 216, 223 f.; BGH NJW 1990, 2880, 2882.

298 BGHZ 161, 241 ff.; dazu *Buck-Heeb*, DZWiR 2005, 289 f.

299 BGHZ 146, 298, 307 ff.; *Medicus/Petersen*, BR, Rdnr. 230; *Brox/Walker*, § 43 Rdnr. 16; *Peifer*, § 9 Rdnr. 23.

300 Nach **BGHZ 57, 137 ff.**; siehe auch BGHZ 146, 298, 308, wonach die Saldotheorie trotz Nichtvorliegens von § 819 Abs. 1 keine Anwendung findet, „wenn die mit ihr verbundene Bevorzugung des Bereicherungsschuldners im Einzelfall der Billigkeit widerspricht“. Der Wertungswiderspruch ergebe sich aus dem Vergleich mit dem Ausschluss der Saldotheorie im Fall der Bösgläubigkeit des Bereicherungsschuldners nach § 819 Abs. 1.

Dies erfolgte nach h.M. wegen der wirksamen Anfechtung (§§ 123 Abs. 1, 142 Abs. 1) ohne rechtlichen Grund[301].

Rechtsfolge ist, dass V das Erlangte herauszugeben hat. Da dem V die Herausgabe des konkreten Gelds unmöglich ist, hat er nach § 818 Abs. 2 Wertersatz zu leisten. V hat dem K aber den Pkw übereignet. Nach der Saldotheorie kann jeder nur so viel zurückverlangen, wie er seinerseits zurückgeben kann. K kann dem V nur einen Pkw im Wert von 6000 Euro zurückgewähren. Insoweit könnte sein Rückzahlungsanspruch gemindert sein, wenn er das Risiko der Verschlechterung bzw. des Untergangs zu tragen hat. Fraglich ist also, ob die Entreicherung des K seinen Anspruch auf Wertersatz gegen den V nach der Saldotheorie entfallen lässt. Die h.M. lehnt eine Anwendung der Saldotheorie zu Lasten eines arglistig Getäuschten ab, sofern der erlangte Gegenstand **ohne sein Verschulden untergegangen** ist[302]. In diesem Fall kann sich der Getäuschte auf § 818 Abs. 3 berufen, d.h. er behält einen ungekürzten Bereicherungsanspruch[303].

Im vorliegenden Fall liegt jedoch ein **verschuldeter Untergang** der Sache vor. Die **Rechtsprechung** will die Saldotheorie auch dann nicht zu Lasten des arglistig Getäuschten anwenden[304]. Begründet wird dies mit Billigkeitsgesichtspunkten. Haftet der Veräußerer verschärft nach §§ 818 Abs. 4, 819 Abs. 1[305], soll er durch die Saldotheorie nicht privilegiert werden. Der verschärft haftende Veräußerer trägt damit auch das Risiko, dass die Sache durch Verschulden des Erwerbers untergeht, denn der arglistig Täuschende ist insoweit nicht schutzwürdig. Außerdem hat der Veräußerer mit der arglistigen Täuschung die Ursache für die Rückabwicklung gesetzt. Im konkreten Fall hat V die Anfechtbarkeit des Vertrags aufgrund seiner arglistigen Täuschung gekannt, so dass er nach § 142 Abs. 2 so gestellt wird, als habe er den Mangel des rechtlichen Grunds gekannt. Er haftet nach §§ 818 Abs. 4, 819 Abs. 1 **verschärft**, so dass die Anwendbarkeit der Saldotheorie ausscheidet. Es greift in diesem Fall die **Zweikondiktionenlehre**. Nach dieser hat V den Kaufpreis zurückzuzahlen, ohne dass die Beschädigung des Pkw bei der Höhe des Wertersatzes zu berücksichtigen wäre. Allerdings soll das Verschulden des K bei der Beschädigung über **§ 242** aus Billigkeitsgründen zu berücksichtigen sein, so dass die Täuschung des V und das Verschulden des K an der Beschädigung des Pkw gegeneinander abgewogen werden und der Bereicherungsanspruch des K entsprechend zu kürzen ist[306].

Eine **a.A.** will die Saldotheorie auch zu Lasten des arglistig Getäuschten anwenden, sofern dieser die Beschädigung oder Zerstörung des Bereicherungsgegenstands schuldhaft herbeigeführt hat[307]. Vom Anspruch des Erwerbers gegen den Veräußerer auf Rückzah-

301 Eine andere Ansicht will bei wirksamer Anfechtung einen Anspruch aus § 812 Abs. 1 S. 2, 1. Alt. bejahen, da im Zeitpunkt der Leistung ein Rechtsgrund vorhanden gewesen sei, der erst durch die Anfechtung (rückwirkend) entfalle. Siehe dazu Rdnr. 362.

302 BGH NJW 1990, 2880, 2882; *Medicus/Lorenz*, SR II, Rdnr. 1187.

303 **BGHZ 53, 144, 147 f.** Begründet wurde das bislang damit, dass der arglistig Täuschende bei der Abwicklung nach einer Anfechtung des anderen Vertragsteils nicht besser stehen dürfe als ein Rücktrittsschuldner. Außerdem soll es als billig erscheinen, das Risiko des zufälligen Untergangs dem arglistig Täuschenden zuzuweisen.

304 BGHZ 57, 137, 147 ff.; BGHZ 78, 216, 223 f.

305 Näher Rdnr. 450 ff.

306 Zum Umfang der Wertminderungsbeteiligung für den konkreten Fall BGHZ 57, 137, 152.

307 MünchKomm/*Schwab*, § 818 Rdnr. 216; Staudinger/*Lorenz*, § 818 Rdnr. 43; *Brox/Walker*, § 43 Rdnr. 15; *Koppensteiner/Kramer*, § 16 V 2 c cc; *Kulms*, JZ 1998, 430, 433; *Medicus/Petersen*, BR, Rdnr. 230.

lung des Kaufpreises ist nach der Saldotheorie die Wertminderung abzuziehen. Das entspricht der Risikoverteilung beim gesetzlichen Rücktritt: Die Wertersatzpflicht entfällt nach § 346 Abs. 2 S. 1 Nr. 3 nämlich nur, wenn der Rücktrittsberechtigte den Untergang bzw. die Verschlechterung nicht zu vertreten hat (§ 346 Abs. 3 S. 1 Nr. 3)[308]. Die Gefahrtragung ist nicht von der Bösgläubigkeit des Veräußerers abhängig. Die arglistige Täuschung des Veräußerers rechtfertigt keine Besserstellung des Erwerbers, vielmehr muss auch der arglistig Getäuschte das Risiko seines Verschuldens tragen. Nach dieser Auffassung sind der Anspruch des K auf Rückzahlung des Kaufpreises und die Wertminderung durch den Unfall zu saldieren.

IV. Verschärfte Haftung, §§ 818 Abs. 4, 819 Abs. 1/820 Abs. 1

450 Sobald der Bereicherungsschuldner nach § 818 Abs. 4 iVm. § 819 bzw. § 820 verschärft haftet, kann er sich nicht auf den Wegfall der Bereicherung (§ 818 Abs. 3) berufen[309]. Er haftet vielmehr gemäß § 818 Abs. 4 nach den „allgemeinen Vorschriften".

1. Voraussetzungen

451 Eine verschärfte Haftung des Bereicherungsschuldners (Empfängers) greift in den folgenden Fällen ein: Bei Rechtshängigkeit gemäß § 818 Abs. 4, bei Bösgläubigkeit gemäß § 819 Abs. 1 (Kenntnis des fehlenden Rechtsgrunds), bei ungewissem Erfolgseintritt gemäß § 820 Abs. 1 und wenn der Bereicherungsschuldner nach § 819 Abs. 2 sonst nicht schutzwürdig ist.

a) Rechtshängigkeit

452 Der Bereicherungsschuldner haftet verschärft, wenn der Bereicherungsanspruch rechtshängig ist **(§ 818 Abs. 4)**. Rechtshängig ist der Anspruch, sobald der Bereicherungsgläubiger Klage auf Herausgabe des Erlangten oder Wertersatz erhoben hat. Dem Bereicherungsschuldner muss die Klageschrift bzw. der Mahnbescheid zugestellt worden sein (§§ 261 Abs. 1, 253 Abs. 1 bzw. 696 Abs. 3 ZPO), denn ab diesem Zeitpunkt muss er damit rechnen, dass er das Erlangte herauszugeben oder Wertersatz zu leisten hat[310].

b) Bösgläubigkeit

453 Eine verschärfte Haftung tritt auch bei Bösgläubigkeit gemäß § 819 Abs. 1 ein.

➔ **Bösgläubig** ist, wer sowohl die relevanten Tatsachen als auch die rechtlichen Folgen kennt. Für die Bejahung der positiven Kenntnis der Rechtsgrundlosigkeit genügt es, dass ein redlich denkender Empfänger sich der Überzeugung seiner Nichtberechtigung, d.h. der Einsicht in die Nichtigkeit des Verpflichtungsgeschäfts, nicht verschließen kann[311].

308 *Freund/Stölting*, ZGS 2002, 182, 184 f.; *Brox/Walker*, § 43 Rdnr. 15.
309 BGH NJW 1998, 2433, 2434.
310 BGHZ 132, 198, 213; BGH NJW 1992, 2415, 2417.
311 BGH NJW 1992, 2415, 2417; BGH WM 1996, 1504, 1506; BGH NJW 1996, 2652, 2653; Staudinger/*Lorenz*, § 819 Rdnr. 6.

Es geht darum, ob der **Empfänger** die Rechtsgrundlosigkeit seines Erwerbs kennt[312]. Wer nämlich davon weiß, muss damit rechnen, das Erlangte wieder herausgeben zu müssen. § 142 Abs. 2 enthält die Besonderheit, dass bereits Kenntnis der Anfechtbarkeit des Erwerbs ausreicht, wenn später tatsächlich angefochten wird[313]. Der Empfänger wird so behandelt, als habe er die Nichtigkeit des Rechtsgeschäfts kennen müssen bzw. gekannt. Die Kenntnisse eines Vertreters sind dem Vertretenen entsprechend § 166 zuzurechnen[314]. Kennt also der Bereicherte den Mangel des rechtlichen Grunds im Zeitpunkt des Erwerbs, haftet er, wie wenn der Anspruch zu dieser Zeit rechtshängig geworden wäre, d.h. nach den allgemeinen Regeln. Erfährt der Bereicherte erst später vom Mangel des Rechtsgrunds, haftet er ab Erlangung dieser Kenntnis verschärft.

Umstritten ist, unter welchen Voraussetzungen eine verschärfte Haftung **Minderjähriger** nach §§ 819 Abs. 1, 818 Abs. 4 in Betracht kommt. Eine Ansicht zieht eine **Parallele zur deliktischen Ebene**. Es wird nach den §§ 827, 828 analog auf die Kenntnis des Minderjährigen abgestellt[315]. Zur Begründung wird auf den deliktischen Charakter der verschärften Haftung (§§ 819 Abs. 1, 818 Abs. 4) verwiesen. Der Bereicherungsschuldner haftet insoweit „nach den allgemeinen Vorschriften“, wobei in erster Linie auf die §§ 292, 989, 987, also quasi-deliktische Haftungsgrundlagen, verwiesen wird. Dies rechtfertige, den Maßstab des Deliktsrechts (§§ 827, 828) anzulegen. **454**

Demgegenüber betont eine a.A. die **Parallele zur vertraglichen Ebene**. Sie wendet die §§ 106 ff., 166 analog an und stellt grundsätzlich auf die Kenntnis des gesetzlichen Vertreters ab[316]. Bei der Frage, ob der minderjährige Empfänger im Rahmen des § 819 Abs. 1 den Mangel des rechtlichen Grunds kannte, ist nicht auf den Minderjährigen, sondern allein auf seinen gesetzlichen Vertreter abzustellen. Die Kenntnis i.S. des § 819 Abs. 1 des gesetzlichen Vertreters ist dem Minderjährigen analog § 166 Abs. 1 zuzurechnen. Grund: Auch im Bereicherungsrecht sind die Wertungen des allgemeinen Teils des BGB zu beachten. Eine analoge Anwendung des § 828 Abs. 3 würde den Minderjährigenschutz unterlaufen. Die Parallele zur deliktischen Ebene sei verfehlt, da das Bereicherungsrecht keine Schäden beim Bereicherungsgläubiger ausgleichen, sondern lediglich eine bestehende ungerechtfertigte Vermögensmehrung beim Bereicherungsschuldner abschöpfen will.

Die **h.M.** vertritt überzeugend eine vermittelnde Ansicht und differenziert bei Minderjährigen hinsichtlich der Kenntnis i.S. des § 819 Abs. 1 zwischen Leistungs- und Eingriffskondiktion. Bei der **Leistungskondiktion** soll nach den §§ 106 ff., 166 Abs. 1 analog auf die Kenntnis des gesetzlichen Vertreters (regelmäßig die Eltern, §§ 1626, 1629) abzustellen sein[317]. Begründet wird das damit, dass der Minderjährige nach den §§ 106 ff. allein dann vertraglichen Ansprüchen ausgesetzt ist, wenn sein gesetzlicher Vertreter zustimmt. Aufgrund der dahinter stehenden Wertung soll er auch nicht mit bereicherungsrechtlichen Ansprüchen belastet werden können, denn letztlich geht es hier um die Rückabwicklung

312 Kennt dagegen der **Leistende** die Rechtsgrundlosigkeit des Erwerbs, kann er das Geleistete aufgrund von § 814 (Kenntnis der Nichtschuld) nicht zurückfordern.
313 MünchKomm/*Schwab*, § 819 Rdnr. 6.
314 BGHZ 83, 293, 295; siehe auch BGH NJW 2014, 1294 (mit einer Besonderheit bzgl. der Verjährung).
315 *Kellmann*, NJW 1971, 862, 865; vgl. auch MünchKomm/*Schwab*, § 819 Rdnr. 8.
316 Staudinger/*Lorenz* § 819 Rdnr. 10; *Larenz/Canaris*, § 73 II 2 a; *Medicus/Petersen*, BR, Rdnr. 176.
317 Staudinger/*Lorenz*, § 819 Rdnr. 9 f.; Erman/*Buck-Heeb*, § 819 Rdnr. 6.

von fehlgeschlagenen Vertragsbeziehungen. Die **Eingriffskondiktion** sei demgegenüber deliktsähnlich, so dass bei Minderjährigen die §§ 827, 828 analog herangezogen werden können und es damit nach § 828 Abs. 3 analog auf die Einsichtsfähigkeit des Minderjährigen ankommt.

Für die Unterscheidung der h.M. zwischen Leistungs- und Eingriffskondiktion spricht, dass sie sowohl den Wertungen des allgemeinen Teils des BGB als auch den Wertungen des Deliktsrechts gerecht wird. Grundsätzlich gilt es zwar, den Minderjährigenschutz nach §§ 106 ff. in allen Teilen des BGB zu beachten, dieser findet aber seine Grenze im Recht der unerlaubten Handlung (dort: §§ 827, 828). Der BGH hat sich dieser Auffassung für die Fälle angeschlossen, in denen der Minderjährige den Bereicherungsgegenstand durch eine vorsätzliche unerlaubte Handlung erlangt hat und die erforderliche Einsichtsfähigkeit besitzt[318].

c) Ungewisser Erfolgseintritt

455 Eine verschärfte Haftung kommt auch bei ungewissem Erfolgseintritt gemäß **§ 820 Abs. 1** in Betracht. § 820 Abs. 1 S. 1 bezieht sich auf die Kondiktion nach § 812 Abs. 1 S. 2, 2. Alt. Haben die Parteien mit der Leistung einen bestimmten Erfolg bezweckt, dessen Eintritt sie als ungewiss ansahen, haftet der Bereicherte gemäß § 820 Abs. 1 S. 1 verschärft, wenn der Erfolg nicht eintritt. Bei der Kondiktion nach § 812 Abs. 1 S. 2, 1. Alt. haftet der Bereicherungsschuldner nach § 820 Abs. 1 S. 2 verschärft, wenn der Wegfall des Rechtsgrunds bei Abschluss des Geschäfts als möglich angesehen wurde und später tatsächlich entfallen ist.

Durch § 820 Abs. 1 wird der Anwendungsbereich der verschärften Haftung erweitert, wobei der Umfang der Haftung durch Abs. 2 zugleich eingeschränkt wird. Die verschärfte Haftung rechtfertigt sich in den Fällen des § 820 Abs. 1 damit, dass die Parteien, die mit der Leistung einen bestimmten ungewissen Zweck verfolgen, von vornherein nicht darauf vertrauen durften, das Erlangte dauerhaft behalten zu können. Entsprechend setzt § 820 Abs. 1 voraus, dass **beide Parteien** bei Vertragsschluss subjektiv den Eintritt des Erfolgs als unsicher bzw. den Wegfall des Rechtsgrunds als möglich ansahen[319].

d) Gesetzes- oder Sittenverstoß

456 Eine verschärfte Haftung des Bereicherten tritt auch bei einem Gesetzes- oder Sittenverstoß i.S. des **§ 817 S. 1** ein (§ 819 Abs. 2), wenn er durch die Annahme der Leistung gegen ein gesetzliches Verbot oder gegen die guten Sitten verstoßen hat. Nach h.L. ist – anders als bei § 817 S. 1 – erforderlich, dass der Bereicherte sich des Gesetzes- oder Sittenverstoßes bewusst ist, weil sonst ein Wertungswiderspruch zu § 819 Abs. 1 entsteht[320]. Liegt sogar Kenntnis der Rechtsfolgen des Rechts- oder Sittenverstoßes vor (Nichtigkeit nach §§ 134, 138), ist bereits § 819 Abs. 1 einschlägig.

318 BGHZ 55, 128, 136 f.
319 BGH NJW-RR 1992, 558, 559; BGH ZIP 1987, 1457, 1460; MünchKomm/*Schwab*, § 820 Rdnr. 1; *Koppensteiner/Kramer*, § 15 I 4; *Larenz/Canaris*, § 73 II 1c.
320 MünchKomm/*Schwab*, § 819 Rdnr. 22; *Larenz/Canaris*, § 73 II 1b; Jauernig/*Stadler*, § 819 Rdnr. 6.

2. Rechtsfolgen

Sind die Voraussetzungen eines der genannten Tatbestände gegeben, haftet der Empfänger nach § 818 Abs. 4 verschärft, d.h. seine Haftung bemisst sich „nach den allgemeinen Vorschriften". **Umstritten** ist, was unter dem Begriff der **„allgemeinen Vorschriften"** zu verstehen ist. **457**

a) Herausgabe des Erlöses

Nach der **h.M.** (Rechtsprechung und ein Teil der Literatur) sollen sämtliche Vorschriften des allgemeinen Schuldrechts im Hinblick auf den Sinn und Zweck des § 818 Abs. 4 angewendet werden können[321]. Der Verweis auf die „allgemeinen Vorschriften" habe den Zweck, dem Bereicherungsschuldner die durch die eingeschränkte Haftung nach § 818 Abs. 1–3 zugutekommenden Vergünstigungen zu nehmen und ihn wie jeden Schuldner zu behandeln. Bei verschärfter Haftung ist damit auch gemäß §§ 819 Abs. 1, 818 Abs. 4, 285 der Veräußerungserlös (d.h. auch ein Gewinn) als Surrogat herauszugeben[322]. Grund: Die Haftung nach § 818 Abs. 2 auf den objektiven Wert soll den gutgläubigen Bereicherungsschuldner privilegieren. Dieses Privileg, einen rechtsgeschäftlichen Mehrerlös behalten zu dürfen, gebührt dem bösgläubigen Bereicherungsschuldner nicht. Ihm sind entsprechend dem Zweck der Haftung „nach den allgemeinen Vorschriften" (nämlich den bösgläubigen Bereicherungsschuldner den Schuldnern aus anderen Rechtsgründen gleichzustellen) die nach dem Bereicherungsrecht gewährten Vergünstigungen zu nehmen[323]. **458**

In der **Literatur** wird demgegenüber die Auffassung vertreten, dass allgemeine Vorschriften i.S. des § 818 Abs. 4 nur diejenigen Regeln seien, die Rechtshängigkeit voraussetzten, also nur §§ 291, 292[324]. § 285 stellt danach keine allgemeine Vorschrift i.S. des § 818 Abs. 4 dar[325]. Begründet wird das damit, dass § 818 Abs. 4 auf den Eintritt der Rechtshängigkeit abstellt und damit unter „allgemeinen Vorschriften" nur solche Regelungen fallen, die ebenfalls an die Rechtshängigkeit anknüpfen. **459**

Überzeugender ist allerdings die h.M., insbesondere bei einem Vergleich mit § 816 Abs. 1 S. 1. Dort muss bereits der gutgläubige Bereicherungsschuldner den Veräußerungserlös herausgeben. Dann muss hier der bösgläubige Bereicherungsschuldner, der nach §§ 819 Abs. 1, 818 Abs. 4 verschärft haftet, erst recht den Erlös herausgeben. Eine Besserstellung des verschärft Haftenden wäre nicht gerechtfertigt, da er weiß, dass er den Bereicherungsgegenstand aufgrund der Rechtsgrundlosigkeit zurückgeben muss.

---

321 *Wandt*, § 12 Rdnr. 54; Erman/*Buck-Heeb*, § 818 Rdnr. 50; *Medicus*, JuS 1993, 705, 706; zum alten Recht siehe auch BGHZ 75, 203, 205; BGHZ 83, 293, 299; BGH NJW 2000, 1031.

322 BGHZ 75, 203, 207; BGH NJW 2014, 2790 f.; Erman/*Buck-Heeb*, § 818 Rdnr. 50; a.A. MünchKomm/*Schwab*, § 818 Rdnr. 301.

323 BGHZ 75, 203, 207.

324 *Teichmann*, JuS 1972, 247, 250; krit. MünchKomm/*Schwab*, § 818 Rdnr. 282 ff.; vgl. auch *Medicus*, JuS 1993, 705 ff. m.w.N., nach dem nur die §§ 291 f. gelten sollen und die §§ 275 ff. nur insoweit, als sie von den §§ 987 ff. in Bezug genommen werden. Zu § 292 siehe auch BGHZ 133, 246, 249, 252; BGHZ 140, 275, 280.

325 *Koppensteiner/Kramer*, § 15 II 1a; *Esser/Weyers*, § 51 III 2 b; krit. MünchKomm/*Schwab*, § 818 Rdnr. 301.

b) Verzug

460 Sieht man mit der h.M. die §§ 275 ff. als anwendbar an, gilt Folgendes: Bei **Verzug** des verschärft haftenden Bereicherungsschuldners haftet er nach §§ 818 Abs. 4, 292, 989, 990 Abs. 2, 287 S. 2 auch für den **zufälligen Untergang** des Bereicherungsgegenstands bzw. für zufällige Beschädigungen[326].

c) Verzinsung

461 Hat der verschärft haftende Bereicherungsschuldner als „erlangtes Etwas" eine Geldsumme herauszugeben oder muss er nach § 818 Abs. 2 Wertersatz leisten, hat er die fällige **Geldschuld** nach §§ 818 Abs. 4, 291, 288 Abs. 1[327] unabhängig davon zu verzinsen, ob er tatsächlich Zinsen gezogen hat oder nicht (beachte aber § 820 Abs. 2, 1. HS). Der verschärft haftende Bereicherungsschuldner kann sich nämlich nicht auf § 818 Abs. 3 berufen und haftet deshalb (bereicherungsunabhängig) nach § 818 Abs. 2 auf Wertersatz[328].

d) Schadensersatz

462 Bezieht sich der Herausgabeanspruch auf eine Sache, verweist der § 818 Abs. 4 auf § 292 als „allgemeine Vorschrift". Dieser verweist wiederum auf die Haftungsregelungen des Eigentümer-Besitzer-Verhältnisses (§§ 987 ff.). So ist der Bereicherungsschuldner nach §§ 819 Abs. 1, 818 Abs. 4, 292 Abs. 1, 989, 990 zum **Schadensersatz** verpflichtet, wenn er den Bereicherungsgegenstand schuldhaft nicht oder nur beschädigt herausgeben kann. Nach h.M. ist schon die bloße Weiterbenutzung der Sache schuldhaft, soweit sie nicht dem Erhalt der Sache dient[329]. Der Bereicherungsschuldner hat damit ggf. mehr als nur den auf den objektiven Wert des Erlangten begrenzten Bereicherungsausgleich (vgl. § 818 Abs. 2), und auch für **Folgeschäden** im Vermögen des Gläubigers Ersatz einzustehen[330].

e) Nutzungen und Verwendungen

463 Hinsichtlich der **Nutzungen** haftet der Bereicherungsschuldner nach den §§ 818 Abs. 4, 292 Abs. 2, 987 Abs. 2 nicht nur auf Ersatz der gezogenen, sondern auch auf Ersatz der schuldhaft nicht gezogenen Nutzungen[331]. Hat der Bereicherungsschuldner **Verwendungen** auf die erlangte Sache gemacht, kann er bei verschärfter Haftung notwendige Verwendungen nur nach den Vorschriften der GoA verlangen (§§ 818 Abs. 4, 292 Abs. 2, 994 Abs. 2, 677 ff.). Es kommt mithin darauf an, ob die Vornahme der Verwendungen dem Willen und Interesse des Bereicherungsgläubigers (Geschäftsherr) entsprach. Im Übrigen handelt der Bereicherungsschuldner bei darüber hinaus getätigten Verwendun-

326 BGHZ 83, 293, 299; Erman/*Buck-Heeb*, § 818 Rdnr. 51; Staudinger/*Lorenz*, § 818 Rdnr. 51; a.A. *Larenz/Canaris*, § 73 II.

327 § 288 Abs. 2 (Zinssatz von 8% über Basiszinssatz) kann für Bereicherungsansprüche auch bei Nichtverbrauchern keine Anwendung finden, Erman/*Buck-Heeb*, § 818 Rdnr. 52; Bamberger/Roth/*Wendehorst*, § 818 Rdnr. 101; anders MünchKomm/*Schwab*, § 818 Rdnr. 283.

328 *Koppensteiner/Kramer*, § 16 II 1 f.

329 OLG Saarbrücken NJW-RR 1998, 1068, 1069; Palandt/*Bassenge*, § 989 Rdnr. 4; MünchKomm/*Baldus*, § 989 Rdnr. 15.

330 *Medicus/Lorenz*, SR II, Rdnr. 1180.

331 Der gutgläubig Bereicherte hat dagegen Nutzungen lediglich nach § 818 Abs. 1 herauszugeben (vgl. aber § 820 Abs. 2, 2. HS).

gen auf eigenes Risiko. Im Gegensatz dazu kann der gutgläubige Bereicherungsschuldner seine Verwendungen relativ unproblematisch nach § 818 Abs. 3 vom Bereicherungsanspruch abziehen bzw. ersetzt verlangen.

§ 20 Der Bereicherungsausgleich im Mehrpersonenverhältnis

I. Grundregeln

Sind am Bereicherungsvorgang mehr als zwei Personen beteiligt, liegt ein sog. Mehrpersonenverhältnis vor. Einige Mehrpersonenverhältnisse sind in den §§ 816 und 822 gesetzlich geregelt. Wie die anderen Fälle rechtlich zu behandeln sind, ist **umstritten**. Einigkeit besteht nur darin, dass sich jede schematische Lösung verbietet. Es sollen vielmehr in erster Linie die Besonderheiten des einzelnen Falls für die sachgerechte bereicherungsrechtliche Abwicklung zu beachten sein[332]. In einer Klausur hilft das jedoch nicht weiter. Wichtig ist es hier, einige **Grundregeln** des Bereicherungsausgleichs in Mehrpersonenverhältnissen sowie einzelne Fallgruppen zu kennen[333]. **464**

Im Mehrpersonenverhältnis gilt der **Vorrang der Leistungskondiktion**[334]. Hat jemand etwas durch eine Leistung erlangt, ist eine (Nichtleistungs-)Kondiktion eines Dritten „in sonstiger Weise“ ausgeschlossen. Vorrang der Leistungskondiktion bedeutet gleichzeitig Subsidiarität der Nichtleistungskondiktion[335]. Der Bereicherungsausgleich erfolgt grundsätzlich innerhalb der jeweiligen Leistungsbeziehungen. Geleistetes kann nur vom Leistenden mit der Leistungskondiktion, nicht aber vom Dritten mit der Eingriffskondiktion herausverlangt werden. Wenn jemand z.B. das Eigentum an einer Sache durch die Leistung eines anderen erlangt hat, findet hinsichtlich dieses Bereicherungsgegenstands allein eine Leistungskondiktion zwischen den Parteien, aber grundsätzlich keine Nichtleistungskondiktion (§ 812 Abs. 1 S. 1, 2. Alt.) bzgl. eines Dritten auf Rückübereignung und Herausgabe der Sache statt. **465**

Damit gilt: Was durch Leistung einer Partei erworben worden ist, kann nicht gleichzeitig in sonstiger Weise auf Kosten eines Dritten erworben werden. Der Empfänger einer Leistung soll darauf vertrauen dürfen, dass nur sein Vertragspartner aus ungerechtfertigter Bereicherung gegen ihn vorgehen kann. Könnten Dritte kondizieren, so würde der Empfänger der Leistung möglicherweise Einwendungen, Aufrechnungsmöglichkeiten und Gegenrechte verlieren, die ihm gegenüber dem Leistenden aber zustünden. Außerdem könnte dann im Einzelfall das Bereicherungsrecht den gutgläubigen Erwerb (§§ 932 ff.)

---

332 Vgl. z.B. BGH NJW 1999, 1393, 1394; BGHZ 122, 46, 51; BGH NJW 2004, 1169.

333 Der BGH soll allerdings in den Zahlungsverkehrsfällen von der o.g. Formulierung abgerückt sein (vgl. OLG Celle OLGR 2008, 616 ff.); dazu *Nobbe*, in: Schimansky/Bunte/Lwowski, Bankrechts-Handbuch, 4. Aufl. 2011, § 60 Rdnr. 219 m.w.N.; siehe auch *Omlor/Spies*, JR 2011, 139, 141 f.

334 Vgl. *Medicus/Petersen*, BR, Rdnr. 727; *Looschelders*, Rdnr. 1060.

335 BGHZ 40, 272, 278; BGHZ 56, 228, 240; BGH NJW 1999, 1393 f.; BGH NJW 2005, 60 f.; Palandt/*Sprau*, § 812 Rdnr. 43.

aushebeln. Der Subsidiaritätsgrundsatz erfährt allerdings dann eine Durchbrechung, wenn die **Wertungen** anderer Regelungen (§§ 170 ff., 935; § 366 HGB) das erfordern[336].

466 Anders als bei Zwei-Personen-Verhältnissen ist die **Bestimmung des Leistenden** und des Leistungsempfängers bei Mehrpersonenverhältnissen häufig nicht einfach. Festgestellt werden muss, zwischen welchen Personen eine Verbindlichkeit gegeben ist. Allein zwischen diesen Personen kann eine Leistungsbeziehung bestehen. „Leistung" wird ja definiert als bewusste und zweckgerichtete Mehrung fremden Vermögens[337]. Bei Drei- oder Mehrpersonenverhältnissen spielt der Leistungsbegriff eine tragende Rolle, denn über ihn können die Parteien der Kondiktion bestimmt werden.

467 **Klausurrelevant** und umstritten ist, ob es bei der Frage, zwischen welchen Personen die Leistungsbeziehung besteht, auf die Sichtweise des Leistenden oder des Leistungsempfängers ankommt. Nach h.M. ist grundsätzlich auf den **objektiven Empfängerhorizont** abzustellen[338] (§§ 133, 157 analog[339]). Es kommt also darauf an, wen der Empfänger vernünftigerweise als Leistenden ansehen durfte. Eine Durchbrechung erfährt diese Regel jedoch in den sog. Anweisungsfällen[340]. Der Zuwendungsempfänger kann hier bei fehlender Tilgungs- und Zweckbestimmung gegen das Kondiktionsbegehren des Zuwendenden nicht einwenden, er habe an das Vorliegen einer wirksamen Anweisung und daher an eine Leistung des vermeintlich Anweisenden geglaubt. Der Grund hierfür liegt in der Schutzbedürftigkeit des vermeintlich Anweisenden, der keinen zurechenbaren Rechtsschein veranlasst hat[341].

468 Berücksichtigt man diese Grundregeln, lassen sich die für die einzelnen Fallgruppen entwickelten Lösungen und die dahinter stehenden Streitfragen besser verstehen[342]. Als **Fallgruppen** sind zu unterscheiden: Die Leistungskette, die Anweisung, der Vertrag zugunsten Dritter, die Abtretung, die Leistung auf fremde Schuld (§ 267) und der Ausgleich gemäß §§ 951, 812 bei Zuwendungen durch Dritte.

II. Bereicherungsausgleich bei Leistungskette

469 Eine Leistungskette liegt vor, wenn jemand (A) einen Gegenstand an seinen Vertragspartner (B) liefert und dieser später den Gegenstand an einen Dritten (C) weiterverkauft. Sind beide Kaufverträge unwirksam **(Doppelmangel)**, hat B gegen C einen Anspruch aus § 812 Abs. 1 S. 1, 1. Alt. und A gegen B. Der Anspruch des A richtet sich, wenn C den Gegenstand auf B zurückübertragen hat, auf Rückübereignung. Hat (noch) keine Rückübertragung von C auf B stattgefunden, richtet sich der Anspruch des A nach **h.M.**, da eine Herausgabe nicht möglich ist, auf Wertersatz (§ 818 Abs. 2). Eine Abtretung des Be-

336 Näher *Medicus/Lorenz*, SR II, Rdnr. 1225 f.; *Larenz/Canaris*, § 70 VI 1.
337 Eine Aufgabe des Leistungsbegriffs fordern aber *Larenz/Canaris*, § 70 VI 2; *Wilhelm*, Rechtsverletzung und Vermögensentscheidung als Grundlagen und Grenzen des Anspruchs aus ungerechtfertigter Bereicherung, 1973, S. 137 ff.
338 BGHZ 40, 272, 276 ff.; BGH NJW 2005, 60 f. („Dirnenlohn"); *Brox/Walker*, § 40 Rdnr. 21 f.; *Looschelders*, Rdnr. 1024 jeweils m.w.N.
339 Eine Analogie ist deshalb erforderlich, weil die Zweckbestimmung keine Willenserklärung ist.
340 Siehe Rdnr. 470 ff.
341 *Staake*, WM 2005, 2113, 2119.
342 *Lorenz*, JuS 2003, 729 ff., 839 ff.

reicherungsanspruchs, der dem B gegen C zusteht, kann danach nicht verlangt werden **(keine Kondiktion der Kondiktion)**[343]. Anderenfalls müsste sich A nicht nur die Einwendungen seines Vertragspartners B, sondern über § 404 auch die Einwendungen des C entgegenhalten lassen. Auch hätte A das Insolvenzrisiko des C zu tragen[344]. Ein Anspruch des A gegen C aus § 812 Abs. 1 S. 1, 2. Alt. scheitert daran, dass C den Gegenstand durch eine Leistung des B erlangt hat.

Die **Rechtsprechung** hebt dagegen teilweise darauf ab, dass A Abtretung des Bereicherungsanspruchs von B gegen C verlangen kann. B soll, sofern er die Sache noch nicht von C zurückerlangt hat, um den Bereicherungsanspruch gegenüber C bereichert sein (§ 812 Abs. 1 S. 1, 1. Alt.; Kondiktion der Kondiktion)[345]. Das überzeugt jedoch nicht, da dann C dem A seine Einwendungen gegenüber B entgegenhalten kann (§ 404) und A das Insolvenzrisiko des C zu tragen hätte, obwohl A keine rechtliche Beziehung zu C wollte.

III. Bereicherungsausgleich bei Anweisungsfällen[346]

Bei Anweisungsfällen veranlasst der Schuldner (Anweisender) den Zuwendenden (Angewiesenen), eine geschuldete Leistung nicht an ihn als Gläubiger, sondern an einen Dritten zu erbringen. Der Anweisungsbegriff des Bereicherungsrechts ist weiter als der des § 783 und meint jede Lieferungs- oder Zahlungsanweisung. Nach § 675j Abs. 1 stellt diese **Autorisierung** eine einseitige Weisung i.S. des § 665 dar. Es sind zwei Schuldverhältnisse auseinanderzuhalten: Das ist erstens das **Deckungsverhältnis** zwischen dem Anweisenden und dem Angewiesenen (Bank, Zahlungsdienstleister, vgl. § 675d Abs. 1 S. 1). Zweitens gibt es das **Valutaverhältnis** zwischen dem Anweisenden als Zahler (vgl. § 675f Abs. 1) und dem Anweisungsempfänger (= Zuwendungsempfänger), der einen Anspruch gegen den Anweisenden auf Lieferung hat und damit dessen Gläubiger ist. Es sind also durch die tatsächliche Zuwendung des Angewiesenen an den Zuwendungsempfänger zwei Rechtsgeschäfte betroffen. Keine Leistungsbeziehung besteht dagegen zwischen angewiesenem Zahlungsdienstleister und Zahlungsempfänger. 470

Drei Problemlagen sind vorstellbar: Die Weisung ist wirksam und es ist entweder eines der Schuldverhältnisse unwirksam oder beide Schuldverhältnisse sind es (siehe 1.) oder die Weisung ist unwirksam (siehe 2.)[347]. 471

1. Wirksame Weisung

Ist die Weisung wirksam und ist nur **eines der beiden Schuldverhältnisse** (Deckungs- oder Valutaverhältnis) unwirksam, erfolgt die bereicherungsrechtliche Rückabwicklung zwischen den Parteien, die am fehlerhaften Schuldverhältnis beteiligt sind[348]: Bei einem 472

343 *Medicus/Lorenz*, SR II, Rdnr. 1218; *Larenz/Canaris*, § 70 II 2 b; *Wandt*, § 13 Rdnr. 39; Erman/*Buck-Heeb*, § 812 Rdnr. 25, 37; MünchKomm/*Schwab*, § 812 Rdnr. 56; Staudinger/*Lorenz*, § 812 Rdnr. 55; a.A. Palandt/*Sprau*, § 812 Rdnr. 67.

344 MünchKomm/*Schwab*, § 812 Rdnr. 56.

345 BGHZ 36, 30, 32; BGH NJW 1989, 2879, 2881; OLG Saarbrücken NJW-RR 2000, 845 ff.

346 **Übungsfall** z.B. bei *Hack/Thümmel*, JuS 2009, 46 ff.

347 Zur Anweisung *Würdinger*, JuS 2007, 418 ff.

348 St. Rspr., siehe nur BGHZ 147, 269, 273; vgl. auch Rdnr. 469 (Durchlieferung als Grundmodell für die Anweisungsfälle, PWW/*Prütting*, § 812 Rdnr. 87).

Mangel im Deckungsverhältnis (z.B. nichtiger Darlehensvertrag) kann der Angewiesene nur gegen den Anweisenden aus § 812 Abs. 1 Satz 1, 1. Alt. vorgehen. Er kann nicht einen Anspruch gegen den Anweisungsempfänger aus Nichtleistungskondiktion geltend machen, da der Vorrang der Leistungskondiktion gilt[349]. Bei einem Mangel im Valutaverhältnis kann nur der Anweisende gegen den Anweisungsempfänger aus § 812 Abs. 1 Satz 1, 1. Alt. vorgehen, da nur dieses Leistungsverhältnis mangelhaft ist. Wenn ein **Doppelmangel** vorliegt, d.h. beide Schuldverhältnisse unwirksam sind, findet, sofern die Anweisung wirksam ist, eine bereicherungsrechtliche Abwicklung auch wieder nur zwischen den Parteien des jeweiligen Schuldverhältnisses statt.

473 Das Ganze verdeutlicht **Fall 55**: A verkauft an B einen Gegenstand. B verkauft diesen an C weiter. B bittet nun den A, das Eigentum am Gegenstand direkt an C zu übertragen. Nach der Übereignung A an C wird der Kaufvertrag zwischen A und B von B wirksam angefochten. A verlangt von C Rückübereignung des Gegenstands. Hilfsweise will er sich an den B wenden. Zu Recht?

1. A könnte gegen C einen Anspruch auf Rückübereignung aus **§ 812 Abs. 1 S. 1, 1. Alt.** haben. C hat etwas erlangt, da A ihm das Eigentum übertragen hat. Allerdings hat A an den C nichts geleistet. Er wollte diesem gegenüber weder eine Verbindlichkeit erfüllen noch einen anderweitigen Zweck erreichen. Ein Anspruch aus § 812 Abs. 1 S. 1, 1. Alt. scheidet daher aus.

2. A könnte gegen C einen Anspruch aus **§ 812 Abs. 1 S. 1, 2. Alt.** haben. Voraussetzung dafür ist, dass C das Eigentum in sonstiger Weise auf Kosten des A erlangte. Fraglich ist aber, ob C das Eigentum nicht durch Leistung des B erlangt hat. B hat A angewiesen und ermächtigt, die Kaufverpflichtung ihm gegenüber in der Weise zu erfüllen, dass er das Eigentum direkt auf C überträgt. A wollte mit der Eigentumsübertragung an C seine Verpflichtung zur Eigentumsübertragung aus dem Kaufvertrag mit B erfüllen. Zugleich konnte B auf diesem direkten Weg seine Verpflichtung zur Eigentumsübertragung an C erfüllen. Mit der einen Zuwendung an C sollten mithin **zwei Verbindlichkeiten erfüllt** werden (A gegenüber B und B gegenüber C). Die bereicherungsrechtliche Rückabwicklung vollzieht sich in diesen Leistungsbeziehungen. Die Eingriffskondiktion ist gegenüber der Leistungskondiktion subsidiär, da dasjenige, das durch Leistung erworben worden ist, nicht gleichzeitig in sonstiger Weise auf Kosten eines anderen erworben worden sein kann[350]. C kann das Eigentum nicht gleichzeitig auf Kosten des A erlangt haben. A kann von C keine Rückübertragung verlangen.

3. A könnte gegen B einen Rückübereignungsanspruch nach **§ 812 Abs. 1 S. 1, 1. Alt.** haben[351]. B müsste etwas erlangt haben. Tatsächlich ist dem B kein Vermögenswert zugeflossen. Allerdings ist bei einem „Erwerb übers Eck" zu berücksichtigen, dass der Zuwendende den Vermögenswert an den Empfänger nur deshalb überträgt, weil er hierzu von seinem Vertragspartner angewiesen und ermächtigt worden ist. Durch die direkte Übertragung des Eigentums von A an C wurde B von seiner Verbindlichkeit aus dem Kaufvertrag mit C frei. Daher könnte B zumindest die **Befreiung von der Verbindlich-**

349 Siehe Fall 55, Rdnr. 473.
350 BGHZ 40, 272, 278; *Loewenheim/Winckler*, JuS 1983, 684, 685; vgl. auch *Reeb*, JuS 1973, 227, 228.
351 Zur Anwendung von § 812 Abs. 1 S. 1, 1. Alt. bei Anfechtung siehe oben Rdnr. 362.

keit erlangt haben[352]. Doch wollte A mit der direkten Übereignung an C seine Übereignungsverpflichtung gegenüber B erfüllen, und nicht etwa B von einer Verbindlichkeit gegenüber Dritten befreien. Die Zuwendung kann rechtlich so angesehen werden, als ob A das Eigentum an B übertragen und B die Übereignung an C vorgenommen hätte (sog. **Als-ob-Betrachtung**)[353].

B hat das Eigentum durch Leistung des A erworben, weil A mit der Zuwendung an C eine – vermeintliche – Verbindlichkeit gegenüber B erfüllen wollte. Ohne Rechtsgrund erfolgte dies auch. Weil der Verpflichtungsvertrag A – B infolge Anfechtung nichtig war, konnte der Zweck, den Kaufvertrag zu erfüllen, nicht erreicht werden. Das erlangte Eigentum ist gemäß §§ 812 Abs. 1 S. 1, 1. Alt., 818 Abs. 1 zurückzuübertragen. Da B dazu nicht in der Lage ist, muss er nach § 818 Abs. 2 Wertersatz leisten.

2. Unwirksame/fehlerhafte Weisung

Ist dem Angewiesenen (= Zuwendenden) vom Anweisenden eine Weisung erteilt worden, **474**
die bei der Zuwendung durch den Angewiesenen an den Dritten wieder entfallen ist, oder war eine Anweisung nie erteilt worden, ist die bereicherungsrechtliche Rückabwicklung problematisch. Es liegt keine Ermächtigung durch den vermeintlich Anweisenden vor[354], an den Dritten mit befreiender Wirkung zu leisten. Außerdem fehlt eine wirksame Tilgungsbestimmung hinsichtlich der Erfüllungswirkung im Verhältnis des „Anweisungsempfängers" zum „Anweisenden".

a) Zurechenbare Weisung

Ob dem „Anweisenden" die tatsächliche Zuwendung des „Angewiesenen" an den „An- **474a**
weisungsempfänger" trotz der unwirksamen oder fehlerhaften Weisung zugerechnet werden kann, beurteilt die h.M. nach den **§§ 170 ff. analog**[355]. Voraussetzung für deren analoge Anwendung ist der Rechtsschein, dass der „Angewiesene" für den „Anweisenden" den Vermögenswert übertragen hat. Außerdem muss der „Anweisende" den Rechtsschein der Weisung zurechenbar veranlasst und der „Anweisungsempfänger" auf den Rechtsschein vertraut haben (Gutgläubigkeit). Maßstab für die Gutgläubigkeit des „Anweisungsempfängers" ist § 276, so dass bereits fahrlässige Unkenntnis schadet[356].

Klausurrelevant ist dabei vor allem, ob dem „Anweisenden" der bestehende **Rechtsschein** einer Weisung zugerechnet werden kann. Eine fehlerhafte, aber zurechenbare Weisung liegt etwa vor, wenn der „Anweisende" zwar ursprünglich eine wirksame Weisung erteilt, diese aber noch vor deren Ausführung gegenüber dem „Angewiesenen" widerrufen oder angefochten hat. Durch die ursprüngliche Weisung hat der „Anweisende"

---

352 So *Esser/Weyers*, § 48 III 1c.

353 MünchKomm/*Schwab*, § 812 Rdnr. 78; i. Erg. auch Staudinger/*Lorenz*, § 812 Rdnr. 50.

354 Da eine wirksame Anweisung in diesen Fällen gerade nicht vorliegt, werden die entsprechenden Begriffe in Anführungszeichen gesetzt.

355 So ausdrücklich *Canaris*, JZ 1984, 627; *Stolte*, JZ 1990, 220, 225 f.; siehe auch *Schnauder*, ZIP 1994, 1069, 1074; für einen Rückgriff auf den Rechtsgedanken des sachenrechtlichen Geheißerwerbs MünchKomm/*Schwab*, § 812 Rdnr. 118.

356 MünchKomm/*Schwab*, § 812 Rdnr. 119; Staudinger/*Lorenz*, § 812 Rdnr. 51; PWW/*Prütting*, § 812 Rdnr. 96; im Ergebnis auch BGH NJW 2008, 2331, 2333.

die Ursache für den Rechtsschein gesetzt und muss sich daher das Fehlverhalten des „Angewiesenen" zurechnen lassen, wenn er nicht den Rechtsschein einer wirksam erteilten Weisung gegenüber dem gutgläubigen „Anweisungsempfänger" beseitigt[357]. Der „Anweisende" muss demnach die tatsächliche Zuwendung des „Angewiesenen" an den „Anweisungsempfänger" als eigene Leistung gegen sich gelten lassen (§§ 170 ff. analog).

Das bedeutet, dass im Fall einer fehlerhaft erteilten, aber zurechenbaren Weisung der „Angewiesene" im Verhältnis zum „Anweisungsempfänger" die **Tilgungsbestimmung** als Rechtsscheinbote überbringt. Die Forderung erlischt somit durch Erfüllung. Ist eines oder sind beide Schuldverhältnisse zwischen den Beteiligten unwirksam, erfolgt der Bereicherungsausgleich ausschließlich innerhalb der jeweiligen Leistungsbeziehungen. Eine Direktkondiktion des „Angewiesenen" gegen den „Anweisungsempfänger" ist nach § 812 Abs. 1 S. 1, 2. Alt. ausgeschlossen.

475 Die Problematik der **fehlerhaft erteilten Weisung** ist v.a. bei der Banküberweisung **klausurrelevant**. Das verdeutlicht **Fall 56**: A verkauft dem D einen Gegenstand und will ihn nach erfolgter Zahlung ausliefern. D reicht einen Überweisungsauftrag bei der Z-Bank ein. Die Überweisung soll erst eine Woche später ausgeführt werden. Kurz nach der Einreichung hört D von generellen Unregelmäßigkeiten bei der Auslieferung. Daher ruft er zwei Tage nach der Einreichung bei der Z-Bank an und bittet, die Überweisung an A nicht auszuführen. Die Z-Bank bestätigt den Widerruf der Überweisung des D. Infolge eines internen Irrtums schreibt sie dennoch dem Konto des A den Überweisungsbetrag gut. Da D der Belastung seines Kontos widerspricht, verlangt die Z-Bank von A Rückzahlung. Bestehen Ansprüche der Z-Bank gegen A bzw. D?

1. Die Z-Bank könnte einen Anspruch gegen A aus **§ 812 Abs. 1 S. 1, 1. Alt.** haben. A hat etwas erlangt, nämlich die Gutschrift auf seinem Konto und damit die Verfügungsgewalt über den entsprechenden Geldbetrag. Allerdings hat die Z-Bank nicht an A geleistet, da sie mit der Gutschrift weder eine eigene Verbindlichkeit erfüllen noch einen anderen eigenen Zweck erreichen wollte. Ein Anspruch aus § 812 Abs. 1 S. 1, 1. Alt. gegen A scheidet daher aus.

2. Die Z-Bank könnte einen Anspruch gegen A aus **§ 812 Abs. 1 S. 1, 2. Alt.** haben, wenn A die Gutschrift bzw. den Geldbetrag in sonstiger Weise auf Kosten der Z-Bank erlangt hat. Dann darf nicht eine vorrangige Leistungskondiktion durch Leistung des D an A bestehen. Eine Leistung von D an A könnte abzulehnen sein, weil zum Zeitpunkt der Gutschrift durch die Z-Bank die Weisung durch D wirksam widerrufen worden war. Nach § 675p Abs. 1 kann ein Zahlungsdienstnutzer einen Überweisungsauftrag nach Zugang (§ 675n) bei seiner Bank zwar grundsätzlich nicht mehr frei widerrufen, da mit diesem Zeitpunkt die Ausführungspflicht einsetzt und die kurzen Ausführungsfristen beginnen (§ 675s)[358]. Bei Überweisungsaufträgen auf künftige Termine (§ 675p Abs. 3) ist ein Widerruf noch fristgerecht möglich. Hier sollte die Z-Bank den Überweisungsauftrag erst eine Woche später ausführen, so dass der Widerruf durch D zwei Tage später noch rechtzeitig war.

---

357 BGHZ 61, 289, 293 f.; BGHZ 87, 246, 249 f.; BGHZ 89, 376, 380 f.; BGH NJW 2008, 2331, 2332 f.; MünchKomm/*Schwab*, § 812 Rdnr. 113 ff.; Soergel/*Hadding*, § 812 Rdnr. 78; a.A. Staudinger/*Lorenz*, § 812 Rdnr. 51; PWW/*Prütting*, § 812 Rdnr. 96; Bamberger/Roth/*Wendehorst*, § 812 Rdnr. 236.

358 *Grundmann*, WM 2009, 1109, 1115.

Eine wirksame Ermächtigung der Z-Bank durch D war daher nicht (mehr) vorhanden. Außerdem hat sie nicht die für die Erfüllung der Verbindlichkeit erforderliche Tilgungsbestimmung getroffen. Nach der nach altem Recht vor Umsetzung der Zahlungsdienstrichtlinie zum 31.10.2009 im BGB geltenden h.M. sind bei einer erteilten, aber unwirksamen Weisung zugunsten des „Anweisungsempfängers" (hier des A) die §§ 170–173 analog anzuwenden.

Voraussetzung der §§ 170 ff. analog ist der Rechtsschein, dass der „Angewiesene" für den „Anweisenden" den Vermögenswert übertragen hat. Der „Anweisungsempfänger" muss gutgläubig sein, indem er auf den Rechtsschein der Weisung vertraut hat und der „Anweisende" muss diesen zurechenbar veranlasst haben[359]. Diese Voraussetzungen liegen hier vor. Die Gutschrift begründet den **Rechtsschein** einer Tilgungsbestimmung. Da aus dieser auch der D als Urheber hervorgeht, konnte A davon ausgehen, dass D die Weisung zur Tilgung der Verbindlichkeit gegenüber A erteilt hatte (Gutgläubigkeit). Eine **zurechenbare** Veranlassung des Rechtsscheins durch D liegt ebenfalls vor, denn dieser hat nach der Weisungserteilung nicht für die Beseitigung des Rechtsscheins gesorgt. Der „Angewiesene" (hier die Z- Bank) überbringt dann dem „Anweisungsempfänger" die Tilgungsbestimmung als **Rechtsscheinsbote**. Die Forderung des A gegen D erlischt durch Erfüllung[360]. A hat damit den Geldbetrag durch Leistung des D erworben. Ein Erwerb in sonstiger Weise auf Kosten der Z-Bank kommt daher nicht in Betracht[361]. Die Z-Bank hat keinen Anspruch gegen A aus § 812 Abs. 1 S. 1, 2. Alt.

Ob das nach dem neuen Zahlungsdiensterecht so aufrecht erhalten bleiben kann, ist **umstritten**. Aufgrund des rechtzeitigen Widerrufs durch D war die Zahlung der Z-Bank an A nicht mehr autorisiert (§ 675j Abs. 2 S. 1, Abs. 1 S. 1). Deshalb hat die Z-Bank keinen Anspruch gegen D auf Erstattung des an A überwiesenen Geldbetrags (§ 675u S. 1). Sofern sie das Konto des D belastet hat, muss sie den Betrag dem Konto des D wieder gutschreiben (§ 675u S. 2).

Eine **Ansicht** schließt aus § 675u, dass hierdurch ein Bereicherungsanspruch des „Angewiesenen" (hier: Z-Bank) gegen den „Anweisenden" (hier: D) gesperrt ist[362]. Denn wenn die Bank den Überweisungsbetrag aus § 812 Abs. 1 S. 1, 1. Alt. von ihrem Kunden verlangen könnte, liefe der Erstattungsanspruch des Kunden aus § 675u gegen seine Bank ins Leere. Den von der Bank wegen § 675u erstatteten Geldbetrag müsste der Kunde über § 812 Abs.1 S. 1, 1. Alt. der Bank im selben Moment wieder herausgeben. Da die Bank dann aber weder vom „Anweisenden" (hier: D) noch vom „Anweisungsempfänger" (hier: A) den gezahlten Betrag verlangen könnte, lehnt diese Auffassung auch eine Leistung des „Anweisenden" an den „Anweisungsempfänger" ab. Dadurch ist dann der „Anweisungsempfänger" ausschließlich in sonstiger Weise auf Kosten des „Angewiesenen" (hier:

359 Nach st. Rspr. steht dem Anweisenden dann ein unmittelbarer Bereicherungsanspruch zu (§ 812 Abs. 1 S. 1, 2. Alt., Nichtleistungskondiktion), wenn dem Anweisungsempfänger das Fehlen der Anweisung und damit einer Tilgungsbestimmung bei Empfang des Leistungsgegenstands bekannt ist, siehe etwa BGHZ 147, 269, 274.

360 *Canaris*, WM 1980, 354, 356; *ders.*, JZ 1984, 627, 629; *Stolte*, JZ 1990, 220, 225.

361 Staudinger/*Lorenz*, § 812 Rdnr. 51; *Möschel*, JuS 1972, 297 ff.; *Medicus/Petersen*, BR, Rdnr. 676; OLG Nürnberg WM 1999, 2357, 2358; a.A. MünchKomm/*Schwab*, § 812 Rdnr. 118.

362 LG Hannover, BKR 2011, 348 ff.; *Belling/Belling*, JZ 2010, 708, 710 f.; Erman/*Buck-Heeb*, § 812 Rdnr. 22 f.; siehe auch Palandt/*Sprau*, § 675u Rdnr. 3; PWW/*Fehrenbacher*, § 675u Rdnr. 3.

Z-Bank) bereichert, so dass die Z-Bank den Überweisungsbetrag direkt von A aus § 812 Abs. 1, S. 1, 2. Alt. kondizieren kann. D muss sich damit nicht mehr die unwirksame Anweisung über die §§ 170-173 analog zurechnen lassen. Ist die Überweisung als Zahlungsvorgang nicht autorisiert (§ 675j), ist ein entsprechender Rechtsschein dem „Anweisenden“ deshalb stets nicht (mehr) zurechenbar, so dass die Z-Bank hiernach nicht als Rechtsscheinsbote eine Tilgungsbestimmung des D an A überbringt.

Die **Gegenansicht** verneint eine Sperrwirkung des § 675u, da das Recht der Zahlungsdienste (§§ 675c-676c) nur die vertraglichen Rechte und Pflichten zwischen Bank, Zahler und Zahlungsempfänger regle und deshalb das Bereicherungsrecht unberührt lasse[363]. Der „Angewiesene“ muss sich hiernach auch weiterhin über §§ 170-173 die Zuwendung durch den „Angewiesenen“ als eigene Leistung zurechnen lassen. Der BGH hat hierzu noch nicht Stellung genommen. Auch seine neueren Entscheidungen beziehen sich noch auf die alte Rechtslage[364]. Es bleibt daher abzuwarten, welcher Ansicht sich der BGH anschließt und ob er, selbst wenn er eine Sperrwirkung des § 675u für das Bereicherungsrecht bejaht, dies auch auf diejenigen Anweisungsfälle erstrecken wird, die nicht unter das neue Recht der Zahlungsdienste fallen.

Nach der ersten Ansicht fehlt es an einer Leistung des D an A, so dass eine vorrangige Leistung nicht gegeben ist. A ist demnach in sonstiger Weise auf Kosten der Z-Bank bereichert, die daher den Überweisungsbetrag direkt von A aus § 812 Abs. 1 S. 1, 2. Alt. herausverlangen kann. Nach der zweiten Auffassung scheidet eine solche Direktkondiktion aus, da sich D die Zuwendung der Z-Bank an A über §§ 170-173 analog zurechnen lassen muss und deshalb eine vorrangige Leistungsbeziehung zwischen D und A besteht, die eine Bereicherung des A in sonstiger Weise auf Kosten der Z-Bank ausschließt.

3. Die Z-Bank könnte einen Anspruch gegen D aus § **812 Abs. 1 S. 1, 1. Alt.**[365] haben[366]. Dann müsste D etwas erlangt haben. „Erlangtes Etwas“ kann jeder vermögenswerte Vorteil sein. Ein gegenständlicher Vermögenswert ist nicht in das Vermögen des D gelangt. Allerdings ist D durch die Überweisung des Geldes an A von seiner Kaufpreisschuld gegenüber A befreit worden. Nach altem Recht galt, dass die Z-Bank zur Befreiung des D von einer Verbindlichkeit nicht verpflichtet ist. Vielmehr muss sie Auszahlungen an den Kunden vornehmen. Im Falle von Überweisungsaufträgen wird diese Verbindlichkeit erfüllt, indem die Auszahlung nicht an den Kunden selbst, sondern an einen Dritten erfolgt. Dann ist sie so anzusehen, „als ob“ die Bank den Geldbetrag an D geleistet hätte. Die Z-Bank hat den Geldbetrag an D zweckgerichtet zur Erfüllung einer Verbindlichkeit aus dem Überweisungsauftrag zugewandt.

Nach dem neuen Zahlungsdiensterecht kommt es darauf an: Nach der Ansicht, wonach § 675u einen Bereicherungsanspruch des „Angewiesenen“ (Z-Bank) gegen den „Anwei-

363 AG Hamburg-Harburg, BKR 2013, 393 ff.; *Rademacher*, NJW 2011, 2169; *Grundmann*, WM 2009, 1109, 1117; *Beesch*, in: Dauner-Lieb/Heidel/Ring, 2. Aufl., 2013, § 675u Rdnr. 1; *Looschelders*, Rdnr. 1154a.

364 BGH NJW 2011, 66 ff.; BGH NJW-RR 2010, 858 ff.

365 Unter 2. ging es um eine Leistung von D an A, während es hier um eine Leistung von Z an D geht.

366 Ein Anspruch der Z-Bank gegen D auf Aufwendungsersatz aufgrund des Girovertrags und der getätigten Überweisung (§§ 676 f., 675, 670) besteht nicht, da die Weisung wirksam widerrufen wurde. Der Girovertrag berechtigt die Bank nur, das Kundenkonto dann zu belasten, wenn eine wirksame Anweisung des Kunden vorliegt.

senden“ (D) ausschließt, wendet die Z-Bank den Geldbetrag ausschließlich in sonstiger Weise A als „Anweisungsempfänger“ zu. Die Z-Bank leistet also nicht den Geldbetrag an D und dieser an A („über’s Dreieck“). Ein Anspruch der Z-Bank gegen D aus § 812 Abs. 1 S. 1, 1. Alt. scheidet hiernach aus.

Nach der Gegenansicht bleibt es bei der bisherigen Lösung, so dass die Z-Bank rechtlich betrachtet den Überweisungsbetrag an D und dieser wiederum an A geleistet hat. Da der Überweisungsauftrag zuvor von D widerrufen wurde, bestand bei Zuwendung des Betrags an A kein rechtlicher Grund (mehr). D ist verpflichtet, das Erlangte herauszugeben. Da ihm dies nicht möglich ist, muss er Wertersatz nach § 818 Abs. 2 leisten. D ist auch nicht entreichert (§ 818 Abs. 3), da er von der Kaufpreisverbindlichkeit gegenüber A befreit worden und somit die Bereicherung immer noch gegeben ist.

b) Nicht zurechenbare Weisung

Eine **nicht zurechenbare Weisung** des „Anweisenden“ liegt z.B. vor, wenn die An- **476**
weisung gefälscht[367] oder von einem Vertreter ohne Vertretungsmacht erteilt worden ist[368], wenn sie von einem nicht voll Geschäftsfähigen stammt[369], wenn der „Angewiesene“ meint, es liege eine Anweisung vor, die jedoch vom „Anweisenden“ nie veranlasst wurde[370], oder wenn ein Überweisungsauftrag irrtümlich noch ein zweites Mal durchgeführt wird (Doppelüberweisung)[371].

In diesen Fällen kann der „Angewiesene“ vom Scheinanweisenden keinen Ausgleich verlangen. Mangels sachlichem Grund soll die Doppelausführung nicht mehr dem Risikobereich des „Anweisenden“ zugerechnet werden. Sie liege allein im Risiko- und Einflussbereich des Angewiesenen. Es erfolgt eine **Direktkondiktion** zwischen „Angewiesenem“ und „Anweisungsempfänger“ über § 812 Abs. 1 S. 1, 2. Alt.[372]. Auf die Gut- oder Bösgläubigkeit des „Anweisungsempfängers“ kommt es nicht an[373]. Das ist auch überzeugend, da bei Fehlen einer gültigen Anweisung kein Dreiecksverhältnis entsteht. Ohne gültige Anweisung ist die Zahlung dem vermeintlich „Anweisenden“ nicht als seine Leistung zurechenbar. Da dem „Anweisenden“ in dieser Konstellation die Zahlung durch den „Angewiesenen“ nie zugerechnet wird, kommt es an dieser Stelle nicht auf den Streit an, ob § 675u einen Anspruch der Bank („Angewiesenen“) gegen ihren Kunden als Zahler („Anweisenden“) aus § 812 Abs. 1 S. 1, 1. Alt. ausschließt.

---

367 Staudinger/*Lorenz*, § 812 Rdnr. 51; *Canaris*, JZ 1984, 627, 628; Erman/*Buck-Heeb*, § 812 Rdnr. 21 ff.; siehe auch BGH NJW 1990, 3194; BGH NJW 1994, 2357; BGH NJW 2003, 582.

368 BGHZ 147, 145; MünchKomm/*Schwab*, § 812 Rdnr. 88.

369 Staudinger/*Lorenz*, § 812 Rdnr. 51; Erman/*Buck-Heeb*, § 812 Rdnr. 21; BGHZ 111, 382, 385 ff.; BGH NJW 1993, 1578.

370 Soergel/*Hadding*, § 812 Rdnr. 64.

371 Ganz h.M.: BGHZ 72, 9, 12 f.; BGH NJW 2011, 66 ff., Rdnr. 36; MünchKomm/*Schwab*, § 812 Rdnr. 88; Erman/*Buck-Heeb*, § 812 Rdnr. 21; Staudinger/*Lorenz*, § 812 Rdnr. 49; siehe auch *Canaris*, JZ 1984, 627, 628; BGH DB 2010, 1450 ff.; a.A. *Häuser*, in: MünchKomm-HGB, Bd. 5, 2. Aufl. 2009, Anhang I (Recht des Zahlungsverkehrs) Rdnr. B 561. Siehe für eine Online-Überweisung AG Ratzeburg WM 2008, 2375.

372 Siehe BGHZ 147, 145 ff.; **BGHZ 152, 307 ff.**, BGH NJW 2011, 66 ff., Rdnr. 32.

373 BGH NJW 2011, 66 ff., Rdnr. 36.

c) Zuvielzahlung

477 **Umstritten** sind die Fälle der sog. **Zuvielzahlung** oder Zuvielüberweisung. Hierbei erteilt der „Anweisende" zwar eine wirksame Weisung, der „Angewiesene" zahlt oder überweist jedoch einen höheren Betrag an den „Anweisungsempfänger". Während die h.M. in der erteilten Weisung einen zurechenbaren Rechtsschein für diese Zuvielzahlung sieht[374], gesteht die Gegenauffassung dem „Angewiesenen" einen Direktanspruch gegen den „Anweisungsempfänger" zu, da von vornherein eine wirksame Anweisung in Bezug auf den zuviel gezahlten Betrag fehle[375]. Die h.M. stützt ihre Ansicht auf die Erwägung, dass grundsätzlich eine Rückabwicklung in den Leistungsbeziehungen der Beteiligten zu erfolgen hat, wobei die Interessen des „Anweisenden" und die des gutgläubigen Empfängers gegeneinander abzuwägen seien. Bei der Zuvielzahlung habe das Schutzinteresse des redlichen Zahlungsempfängers, über den erhaltenen Betrag frei verfügen zu können, Vorrang vor den Interessen des „Anweisenden"[376]. Letzterer habe die Anweisung mit veranlasst[377]. Dagegen soll, wie im Fall der widerrufenen Anweisung, dann ein unmittelbarer Bereicherungsanspruch der Bank gegen den „Anweisungsempfänger" gegeben sein, wenn letzterer diese Zuvielüberweisung kennt. Dann weiß er, dass es an einer Leistung seines Vertragspartners fehlt[378].

Hintergrund der Überlegungen der h.M. ist die Verkehrsfähigkeit des Überweisungsverkehrs, die beeinträchtigt wäre, wenn sich der Zahlungsempfänger nicht auf die Wirksamkeit der Überweisung verlassen könnte. Auch hier ist der neue § 675u zu beachten, so dass abzuwarten bleibt, ob der BGH seine bisherige Rechtsprechung aufrechterhalten wird[379].

IV. Bereicherungsausgleich bei Vertrag zugunsten Dritter

478 Bei einem echten Vertrag zugunsten Dritter i.S. des § 328 sind regelmäßig drei Parteien beteiligt: Der Versprechende verspricht dem Versprechensempfänger, an einen Dritten zu leisten. Der begünstigte Dritte hat einen eigenen Anspruch gegen den Versprechenden. Denkbar sind **Mängel im Valutaverhältnis** zwischen dem Versprechensempfänger und dem Dritten. Ersterer will ja dem Dritten (durch den Versprechenden) eine Leistung zukommen lassen, so dass eine Rückabwicklung zwischen Versprechensempfänger und Drittem – und zwar durch Leistungskondiktion – stattfindet.

479 Möglich sind auch **Mängel im Deckungsverhältnis** zwischen dem Versprechensempfänger und dem Versprechenden. Unproblematisch sind hierbei die Fälle, in denen die Zuwendung des Versprechenden an den Dritten lediglich eine **abgekürzte Leistung** darstellt. Dann erfolgt eine Leistung „übers Eck", so dass aus dem Vertrag zugunsten Dritter (zwischen Versprechendem und Versprechensempfänger) der Dritte zwar ein Forderungs-

---

374 BGH NJW 2008, 2331 m. Anm. *Buck-Heeb*, BGHReport 2008, 802; BGH NJW 2011, 66, 69; Palandt/*Sprau*, § 812 Rdnr. 107.
375 MünchKomm/*Schwab*, § 812 Rdnr. 90; Staudinger/*Lorenz*, § 812 Rdnr. 49.
376 BGH NJW 2008, 2331.
377 So ausdrücklich BGH NJW 2011, 66 ff., Rdnr. 34.
378 BGH NJW 2011, 66 ff., Rdnr. 34 m.w.N.
379 Kritisch Erman/*Buck-Heeb*, § 812 Rdnr. 22c.

recht erlangt und Gläubiger wird. Das ist aber bereicherungsrechtlich bedeutungslos, da er nicht Vertragspartner ist[380].

Anders verhält es sich, wenn die Zuwendung eine **Leistung an den Dritten** sein soll, die vom Valutaverhältnis (zwischen Versprechensempfänger und Drittem) **unabhängig** ist. Dann liegt aus Sicht des Empfängers eine unmittelbare Leistung des Versprechenden vor. Hier kann sich ein Problem daraus ergeben, dass die Zuwendung des Versprechenden an den Dritten auf der einen Seite den Zweck hat, die Verbindlichkeit dem Dritten gegenüber zu erfüllen, auf der anderen Seite aber auch bezweckt, die aus § 335 resultierende Verbindlichkeit gegenüber dem Versprechensempfänger zu erfüllen. Es können also grundsätzlich zwei Leistungsbeziehungen vorliegen. Die h.M. stellt deshalb nicht auf den – hier nicht weiterführenden – Leistungsbegriff ab. Ist das Deckungsverhältnis (zwischen Versprechendem und Versprechensempfänger) fehlerhaft, soll in diesem Fall der Versprechende **direkt vom Dritten** kondizieren können. **480**

Hierzu **Fall 57**[381]: K kauft von V ein Grundstück, das ihm der Makler M vermittelt hat. Laut notariellem Kaufvertrag zwischen K und V soll K zugunsten des M 3 % Maklercourtage zahlen. K zahlt an M. Sodann ficht er den Kaufvertrag (samt Maklervereinbarung) wirksam wegen arglistiger Täuschung an. K verlangt nun von M die 3 % Provision heraus. Zu Recht? **481**

1. K könnte einen Anspruch gegen M aus **§ 812 Abs. 1 S. 1, 1. Alt.** haben. M hat etwas, nämlich die von K gezahlte Courtage, erlangt. Die Zahlung des K müsste eine Leistung an den M gewesen sein. Unter einer Leistung ist jede zweckgerichtete Mehrung fremden Vermögens zu verstehen. Mit der Zahlung an M verfolgte K den Zweck, seine Verpflichtung aus der Maklervereinbarung zu erfüllen. M war als begünstigter Dritter[382] aus dem zwischen V und K geschlossenen Vertrag gemäß §§ 328 Abs. 1, 652 Abs. 1 S. 1 berechtigt, die Provision von K zu fordern.

Zugleich verfolgte K mit der Zahlung den Zweck, seine vermeintliche Verpflichtung gegenüber V aus § 335 zu erfüllen. K hat daher mit der Zuwendung an M mehrere Zwecke erfüllen wollen. Insofern kann bei einem Vertrag zugunsten Dritter von einer Verdoppelung des Zwecks gesprochen werden. Es fragt sich, ob K im Verhältnis zu V oder zu M als Leistender anzusehen ist. Beim echten Vertrag zugunsten Dritter sollen zwei Schuldverhältnisse erfüllt werden, das Deckungsverhältnis (V – K) und das Valutaverhältnis (V – M). Daher könnte beim echten Vertrag zugunsten Dritter die Rückabwicklung stets zwischen den jeweiligen Vertragspartnern erfolgen müssen[383]. Mit Blick auf den Wortlaut des § 328, wonach der aus dem Vertrag zugunsten Dritter Verpflichtete „an den Dritten eine Leistung" erbringt, wird in der **Literatur** vertreten, dass zwischen Zuwendendem und Dritten eine Leistungsbeziehung besteht, entlang der die erbrachte Leistung im Wege der Leistungskondiktion zurückgefordert werden kann[384]. Nach dieser Ansicht kann im vorliegenden Fall K wegen des unwirksamen Deckungsverhältnisses von M die Provision gemäß § 812 Abs. 1 S. 1, 1. Alt. herausverlangen.

380 Vgl. BGHZ 5, 281 ff.; siehe auch *Lorenz*, JuS 2003, 729, 732 f.
381 Nach **BGHZ 58, 184 ff. („Makler-Courtage")**.
382 BGHZ 138, 170, 172; Erman/*H.P. Westermann*, § 328 Rdnr. 30.
383 MünchKomm/*Schwab*, § 812 Rdnr. 192 ff.
384 *Weitnauer*, in: FS v. Caemmerer, 1978, S. 288 ff.

Die **h.M.** vertritt demgegenüber eine differenzierende Ansicht. Ein Bereicherungsausgleich muss regelmäßig zwischen den Parteien erfolgen, die am fehlerhaften Rechtsverhältnis (Deckungs- oder Valutaverhältnis) beteiligt sind[385]. Hiervon gibt es zwei **Ausnahmen**: Wenn die Zuwendung an den Dritten dessen Versorgung dient (§ 330), soll regelmäßig nur der Dritte anspruchsberechtigt sein. Wird die Versorgungsleistung erbracht, ist der Versprechende (Zuwendende) Leistender im Verhältnis zum Dritten. Die zweite Ausnahme wird gemacht, wenn Versprechender und Versprechensempfänger vereinbaren, dass entgegen des § 335 ausschließlich dem Dritten das Forderungsrecht zustehen soll. Dann ist das Valutaverhältnis gegenüber dem Deckungsverhältnis unselbständig. Der Versprechende leistet (nur) an den Dritten. Im vorliegenden Fall bestehen für diese Ausnahmen keine Anhaltspunkte. Da K nicht an M, sondern an V geleistet hat, scheidet ein Anspruch gegen M aus Leistungskondiktion aus.

2. K könnte einen Anspruch gegen M aus **§ 812 Abs. 1 S. 1, 2. Alt.** haben. Ein solcher Anspruch kommt hier schon aufgrund des Vorrangs der Leistungskondiktion nicht in Betracht. Es bestehen Leistungsverhältnisse zwischen K und V und zwischen V und M.

V. Bereicherungsausgleich bei der Abtretung[386]

482 Tritt jemand (Zedent) eine Forderung aus einem Schuldverhältnis an den Zessionar ab (Zession, **§ 398**), ändert das grundsätzlich nichts am Schuldverhältnis zwischen Zedent und Schuldner. Mit der Abtretung geht lediglich die Forderung auf den neuen Gläubiger (Zessionar) über. Der Schuldner hat nun an den Zessionar zu leisten. Tritt in diesem Gefüge ein Mangel auf, stellt sich die Frage der Rückabwicklung. Zahlt der Schuldner auf die Forderung, ist zu klären, ob er eine Leistung dem Zedenten (= alter Gläubiger) gegenüber erbringt, oder ob eine Leistung dem Zessionar (= neuer Gläubiger) gegenüber besteht. Auch hier gilt die Grundregel, dass der Bereicherungsausgleich grundsätzlich zwischen den Parteien des (fehlerhaften) Schuldverhältnisses erfolgt. Jede Partei hat das Insolvenzrisiko ihres Vertragspartners zu tragen.

483 Zur Rückabwicklung, wenn die **abgetretene Forderung nicht existiert,** unser **Fall 58**[387]: Versicherung V und Versicherungsnehmer VN schließen einen Feuerversicherungsvertrag. VN tritt die aus einem vermeintlichen Brandfall resultierende Forderung gegen die V an den D zur Sicherung einer Darlehensforderung ab. Die V zahlt die Versicherungssumme an D. Als sich herausstellt, dass in Wirklichkeit kein Versicherungsfall vorliegt, will die V von D Rückzahlung der Versicherungssumme. Zu Recht?

1. V könnte gegen D einen Anspruch aus **§ 812 Abs. 1 S. 1, 1. Alt.** (Leistungskondiktion) haben. Dazu müsste eine Leistung der V an D vorliegen. Ob die V an D leisten wollte, ist fraglich. Zunächst wollte sie jedenfalls die Forderung aus dem Versicherungsvertrag (mit VN) erfüllen. Teilweise wird in der **Literatur** vertreten, dass der mit der Er-

385 BGHZ 58, 184, 187 ff.; BGHZ 72, 246, 251; *Medicus/Petersen*, BR, Rdnr. 681; Erman/*Buck-Heeb*, § 812 Rdnr. 34.

386 **Übungsfall** z.B. bei *Büstgens/Nietner*, JA 2014, 1275 ff.

387 BGHZ 105, 365 ff. („Feuerversicherung"); siehe auch BGHZ 122, 46 ff., als Fortführung dieser Entscheidung.

füllung der Forderung verbundene Zweck vorrangig sei. Da die V aufgrund der Abtretung den D für den Anspruchsberechtigten hielt, hat sie gegenüber diesem einen eigenen Leistungszweck verfolgt. Nach dieser Auffassung leistet die V als Schuldnerin an den Zessionar D[388], so dass eine Leistungskondiktion zu bejahen ist.

Dagegen gehen die **Rechtsprechung** und ein **Teil der Literatur** davon aus, dass ein Bereicherungsausgleich bei einer abgetretenen Forderung grundsätzlich zwischen den Parteien des Schuldverhältnisses zu erfolgen hat[389]. Im vorliegenden Fall besteht eine sog. Leistung „übers Eck“. Aus der Sicht des Zahlungsempfängers D hat die V den Betrag auf der Grundlage des Versicherungsvertrags mit dem VN überwiesen. Damit sollte die Darlehensforderung des D gegen den VN getilgt werden. Aufgrund des Grundsatzes der Rückabwicklung zwischen den am fehlerhaften Rechtsverhältnis Beteiligten, ist davon auszugehen, dass V an VN und VN an D geleistet hat. Besondere Gründe für eine Direktkondiktion liegen nicht vor. Damit hat die V mangels Leistung an D keinen Anspruch aus § 812 Abs. 1 S. 1, 1. Alt.

2. V könnte gegen D einen Anspruch aus **§ 812 Abs. 1 S. 1, 2. Alt.** (Nichtleistungskondiktion) haben. Dem steht der Vorrang des Leistungsverhältnisses (hier: zwischen VN und D) entgegen. Auch Gesichtspunkte wie die des Vertrauensschutzes und der Risikoverteilung können hier nicht zu einem anderen Ergebnis führen. Eine Direktkondiktion V gegenüber D muss daher ausscheiden.

VI. Bereicherungsausgleich bei Leistung auf fremde Schuld

Nach **§ 267** kann ein Dritter ohne Einverständnis des Schuldners dessen Schuld beim Gläubiger (= Zuwendungsempfänger) begleichen. Der Dritte muss aber eine eigene Tilgungsbestimmung gegenüber dem Gläubiger abgeben (d.h. eine Leistung erbringen), mit **Fremdtilgungswillen** handeln und dieser muss auch dem Gläubiger erkennbar sein (Empfängerhorizont). **484**

Umstritten ist, ob auch dann ein Fall des § 267 vorliegt, wenn auf eine (vermeintliche) eigene Verbindlichkeit gezahlt wird. Dahinter steht die Frage, ob eine **nachträgliche Fremdbestimmung** möglich ist, d.h. ob der zahlende Dritte nachträglich noch festlegen kann, dass die erfolgte Leistung auf die fremde Schuld (des Schuldners) erbracht sein soll. Ein Teil der Literatur verneint eine solche nachträgliche Fremdbestimmung[390]. Ein anderer Teil geht dagegen davon aus, dass der Leistende die Tilgungsbestimmung seiner Leistung nachträglich noch ändern kann, da die Interessen des Schuldners durch die analoge Anwendung der §§ 404 ff. hinreichend geschützt sind[391]. Nach der Rechtsprechung[392] kann eine nachträgliche Fremdbestimmung vom Dritten vorgenommen werden, wenn und soweit schutzwürdige Interessen des Schuldners nicht beeinträchtigt werden. **485**

---

388 *Reuter/Martinek*, § 12 IV 3; *Medicus/Petersen*, BR, Rdnr. 685 a.
389 BGHZ 105, 365, 369; BGHZ 122, 46 ff.; BGH NJW 2005, 1369, 1370; MünchKomm/*Schwab*, § 812 Rdnr. 202 ff.; Staudinger/*Lorenz*, § 812 Rdnr. 41; *Canaris*, NJW 1992, 868.
390 Staudinger/*Lorenz*, § 812 Rdnr. 59; Erman/*Buck-Heeb*, § 812 Rdnr. 31; *Medicus/Petersen*, BR, Rdnr. 951.
391 *Reuter/Martinek*, § 12 III 4 b.
392 **BGH NJW 1986, 2700.**

486 Der Dritte kann danach (als vermeintlicher Schuldner) das Geleistete vom (vermeintlichen) Gläubiger nach **§ 812 Abs. 1 S. 1, 1. Alt.** zurückfordern. Eine Leistung liegt vor, da er mit der Zuwendung seine (vermeintliche) Verbindlichkeit erfüllen und damit einen bestimmten Zweck erreichen wollte. Ein Fall des § 267 liegt nicht vor, denn der Leistende hat nicht erkennbar (Empfängerhorizont) eine fremde Schuld tilgen wollen[393]. Der Dritte kann stattdessen auch den (wirklichen) Schuldner nach den **§§ 812 Abs. 1 S. 1, 2. Alt., 267** (Rückgriffskondiktion) in Regress nehmen.

487 Differenziert werden kann danach, ob der Anspruch des Gläubigers gegen den Schuldner, d.h. die zu tilgende Verbindlichkeit, besteht oder nicht (Valutaverhältnis). **Besteht der Anspruch**, existiert **kein Bereicherungsanspruch** gegen den Gläubiger. Der Dritte kann nur Ansprüche gegen den von seiner Verbindlichkeit befreiten Schuldner geltend machen. Nur wenn die Zahlung dem Interesse und dem (mutmaßlichen) Willen des Schuldners entsprach, hat der Dritte einen Anspruch aus GoA (§§ 677, 683 S. 1, 670). Andernfalls hat er lediglich einen Anspruch aus §§ 684 S. 1, 812. Ein Bereicherungsanspruch kann dem Dritten daneben unmittelbar aus den §§ 812, 267 zustehen[394]. Der Schuldner kann diesem Ausgleichsanspruch des Dritten nach den §§ 404 ff. analog alle Einreden entgegenhalten, die ihm gegenüber dem Anspruch des Gläubigers zustanden[395].

488 Besteht die zu tilgende **Verbindlichkeit nicht**, ist **umstritten**, ob eine Leistung des Dritten gegenüber dem Gläubiger vorliegt, d.h. ob der Dritte direkt gegen den Gläubiger vorgehen kann. Die **h.M.** bejaht dies mit unterschiedlicher Begründung. Im Wesentlichen wird darauf abgestellt, dass der Schuldner durch die Zahlung des Dritten keine Kondiktion gegen den Gläubiger erwirbt, da der Schuldner diese Zahlung regelmäßig nicht veranlasst hat und sie ihm daher nicht zugerechnet werden kann[396]. In der **Literatur** wird teilweise eine abweichende Ansicht vertreten[397] und lediglich eine Kondiktion des Dritten gegen den Schuldner bejaht. Begründet wird das damit, dass der Dritte einen Zweck (z.B. Schenkung) allein gegenüber dem Schuldner verfolge[398].

489 Zur **nachträglichen Tilgungsbestimmung** bei einer Drittleistung nun **Fall 59**[399]: Die Versicherung V zahlt die aufgrund eines Unfalls entstandenen Heilbehandlungskosten der Tochter T an die (unterhaltsverpflichteten) Eltern E. Nun stellt sich heraus, dass die V doch nicht zur Zahlung verpflichtet ist. V verlangt daher von den E die Rückzahlung der erbrachten Leistungen aus Bereicherungsrecht. Zu Recht?

---

393 Vgl. BGH NJW-RR 2014, 873, Rdnr. 16 f.

394 Siehe BGHZ 70, 389, 396 f. (Billigkeitsgesichtspunkte abgestellt) wird; *Medicus/Petersen*, BR, Rdnr. 684.

395 Erman/*Buck-Heeb*, § 812 Rdnr. 27 m.w.N.

396 *Medicus/Petersen*, BR, Rdnr. 685 m.w.N.

397 Z.B. *E. Schmidt*, JZ 1971, 601, 606 f.; *Wieling*, JuS 1978, 801 ff.

398 Vgl. hierzu auch **BGHZ 113, 62 ff.**: Hier leistete eine Versicherung (V) an einen Dritten (D) die Versicherungssumme in der irrigen Annahme, dieser habe gegen den Versicherungsnehmer (VN, = Schädiger) einen Haftpflichtanspruch. Die V hat gegen D einen Anspruch aus § 812 Abs. 1 S. 1, 1. Alt., da D die Versicherungssumme durch eine Leistung der V erlangt. Sie zahlt nämlich auf die Schuld des VN (§ 267), und zwar aufgrund eigener, bewusster und zweckgerichteter Vermögensmehrung des D. Die V überbringt nicht nur eine fremde Tilgungsbestimmung (nämlich die des VN) als Bote, sondern leistet aus eigenem Antrieb, d.h. sie gibt eine eigene Tilgungsbestimmung ab.

399 BGH NJW 1986, 2700.

1. Ein Anspruch der V aus **§ 812 Abs. 1 S. 1, 1. Alt.** (Leistungskondiktion) gegen die E kommt nicht in Betracht[400]. Zwar erlangen die E Schuldbefreiung, diese leistet V aber nicht an die E. V will nicht zur Schuldbefreiung, sondern lediglich an die Geschädigte (= T) leisten, um ihre vermeintlich eigene Verbindlichkeit zu tilgen. Dass die Auszahlung an die E erfolgt ist, ändert daran insofern nichts, als sie die Zahlung lediglich als gesetzliche Vertreter (§§ 1626, 1629 Abs. 1 S. 1 und 2) und damit als Leistungsmittler erhalten haben.

2. V könnte jedoch gegen die E einen Anspruch aus **§ 812 Abs. 1 S. 1, 2. Alt.** (Rückgriffskondiktion) haben. Dann müssten die E etwas erlangt haben. V glaubt bei Zahlung der Versicherungssumme an eine eigene Verpflichtung aus dem Versicherungsvertrag. Sie zahlt mithin an den Gläubiger nicht als Dritten zur Tilgung einer fremden Schuld (Unterhaltsverpflichtung der E gegenüber T; § 267), sondern auf eine vermeintlich eigene Schuld. Ihr fehlt der Drittleistungswille. Insoweit haben die E nicht die Befreiung von ihrer gesetzlichen Unterhaltspflicht (hier: Pflicht zur Zahlung der Heilbehandlungskosten an die T) erlangt. Fraglich ist jedoch, wie es sich auswirkt, dass die V die Heilbehandlungskosten von den E zurückfordert. Insofern bringt sie nachträglich zum Ausdruck, dass sie auf Bereicherungsansprüche gegen die T verzichten will, und stattdessen ihre vermeintliche Eigenleistung als für die E erbracht gelten soll. Erkennt man eine solche nachträgliche Tilgungsbestimmung an, könnten die E von ihrer Unterhaltspflicht befreit sein („erlangtes Etwas“), weil sich die Zahlung der V dann (nachträglich) als Leistung zur Tilgung fremder Schuld darstellen würde (§ 267).

Ob bei einer irrtümlichen Eigenleistung die Tilgungsbestimmung nachträglich geändert werden und die erbrachte Leistung auf diese Weise als Leistung des eigentlichen Schuldners bestimmt werden kann, ist **umstritten**[401]. Der BGH hat eine nachträgliche Tilgungsbestimmung bei §§ 267, 812 mit Rücksicht auf das im Bereicherungsrecht besonders geltende Gebot der Billigkeit und unter Berücksichtigung der Interessen der Beteiligten zugelassen. Die E haben insoweit etwas erlangt, nämlich die Befreiung von ihrer Unterhaltspflicht (vgl. § 267). Es liegt auch eine Nichtleistung auf Kosten der V vor. Ferner besteht im Verhältnis zwischen V und den E kein die Vermögensverschiebung rechtfertigender rechtlicher Grund. Schließlich steht die Subsidiarität der Nichtleistungskondiktion hier nicht entgegen, weil den E die Schuldbefreiung von keinem Dritten geleistet wurde. V kann deshalb von ihnen nach § 812 Abs. 1 S. 1, 2. Alt. Rückerstattung der gezahlten Leistungen verlangen.

---

400 Ein Anspruch aus §§ 677, 683 S. 1, 670 (GoA) kommt aufgrund fehlenden Fremdgeschäftsführungswillens nicht in Betracht. V meint, mit der Zahlung eine eigene (vertragliche) Verpflichtung zu erfüllen und ausschließlich ein eigenes Geschäft zu besorgen.

401 Vgl. Rdnr. 485; siehe auch BGH NJW 1986, 2700 f. und *K. Schmidt*, JuS 1987, 142.

VII. Bereicherungsausgleich nach §§ 951, 812 bei Zuwendung durch Dritte[402]

1. Allgemeines

490 Nimmt der „Erwerber" eines Eigentums eine Verbindung (§ 947), Vermischung (§ 948) oder Verarbeitung (§ 950) ohne Einverständnis des Berechtigten vor, kann der Berechtigte nach den §§ 951, 812[403] vom „Erwerber" (= derjenige, zu dessen Gunsten die Rechtsänderung eintritt) Wertersatz verlangen. Da § 951 nach h.M. eine **Rechtsgrundverweisung** enthält[404] und zudem nicht nur auf die Nichtleistungskondiktion, sondern auch auf die Leistungskondiktion verweist[405], muss etwas durch Leistung oder in sonstiger Weise auf Kosten des Berechtigten erworben worden sein.

491 Schwierigkeiten bereitet der Bereicherungsausgleich bei Zuwendungen durch Dritte. Bei den §§ 946 ff. erfolgt der Eigentumsverlust kraft Gesetzes (nicht durch Verfügungsgeschäft). Auch die zugrunde liegenden Verpflichtungsgeschäfte verpflichten häufig nicht zur Übertragung des Eigentums (vgl. Werkvertrag). Da keine Verpflichtungen zur Eigentumsübertragung bestehen, fragt sich, ob das Eigentum in diesen Fällen überhaupt Gegenstand einer Leistung sein kann. Der bisherige Eigentümer hat ohnehin weder selbst geleistet noch hat er einer fremden Leistung (Verfügung) zugestimmt. Die Rechtsprechung hält aber auch in den Fällen des § 951 am Leistungsbegriff und am Subsidiaritätsgrundsatz fest. In der Literatur wird demgegenüber vertreten, im Mehrpersonenverhältnis sei anhand einer sachenrechtlichen Parallelwertung (Wertungsmodelle der §§ 816 ff. und 932 ff.) festzustellen, in welchen Fällen eine Kondiktion geboten ist.

2. Eigentumserwerb im Einverständnis mit dem Eigentümer

492 Wird die Verbindung, Vermischung oder Verarbeitung im Einverständnis mit dem Eigentümer der Sache bewirkt, findet ein Bereicherungsausgleich allein innerhalb der fehlerhaften Schuldverhältnisse statt. Der Erwerber hat das Eigentum an der Sache durch Leistung erlangt, so dass eine Leistungskondiktion in Betracht kommt. Ein Erwerb in sonstiger Weise auf Kosten des Eigentümers muss aufgrund der Subsidiarität der Nichtleistungskondiktion ausscheiden.

---

402 **Übungsfall** z.B. bei *Horlach/Guhl*, JA 2010, 94 ff.; *Kaubisch/Menzel*, JURA 2013, 1272 ff.

403 Die §§ 951, 812 spielen nur eine Rolle, wenn sie **anwendbar** sind. Hat nämlich ein unrechtmäßiger Besitzer eine Verbindung i.S. des § 947 vorgenommen, gelten die §§ 994 ff. als Spezialregelungen. Ersatz kann er dann nur nach den abschließenden §§ 994 ff. wegen Verwendungen verlangen. Aufgrund des engen Verwendungsbegriffs der Rechtsprechung zählen dazu lediglich die Maßnahmen zur Wiederherstellung, Instandhaltung und Verbesserung der Sache. Für eine Umgestaltung der Sache erhält der unrechtmäßige Besitzer ebenso wenig Ersatz wie für andere Aufwendungen, die nicht zu den Verwendungen zählen. Siehe BGH NJW 1996, 52 mit abl. Anm. von *Canaris*, JZ 1996, 344; Staudinger/*Gursky*, § 951 Rdnr. 65; a.A. Palandt/*Bassenge*, § 951 Rdnr. 23; *Huber*, JuS 1970, 515, 519 (die §§ 994 ff. enthalten nur eine Sonderregelung bezüglich der Verwendungen; andere Aufwendungen seien nach den allgemeinen Vorschriften, also auch nach §§ 951, 812 auszugleichen).

404 BGHZ 35, 356, 359 f.; BGHZ 40, 272, 276; BGHZ 55, 176, 177; Palandt/*Bassenge*, § 951 Rdnr. 2.

405 BGHZ 40, 272, 276; nach der Gegenansicht bezieht sich der Verweis nur auf die Nichtleistungskondiktion, Erman/*Ebbing*, § 951 Rdnr. 3; Palandt/*Bassenge*, § 951 Rdnr. 2; MünchKomm/*Füller*, § 951 Rdnr. 3.

Dies verdeutlicht **Fall 60**[406]: Baustoffhändler B hat Baumaterial unter verlängertem Eigentumsvorbehalt an Bauunternehmer U verkauft und übertragen. U errichtet für E ein Haus und baut die Materialien ein. Da U in der Folgezeit zahlungsunfähig ist, verlangt B Bezahlung von E aus Bereicherungsrecht. Zu Recht? **493**

B könnte einen Anspruch gegen E aus **§§ 951, 812 Abs. 1 S. 1, 2. Alt.** haben[407]. Die Voraussetzungen des § 951 liegen vor. B hat einen Rechtsverlust i.S. des § 946 erlitten, als das Material zum Hausbau verwendet und damit wesentlicher Bestandteil des Grundstücks des E wurde. Das Material ist nach §§ 946, 93, 94 in das Eigentum des E übergegangen.

Sodann müssten aufgrund der Rechtsgrundverweisung die Voraussetzungen des § 812 Abs. 1 S. 1, 2. Alt. vorliegen. Mit dem Einbau hat E das Eigentum am Material erlangt. Das Ganze müsste in sonstiger Weise auf Kosten des B erfolgt sein. Das Eigentum am Material wurde E nicht durch B zweckgerichtet zugewendet. B wollte keine Verbindlichkeit gegenüber E erfüllen oder einen sonstigen rechtsgeschäftlich vereinbarten Zweck erreichen. Allerdings muss nach der **Rechtsprechung** ein Erwerb in sonstiger Weise auf Kosten des B dann ausscheiden, wenn E das Eigentum durch Leistung des U erlangt hat. U hat aufgrund des Werkvertrags dem E die Baumaterialien geliefert und eingebaut. Da B unter verlängertem Eigentumsvorbehalt geliefert hat, also mit dem Einbau einverstanden war, liegt auch bezüglich des Eigentums eine Leistung des U an E vor. E hat das Eigentum mithin nicht in sonstiger Weise auf Kosten des B erlangt. Aufgrund des Vorrangs der Leistungskondiktion muss § 812 Abs. 1 S. 1, 2. Alt. hier ausscheiden.

In der **Literatur** wird der bloße Verweis auf einen Vorrang der Leistungskondiktion als unzutreffend angesehen. Vielmehr sei eine Orientierung an anderen Wertungen des Gesetzes, nämlich den Regelungen über den Eigentumserwerb (§§ 932, 935 sowie § 816 Abs. 1 S. 1 und § 366 HGB) vorzunehmen[408]. Wird nicht unentgeltlich zugewandt bzw. ist das Material nicht abhandengekommen, hätte der gutgläubige E bei rechtsgeschäftlicher Übereignung das Eigentum nach §§ 929, 932, 816 Abs. 1 S. 1 erworben. An diesem (fiktiven) kondiktionsfreien Erwerb dürfe sich nichts ändern, wenn eine solche Übereignung nicht wirklich stattfindet[409]. Eine Streitentscheidung kann hier dahinstehen, da beide Ansichten zum gleichen Ergebnis kommen. Ein Bereicherungsanspruch des B gegen E besteht nicht.

3. Eigentumserwerb ohne Einverständnis des Eigentümers

Wird der Eigentumserwerb ohne Einverständnis des Eigentümers durch eine Verbindung, Vermischung oder Verarbeitung bewirkt, muss der Erwerber jedenfalls dann als **494**

406 **BGHZ 56, 228 ff.** (**„Einbau“**) als Fortführung von BGHZ 40, 272 ff. bestätigt in BGH NJW-RR 1991, 343 ff.

407 Ein Anspruch des B gegen E aus § 823 Abs. 1 wegen Eigentumsverletzung scheidet aus, da E keine Rechtspflicht traf, den Einbau fremden Materials zu verhindern. Er muss sich nicht erkundigen, ob der Bauunternehmer berechtigt ist, den Einbau vorzunehmen. Das Dulden des Einbaus stellt daher mangels Rechtspflicht keine Eigentumsverletzung dar; vgl. BGHZ 56, 228, 238; BGH NJW-RR 1991, 343, 344.

408 *Larenz/Canaris*, § 70 III 2; *Larenz*, JuS 2003, 839, 844; *Medicus/Lorenz*, SR II, Rdnr. 1226; Staudinger/*Lorenz*, § 812 Rdnr. 63.

409 *Medicus/Petersen*, BR, Rdnr. 729; *Wandt*, § 13 Rdnr. 16.

schutzwürdig angesehen werden, wenn er auf ein Einverständnis des Eigentümers vertrauen durfte. **Umstritten** ist, wie die Fälle zu behandeln sind, in denen das Einverständnis des Eigentümers dazu fehlt und der Erwerber das erkannt hat oder jedenfalls hätte erkennen müssen.

495 Die Frage der Rückabwicklung bei **Bösgläubigkeit** des Erwerbers behandelt **Fall 61**: Bauunternehmer U soll für Eigentümer E ein Haus errichten. U bezieht die dafür erforderlichen Baumaterialien unter verlängertem Eigentumsvorbehalt von Baustoffhändler B. Da U nicht zahlt, widerruft B die Befugnis des U, über die Baumaterialien weiter zu verfügen oder sie irgendwo einzubauen. E erfährt davon, unternimmt aber nichts. Daraufhin verwendet U die Materialien wie geplant für den Hausbau des E. Kurze Zeit später muss U Insolvenz anmelden. Da B nunmehr mit seiner Forderung gegen U auszufallen droht, verlangt er von E Zahlung nach Bereicherungsrecht. Dabei weist B darauf hin, dass E die Umstände bekannt gewesen seien und er deshalb keinen Schutz verdiene. Zu Recht?

496 B könnte gegen E einen Anspruch aus den **§§ 951, 812 Abs. 1 S. 1, 2. Alt.** haben. Die Voraussetzungen des § 951 sind erfüllt. E hat das Eigentum nach § 946 erlangt. B hat das Eigentum an den Materialien verloren[410]. Sodann müssten die Voraussetzungen des § 812 Abs. 1 S. 1, 2. Alt. gegeben sein. E hat etwas, nämlich das Eigentum an den Materialien, erlangt. Fraglich ist, ob er es in sonstiger Weise auf Kosten des B erlangt hat. Eine Leistung des B an E liegt nicht vor.

Nach der **Rechtsprechung** scheidet aufgrund des Vorrangs der Leistungskondiktion ein Erwerb der Materialien in sonstiger Weise auf Kosten des B aus, wenn E die Baumaterialien durch Leistung des U erworben hat. B könnte die Baumaterialien an U und U zur Erfüllung des Werkvertrags an E geleistet haben. Hier ist jedoch zum einen B mit dem Einbau der Materialien nicht mehr einverstanden und zum anderen weiß E davon. Bislang hat die Rechtsprechung offen lassen können, ob eine entsprechende Anwendung der §§ 932 ff. bzw. des § 366 HGB im Rahmen des § 951 in Betracht zu ziehen ist[411]. Ob also die Bösgläubigkeit des E hier eine Rolle spielt oder ob es allein auf den Vorrang des Leistungsverhältnisses ankommt, ist noch nicht entschieden.

In der **Literatur** dagegen wird nicht allein auf den Vorrang der Leistungskondiktion abgestellt, sondern verlangt, dass dieser mit anderen Wertungen des Gesetzes übereinstimmt. Grundlage der Wertung sind die Regeln über den Erwerb vom Nichtberechtigten. U ist danach allein dann Leistender, wenn er dem E nach den Regeln über den Erwerb vom Nichtberechtigten das Eigentum hätte verschaffen können[412]. Da E bösgläubig war, liegt kein Leistungserwerb vor, so dass E in sonstiger Weise auf Kosten des B etwas erlangt hat. B hat danach gegen E einen Anspruch aus den §§ 951, 812 Abs. 1 S. 1, 2. Alt.

---

410 Näher dazu in **Fall 60** Rdnr. 493.
411 So ausdrücklich BGHZ 56, 228, 242; ebenfalls offengelassen in BGH NJW-RR 1991, 343 ff. m.w.N.
412 Siehe Staudinger/*Gursky*, § 951 Rdnr. 5, 15.

4. Zuwendung einer abhandengekommenen Sache

Ist die zugewendete Sache dem Eigentümer abhandengekommen, soll der ehemalige Eigentümer vom Erwerber **direkt kondizieren** können. Dies zeigt **Fall 62**[413]: Landwirt L ist Eigentümer eines Jungbullen, der ihm vom Dieb D gestohlen wird. D veräußert diesen an den gutgläubigen E. E schlachtet das Tier und verarbeitet es in seiner Fleischwarenfabrik. Nach Aufklärung des Falls verlangt L von E den Wert des Tieres nach Bereicherungsrecht ersetzt. Zu Recht? **497**

L könnte einen Ausgleichsanspruch aus **§§ 951, 812 Abs. 1 S. 1, 2. Alt.** gegen E haben[414]. Erst durch die Verarbeitung des Jungbullen wird E Eigentümer (§ 950). Bis dahin bestand das ursprüngliche Eigentum des L fort und E ist lediglich unrechtmäßiger Besitzer. Im Zeitpunkt der Verarbeitung lag mithin eine Vindikationslage vor. Allerdings schließen die Regelungen über das Eigentümer-Besitzer-Verhältnis (§§ 987 ff.) einen Bereicherungsanspruch aus §§ 951, 812 nicht aus. Ansprüche aus §§ 951, 812 werden **nicht** von der **Sperrwirkung des Eigentümer-Besitzer-Verhältnisses** erfasst. § 951 gewährt keinen (mit §§ 987 ff. konkurrierenden) Nutzungs- oder Schadensersatz, sondern Wertersatz für einen Rechtsverlust (Rechtsfortwirkungsanspruch). Der unrechtmäßige Besitzer verdient keine Privilegierung durch die §§ 987 ff., wenn er sich den Wert der Sache durch einen objektiv unberechtigten Eingriff in das Eigentum verschafft[415]. Damit sind die §§ 951, 812 anwendbar.

Sodann müssen die Voraussetzungen des **§ 951 Abs. 1 S. 1** erfüllt sein. L muss einen Rechtsverlust nach den §§ 946 ff. erlitten haben. Durch die Übereignung des D an E verliert L das Eigentum noch nicht, da D zu einer Übereignung nach § 929 S. 1 nicht berechtigt ist. Auch ein gutgläubiger Erwerb des E nach § 932 Abs. 1 S. 1 scheidet aus, da der Bulle dem L abhandengekommen ist (§ 935 Abs. 1). E ist aber durch die Verarbeitung des Tieres nach § 950 Eigentümer der Fleischwaren geworden. L hat damit sein Eigentum verloren.

Da § 951 eine Rechtsgrundverweisung enthält, müssen zudem die Voraussetzungen des **§ 812 Abs. 1 S. 1, 2. Alt.** vorliegen. E hat etwas, nämlich nach § 950 das Eigentum an dem zu Wurst verarbeiteten Jungbullen erlangt. Das Eigentum muss durch einen Eingriff in den Zuweisungsgehalt eines fremden Rechts erlangt worden sein. Das erlangte Etwas hat L dem E nicht zweckgerichtet zugewandt. Auch eine Leistung des D liegt nicht vor, da dieser dem E nach **h.M.** lediglich den Besitz, aufgrund des § 935 Abs. 1 aber nicht das Eigentum am Bullen verschaffen konnte. Das Eigentum des L bestand also zunächst weiter fort. L hätte von E den Jungbullen bis zu seiner Verarbeitung nach § 985 herausverlangen können. Eine Nichtleistungskondiktion des L gegen E nach §§ 951, 812 Abs. 1 S. 1, 2. Alt. ist daher nicht ausgeschlossen[416].

---

413 Nach **BGHZ 55, 176 ff. („Jungbullen")**; dazu *Hombrecher*, JURA 2003, 333 ff.; siehe auch die Falllösung bei *Habersack*, Examens-Repetitorium Sachenrecht, 7. Aufl. 2012, Rdnr. 123.

414 Ein Schadensersatzanspruch nach §§ 990 Abs. 1, 989 kommt hier nicht in Betracht, da E weder bösgläubig noch schuldhaft handelte noch Rechtshängigkeit vorliegt.

415 BGHZ 55, 176, 178 f.

416 BGHZ 55, 176, 178; *Medicus/Petersen*, BR, Rdnr. 727; *Esser/Weyers*, § 50 II 2 b; *Reuter/Martinek*, § 10 II 1 b; *Loewenheim/Winckler*, JuS 1983, 684, 686.

In der **Literatur** wird dagegen teilweise die Auffassung vertreten, dass der Nichtberechtigte D dem E, indem er ihm den unmittelbaren Besitz verschafft hat, zugleich die Möglichkeit geleistet habe, das Eigentum durch Verarbeitung kraft Gesetzes zu erwerben. Insofern sei auch das Eigentum durch Leistung des Nichtberechtigten D erworben worden. Die Konsequenz wäre dann, dass die Nichtleistungskondiktion hinter der vorrangigen Leistungskondiktion (wegen der Leistung des Eigentums von D an E) zurücktreten müsste. An diesem Ergebnis wird jedoch auch von den Stimmen in der Literatur, die annehmen, das Eigentum sei dem E von D geleistet worden, nicht festgehalten. Vielmehr ergebe sich aus dem Wertungsmodell der §§ 816 Abs. 1, 932, 935, dass der Erwerber das erlangte Eigentum nicht endgültig behalten dürfe, wenn die verbundene, vermischte oder verarbeitete Sache dem Eigentümer abhandengekommen sei[417]. Nach beiden Ansichten liegt daher ein Eingriff in den Zuweisungsgehalt des Eigentums des L vor.

Der Eigentumserwerb durch E müsste ohne Rechtsgrund erfolgt sein. Im Kaufvertrag zwischen E und D kann kein Rechtsgrund gesehen werden (Relativität der Schuldverhältnisse). § 950 stellt ebenfalls keinen Rechtsgrund für die Vermögensverschiebung dar (siehe § 951 Abs. 1 S. 1).

Rechtsfolge ist, dass E dem L Wertersatz (§ 818 Abs. 2) schuldet. Dabei kann sich E hinsichtlich des gezahlten Entgelts nicht auf Entreicherung (§ 818 Abs. 3) berufen, weil zum Erwerb der Sache an Dritte erbrachte Leistungen im Rahmen des § 818 Abs. 3 nicht berücksichtigt werden. Im Übrigen hätte E den Jungbullen nach § 985 auch vor der Verarbeitung herausgeben müssen, ohne dass er seine Gegenleistung ersetzt bekommen hätte.

417 MünchKomm/*Schwab*, § 812 Rdnr. 278; *Ehmann*, NJW 1971, 612, 614.

Sachverzeichnis

Die Zahlen verweisen auf die Randnummern des Buches.